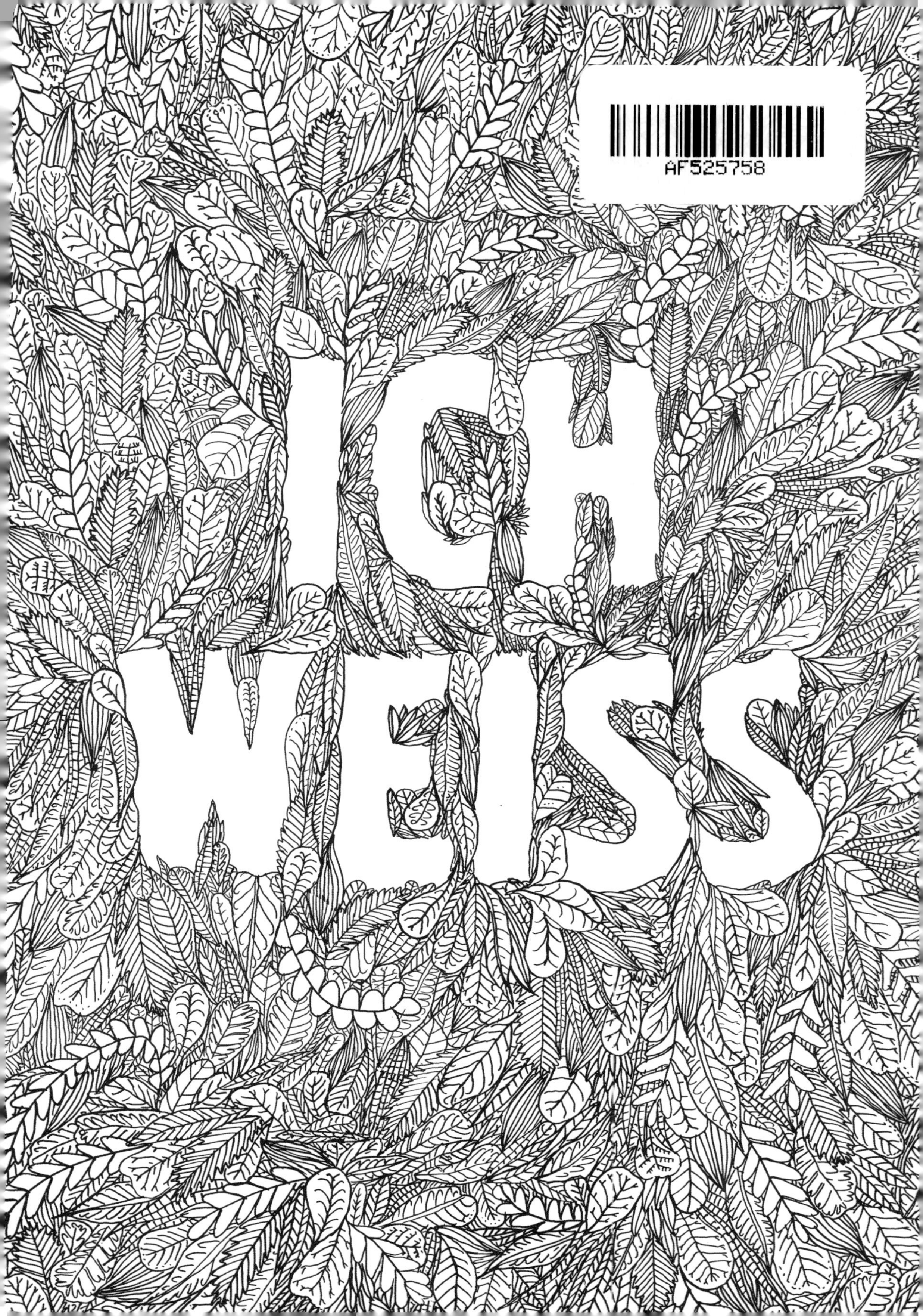
ICH
WEISS

Für Magnus

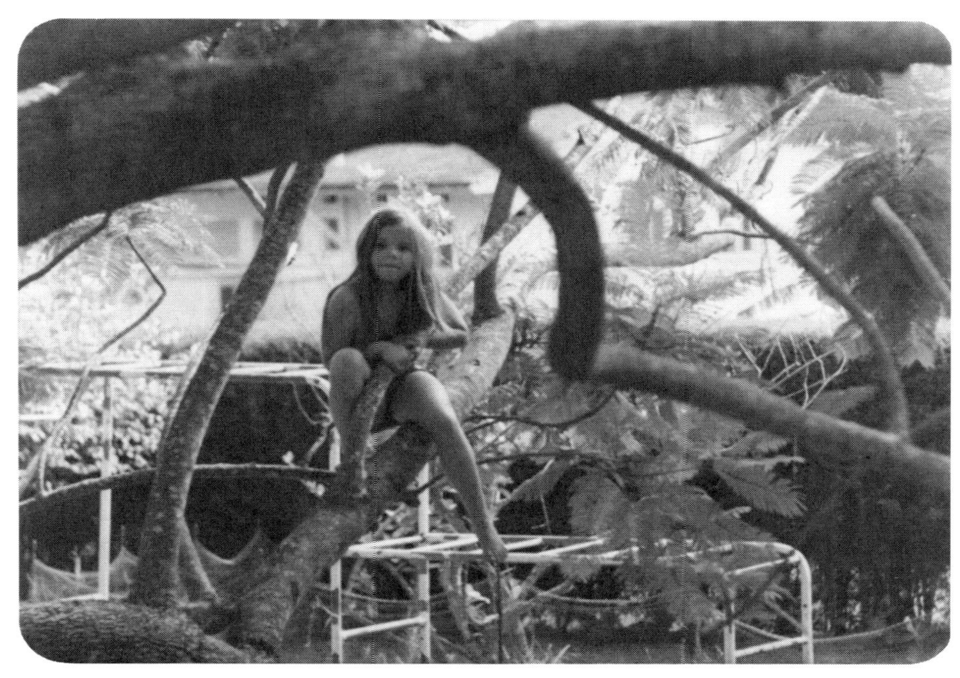

INHALT

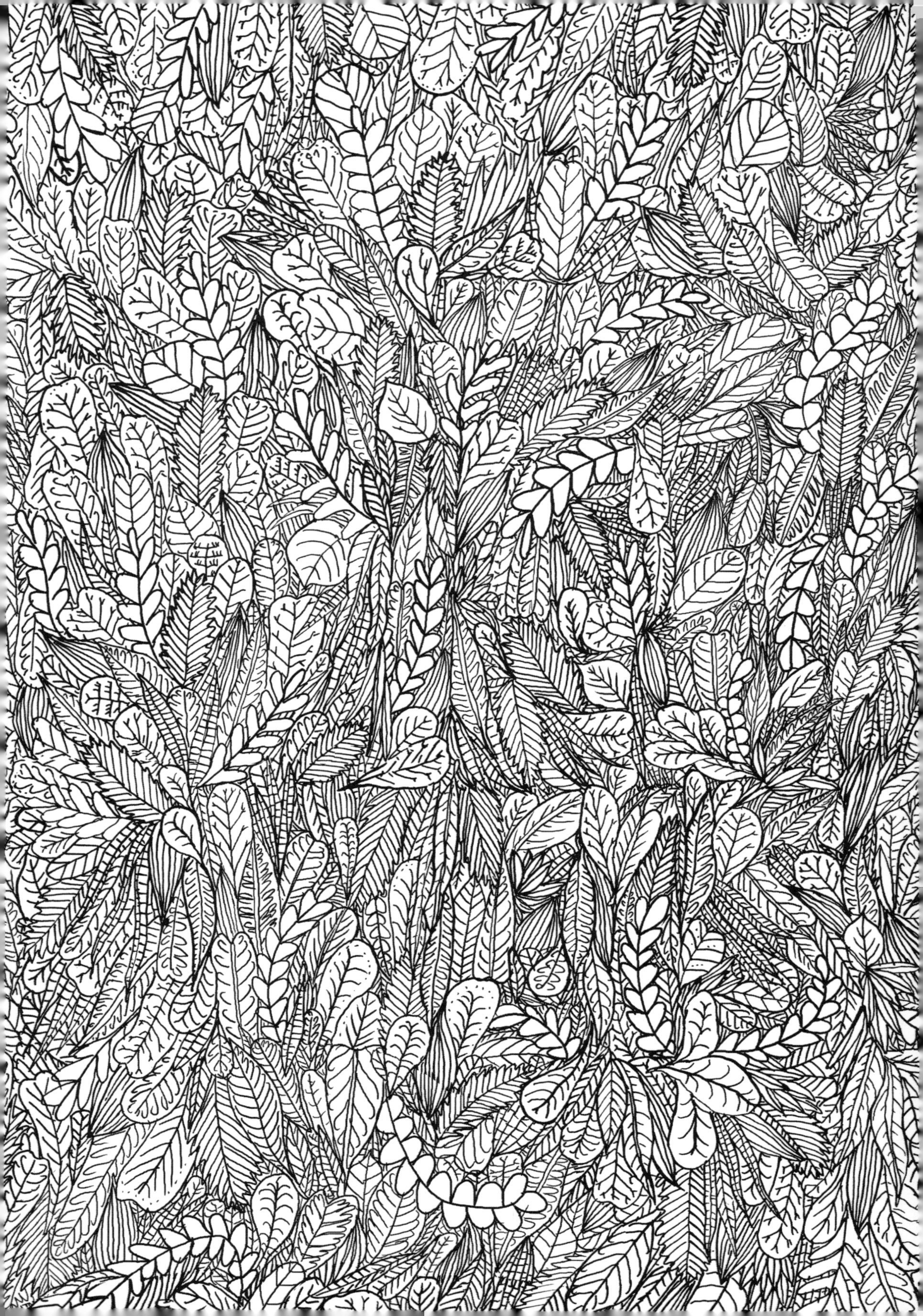

CHAMÄLEON

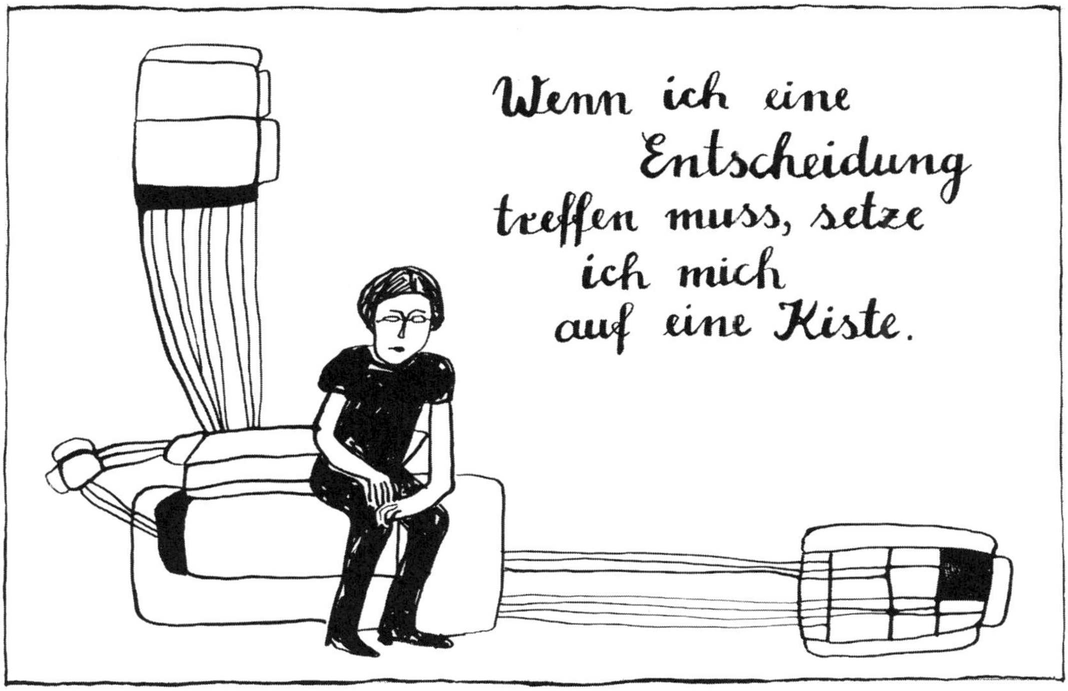

Wenn ich eine Entscheidung treffen muss, setze ich mich auf eine Kiste.

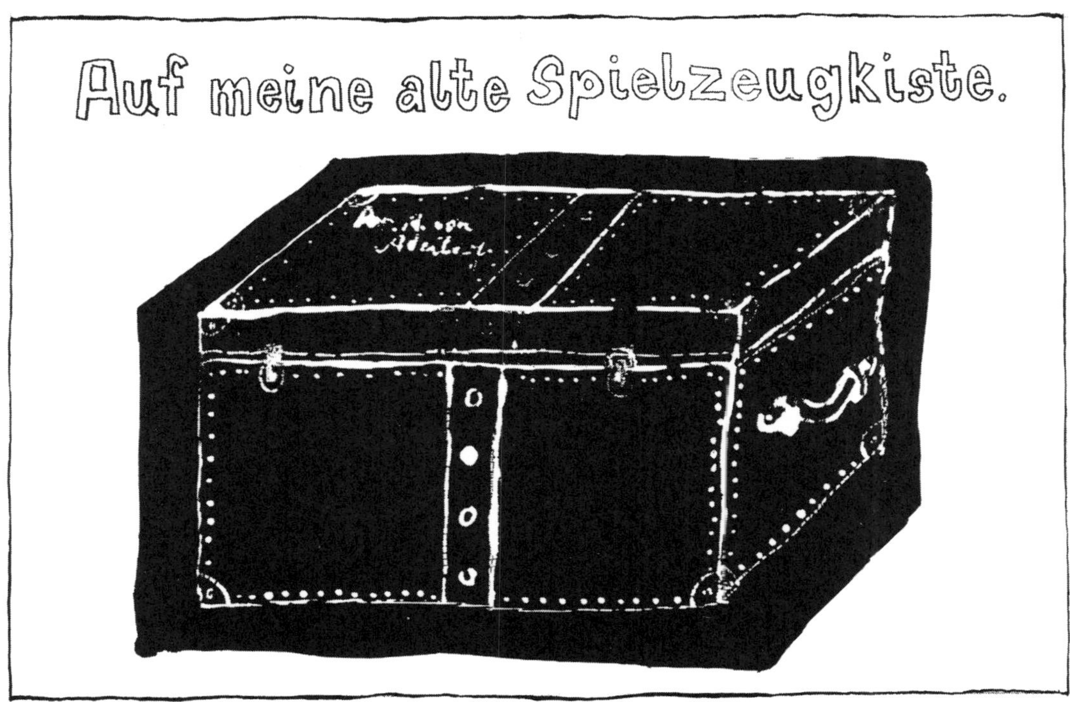

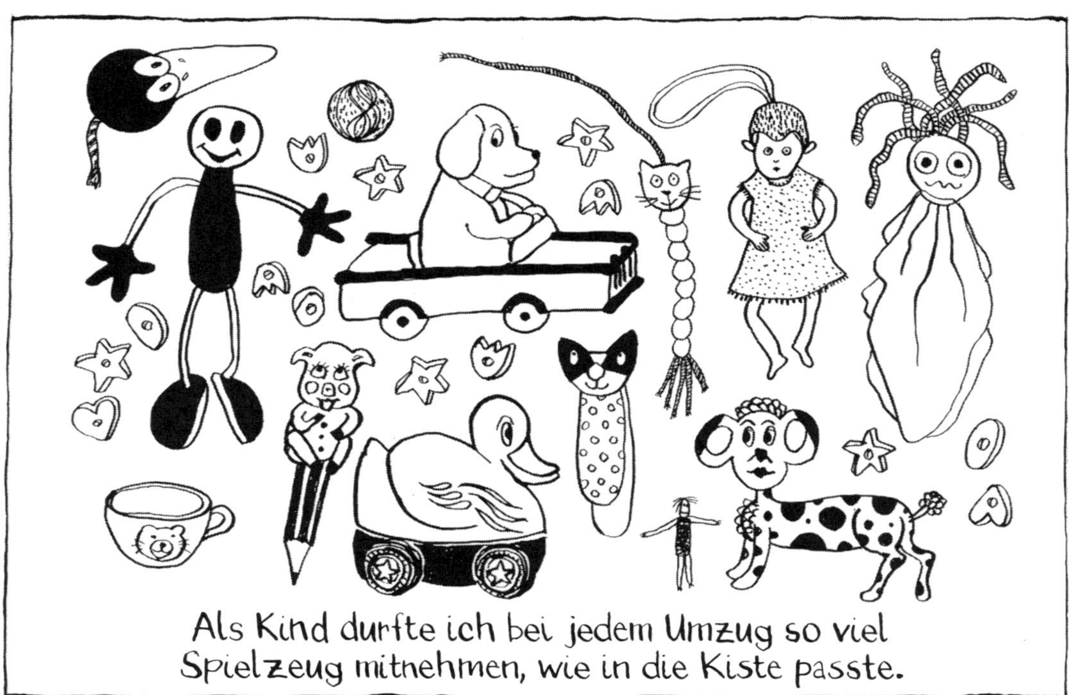

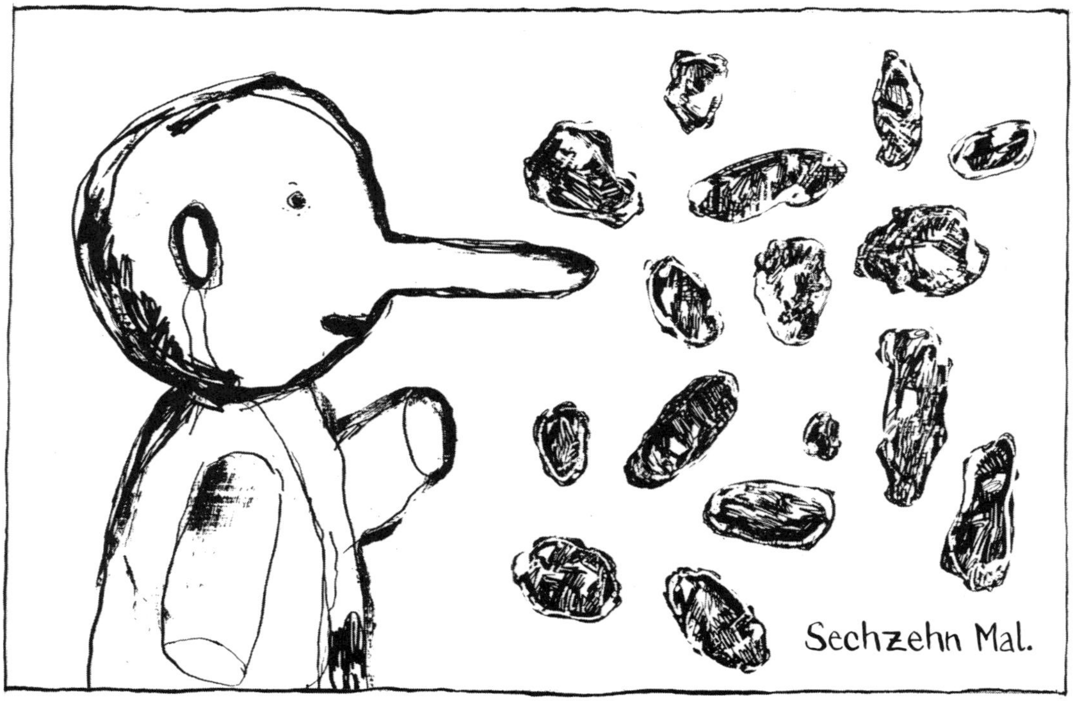

Sechzehn Mal.

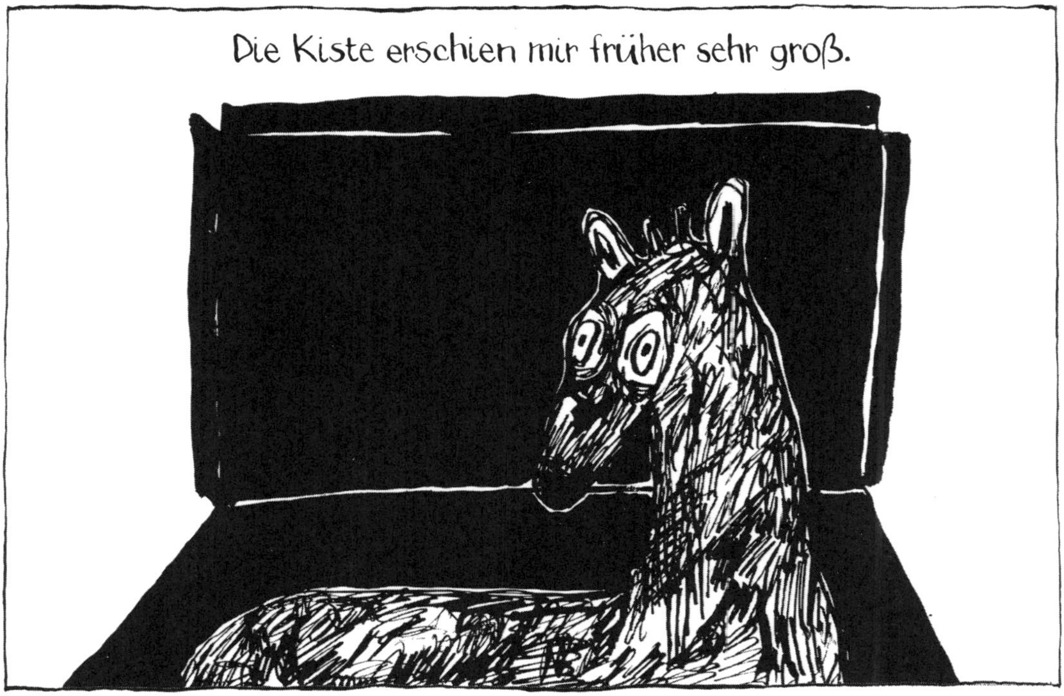

Die Kiste erschien mir früher sehr groß.

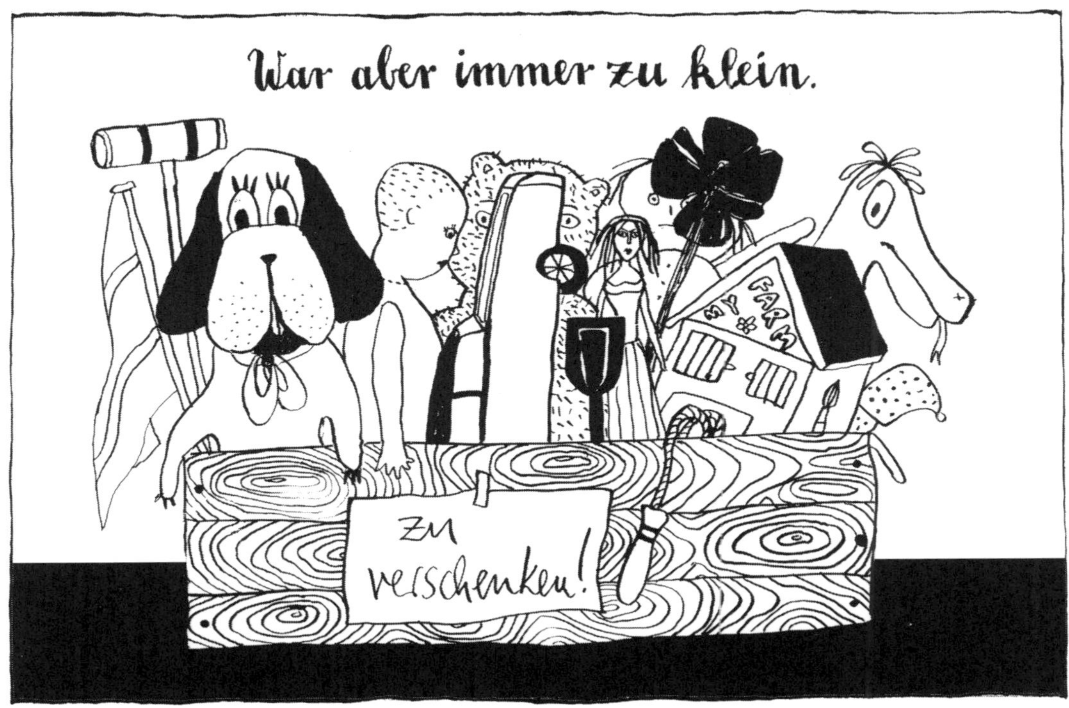

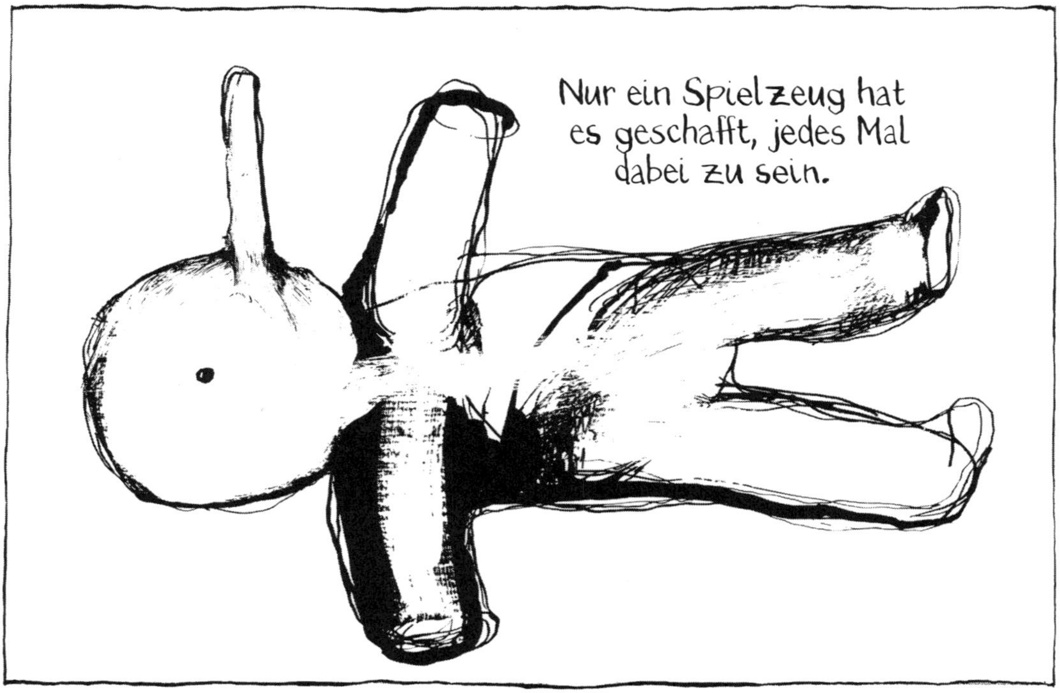

Nur ein Spielzeug hat
es geschafft, jedes Mal
dabei zu sein.

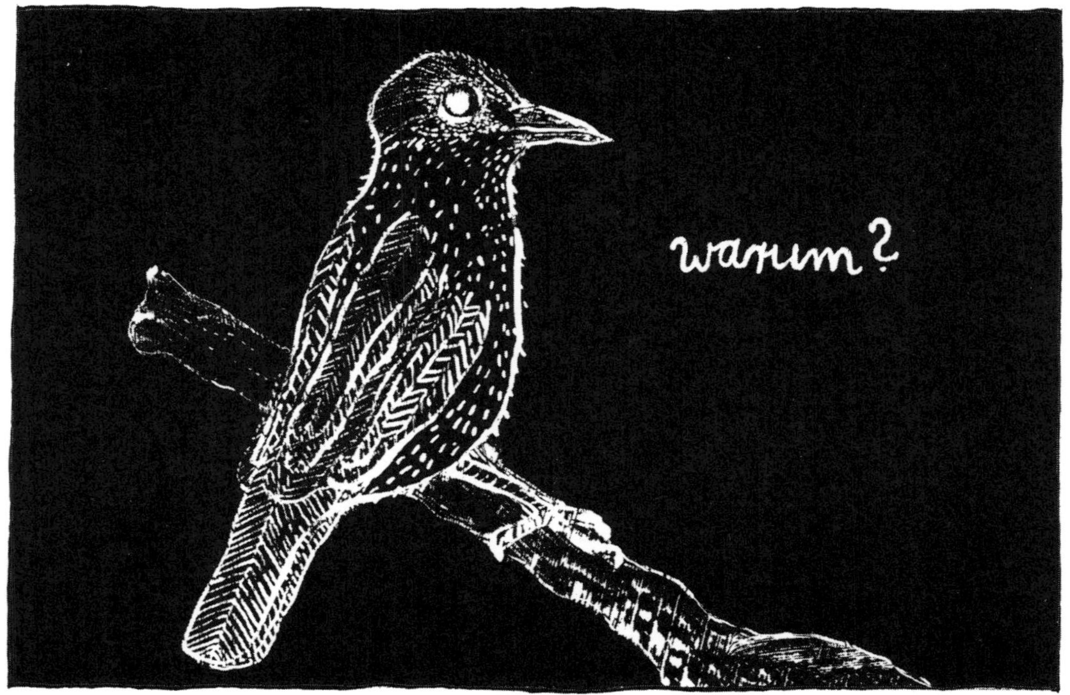

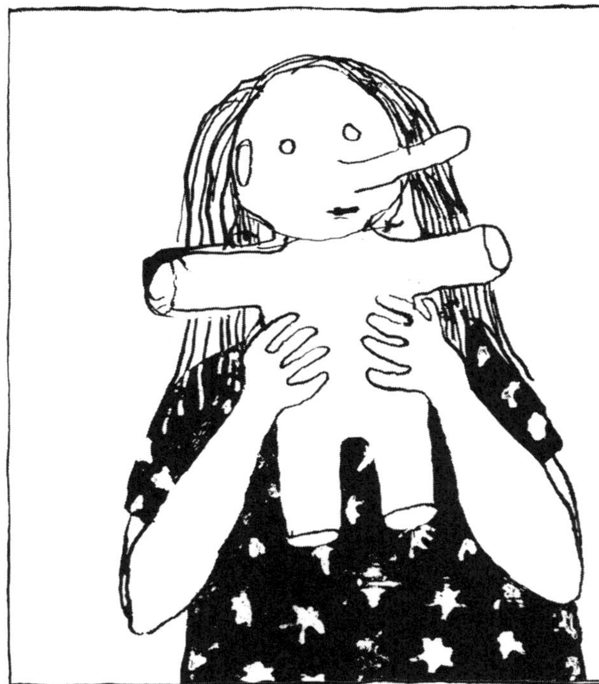

Man weiß nie,
was einem auf
dieser Welt
zustoßen kann.

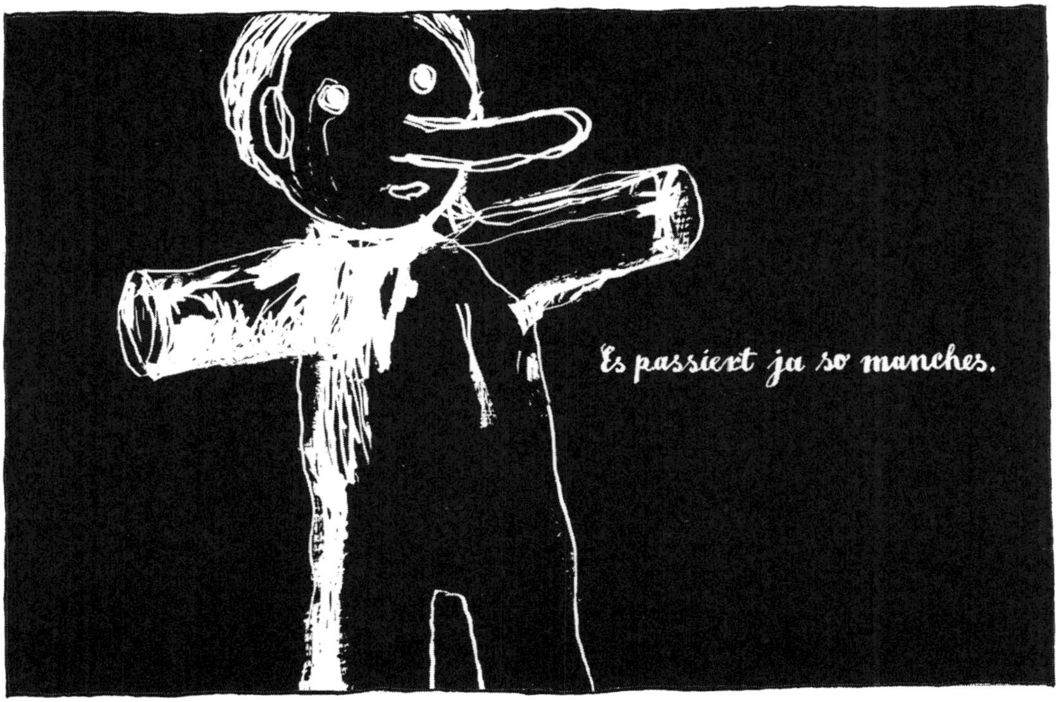

Es passiert ja so manches.

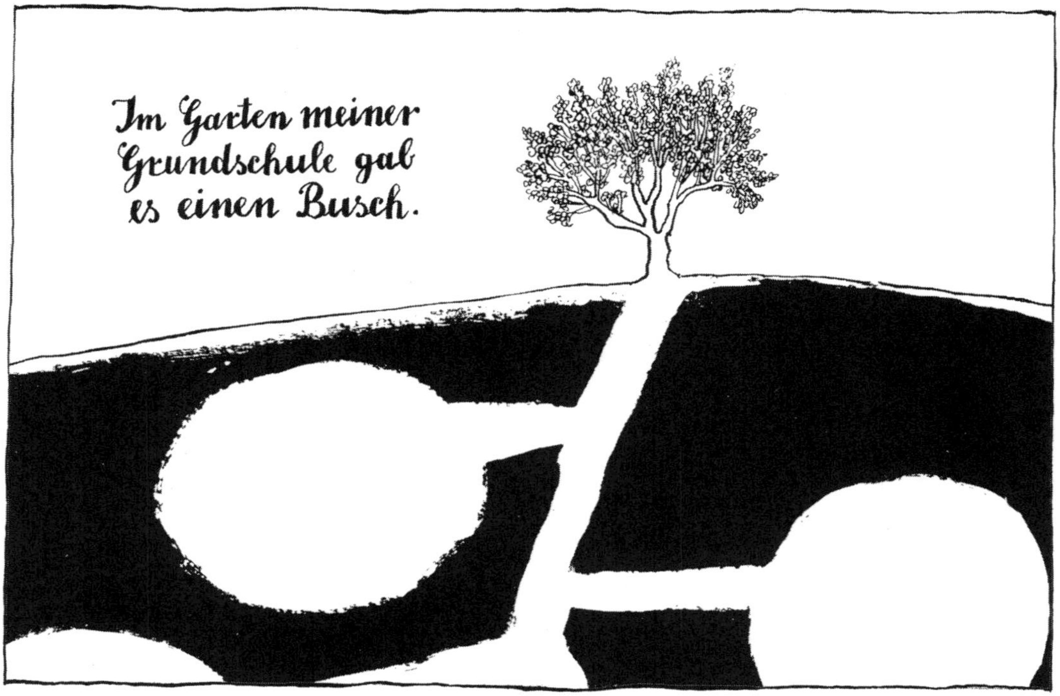

Im Garten meiner Grundschule gab es einen Busch.

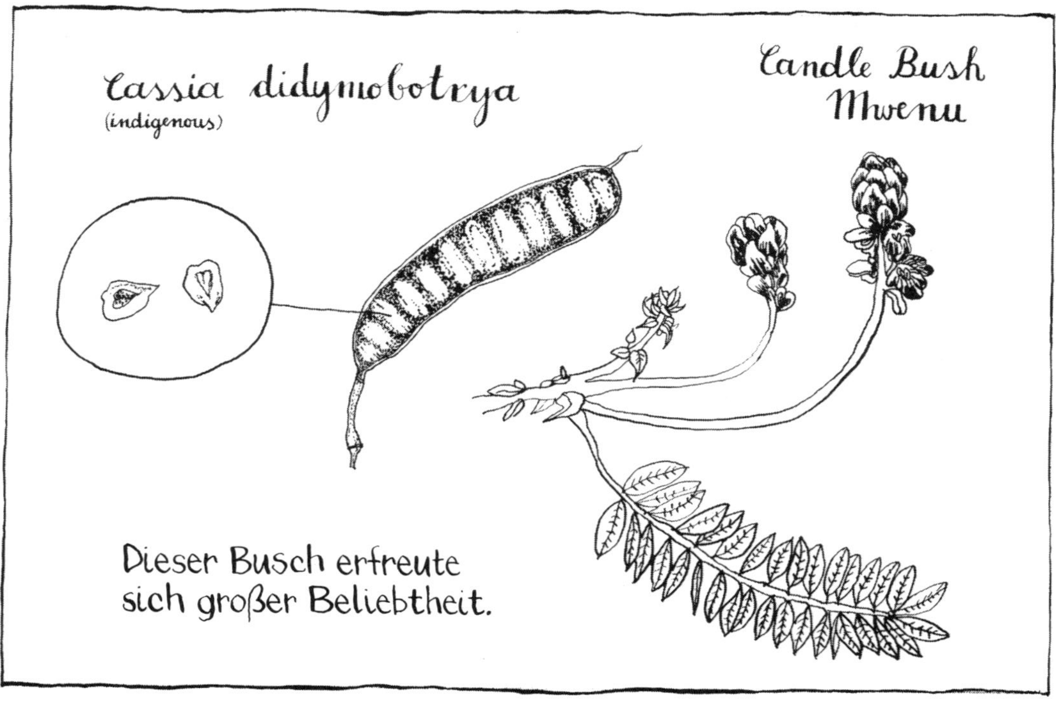

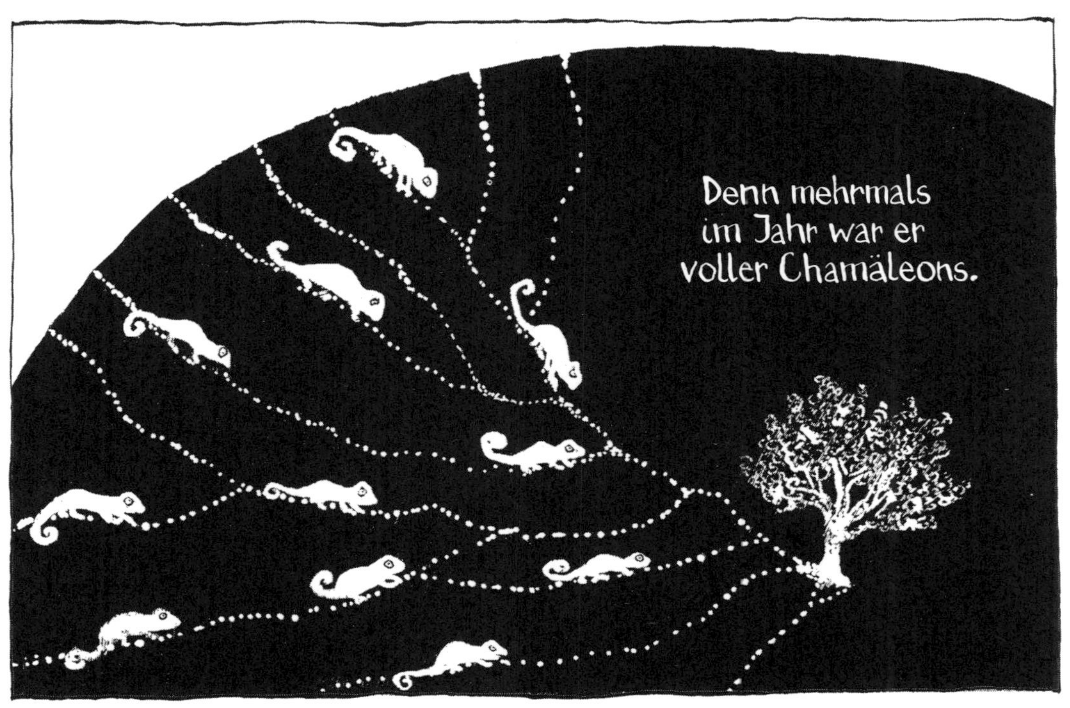
Denn mehrmals
im Jahr war er
voller Chamäleons.

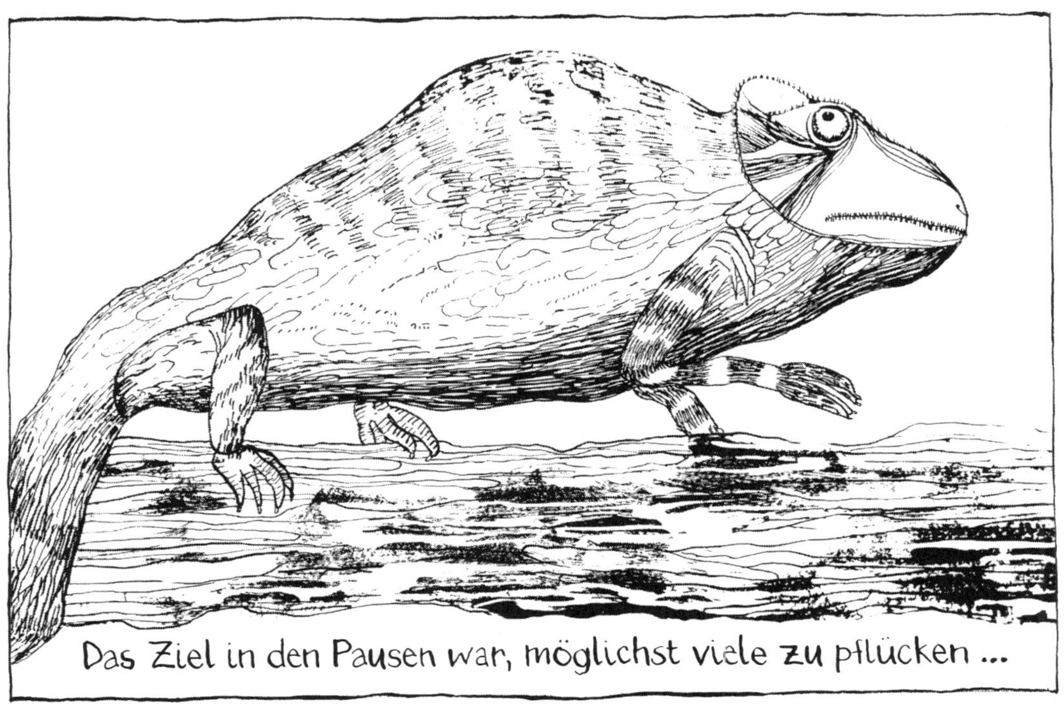
Das Ziel in den Pausen war, möglichst viele zu pflücken ...

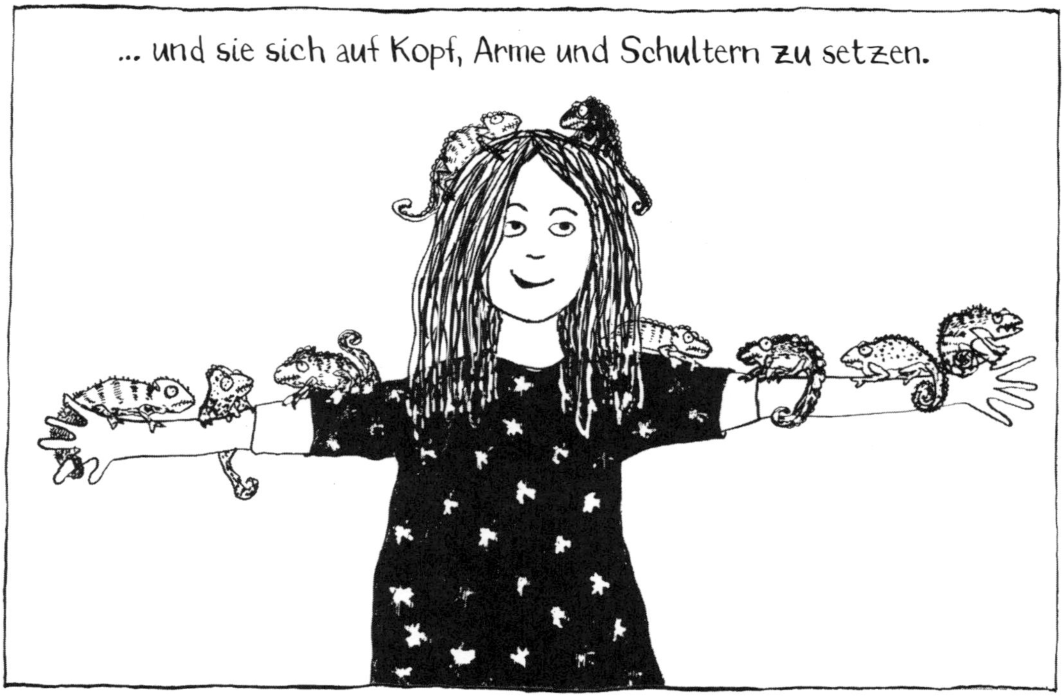

... und sie sich auf Kopf, Arme und Schultern zu setzen.

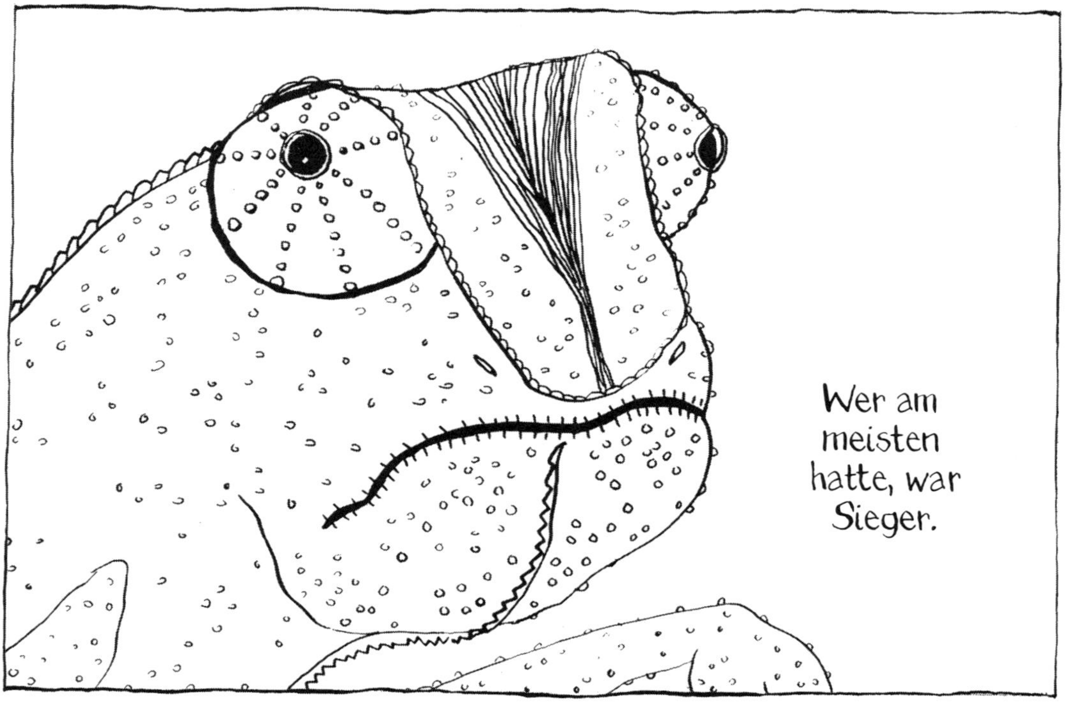

Wer am
meisten
hatte, war
Sieger.

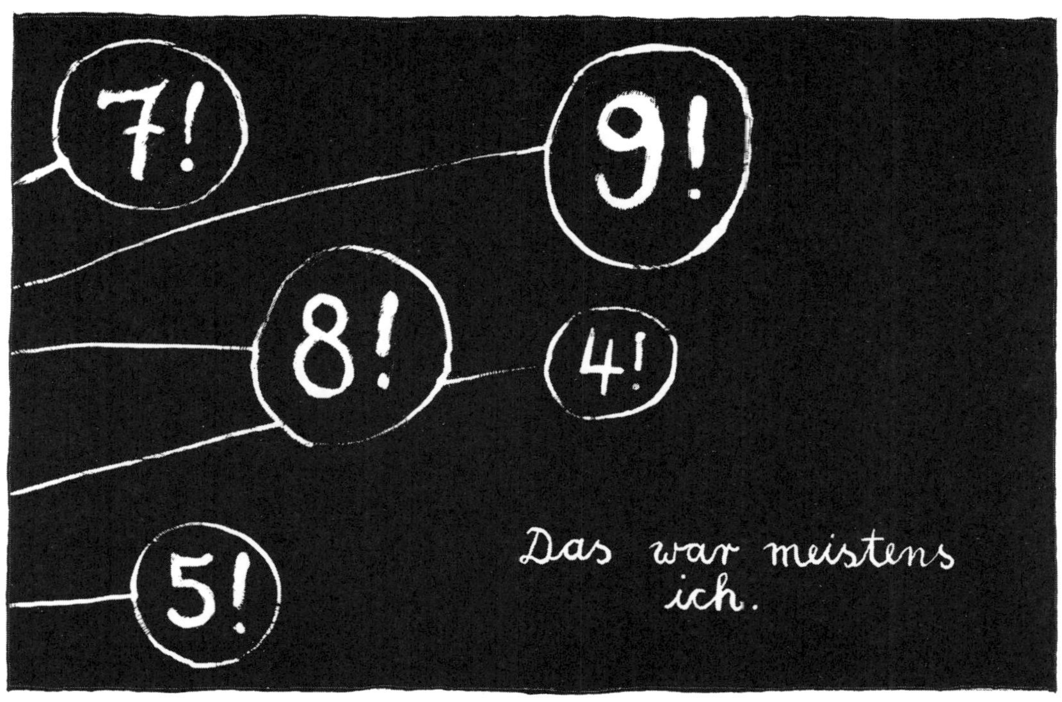
7!
9!
8!
4!
5!
Das war meistens ich.

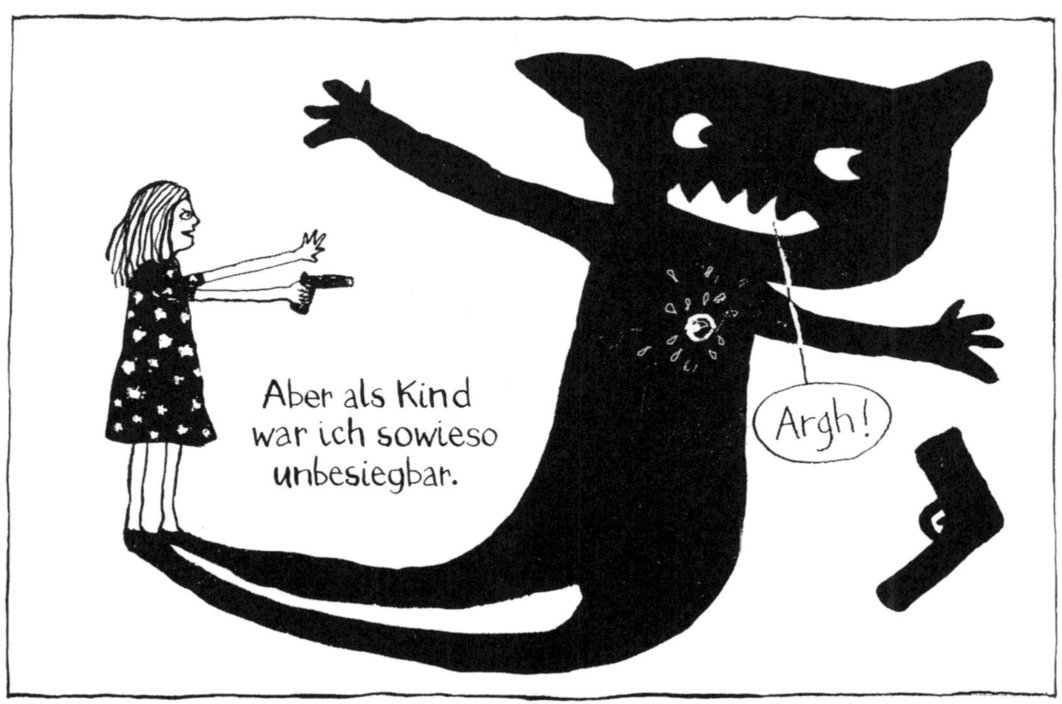
Aber als Kind war ich sowieso unbesiegbar.
Argh!

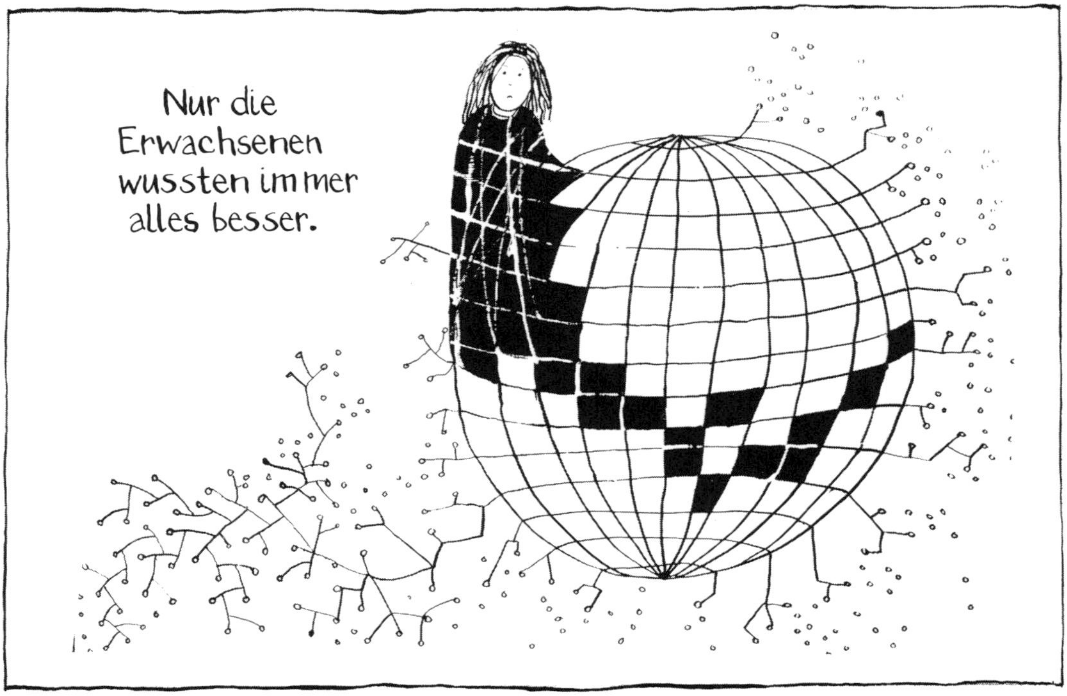

Nur die Erwachsenen wussten immer alles besser.

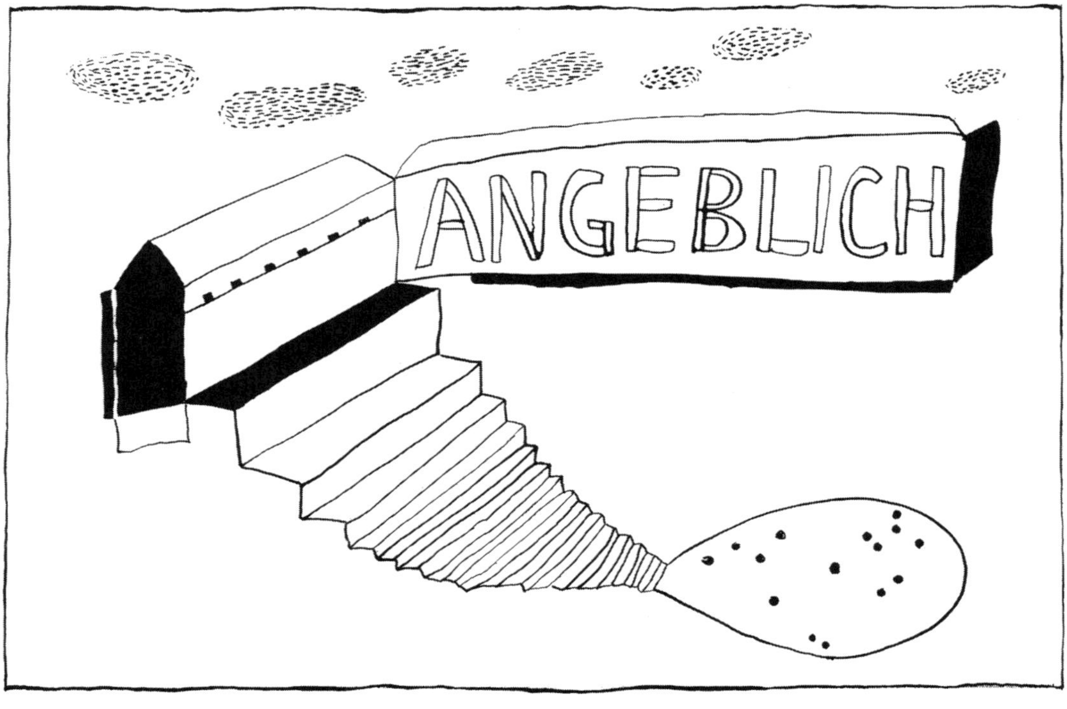

ANGEBLICH

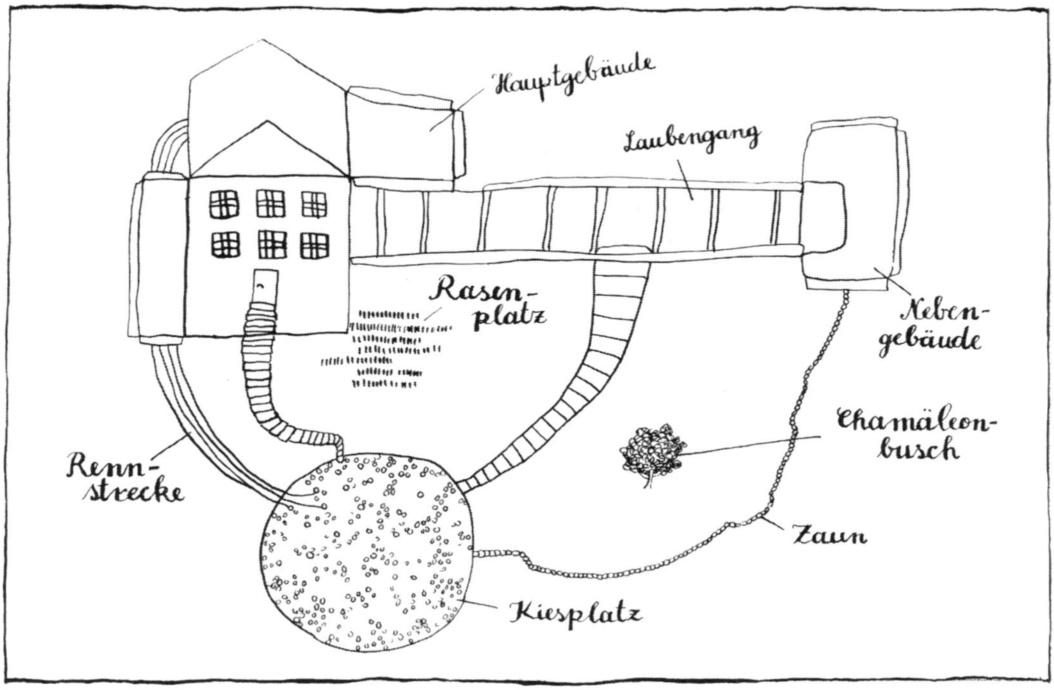

Hauptgebäude
Laubengang
Rasen-
platz
Neben-
gebäude
Chamäleon-
busch
Renn-
strecke
Zaun
Kiesplatz

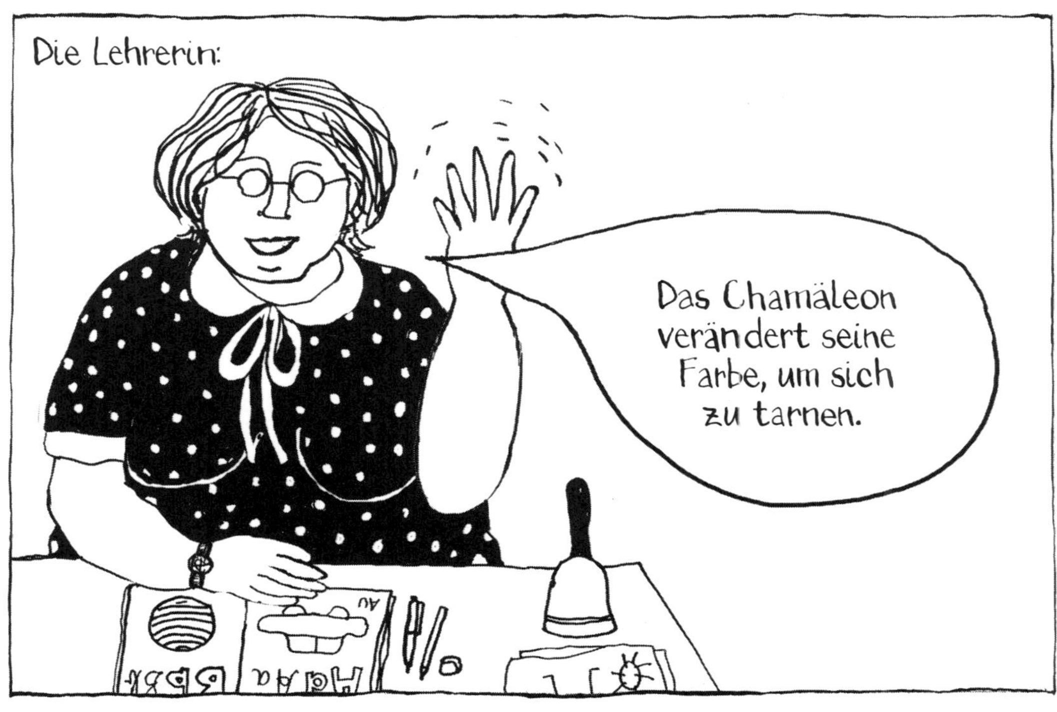

„Es nimmt die Farbe des jeweiligen Untergrundes an.
Für seine Feinde ist es damit fast unsichtbar."

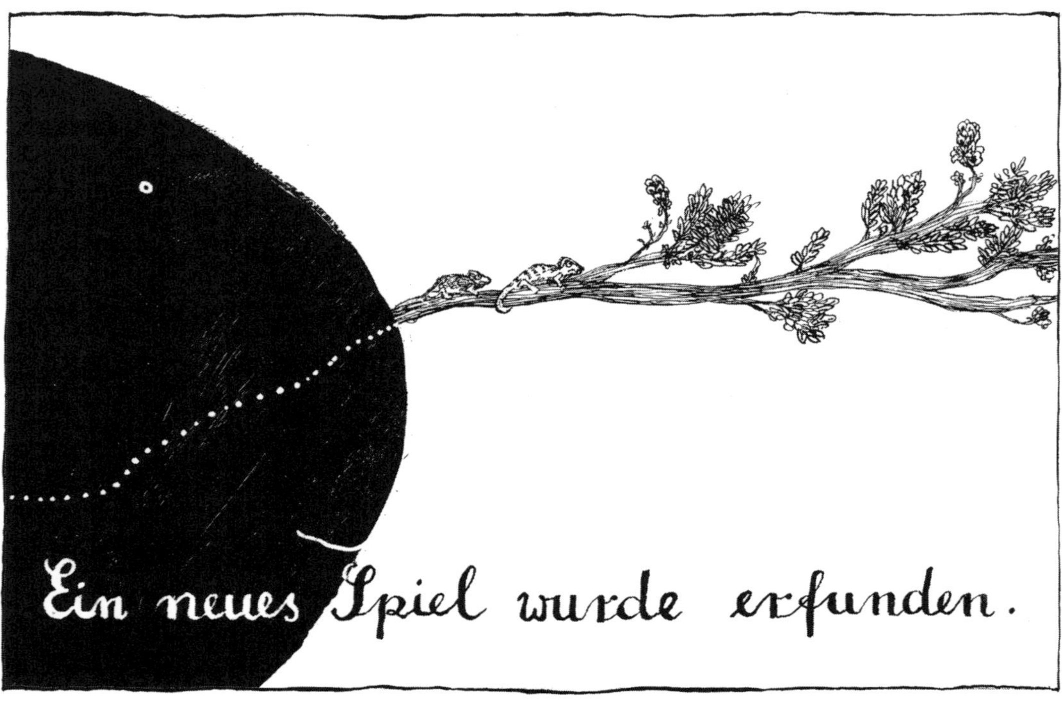

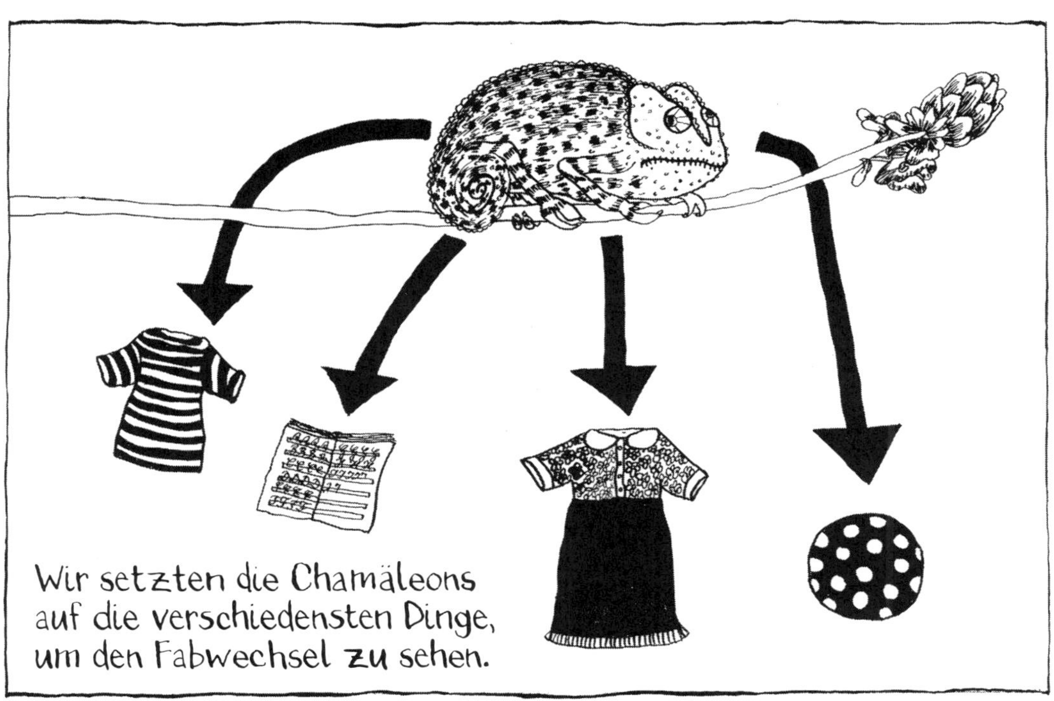
Wir setzten die Chamäleons
auf die verschiedensten Dinge,
um den Fabwechsel zu sehen.

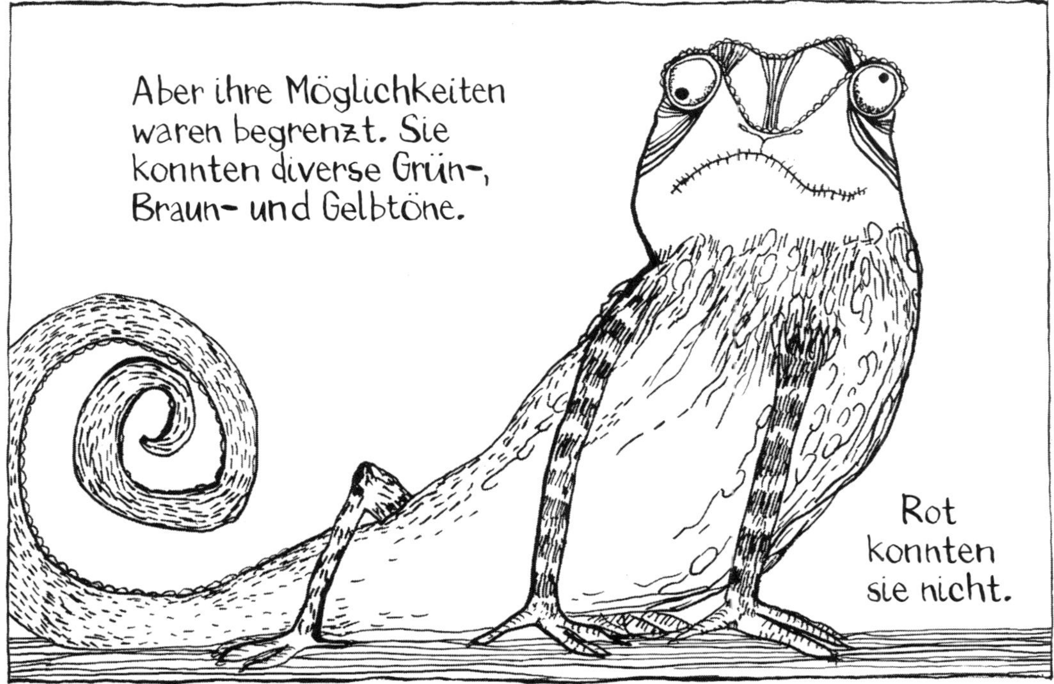
Aber ihre Möglichkeiten
waren begrenzt. Sie
konnten diverse Grün-,
Braun- und Gelbtöne.
Rot
konnten
sie nicht.

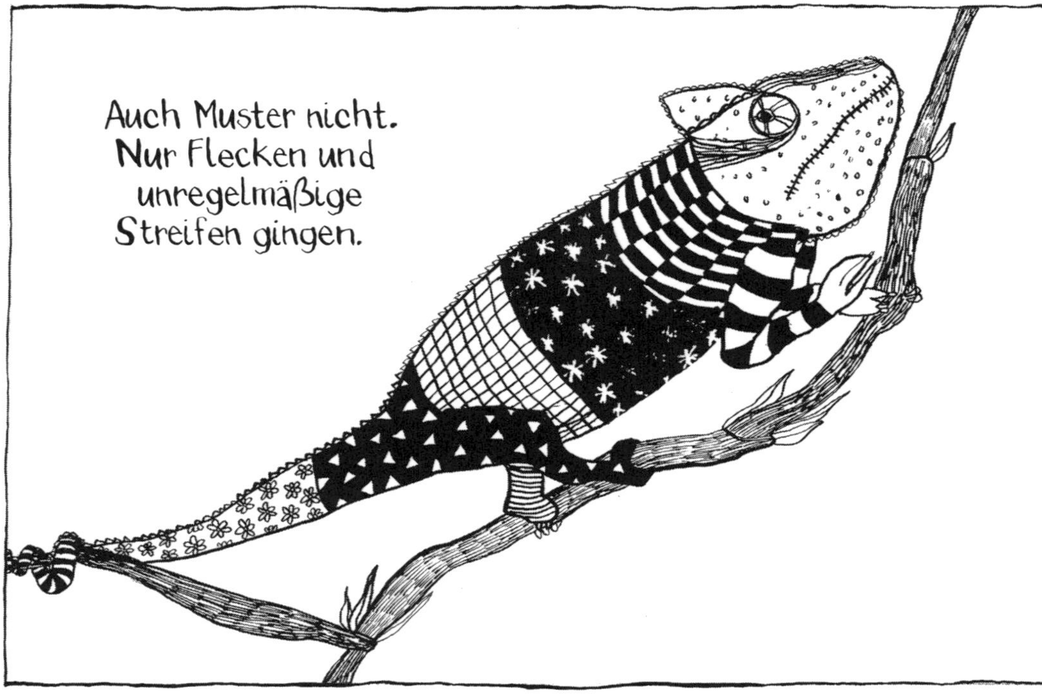

Auch Muster nicht.
Nur Flecken und
unregelmäßige
Streifen gingen.

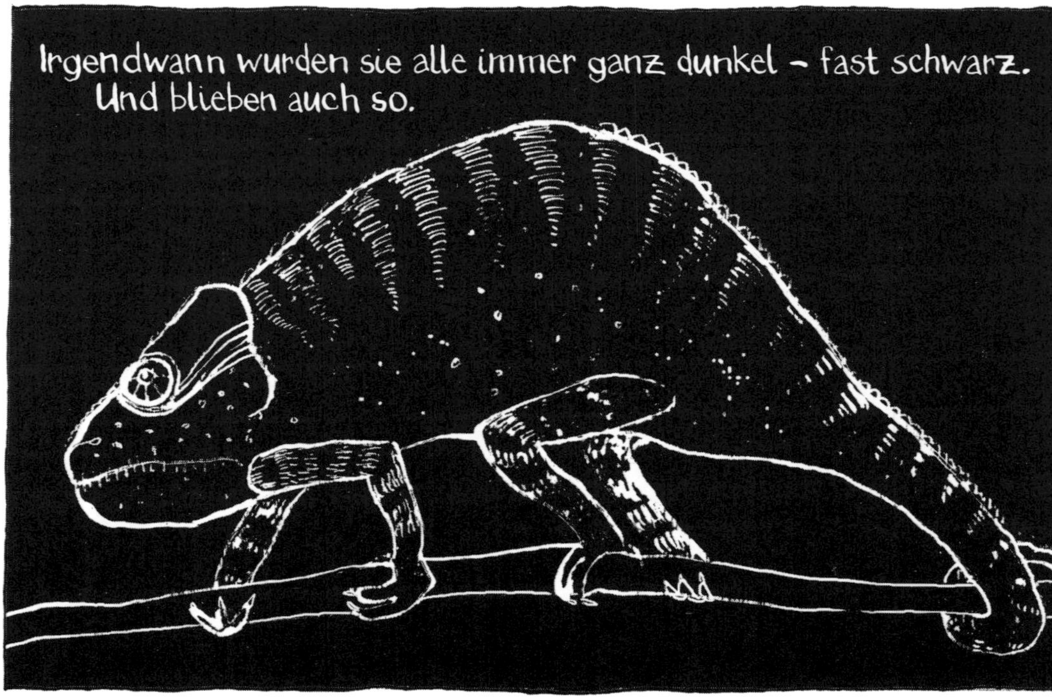

Irgendwann wurden sie alle immer ganz dunkel – fast schwarz.
Und blieben auch so.

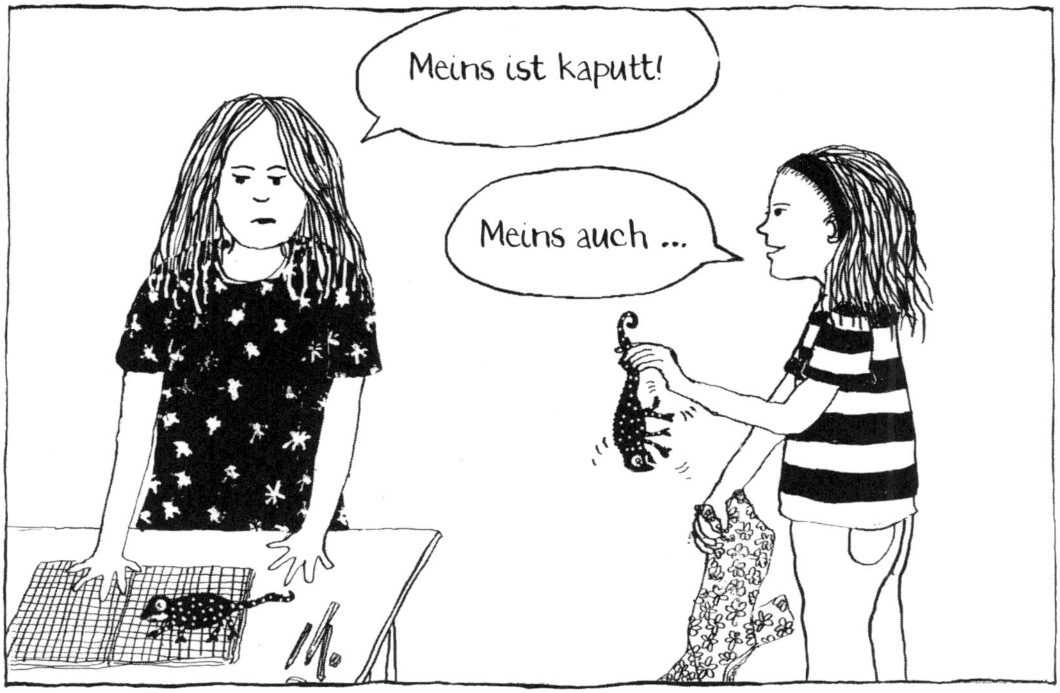

Meins ist kaputt!

Meins auch ...

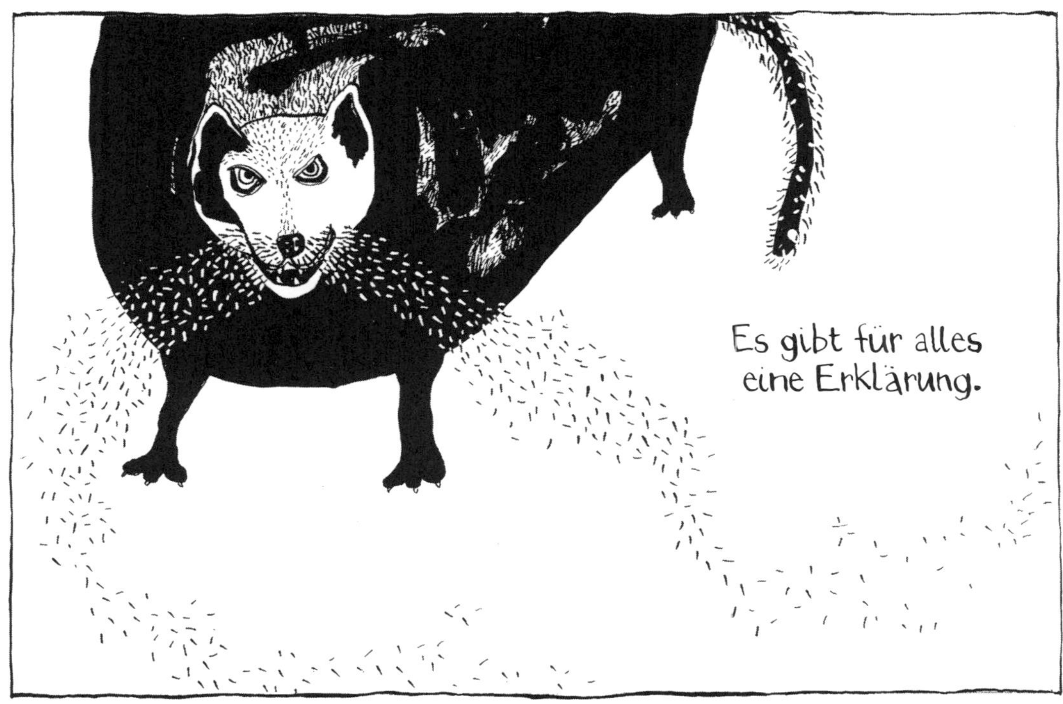

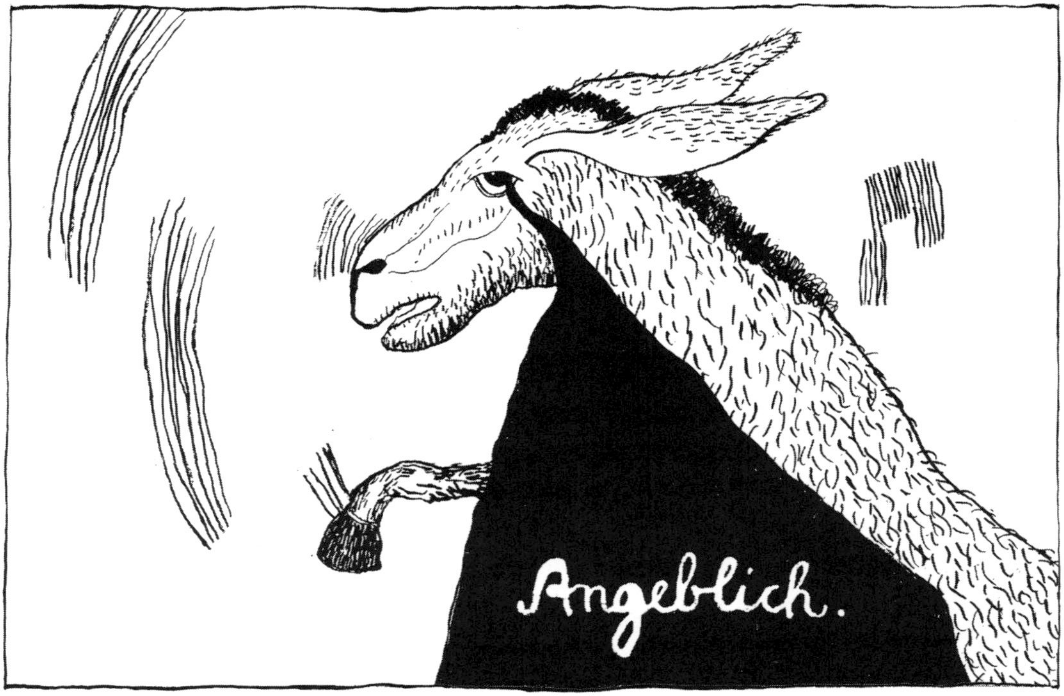

Angeblich.

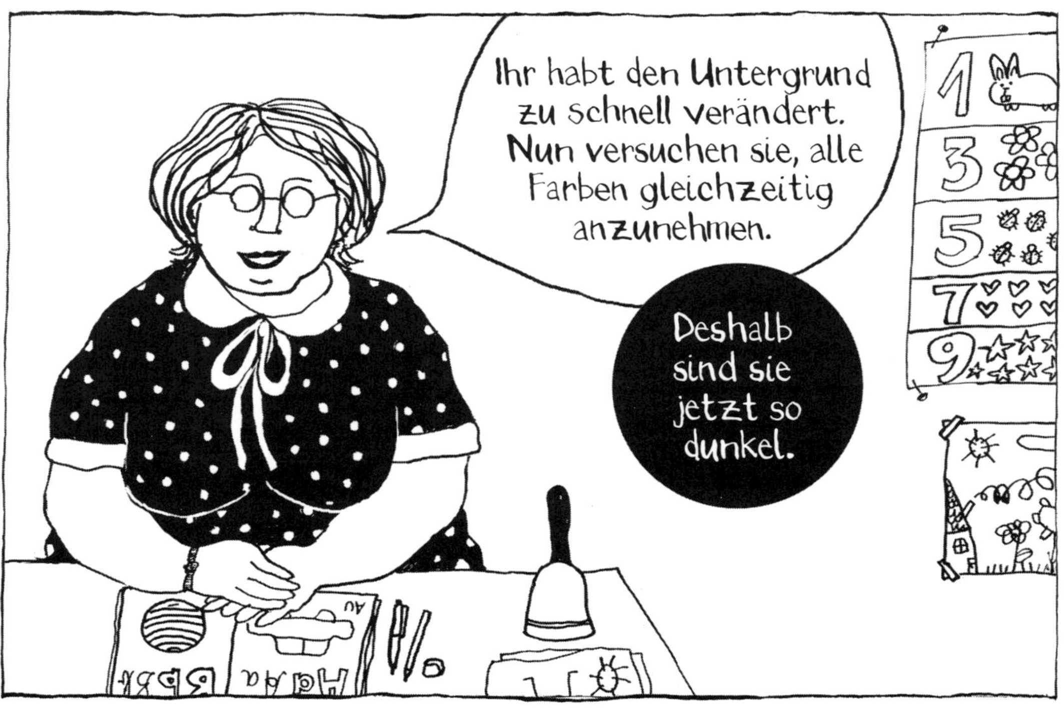
Ihr habt den Untergrund zu schnell verändert. Nun versuchen sie, alle Farben gleichzeitig anzunehmen.
Deshalb sind sie jetzt so dunkel.

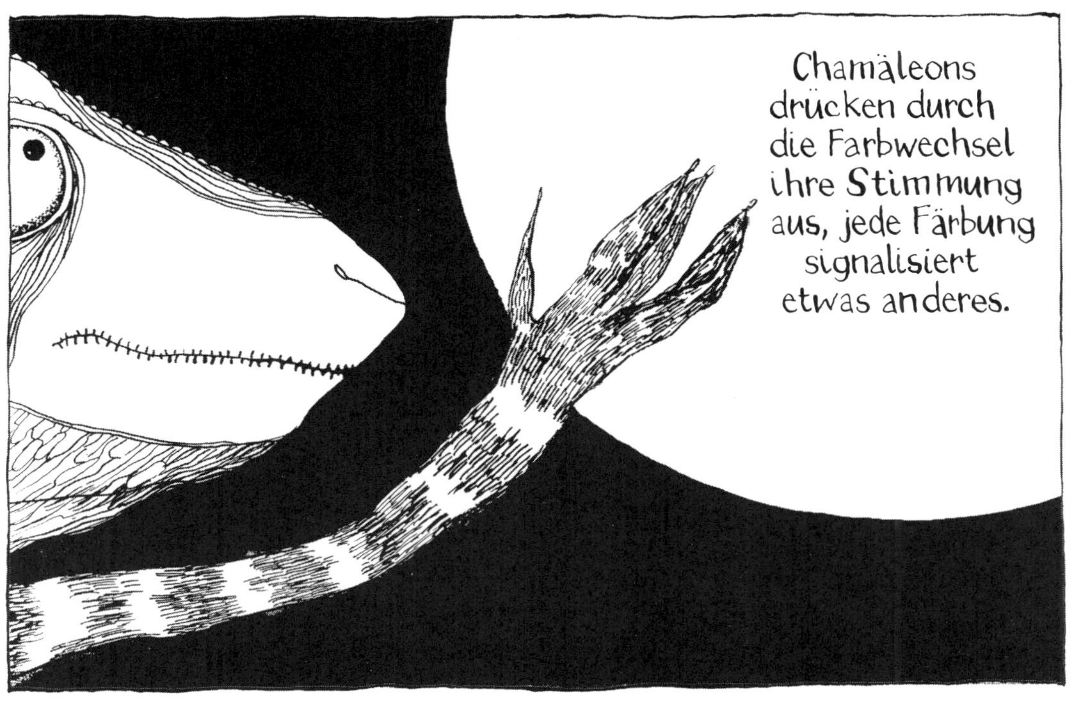
Chamäleons
drücken durch
die Farbwechsel
ihre Stimmung
aus, jede Färbung
signalisiert
etwas anderes.

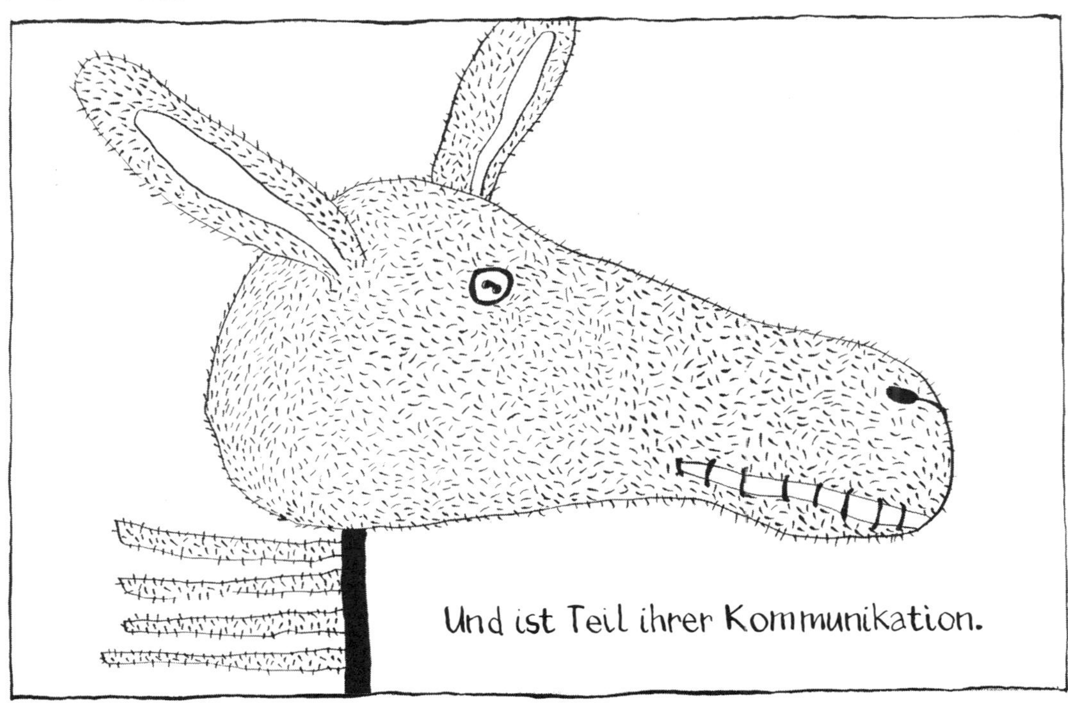
Und ist Teil ihrer Kommunikation.

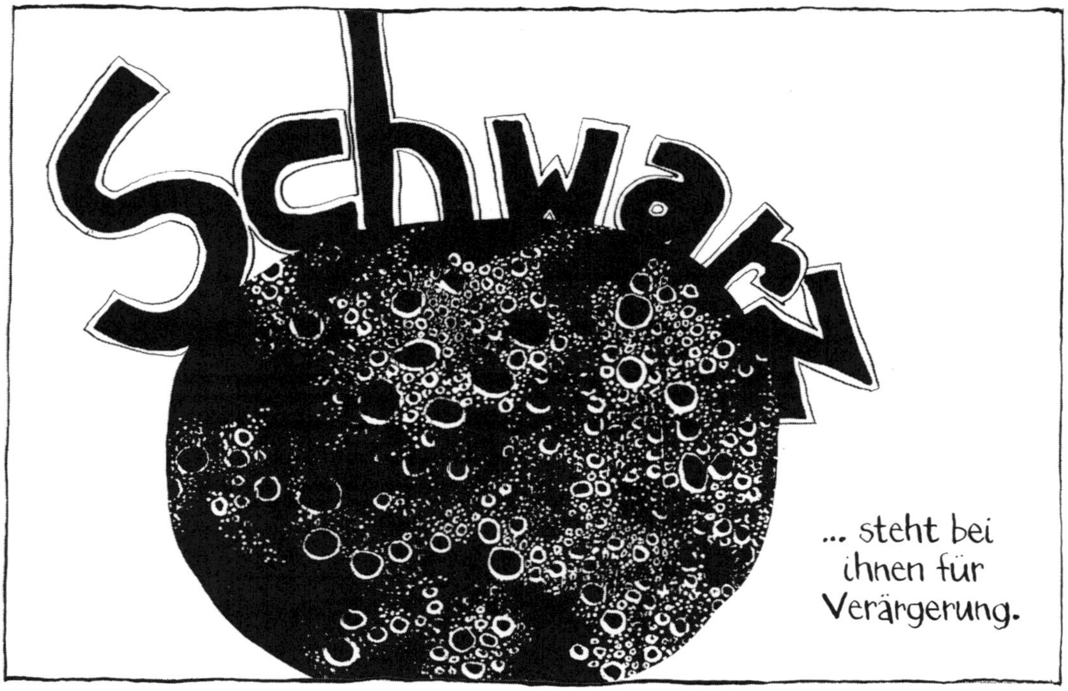

Schwarz

... steht bei ihnen für Verärgerung.

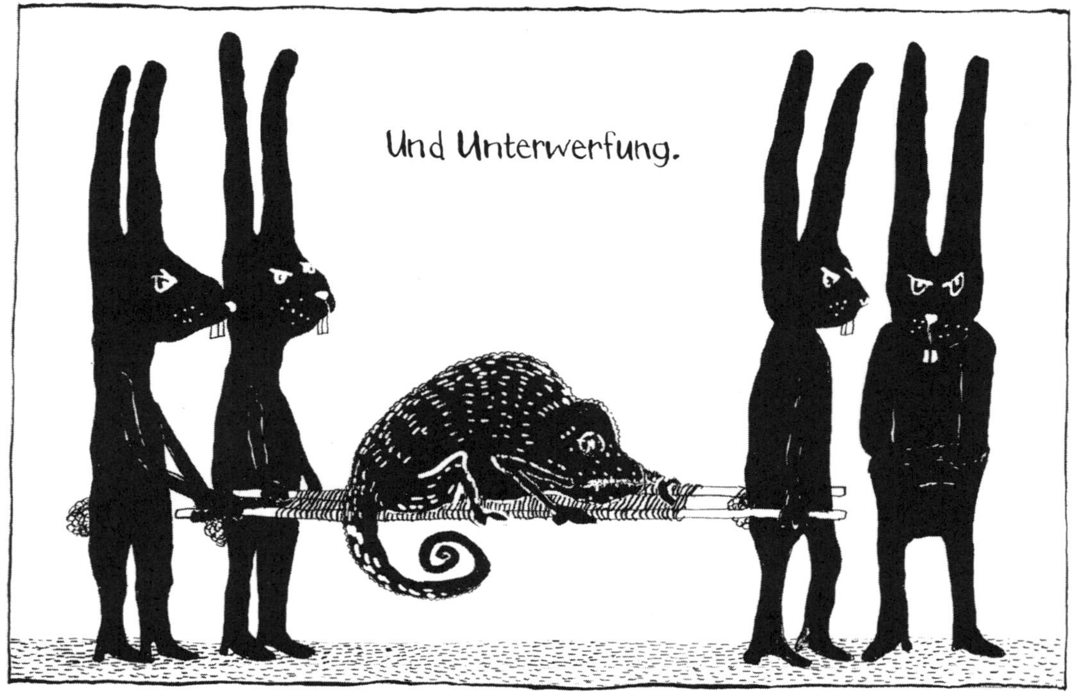

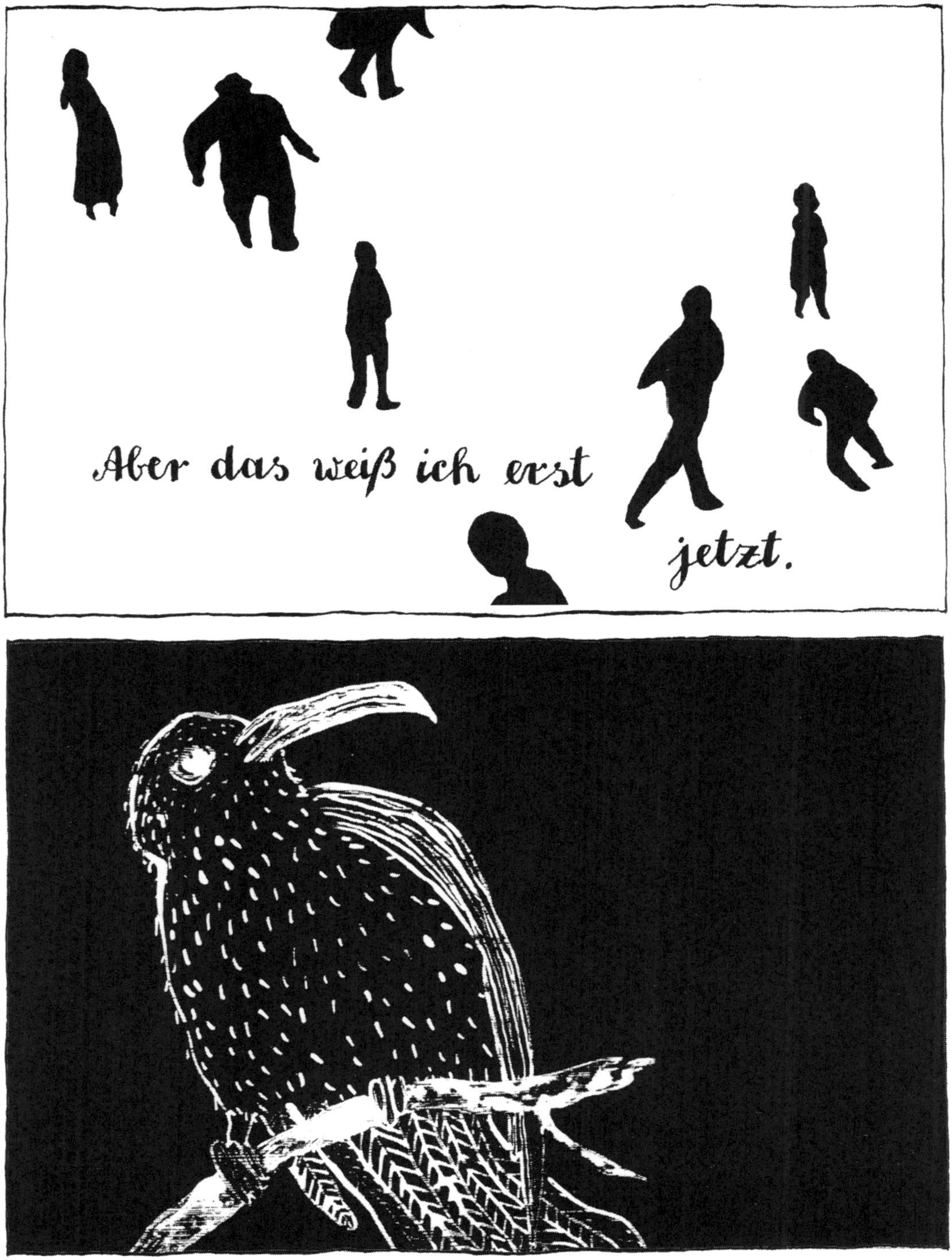

Aber das weiß ich erst jetzt.

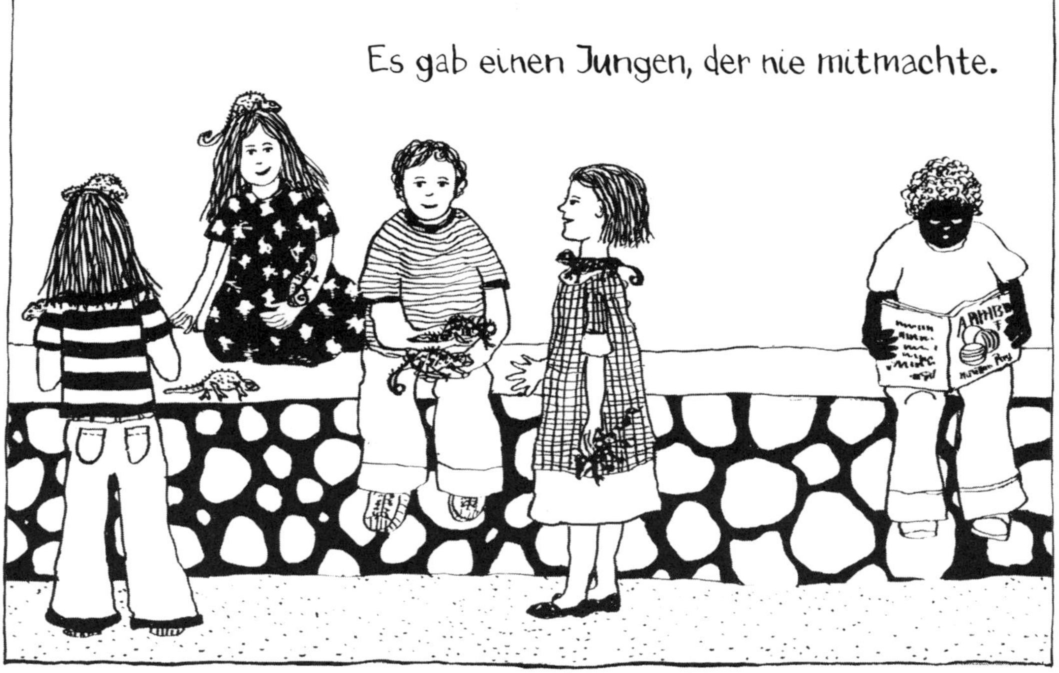

Es gab einen Jungen, der nie mitmachte.

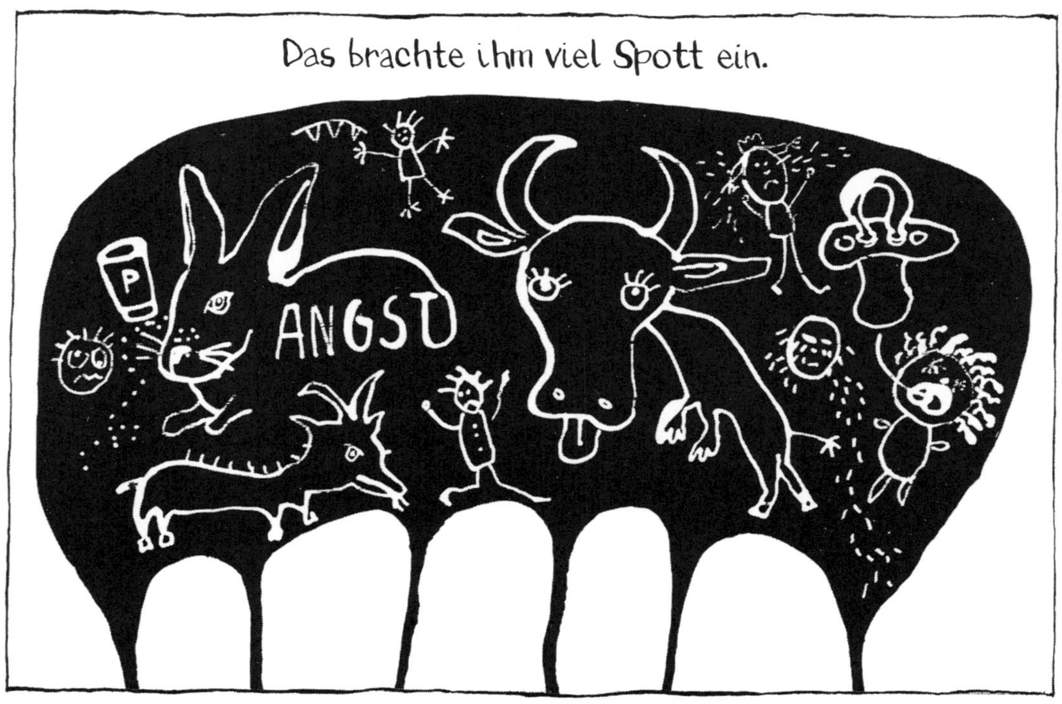

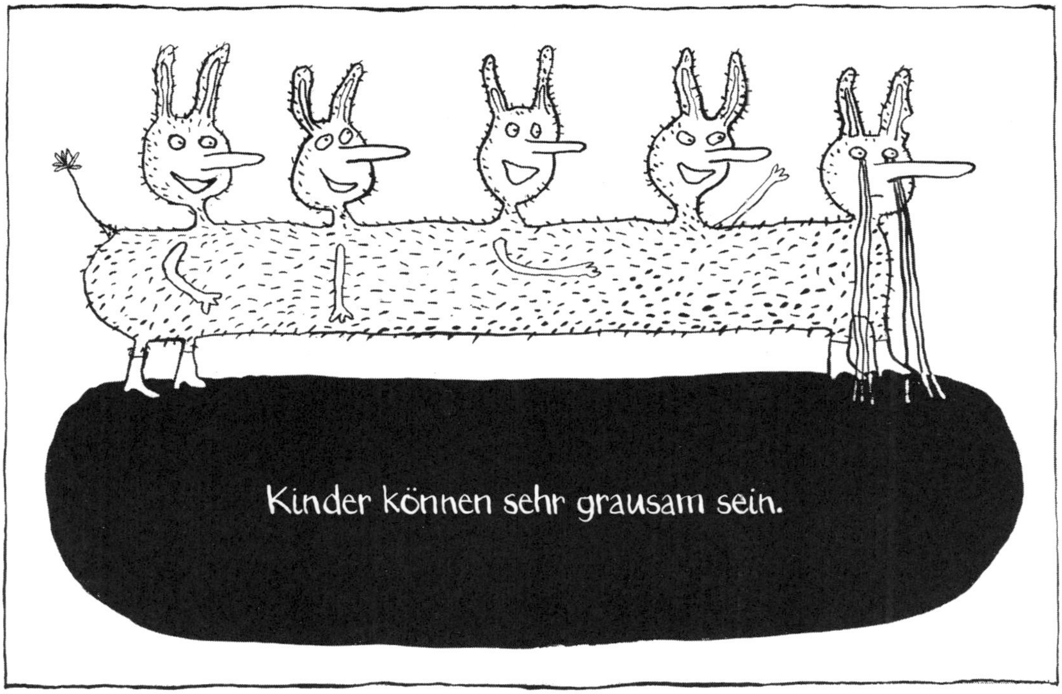

Kinder können sehr grausam sein.

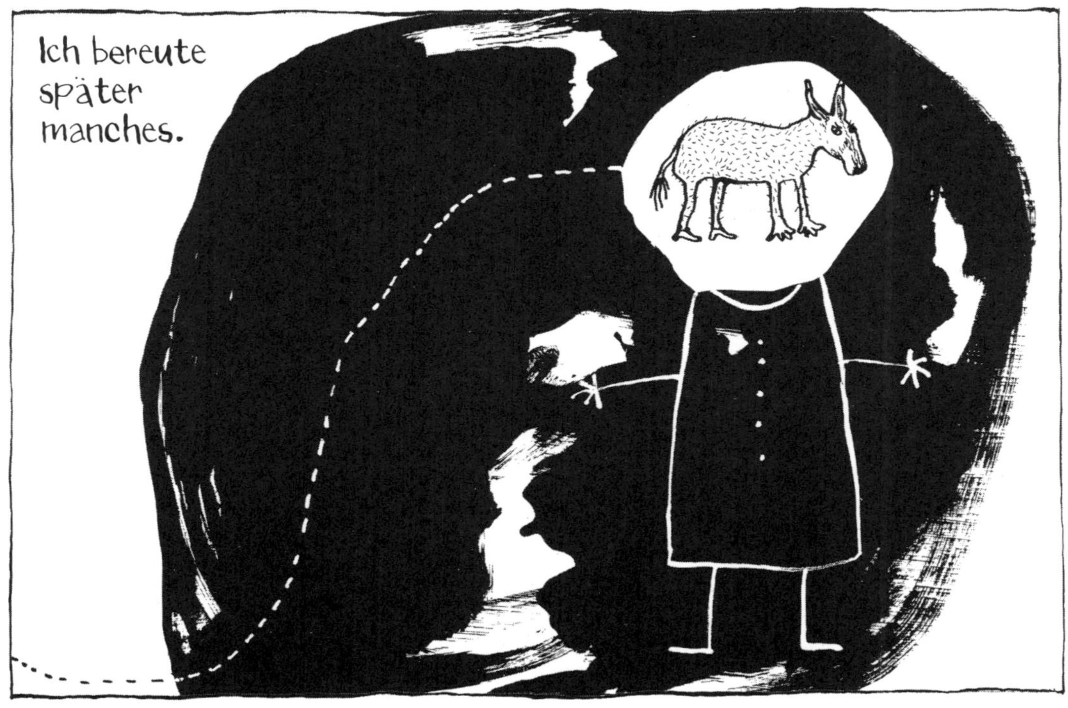

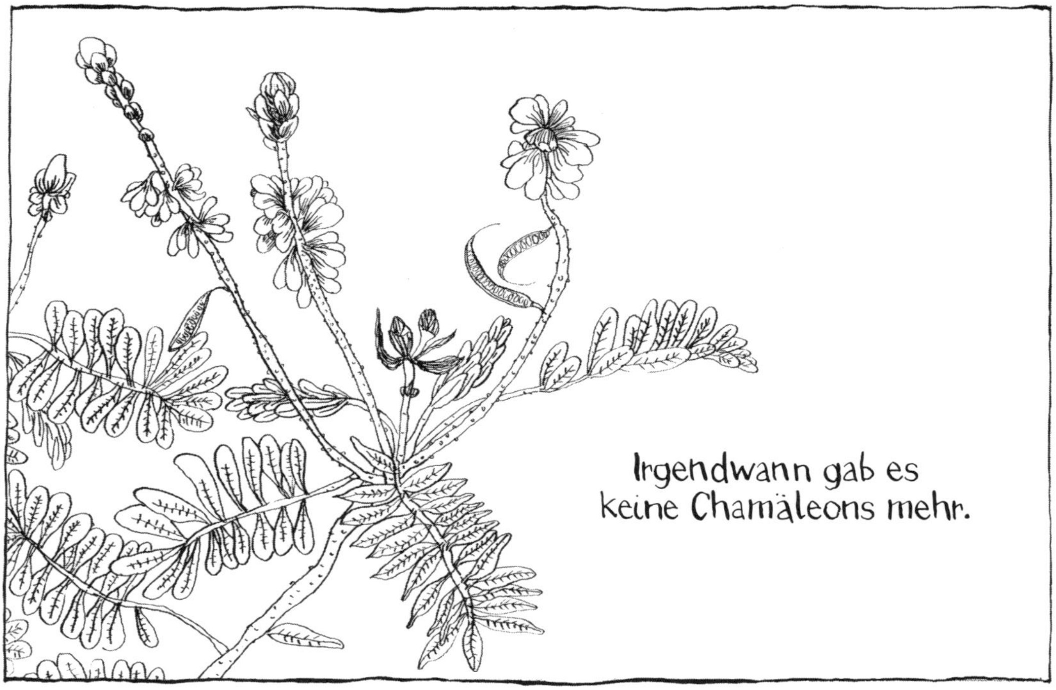

Irgendwann gab es keine Chamäleons mehr.

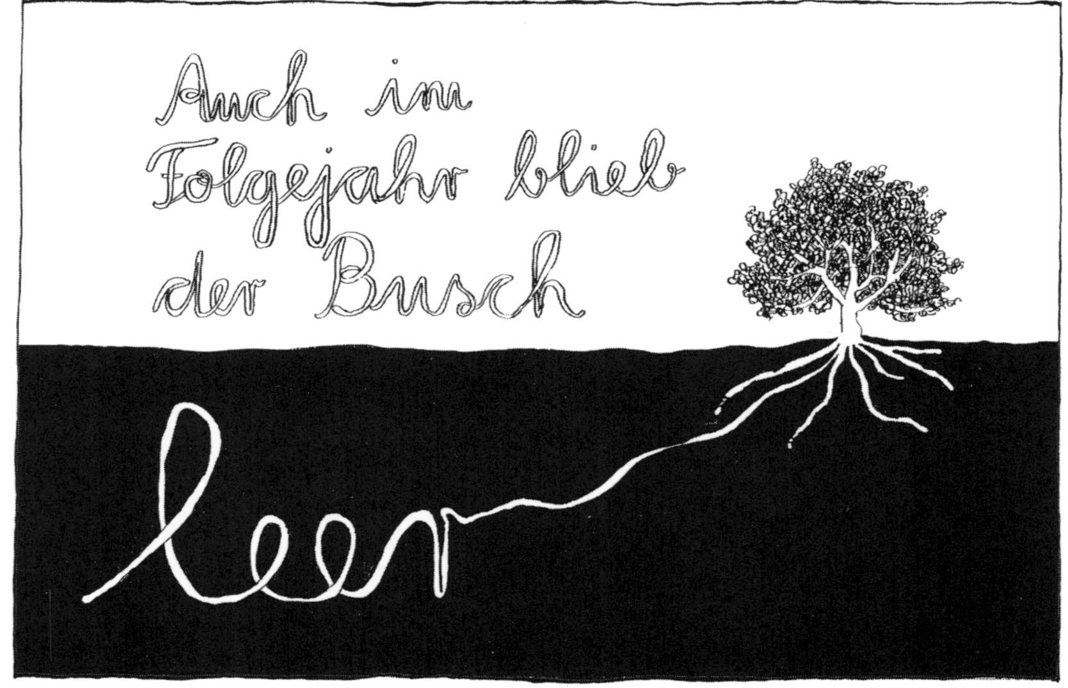

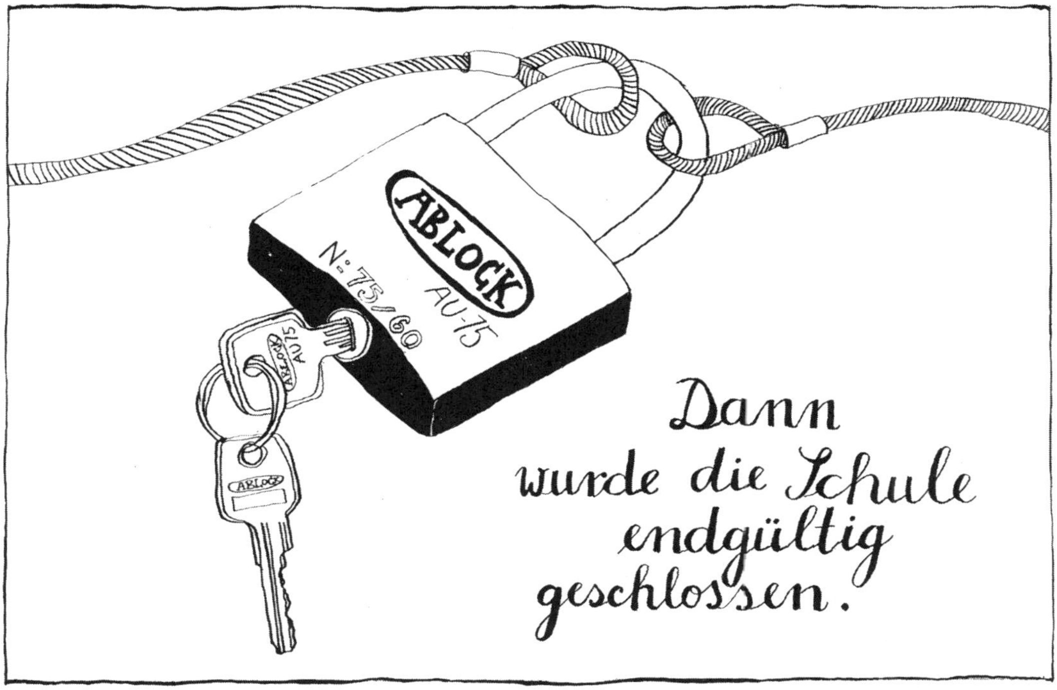

Dann wurde die Schule endgültig geschlossen.

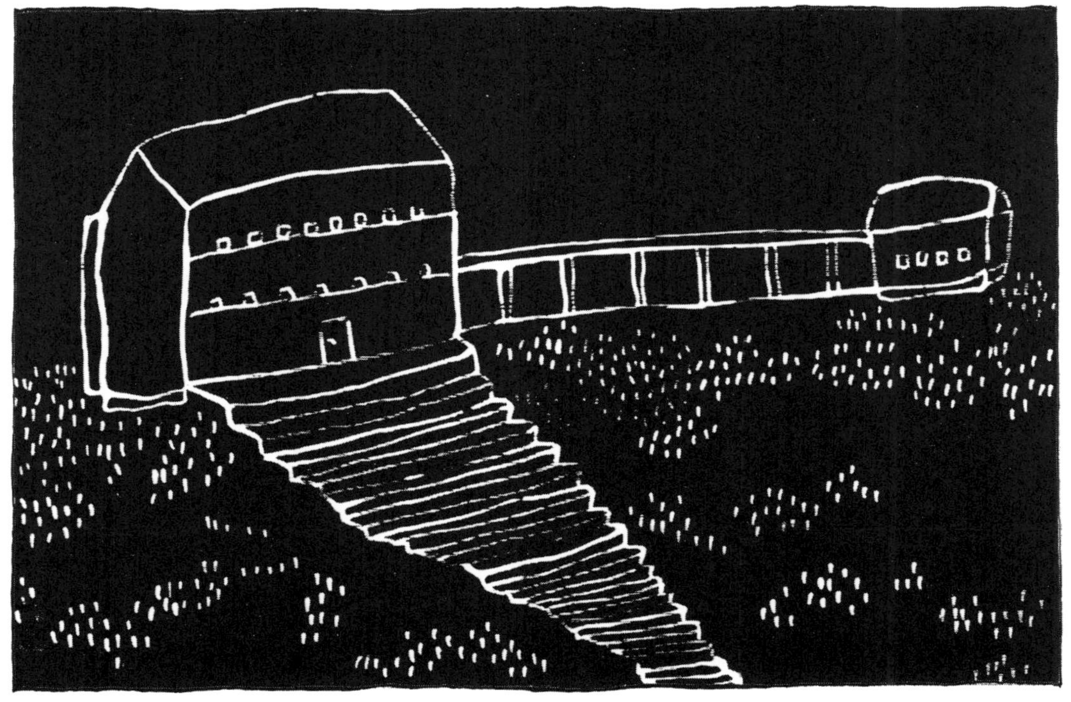

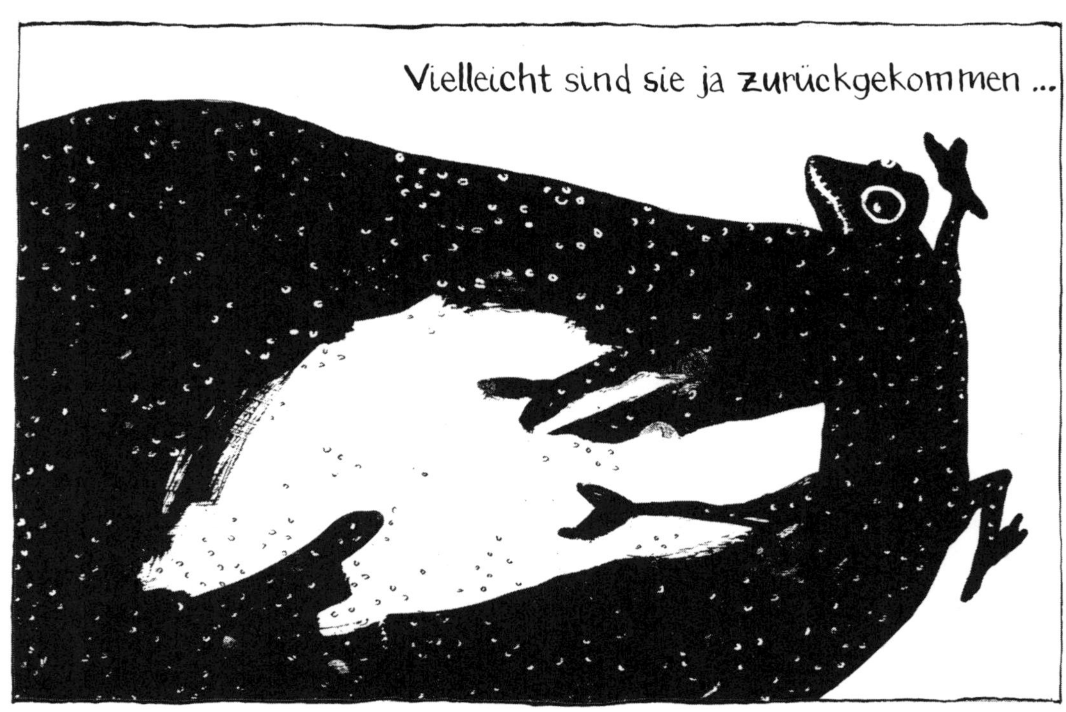
Vielleicht sind sie ja zurückgekommen ...

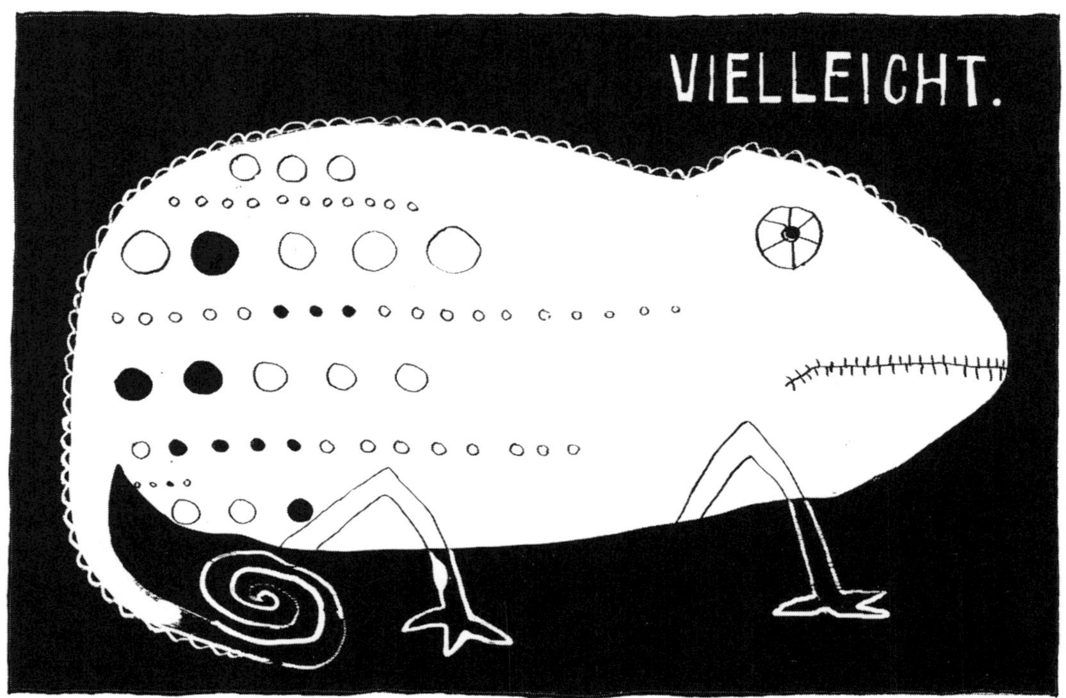
VIELLEICHT.

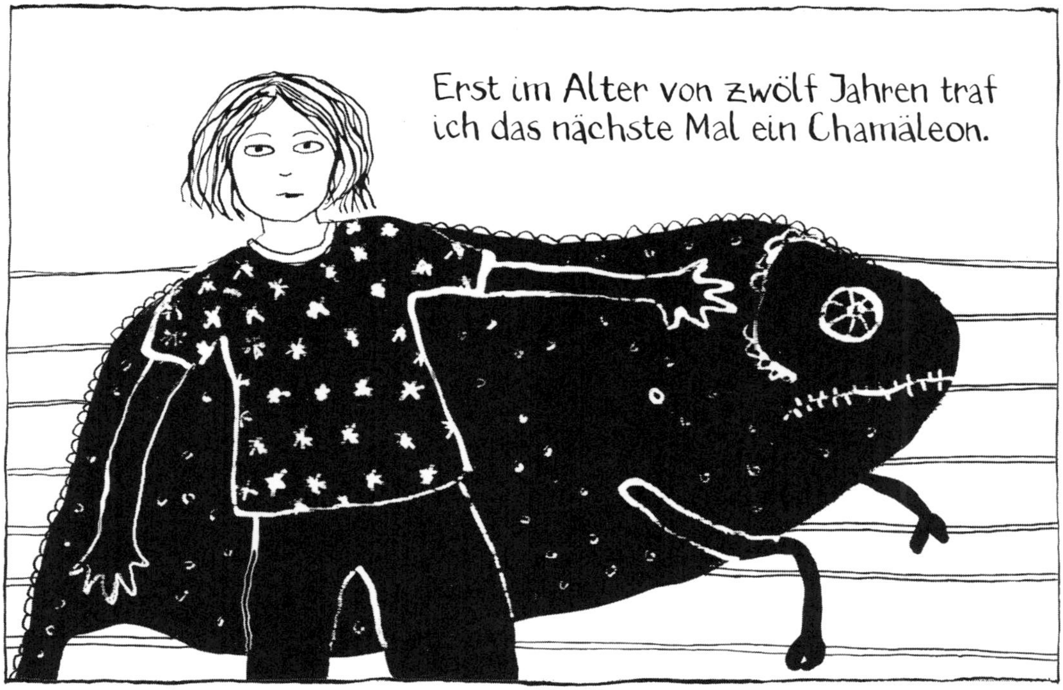

Erst im Alter von zwölf Jahren traf ich das nächste Mal ein Chamäleon.

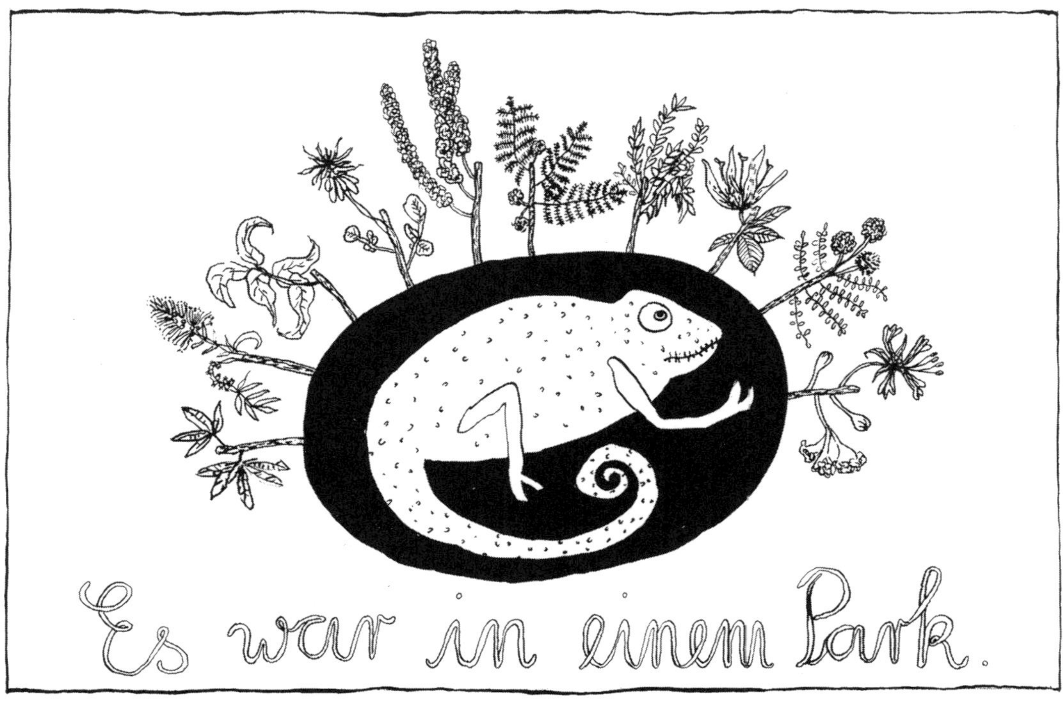

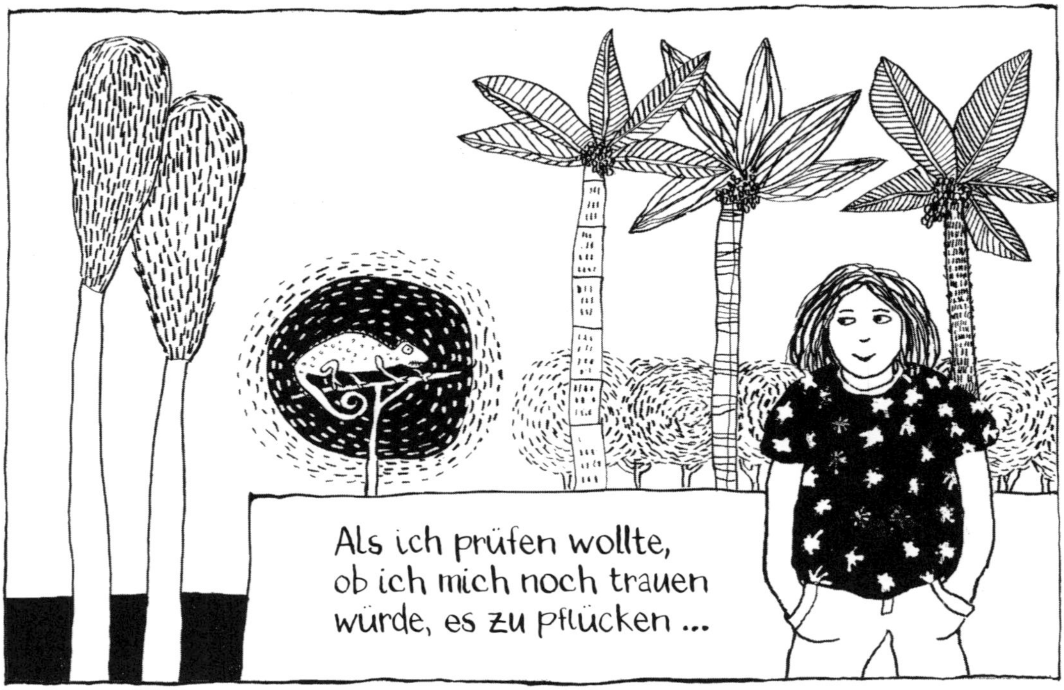

Als ich prüfen wollte,
ob ich mich noch trauen
würde, es zu pflücken ...

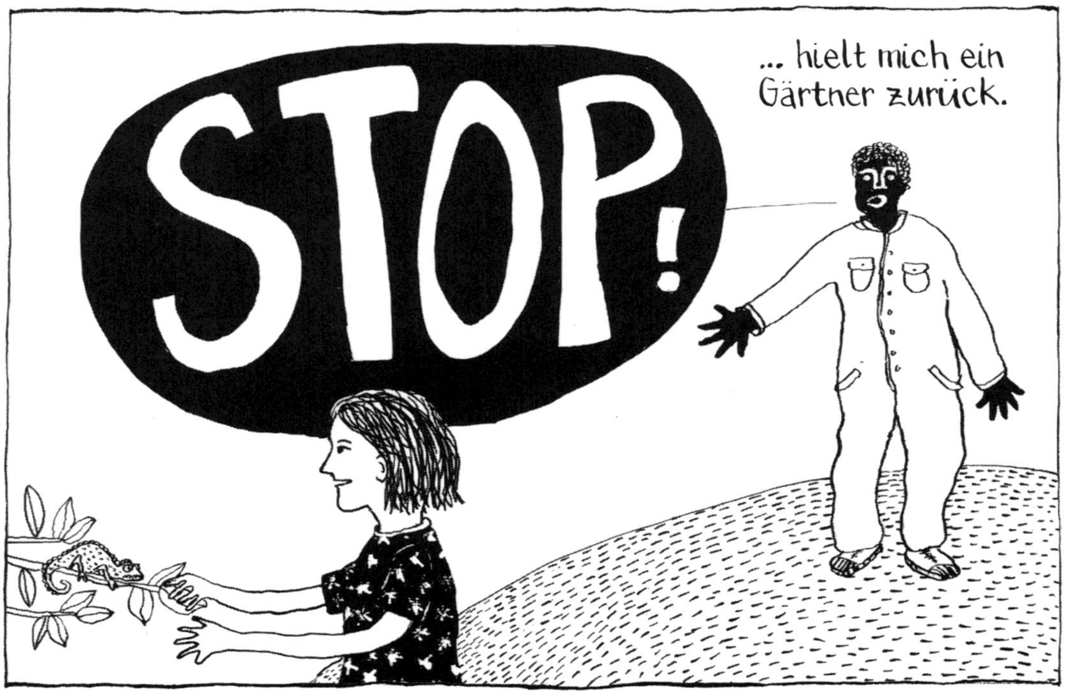

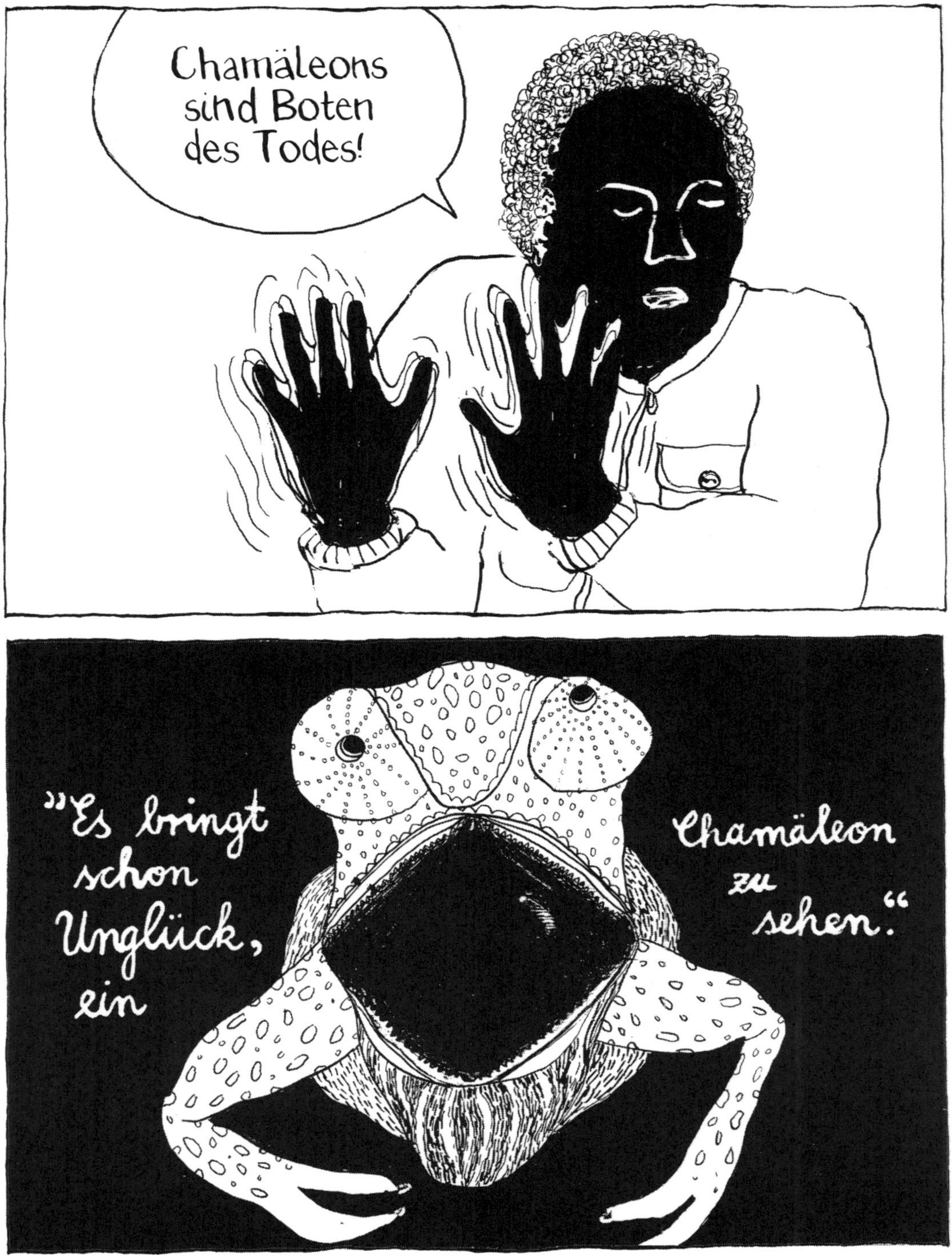

Chamäleons sind Boten des Todes!

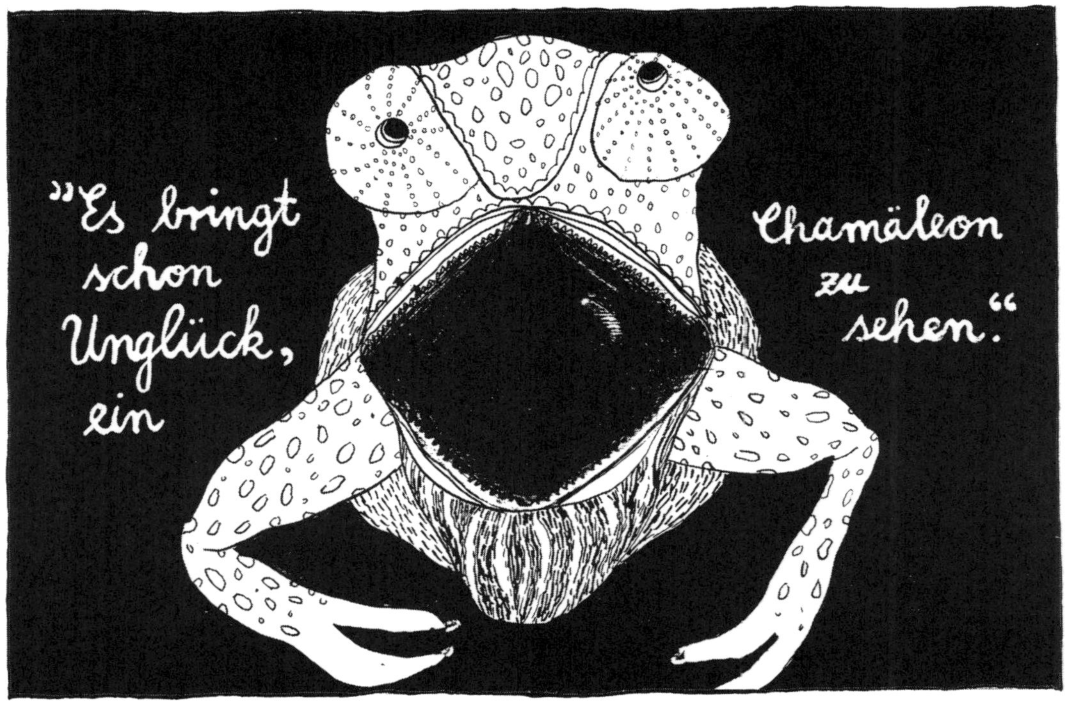

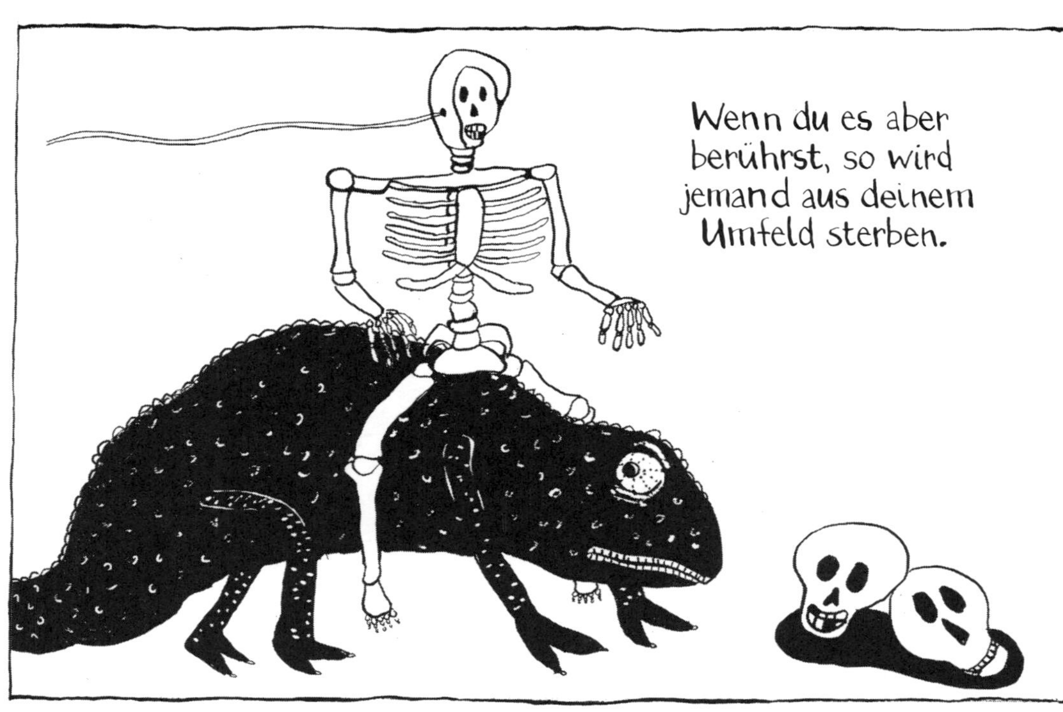
Wenn du es aber berührst, so wird jemand aus deinem Umfeld sterben.

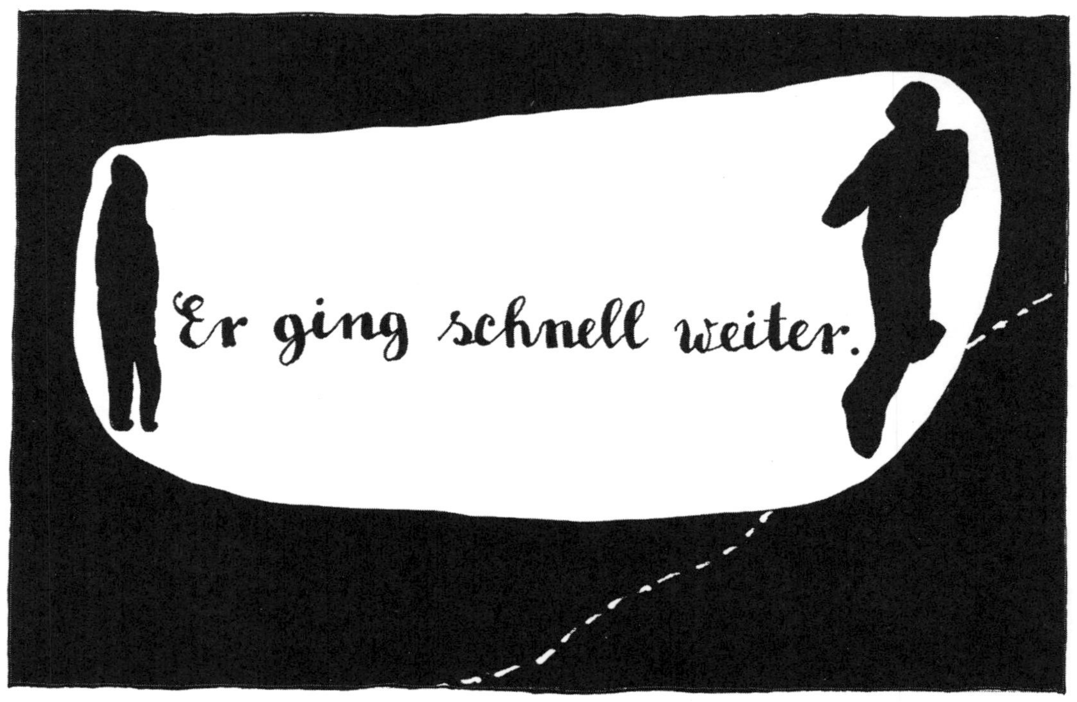
Er ging schnell weiter.

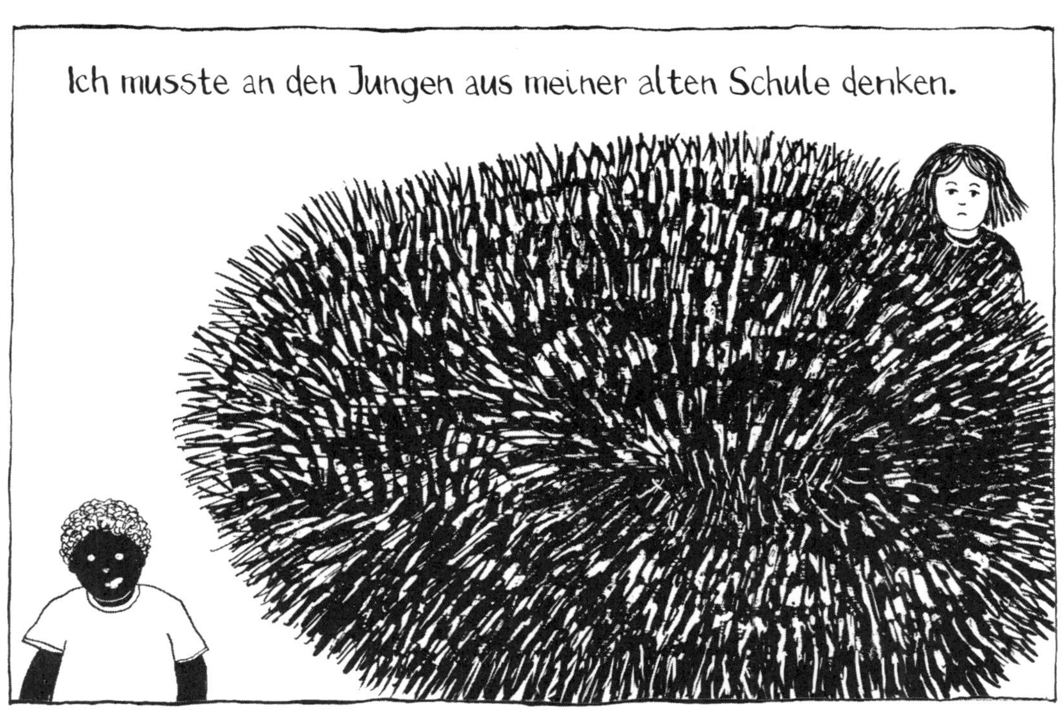
Ich musste an den Jungen aus meiner alten Schule denken.

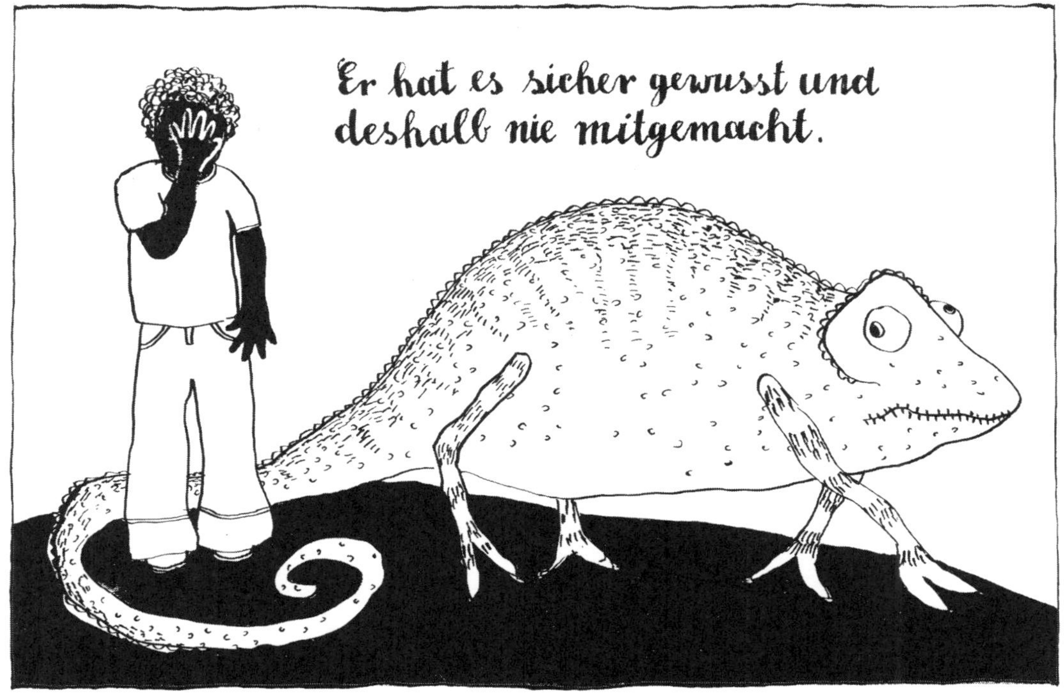
Er hat es sicher gewusst und deshalb nie mitgemacht.

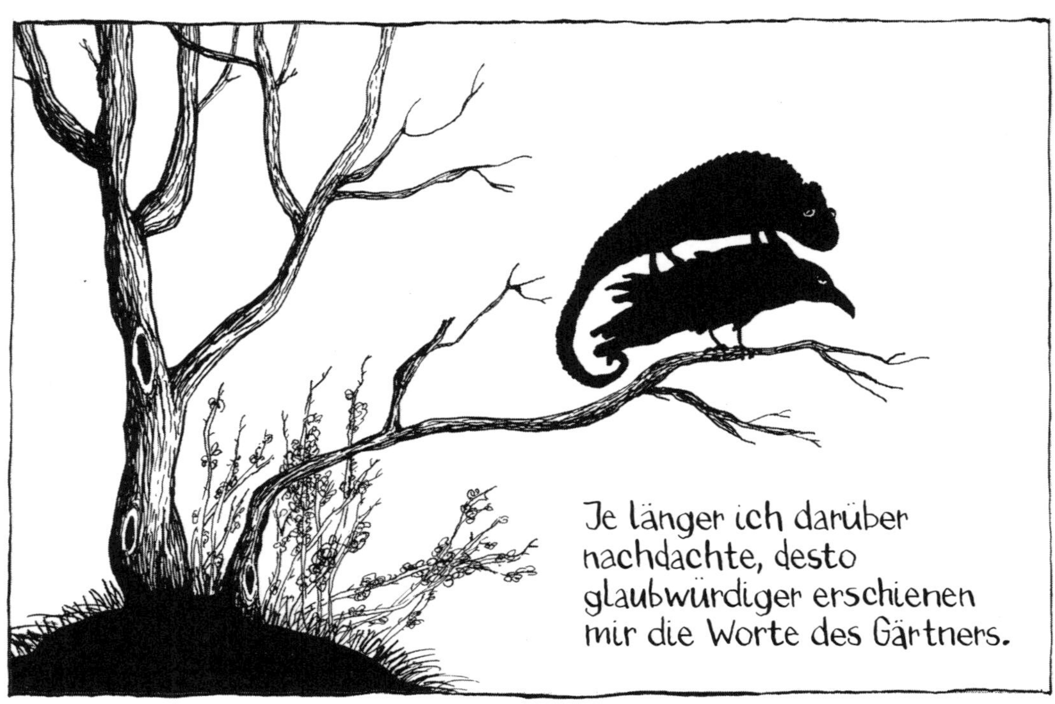
Je länger ich darüber nachdachte, desto glaubwürdiger erschienen mir die Worte des Gärtners.

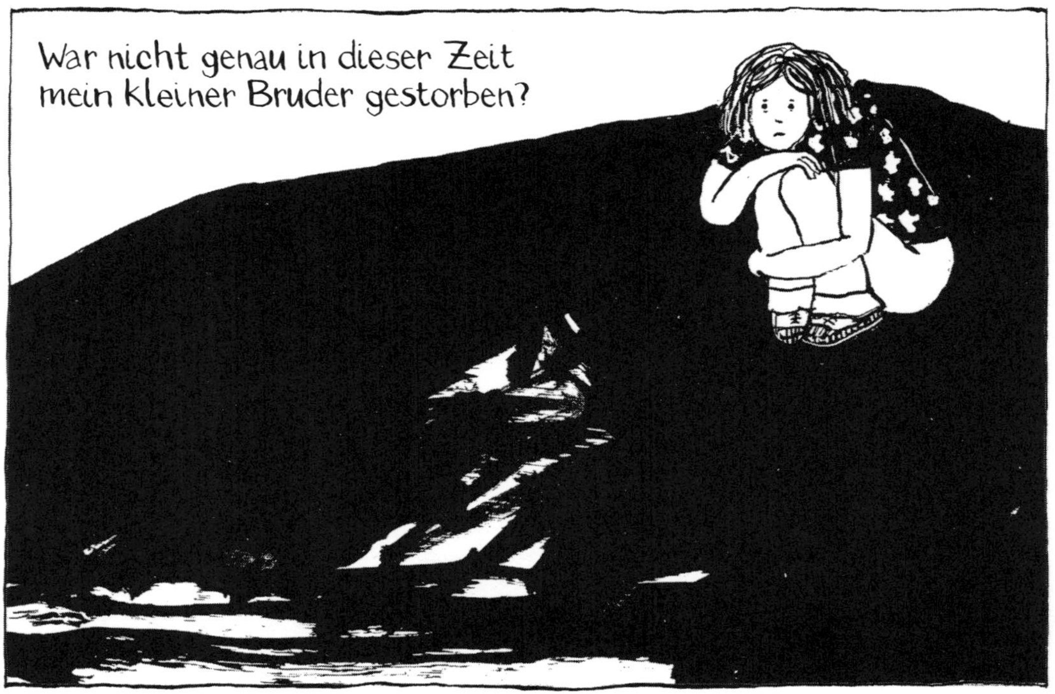
War nicht genau in dieser Zeit mein kleiner Bruder gestorben?

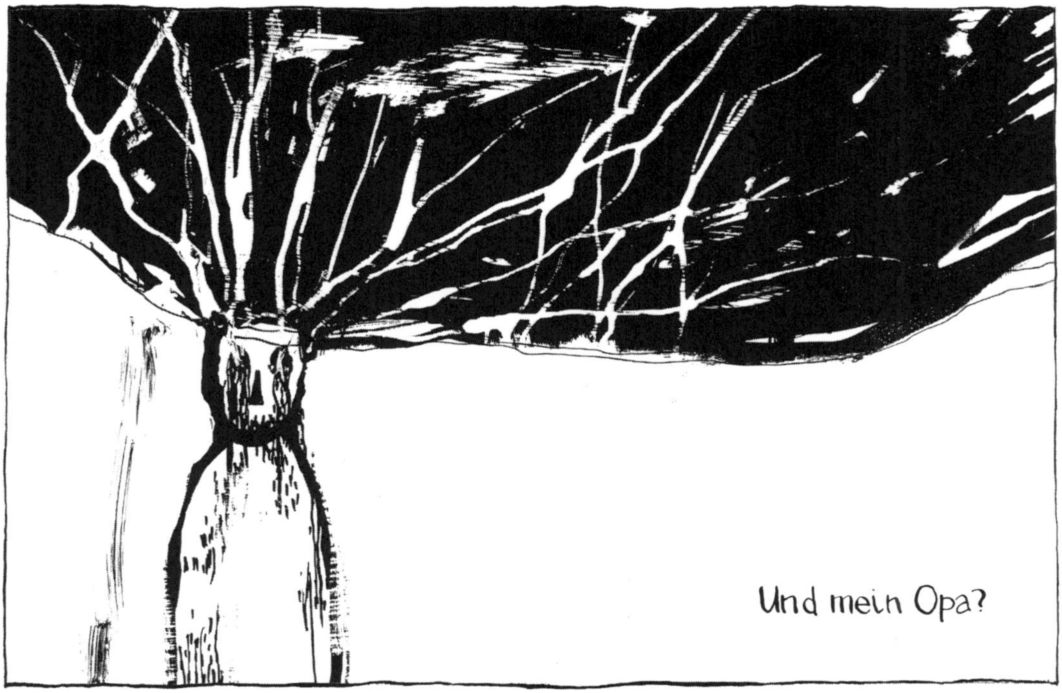

Und mein Opa?

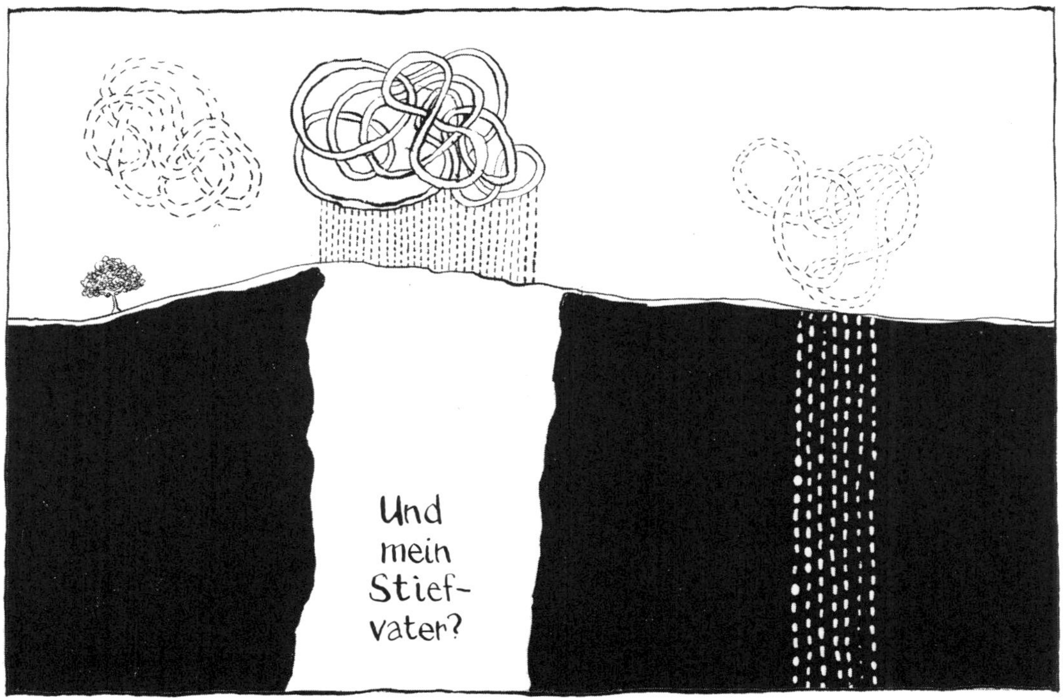

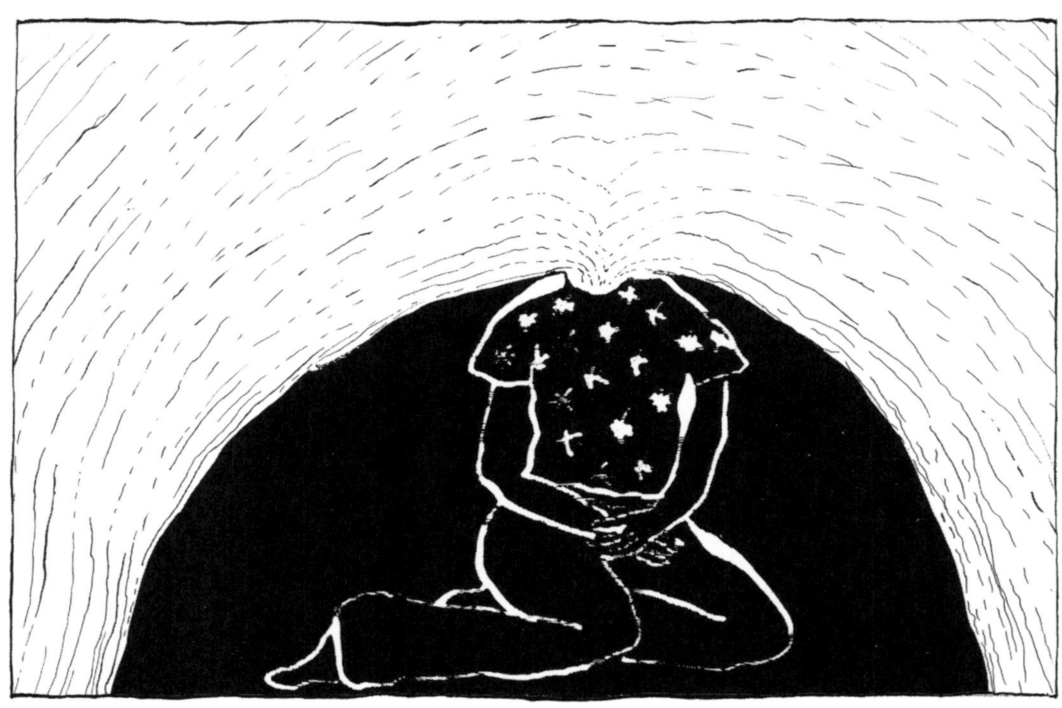

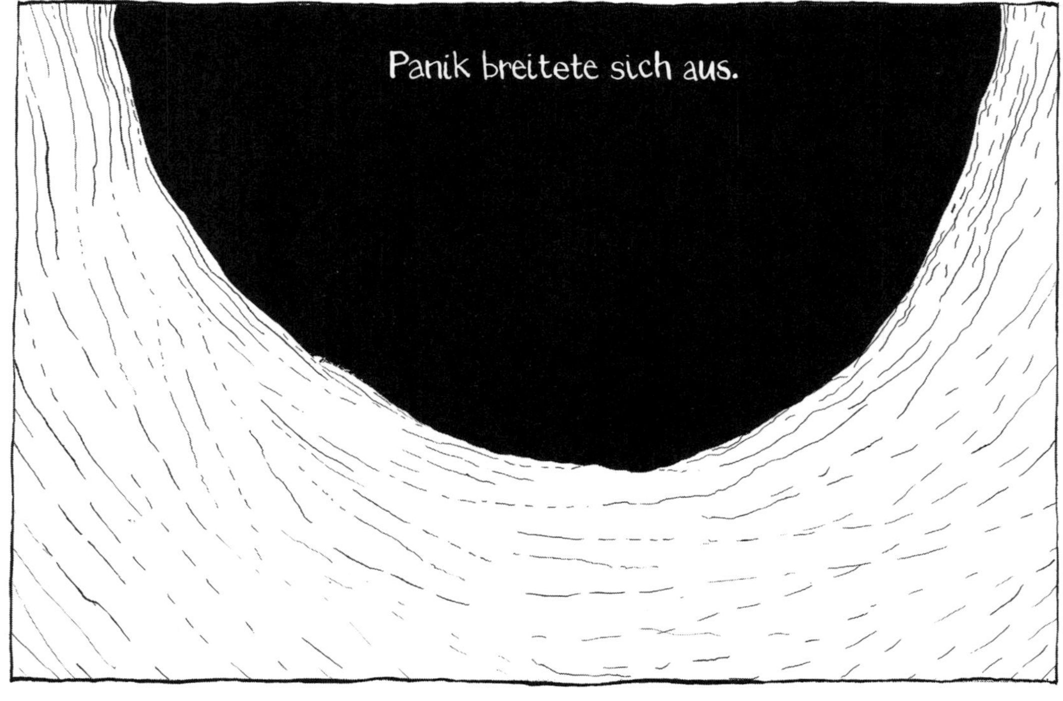
Panik breitete sich aus.

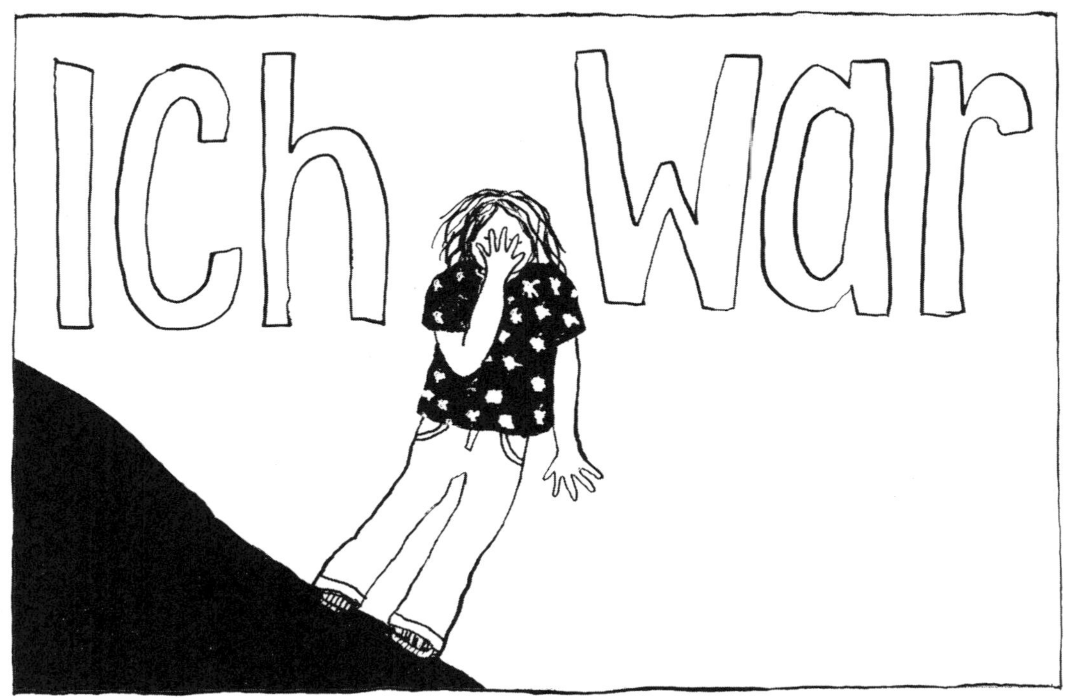
Ich war

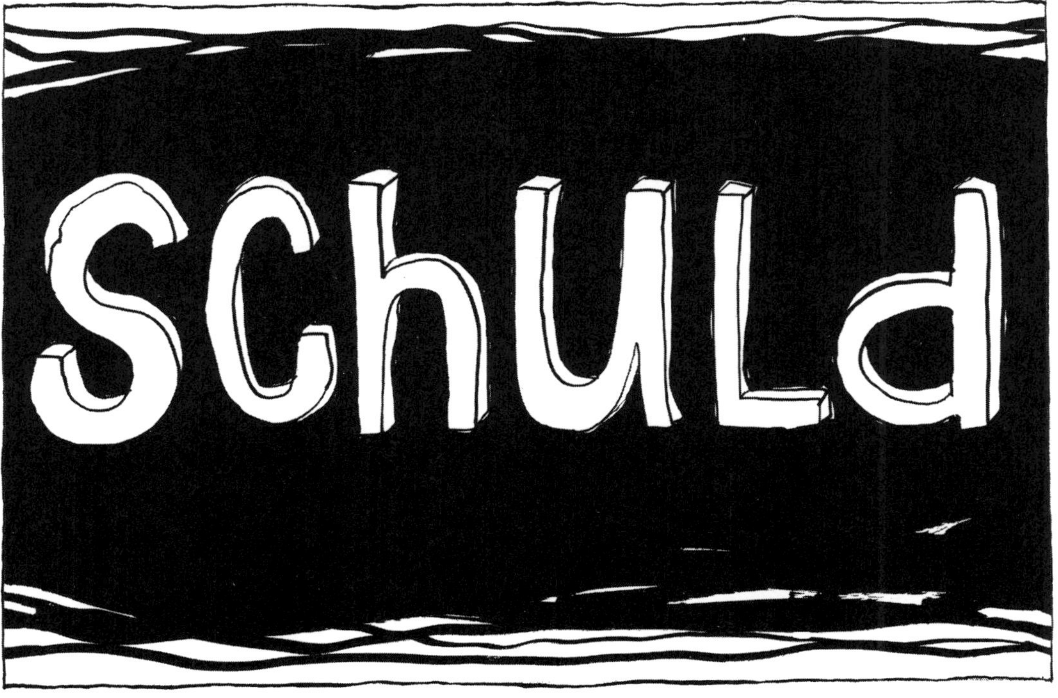
Schuld

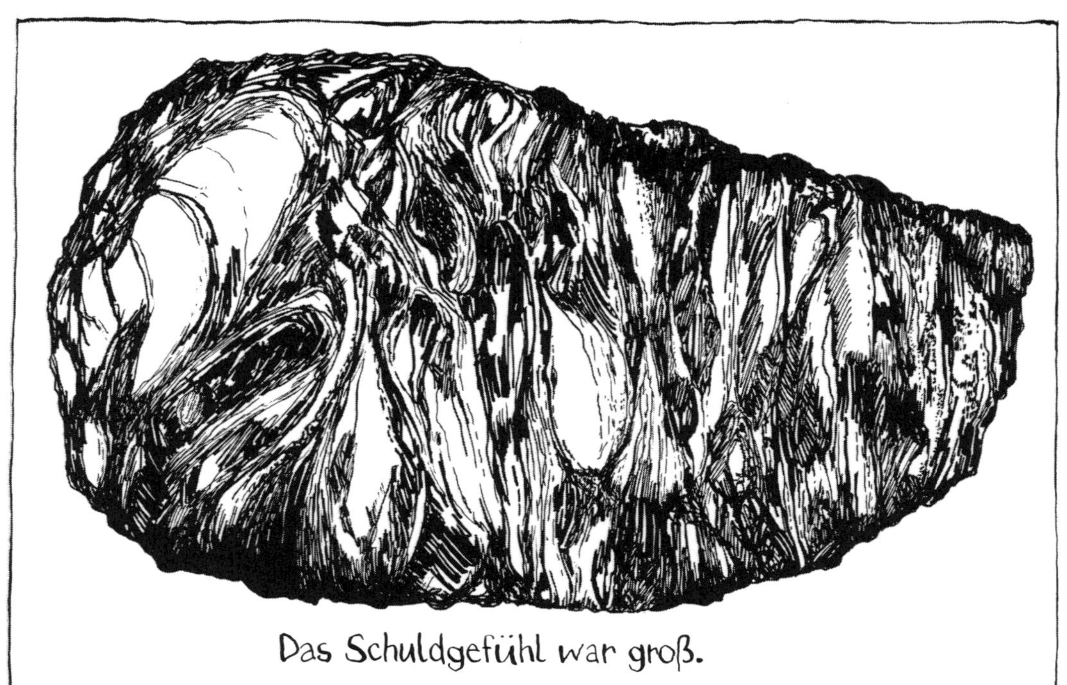
Das Schuldgefühl war groß.

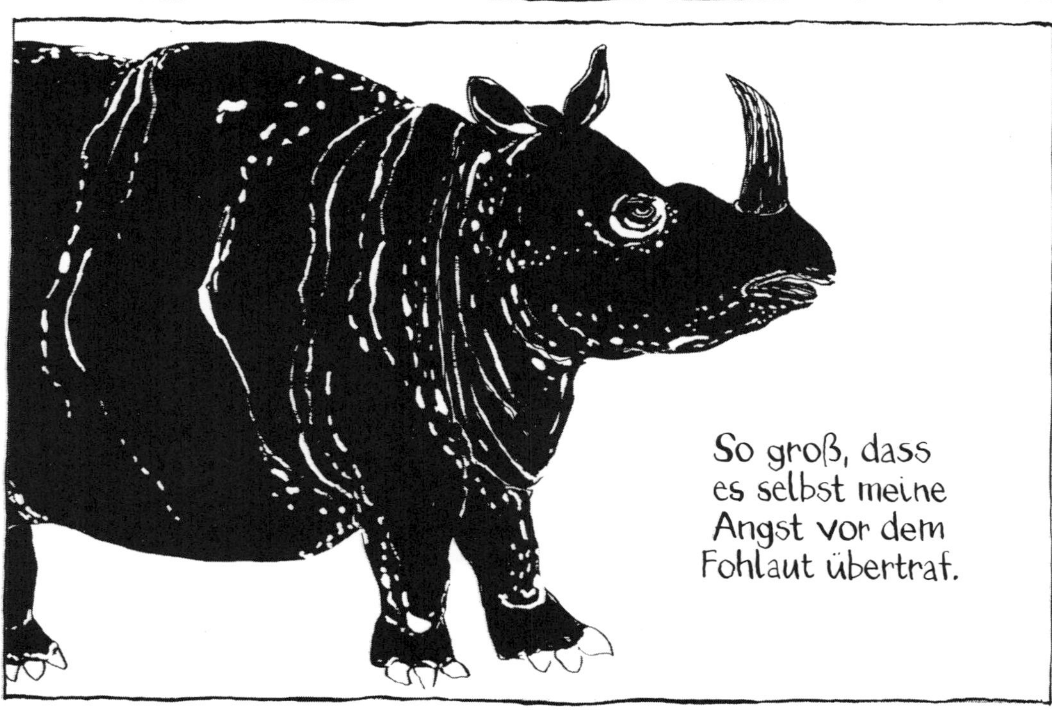
So groß, dass
es selbst meine
Angst vor dem
Fohlaut übertraf.

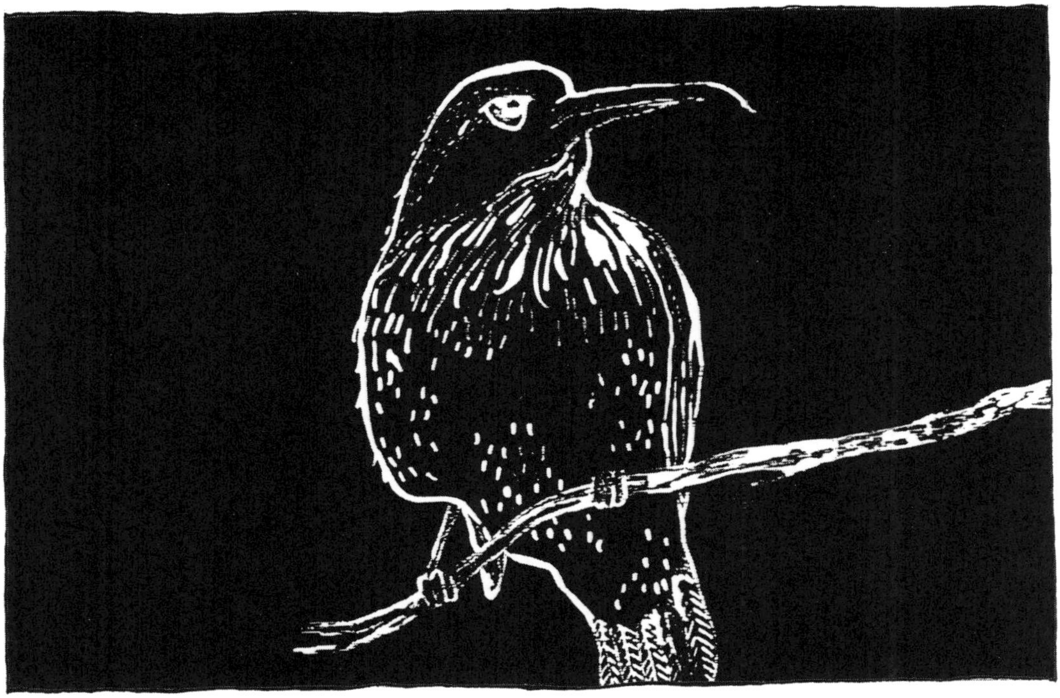

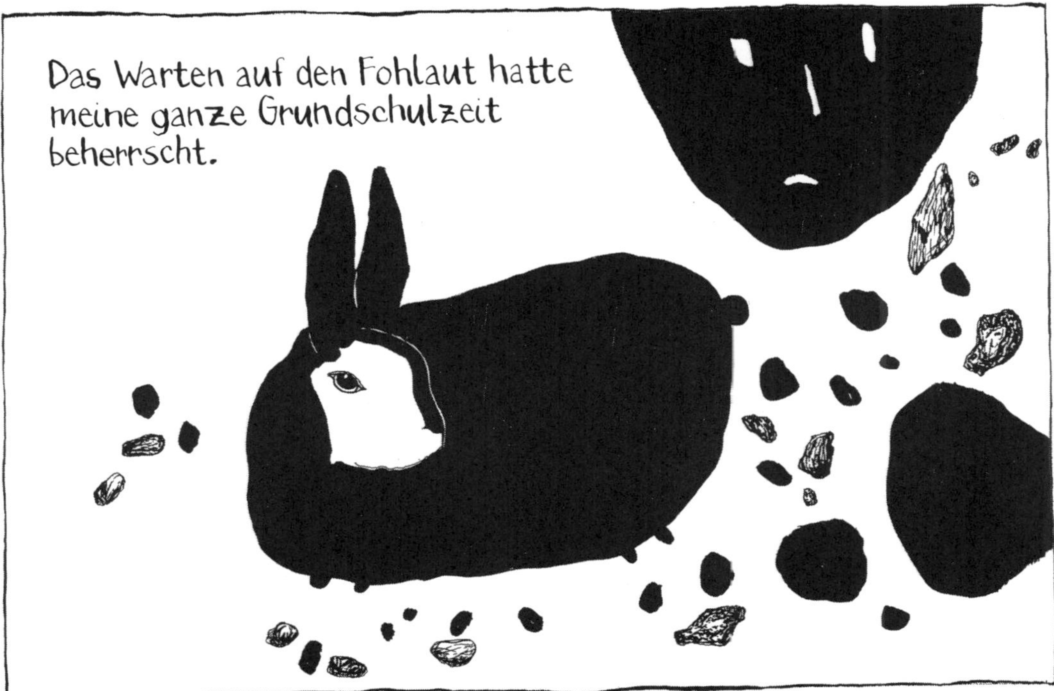
Das Warten auf den Fohlaut hatte
meine ganze Grundschulzeit
beherrscht.

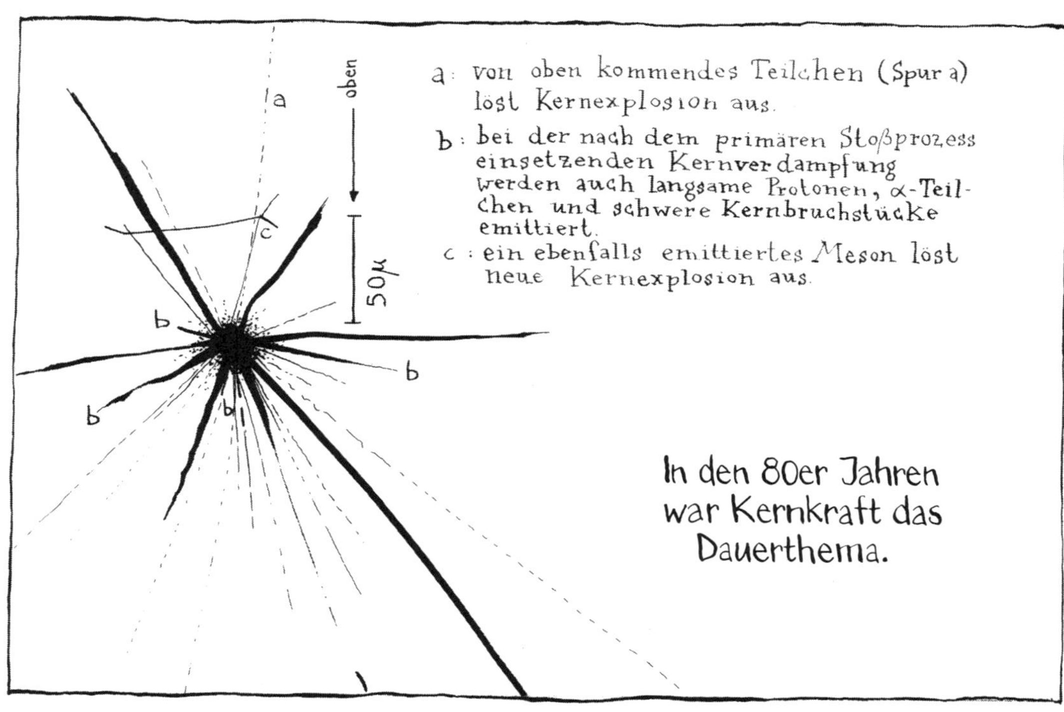
a
c
oben
50μ
b
b
b
b
b
a: von oben kommendes Teilchen (Spur a) löst Kernexplosion aus.
b: bei der nach dem primären Stoßprozess einsetzenden Kernverdampfung werden auch langsame Protonen, α-Teilchen und schwere Kernbruchstücke emittiert.
c: ein ebenfalls emittiertes Meson löst neue Kernexplosion aus.
In den 80er Jahren war Kernkraft das Dauerthema.

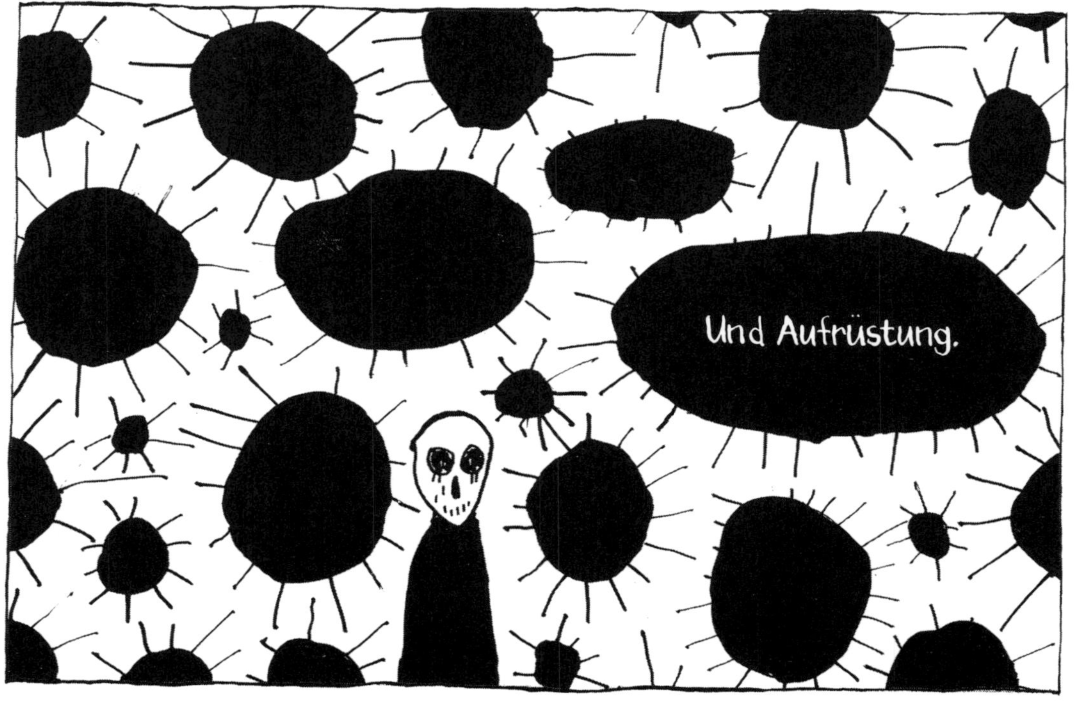
Und Aufrüstung.

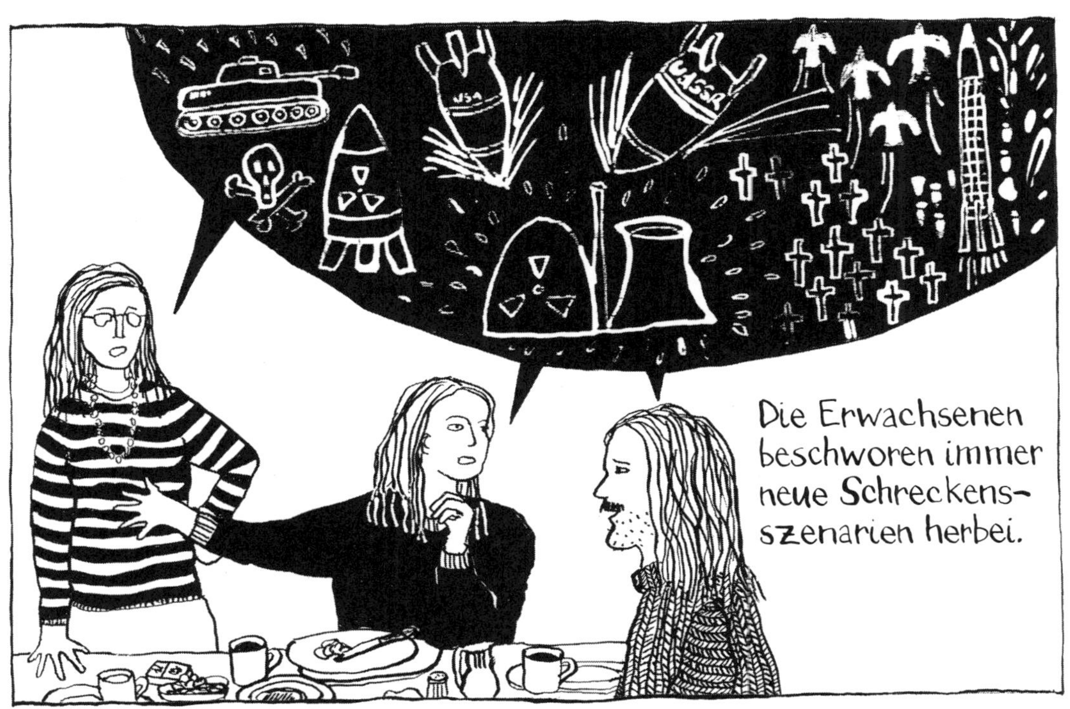
USA
USSR
Die Erwachsenen beschworen immer neue Schreckens-szenarien herbei.

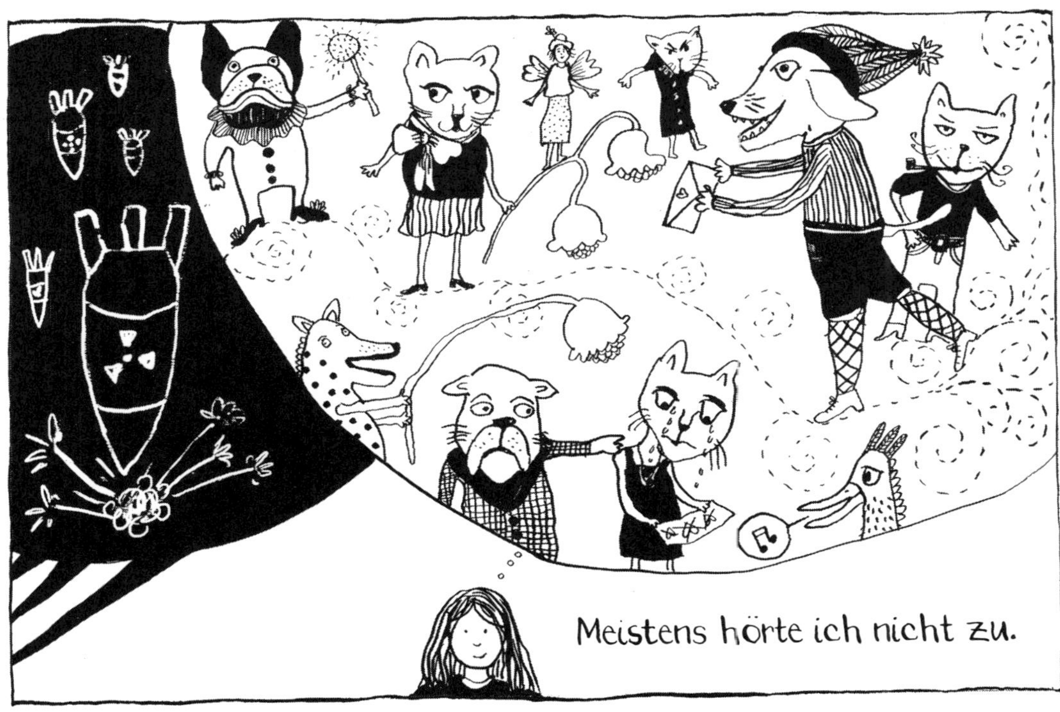
Meistens hörte ich nicht zu.

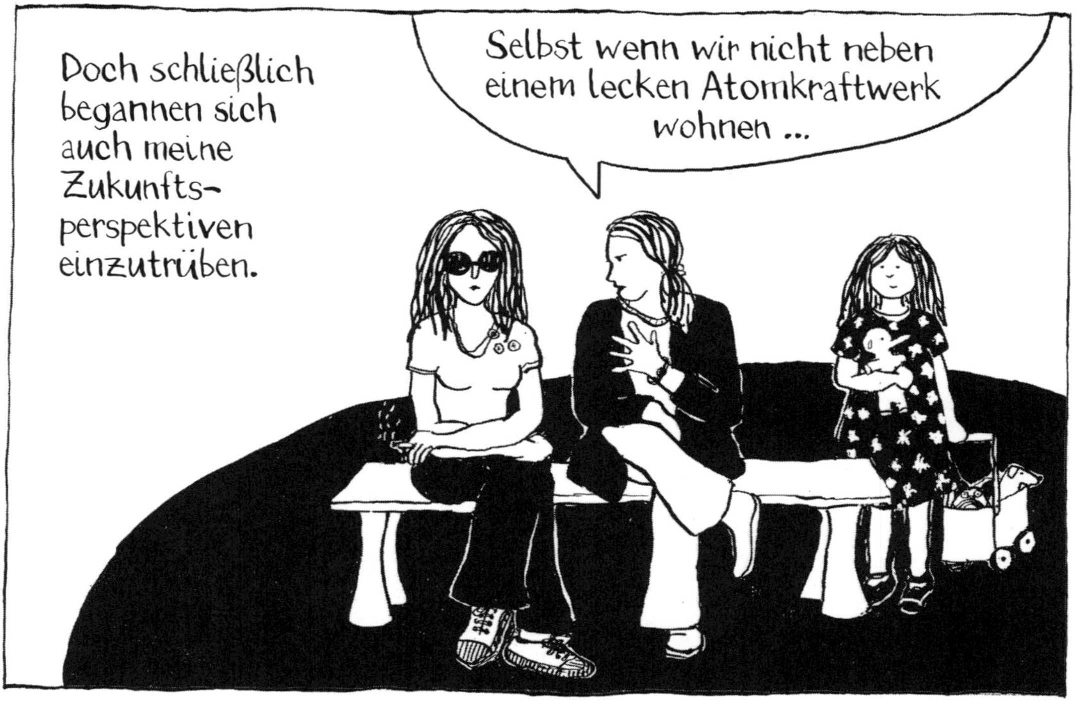

Doch schließlich begannen sich auch meine Zukunfts-perspektiven einzutrüben.

Selbst wenn wir nicht neben einem lecken Atomkraftwerk wohnen …

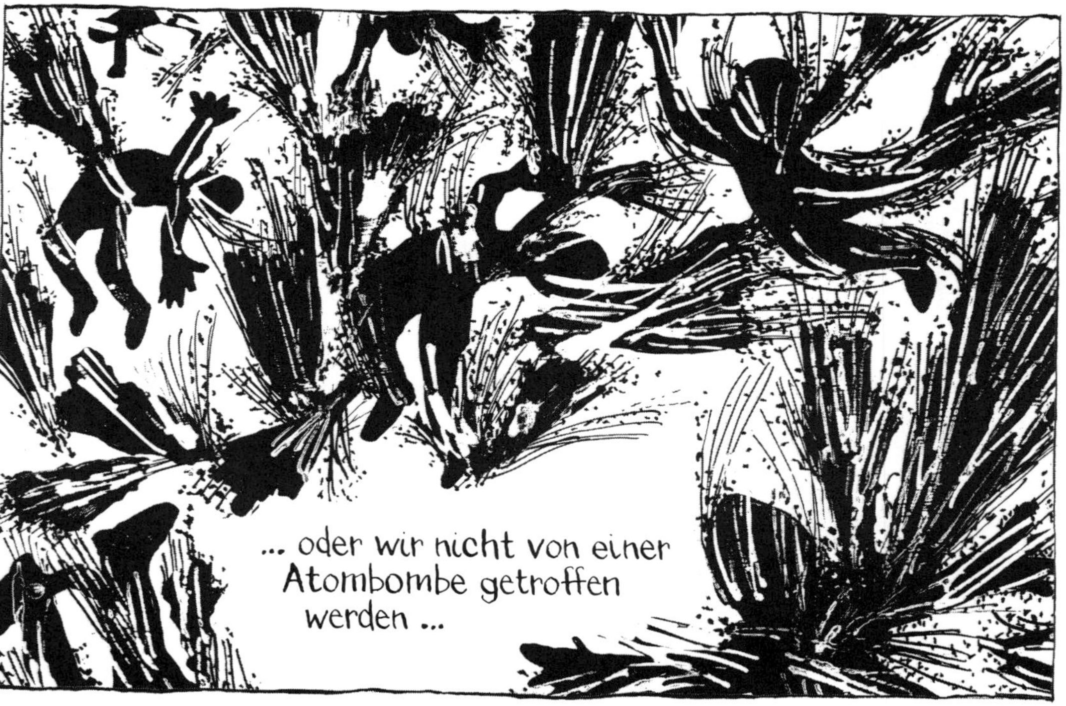

… oder wir nicht von einer Atombombe getroffen werden …

der atomare Fallout erwischt uns alle!

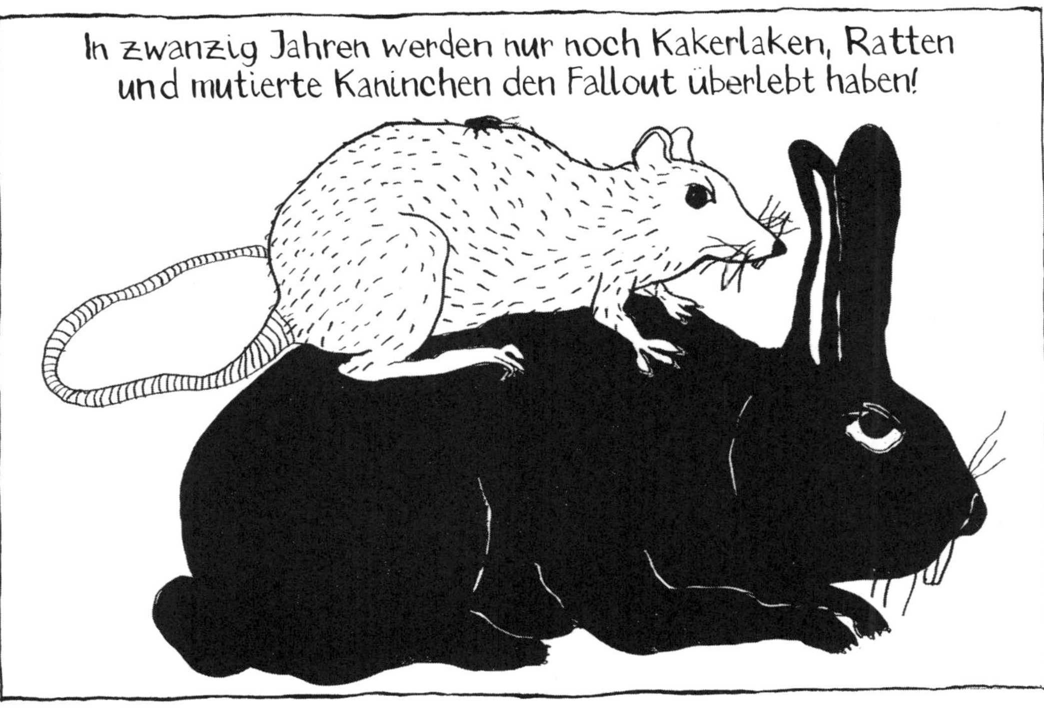

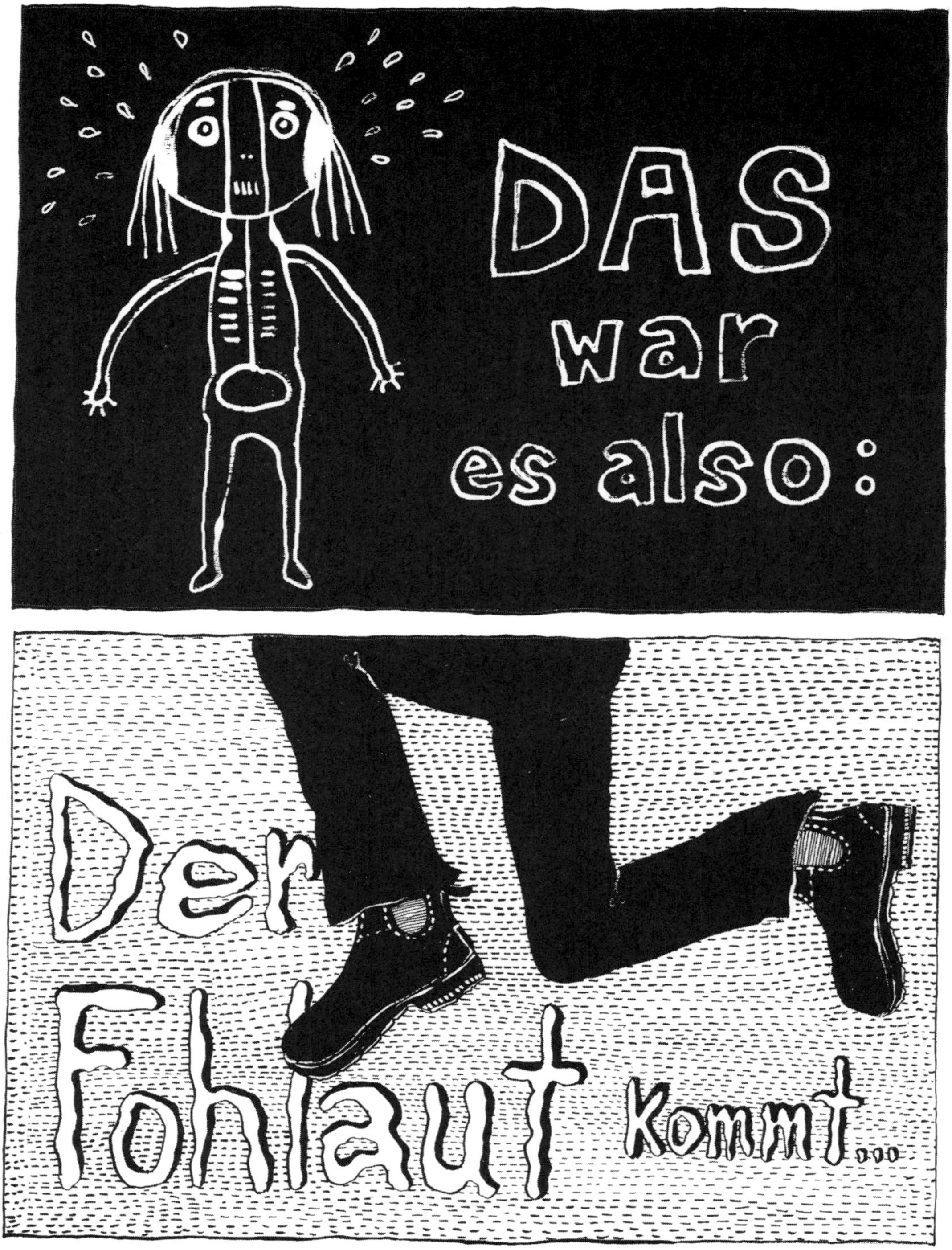

DAS war es also:

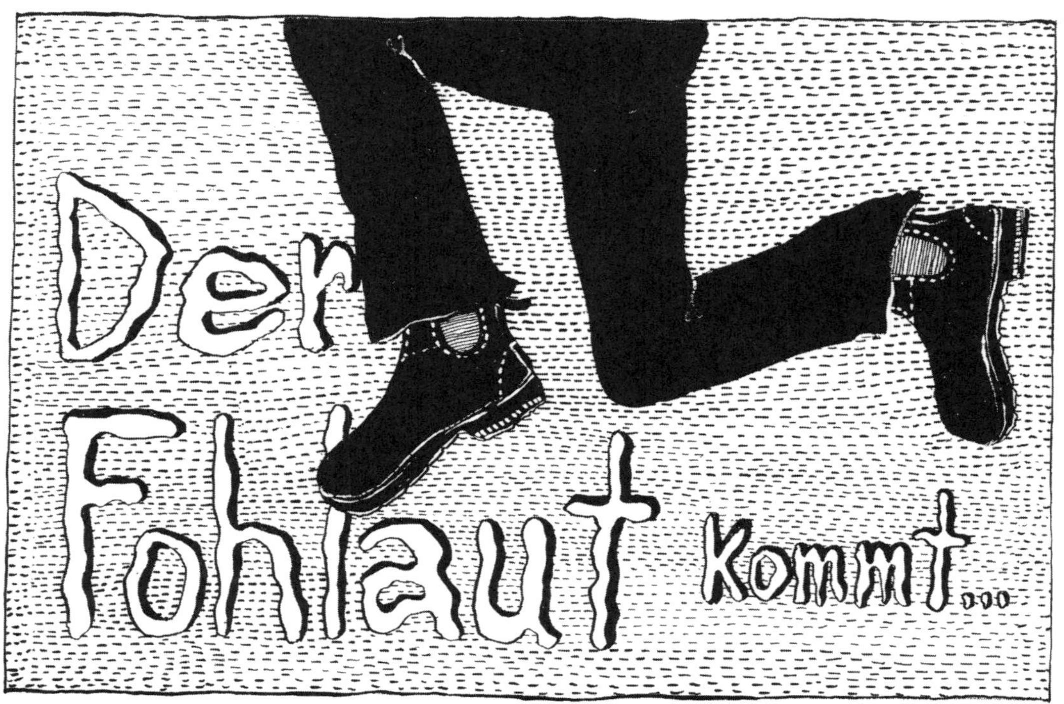

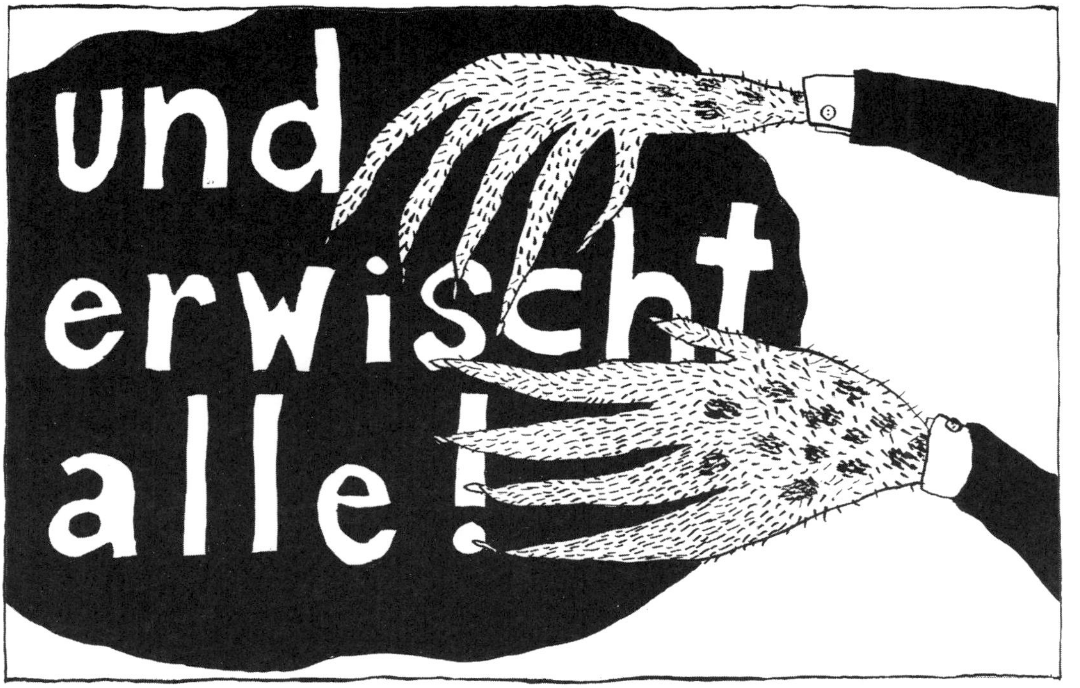

und erwischt alle!

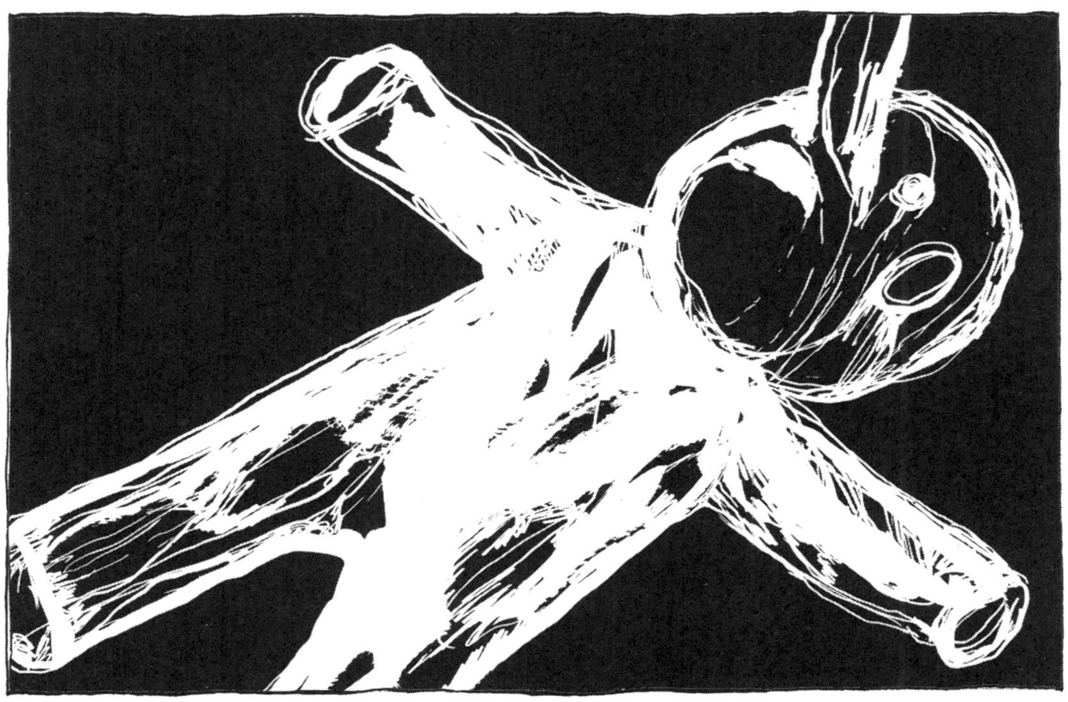

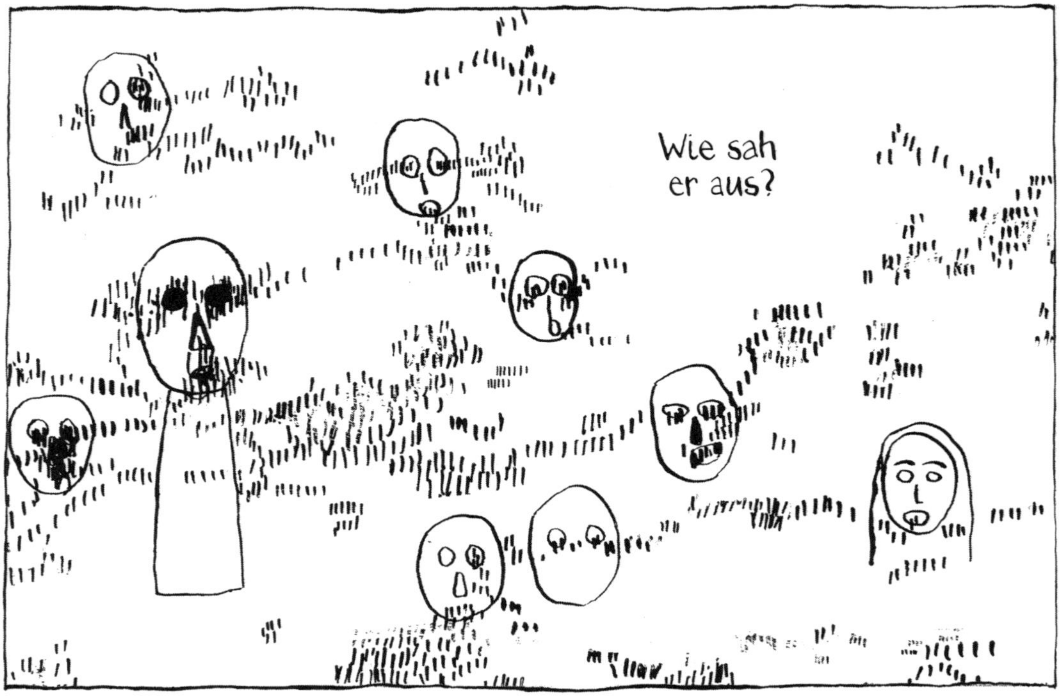

Wie sah
er aus?

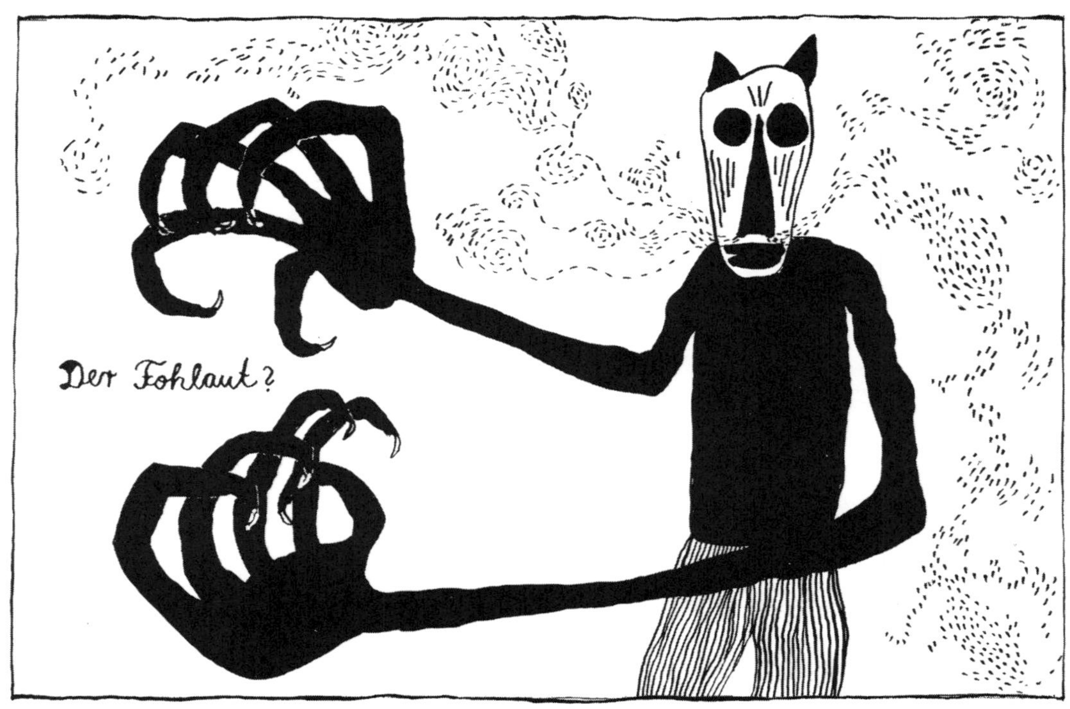

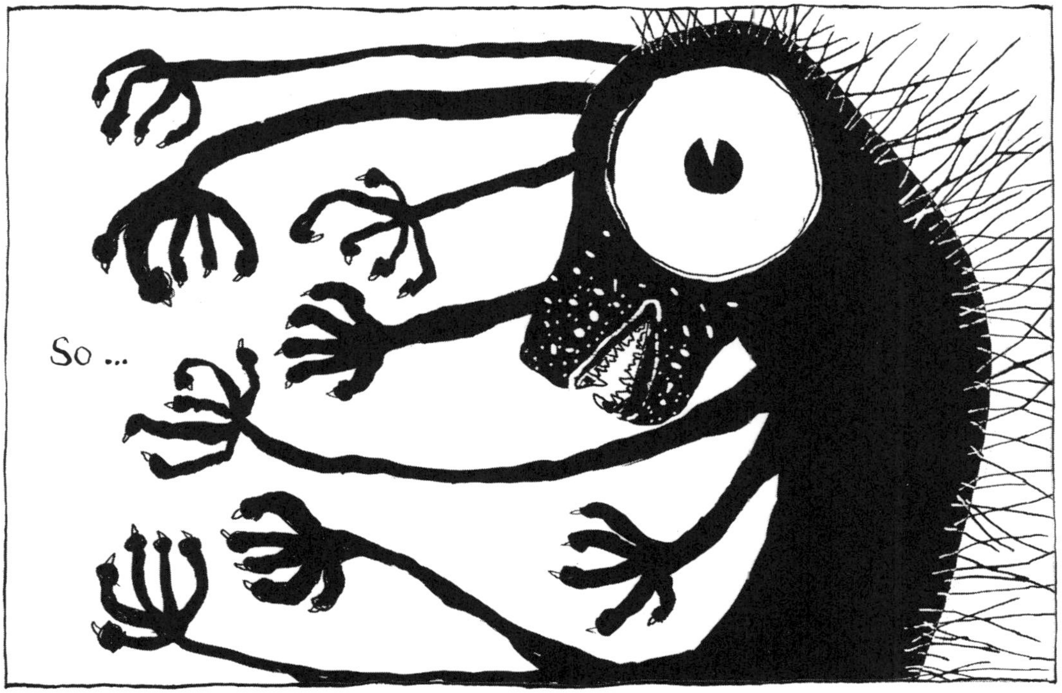

So ...

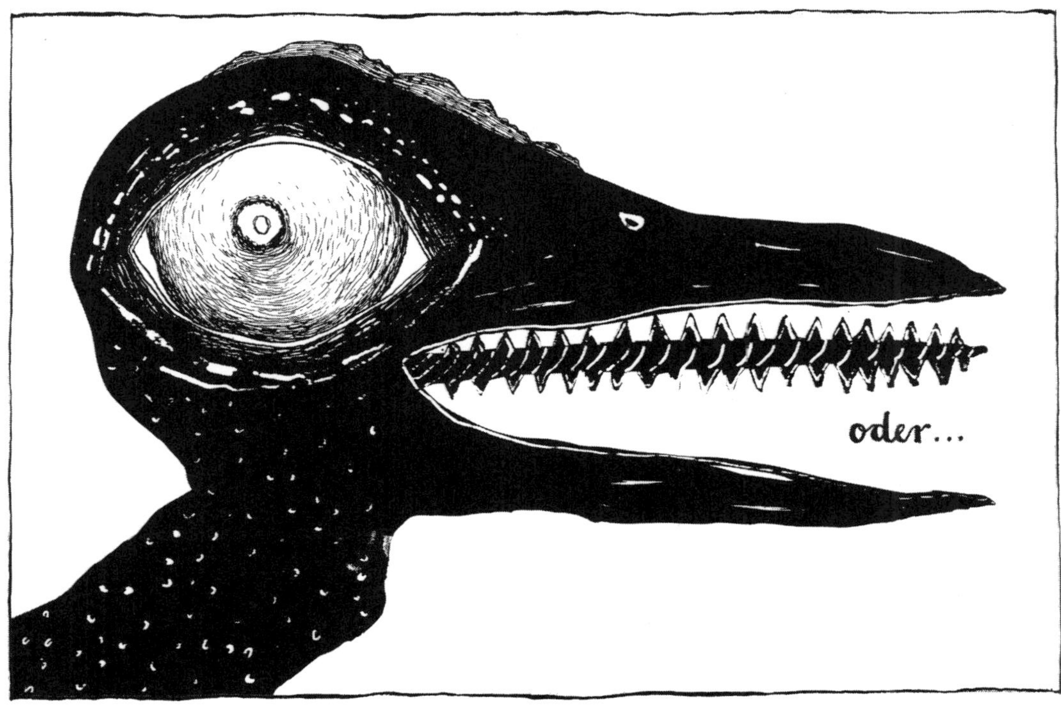

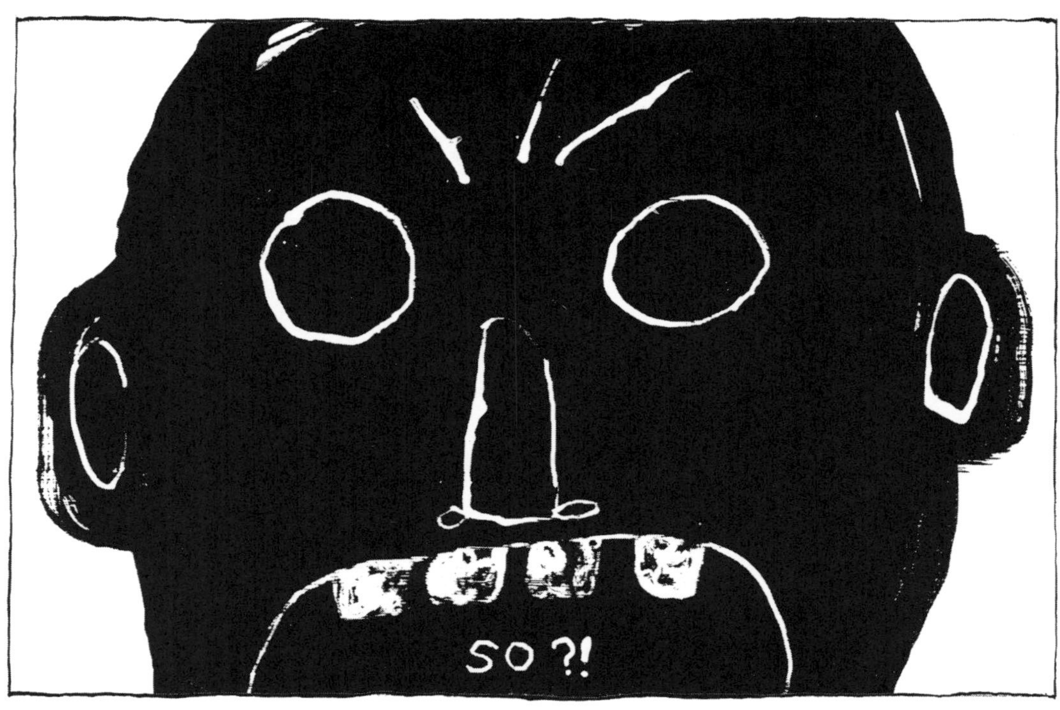
SO ?!

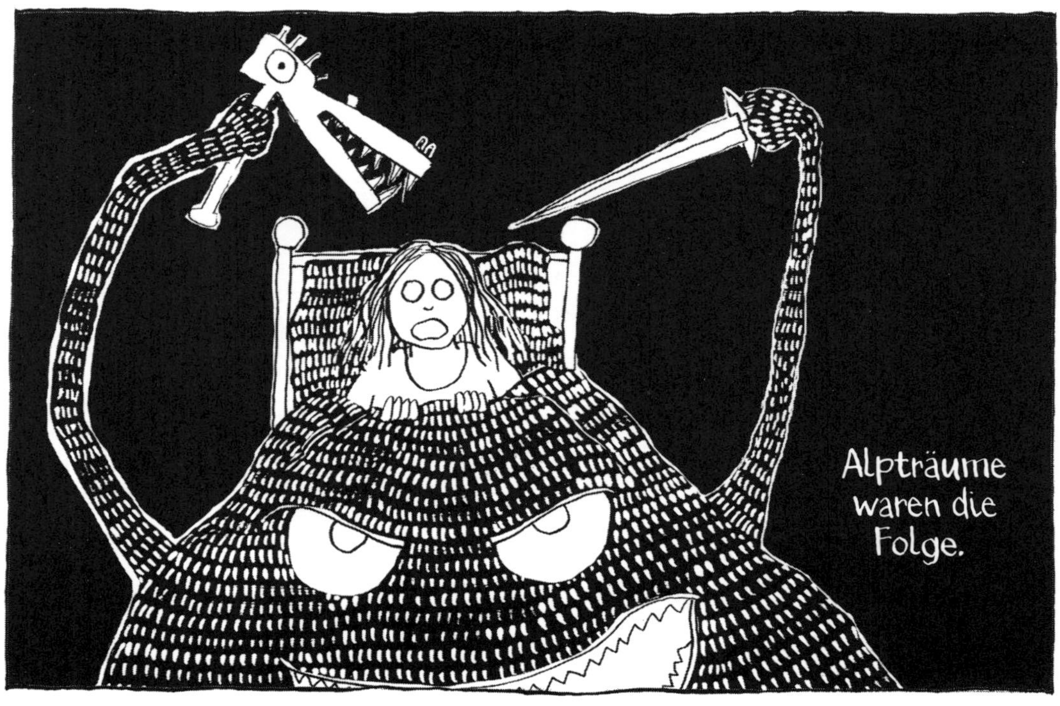
Alpträume waren die Folge.

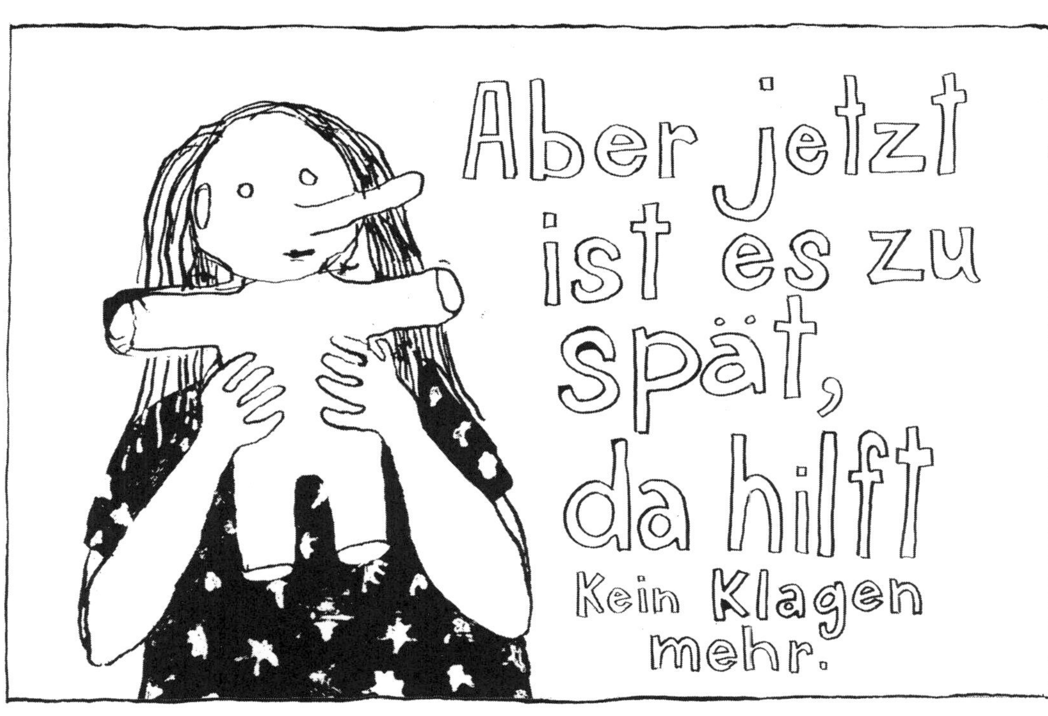
Aber jetzt ist es zu spät, da hilft Kein Klagen mehr.

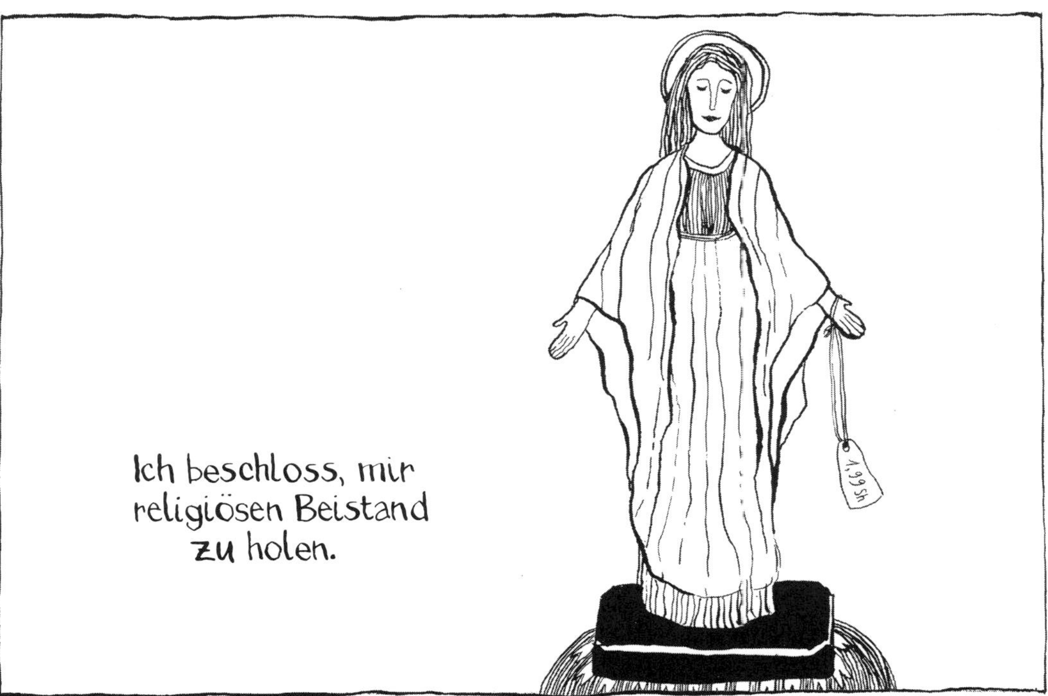
Ich beschloss, mir religiösen Beistand zu holen.
1,99 Sh

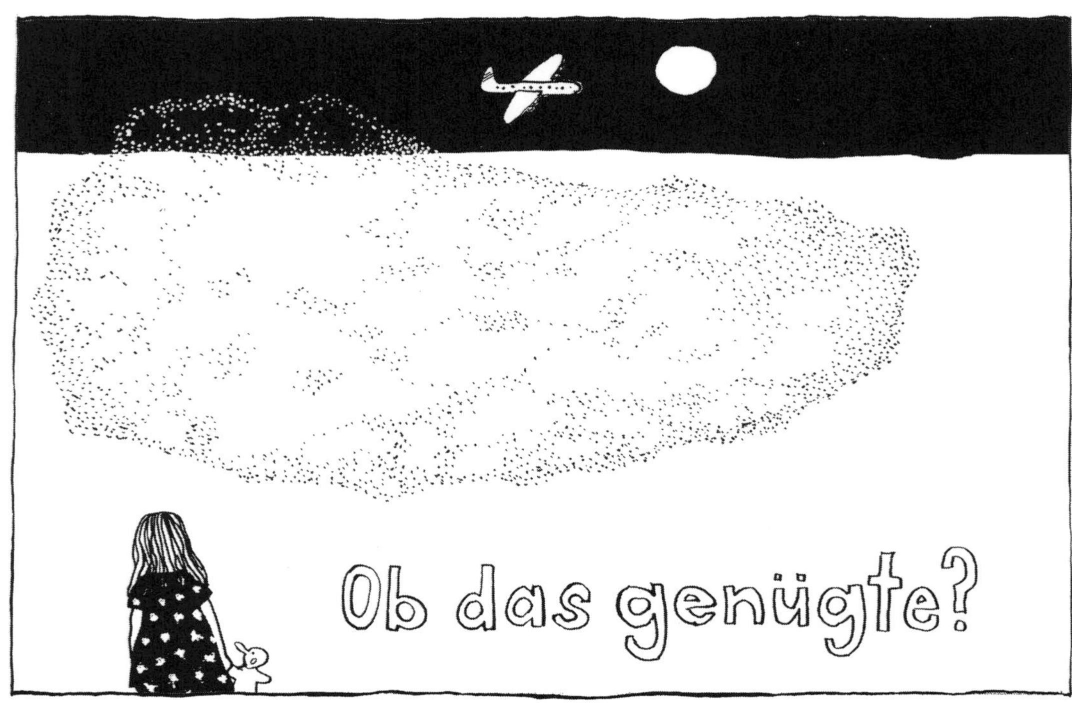

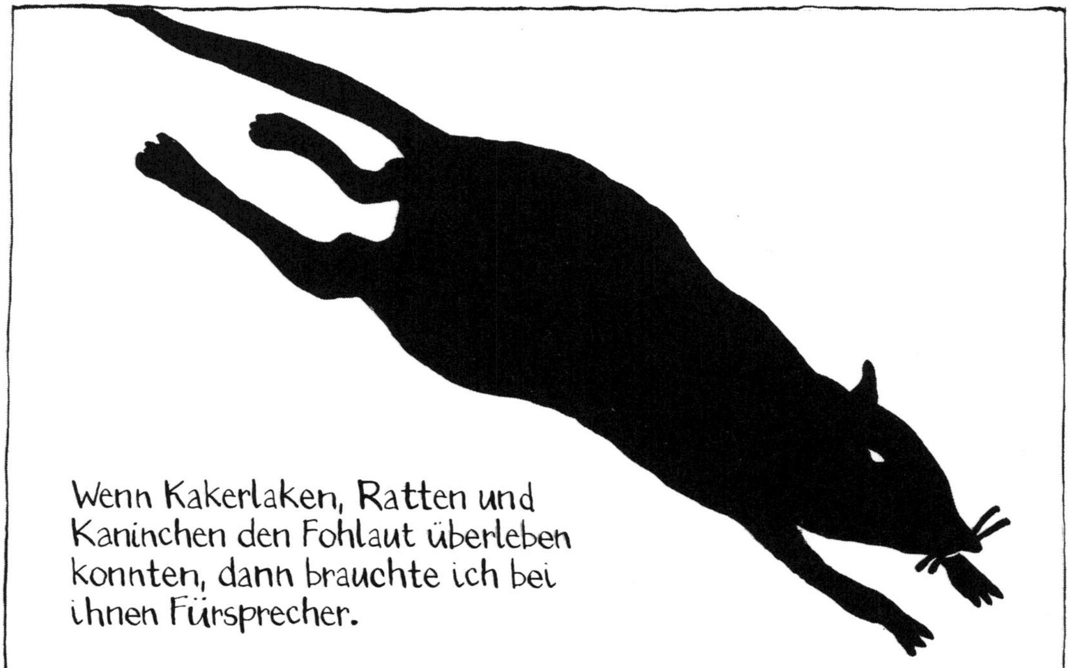

Wenn Kakerlaken, Ratten und Kaninchen den Fohlaut überleben konnten, dann brauchte ich bei ihnen Fürsprecher.

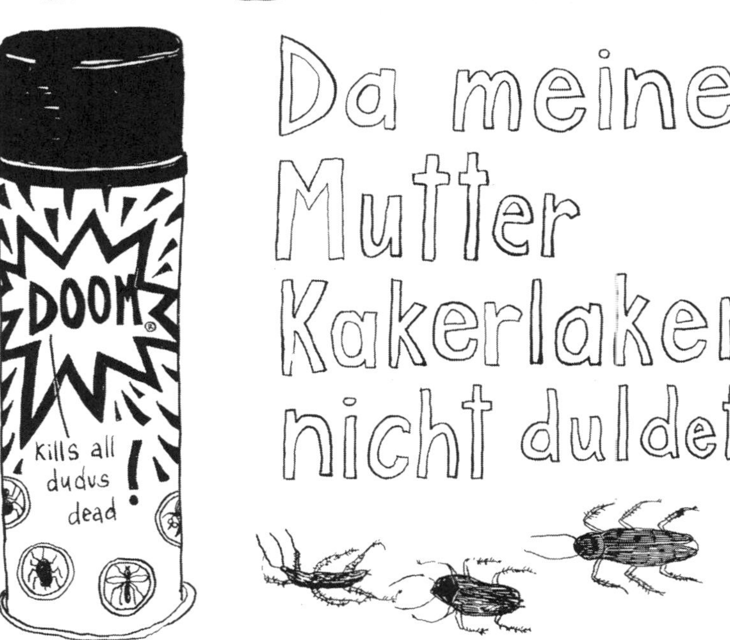
DOOM
Kills all dudus dead
Da meine Mutter Kakerlaken nicht duldete,

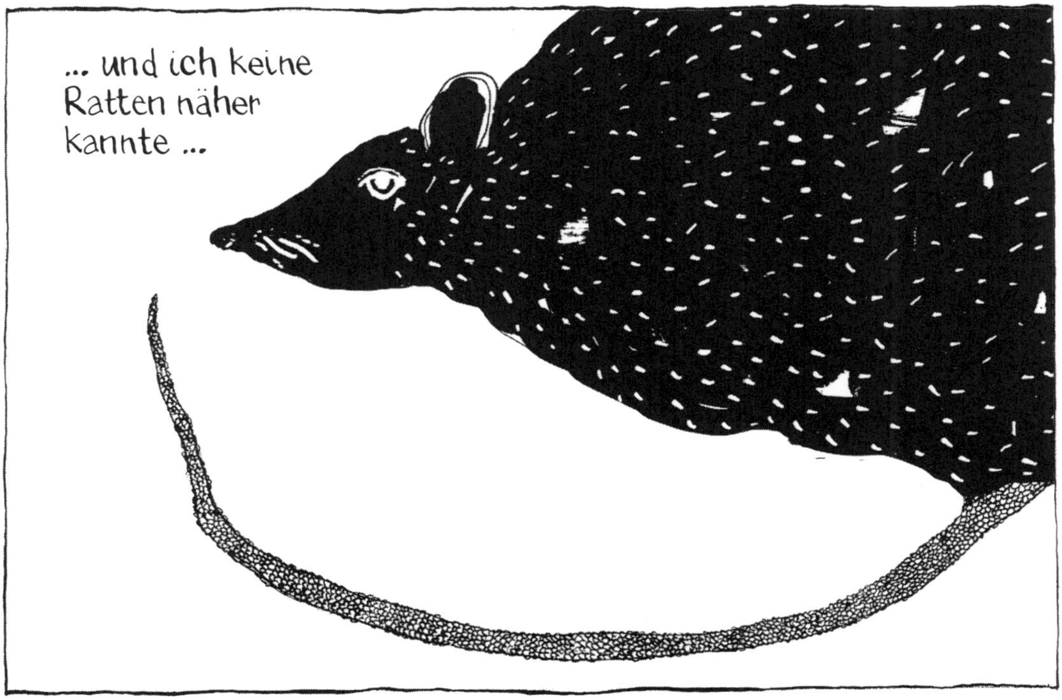

... und ich keine Ratten näher kannte ...

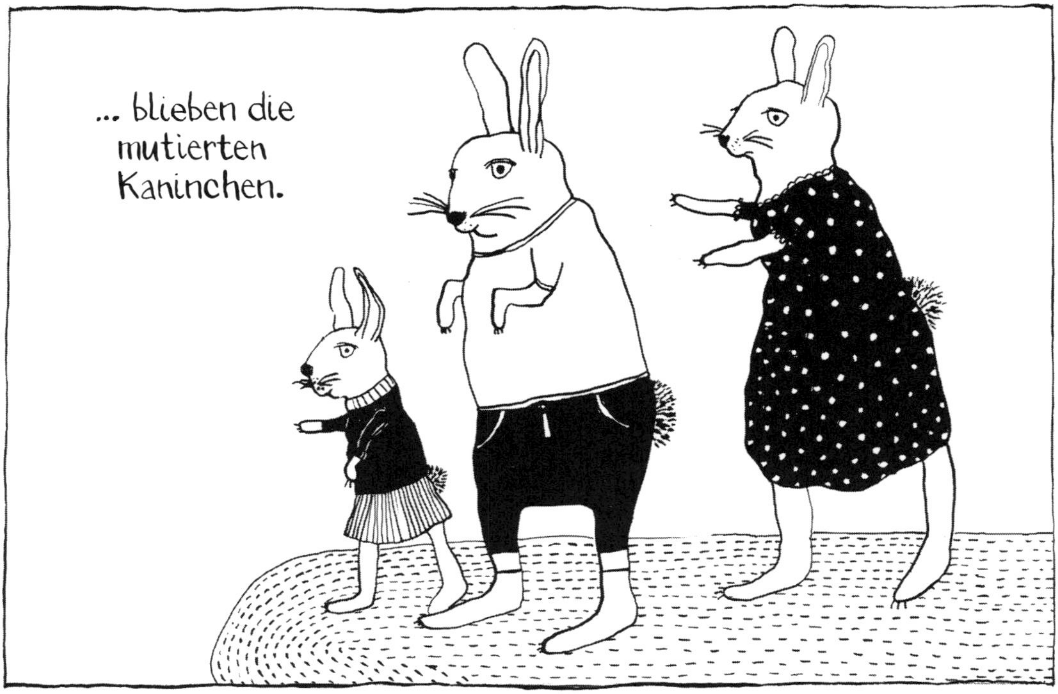

... blieben die mutierten Kaninchen.

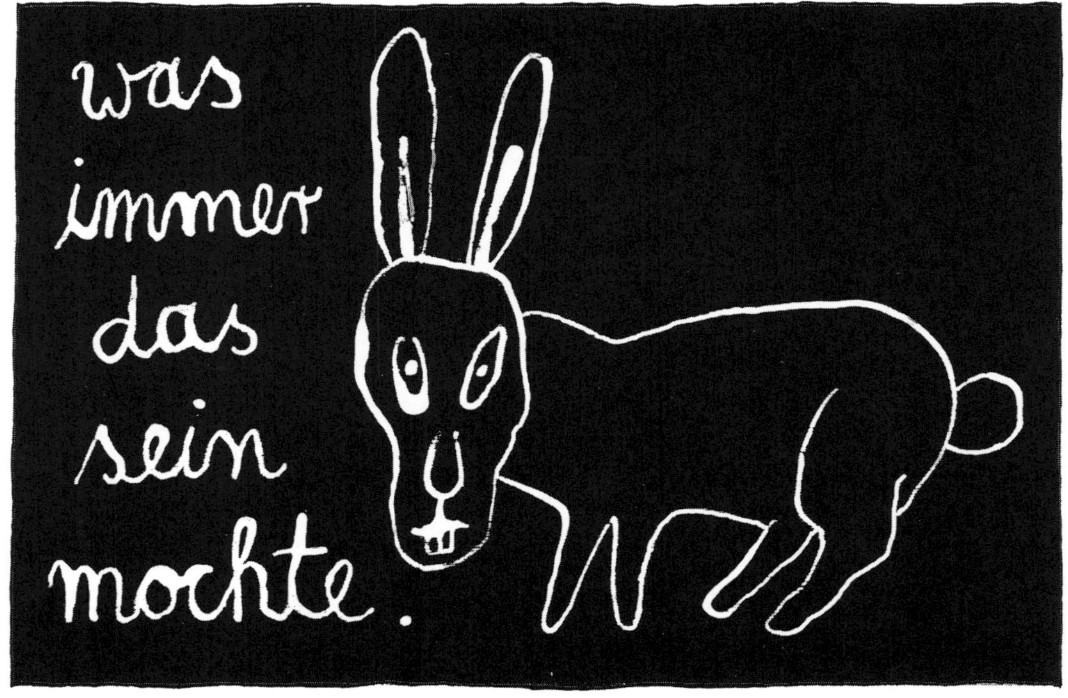

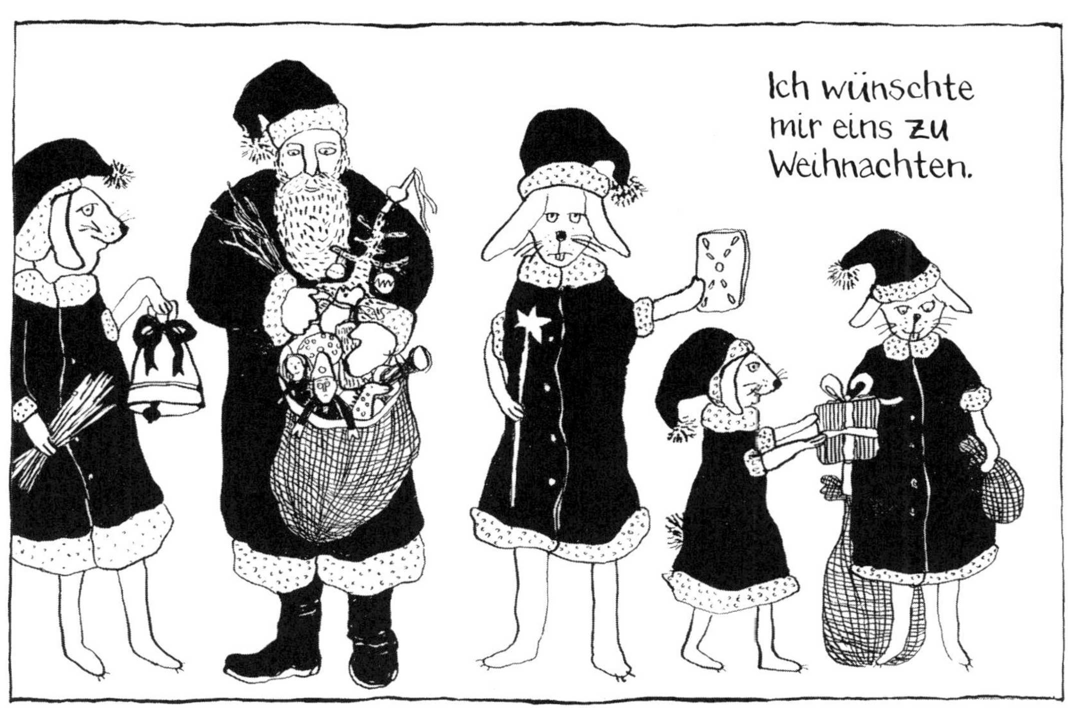
Ich wünschte
mir eins zu
Weihnachten.

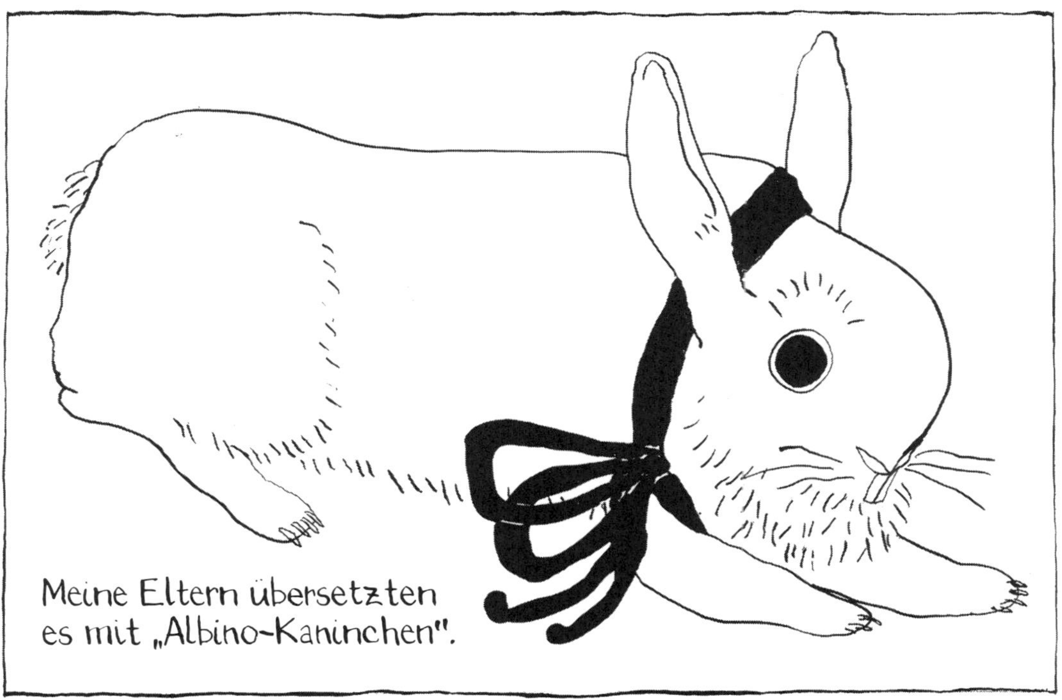
Meine Eltern übersetzten
es mit „Albino-Kaninchen".

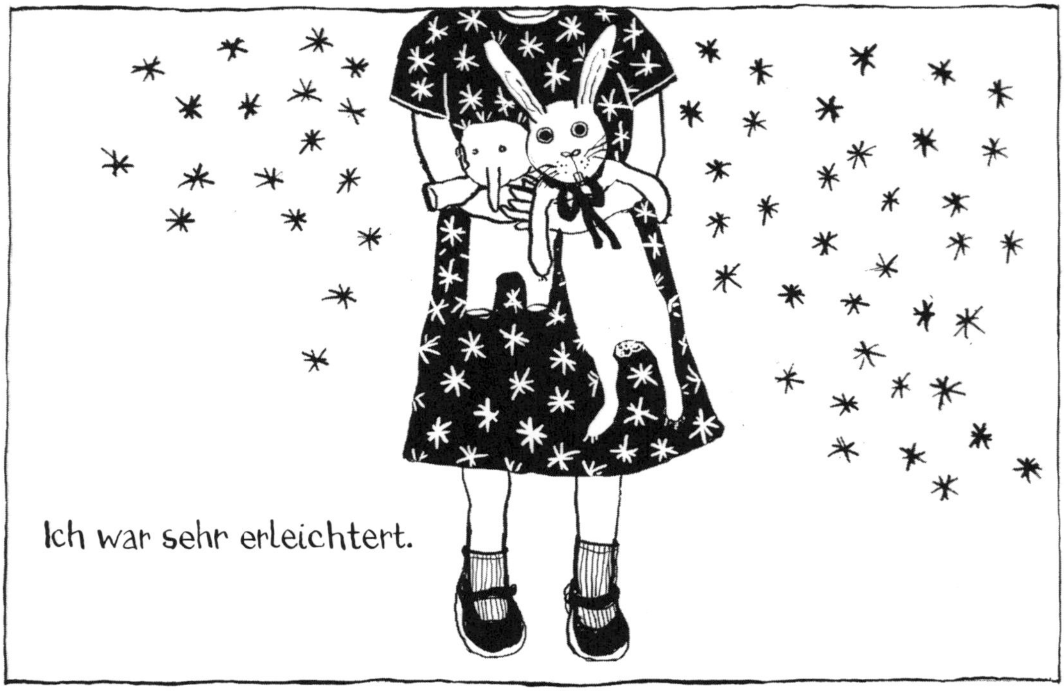

Ich war sehr erleichtert.

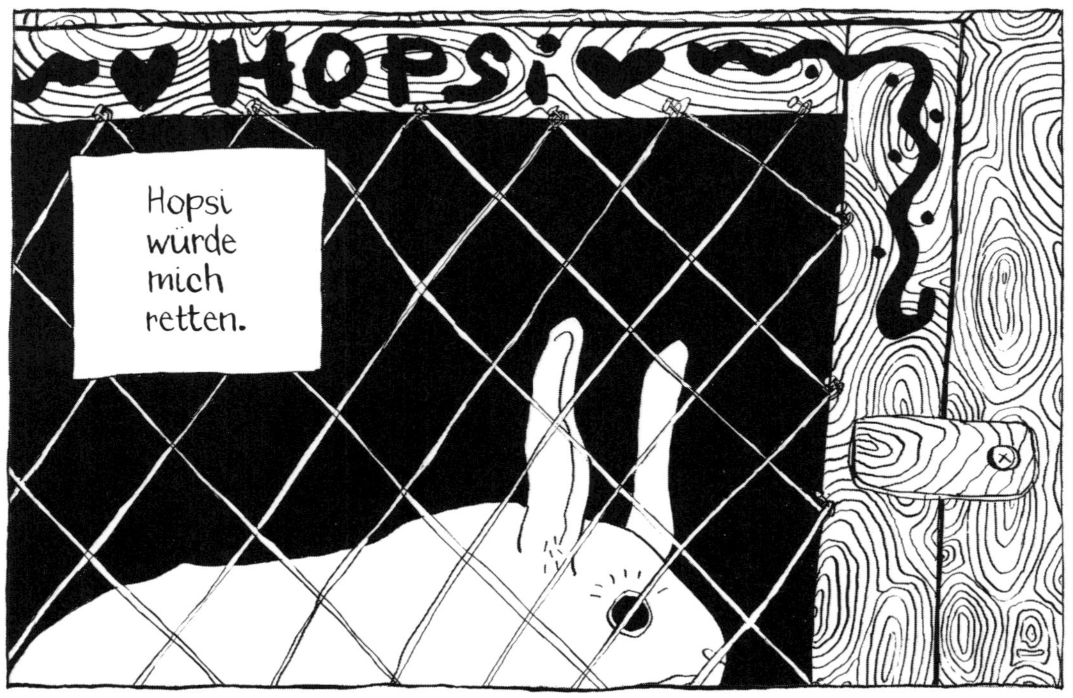

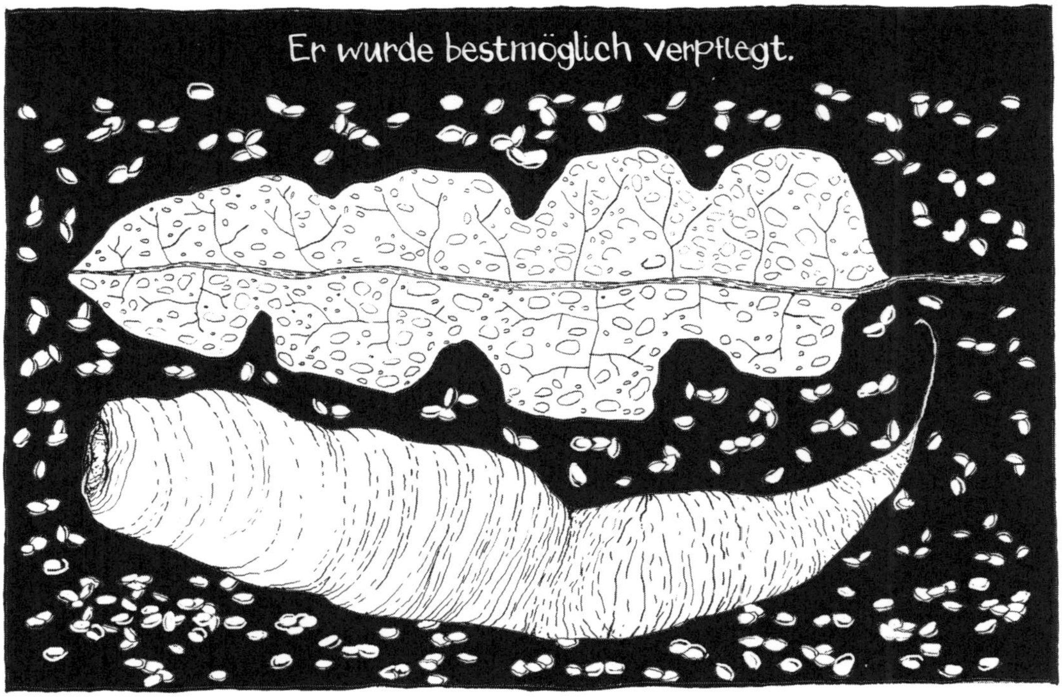

Er wurde bestmöglich verpflegt.

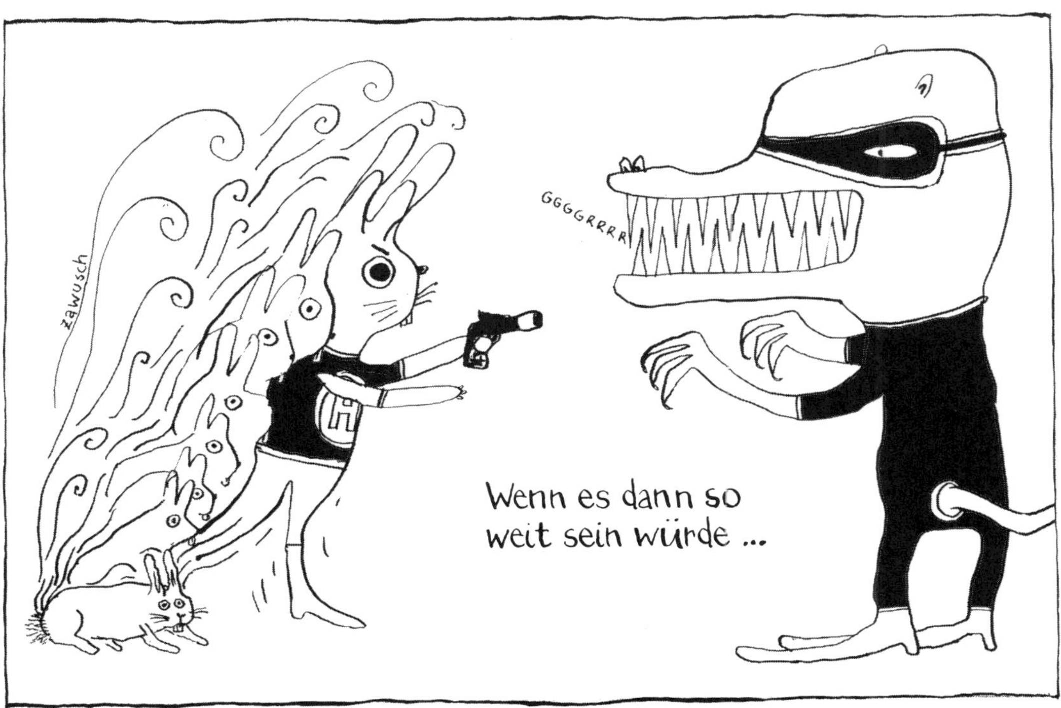

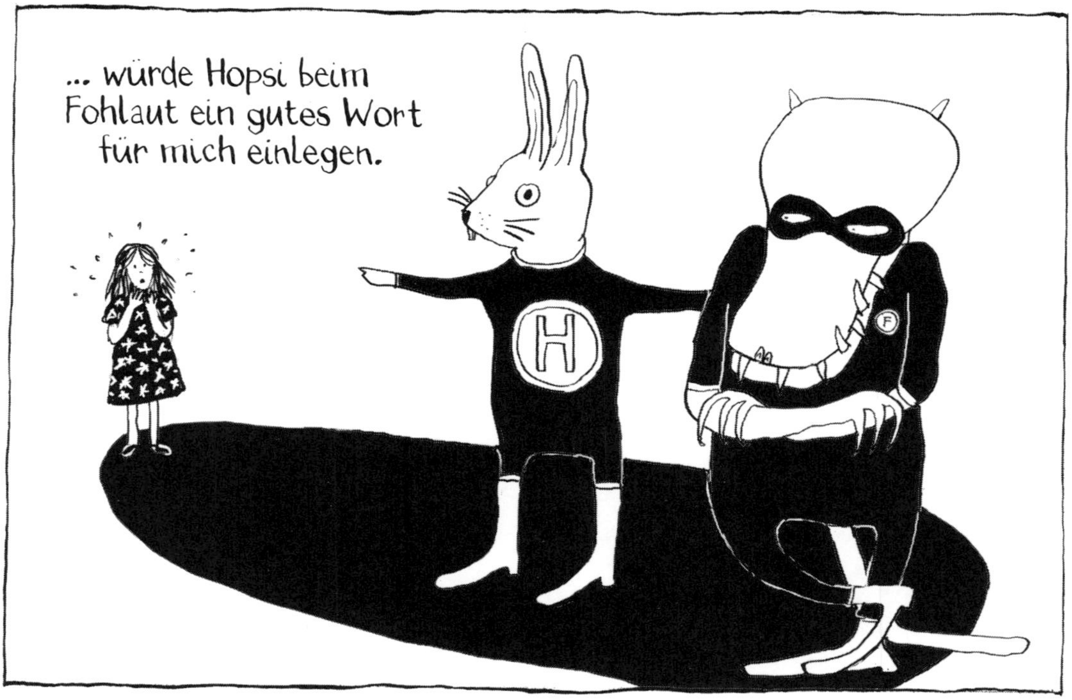

... würde Hopsi beim Fohlaut ein gutes Wort für mich einlegen.

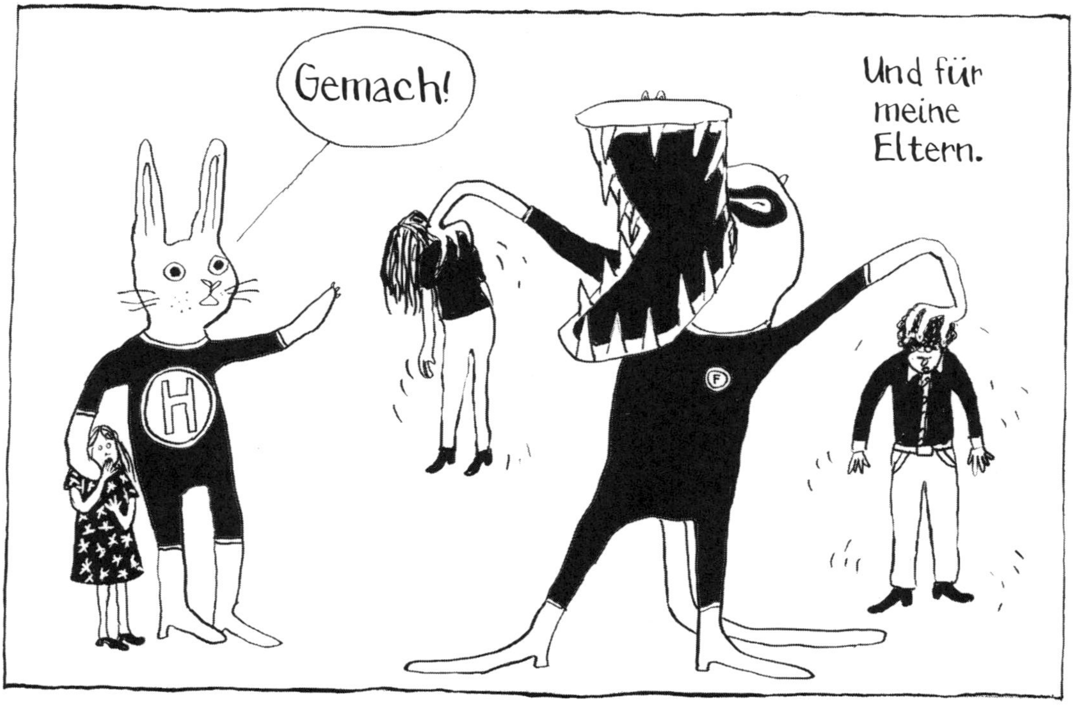

Gemach!

Und für meine Eltern.

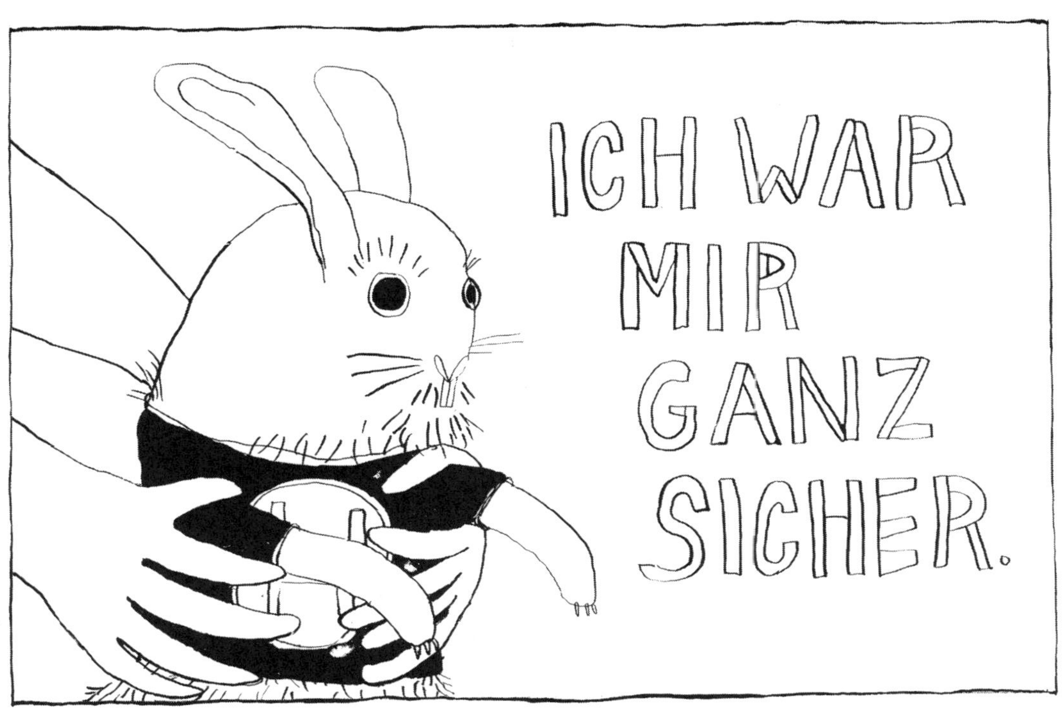
ICH WAR MIR GANZ SICHER.

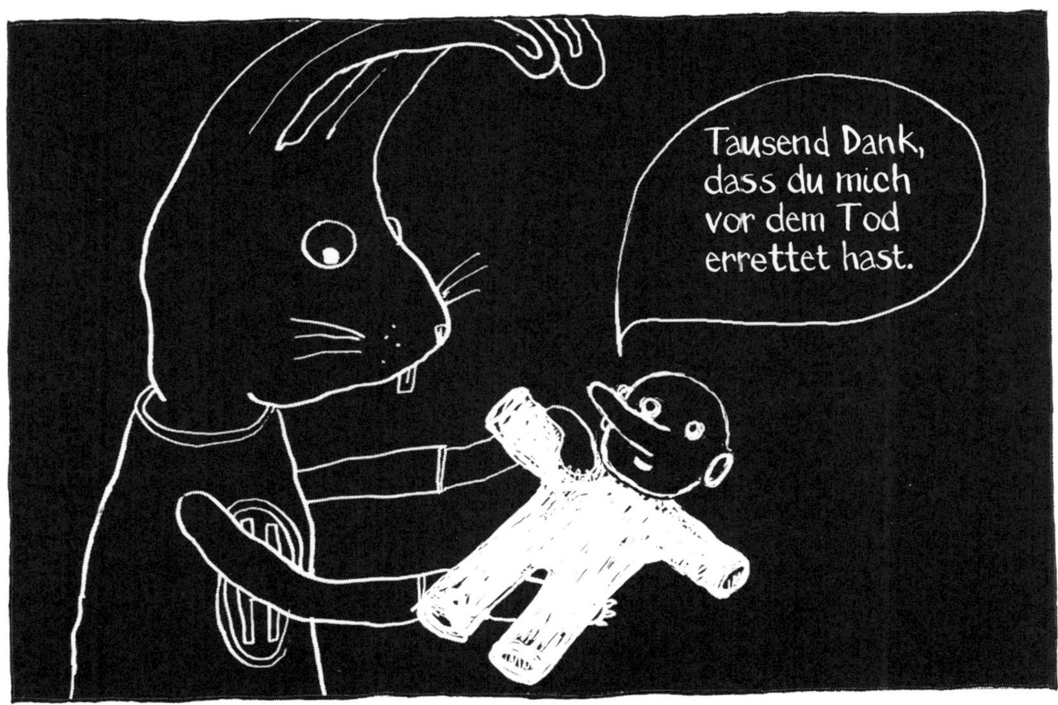
Tausend Dank, dass du mich vor dem Tod errettet hast.

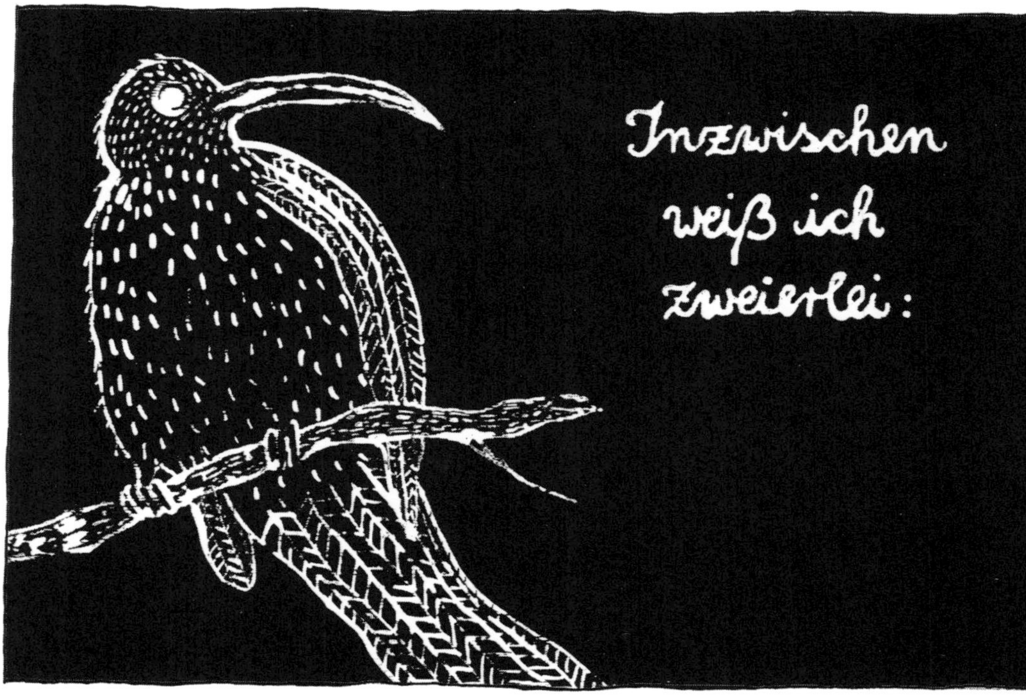

Inzwischen weiß ich zweierlei:

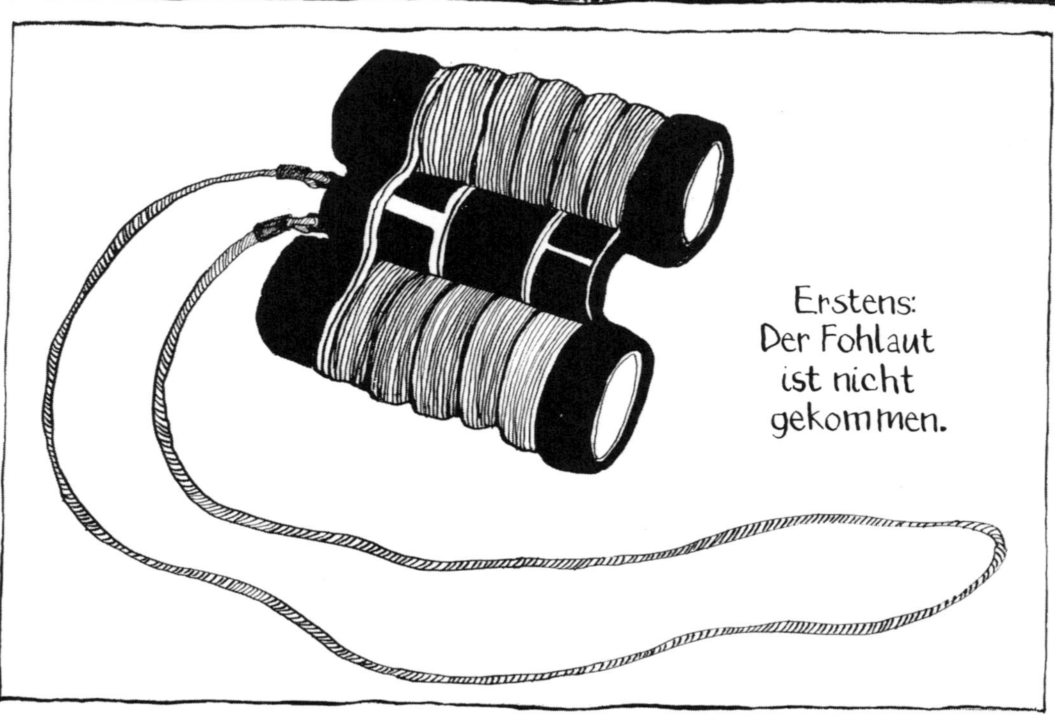

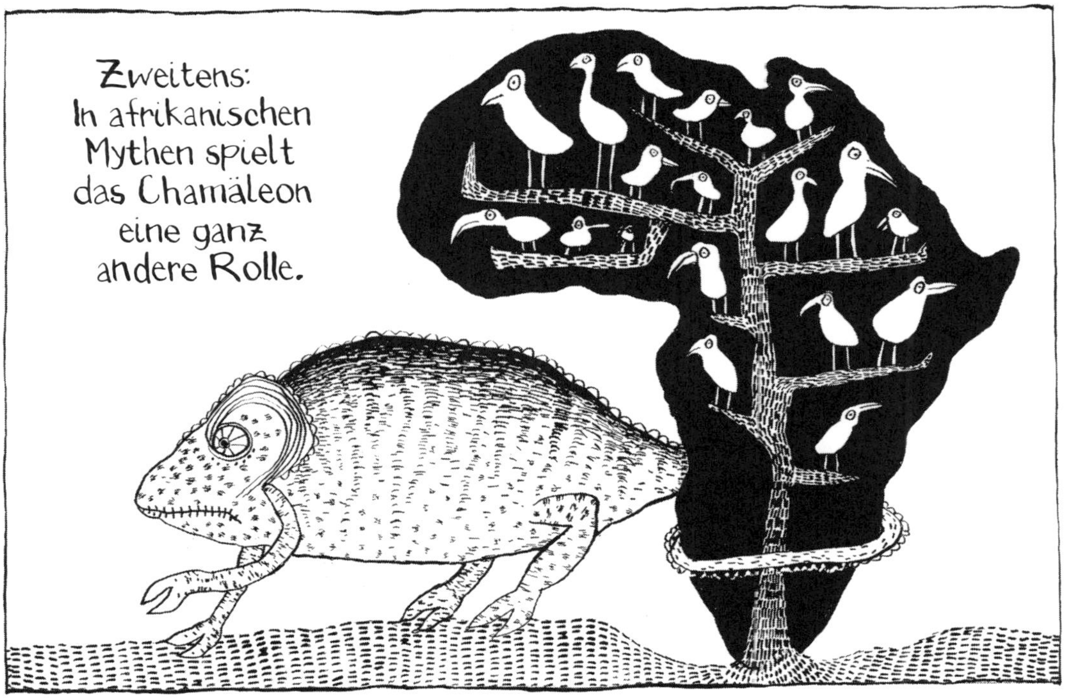

Zweitens:
In afrikanischen
Mythen spielt
das Chamäleon
eine ganz
andere Rolle.

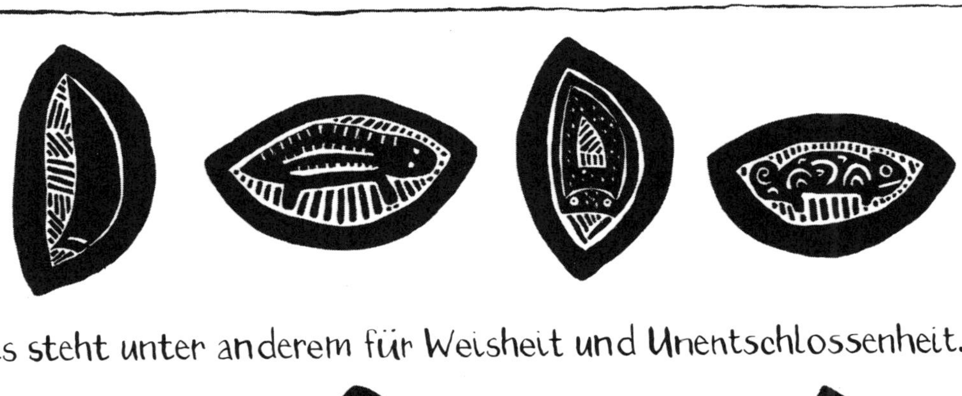

Es steht unter anderem für Weisheit und Unentschlossenheit.

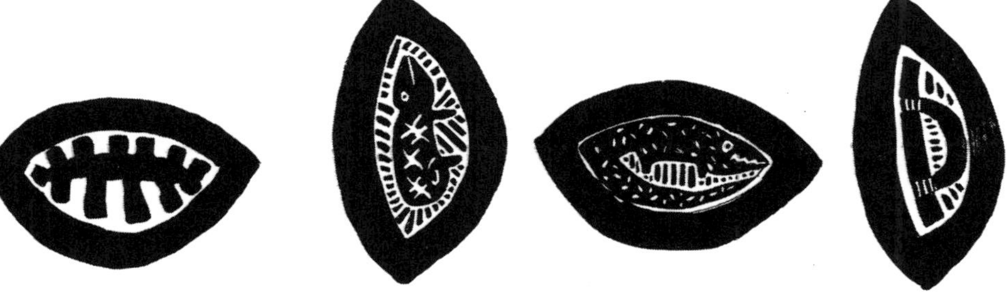

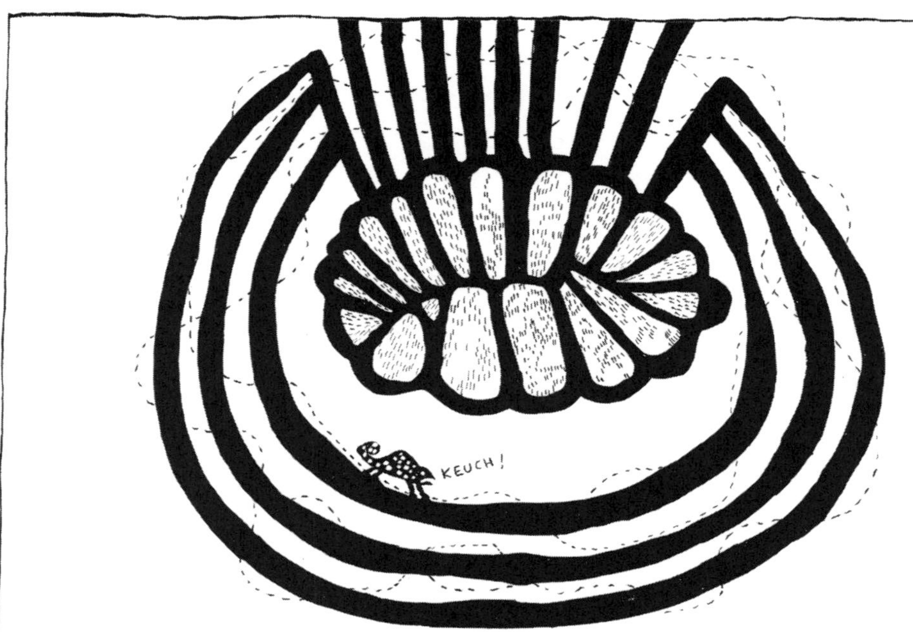
KEUCH!
Vor allem steht das Chamäleon für Langsamkeit.

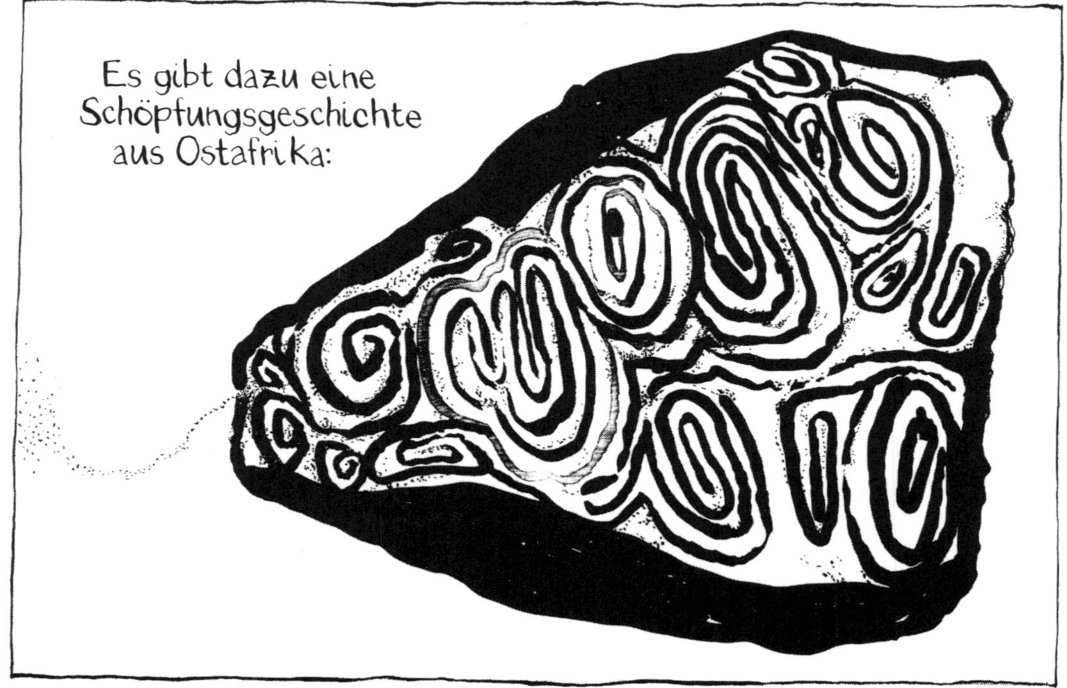
Es gibt dazu eine
Schöpfungsgeschichte
aus Ostafrika:

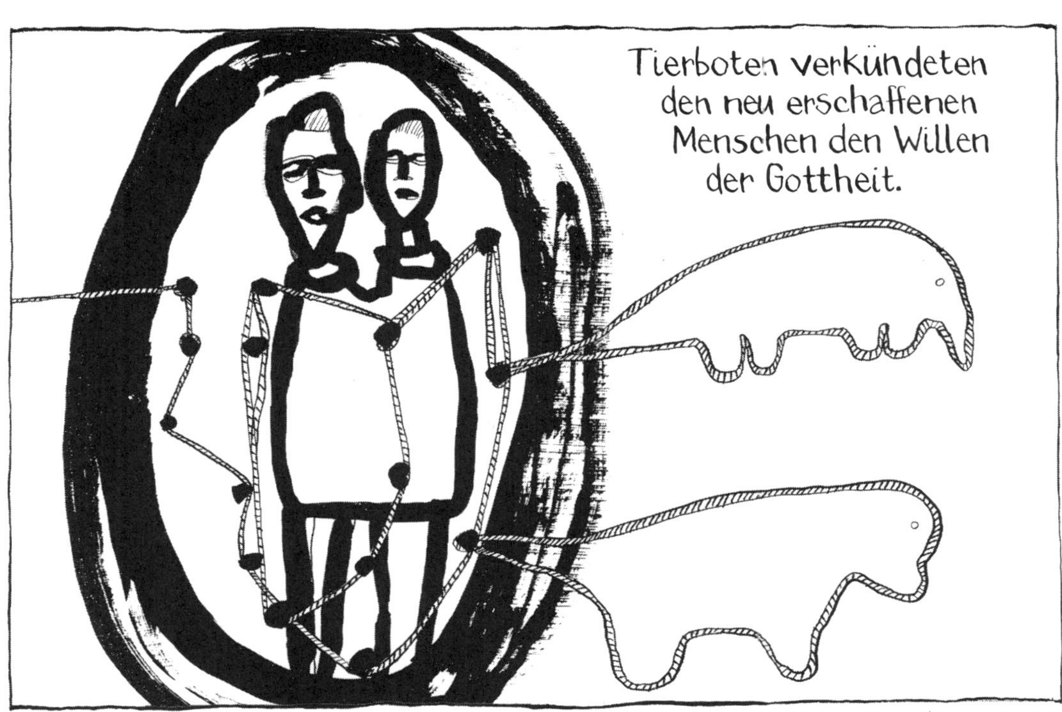
Tierboten verkündeten
den neu erschaffenen
Menschen den Willen
der Gottheit.

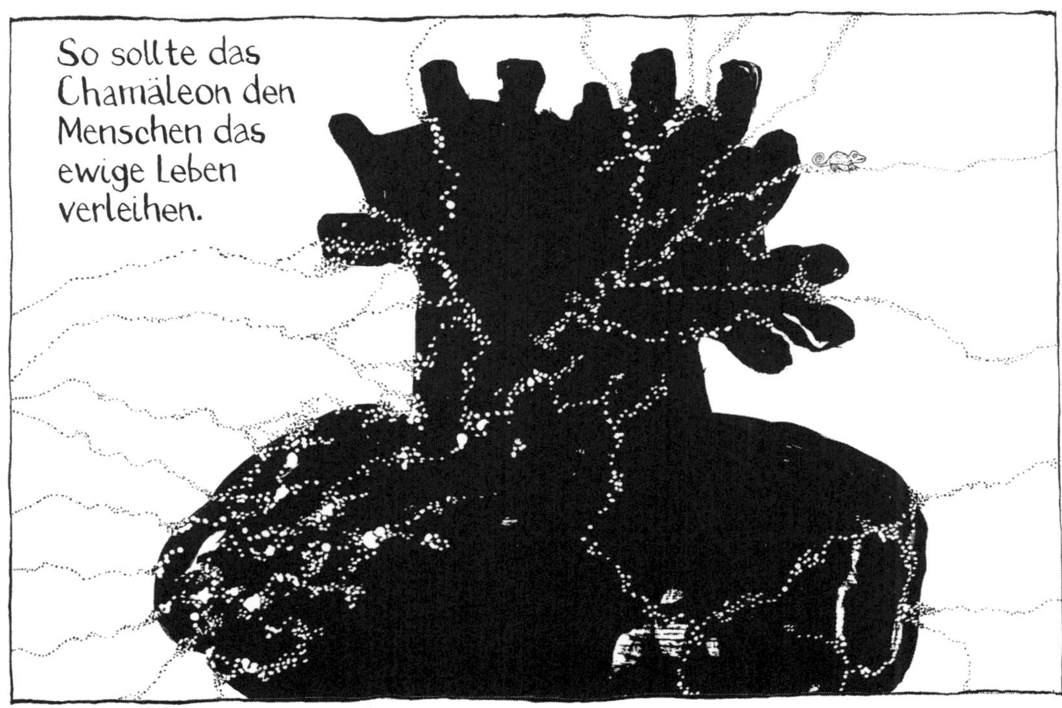
So sollte das
Chamäleon den
Menschen das
ewige Leben
verleihen.

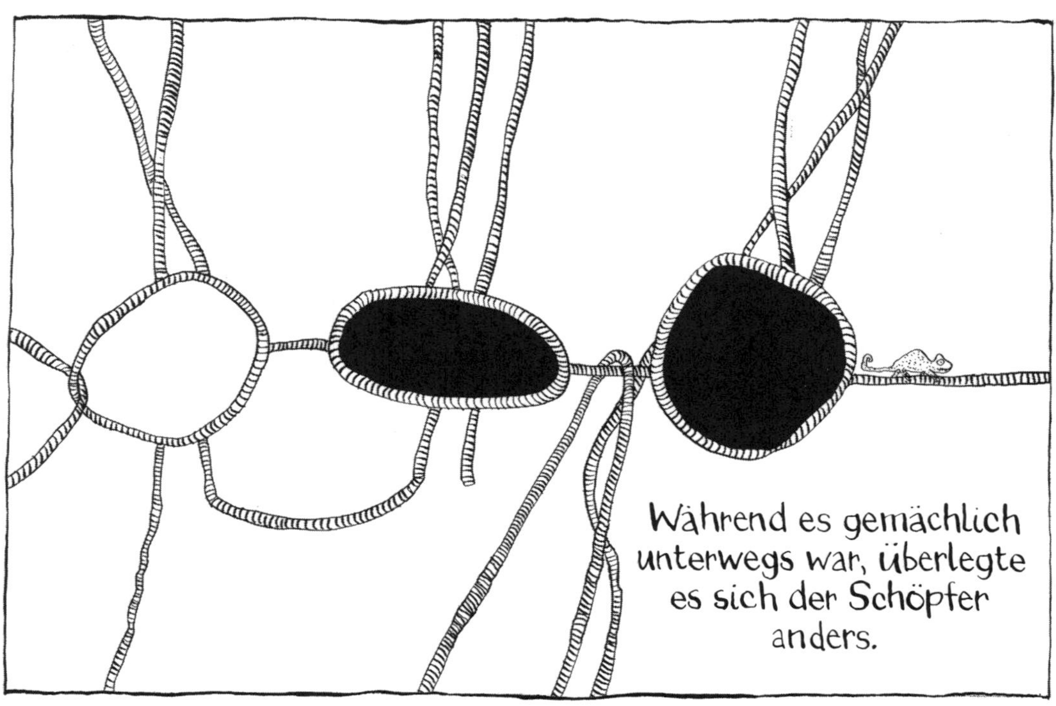
Während es gemächlich
unterwegs war, überlegte
es sich der Schöpfer
anders.

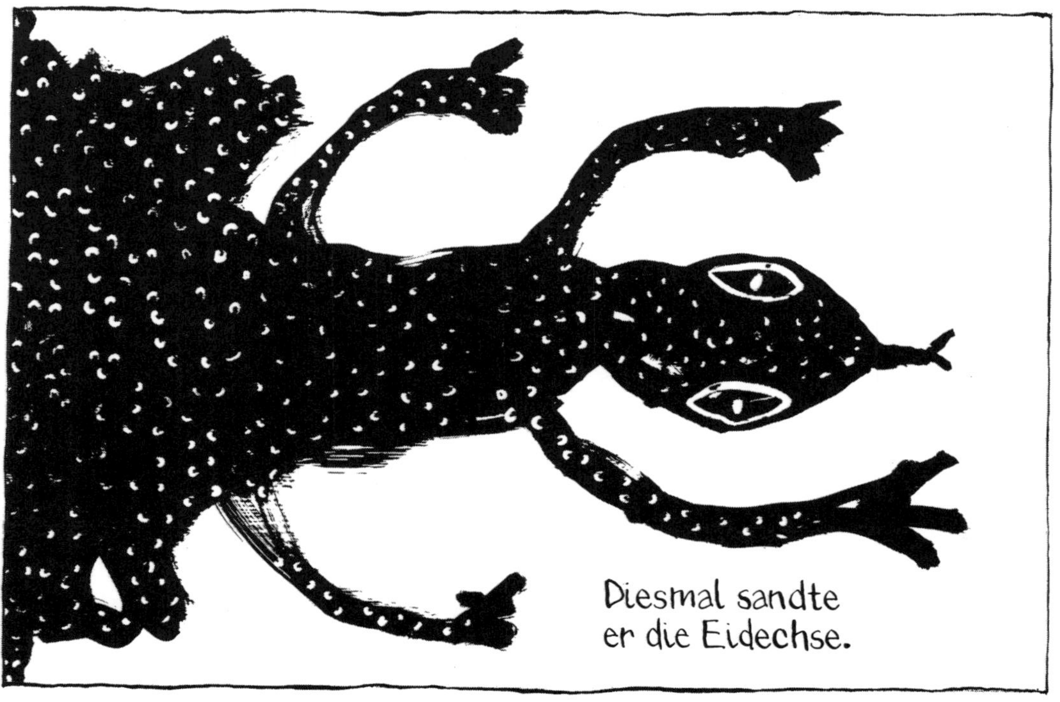
Diesmal sandte
er die Eidechse.

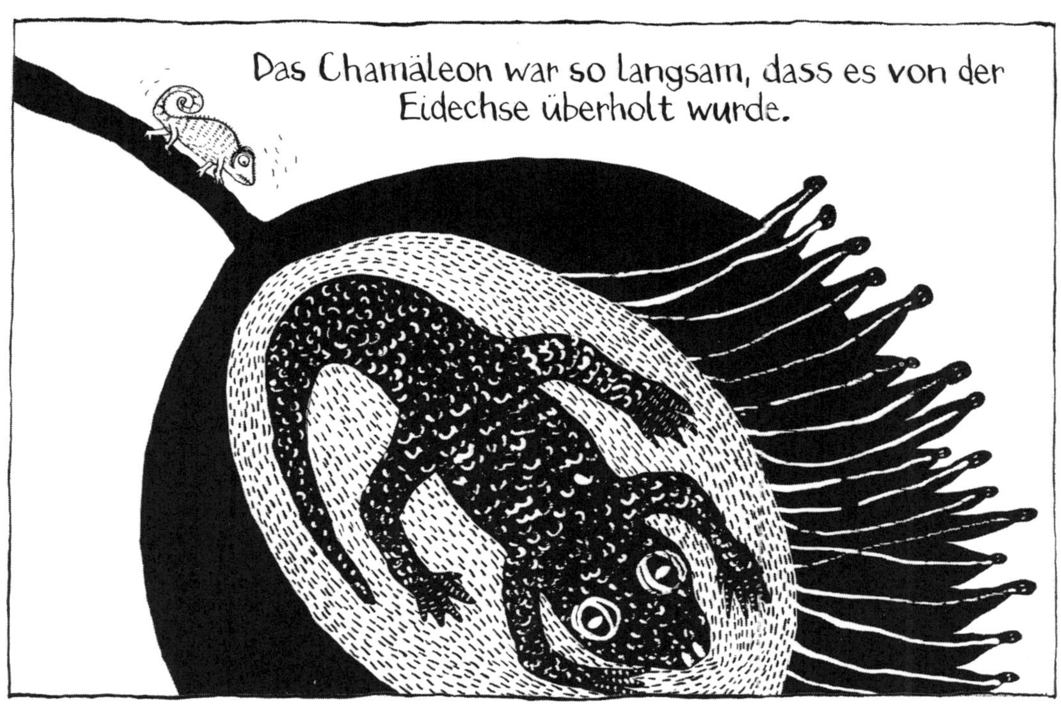
Das Chamäleon war so langsam, dass es von der Eidechse überholt wurde.

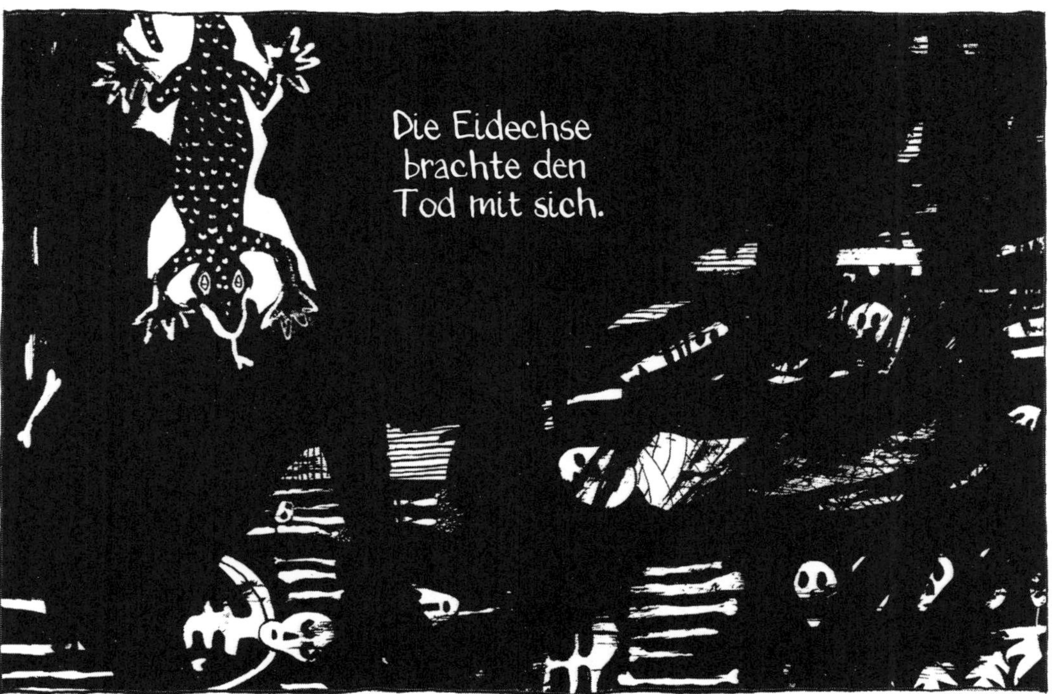
Die Eidechse brachte den Tod mit sich.

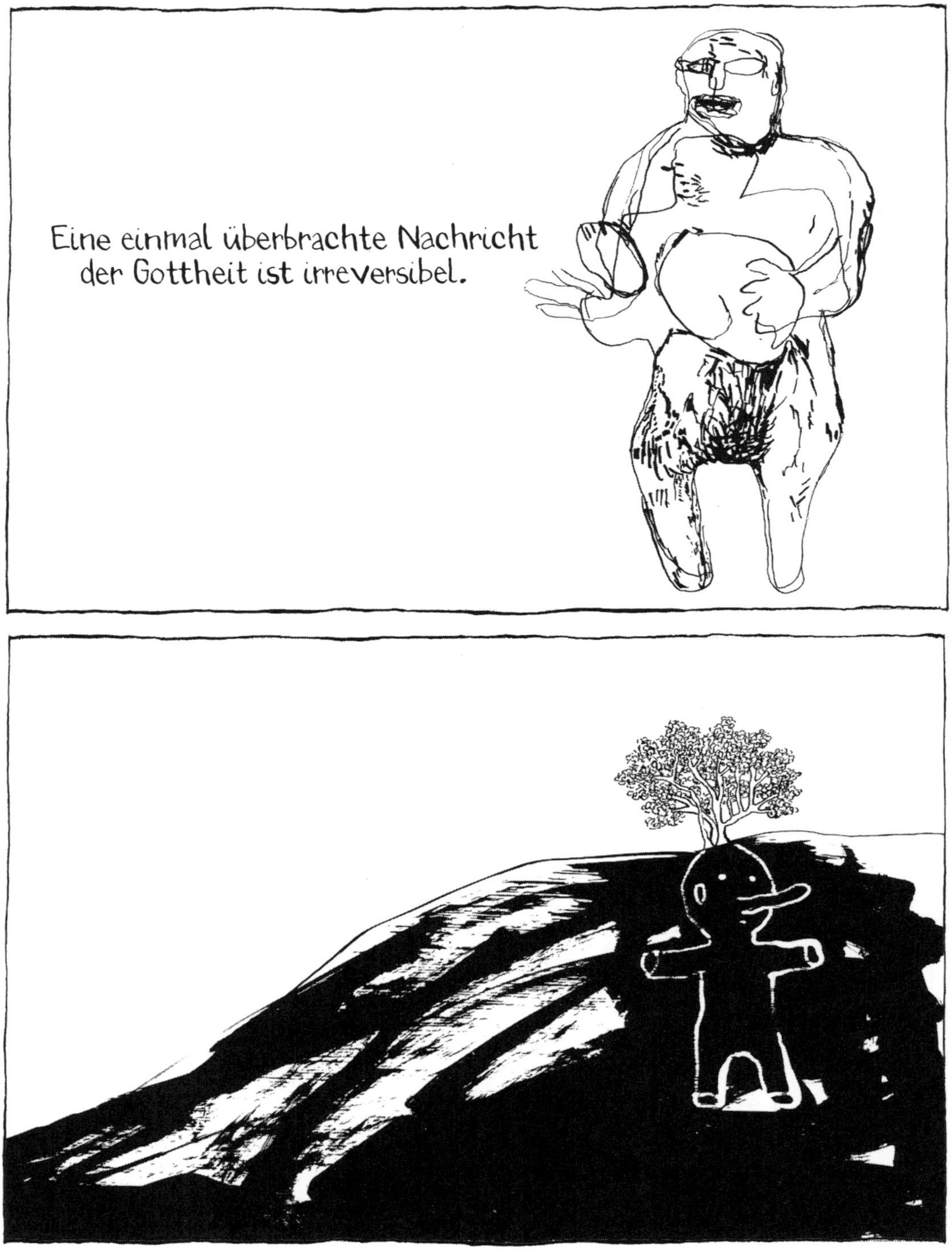

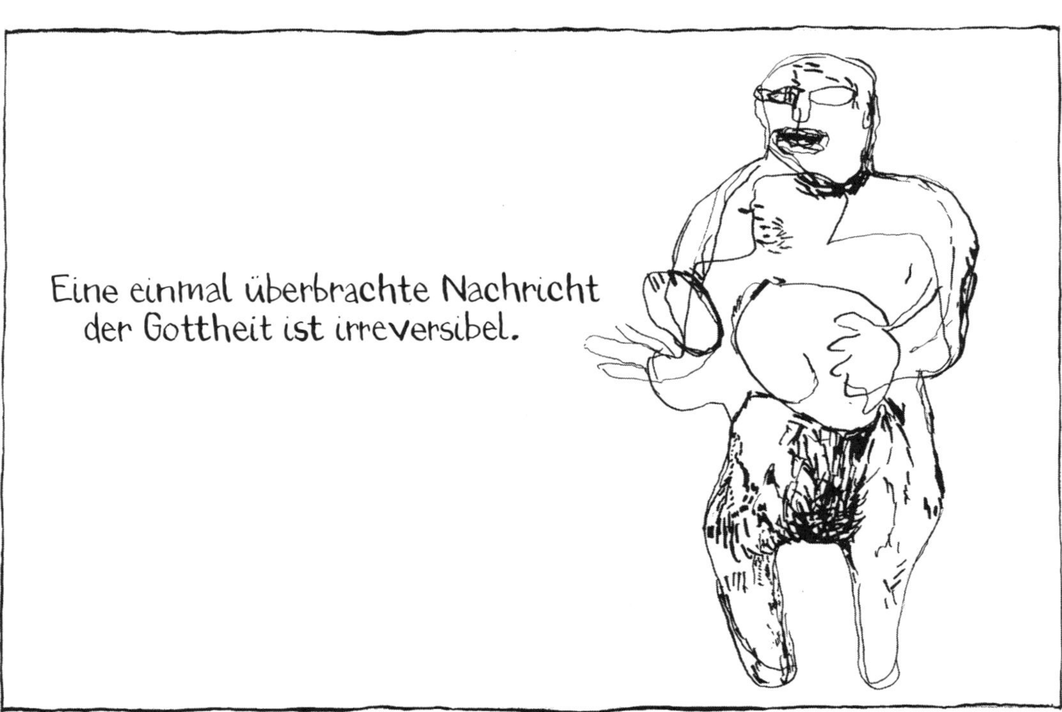
Eine einmal überbrachte Nachricht der Gottheit ist irreversibel.

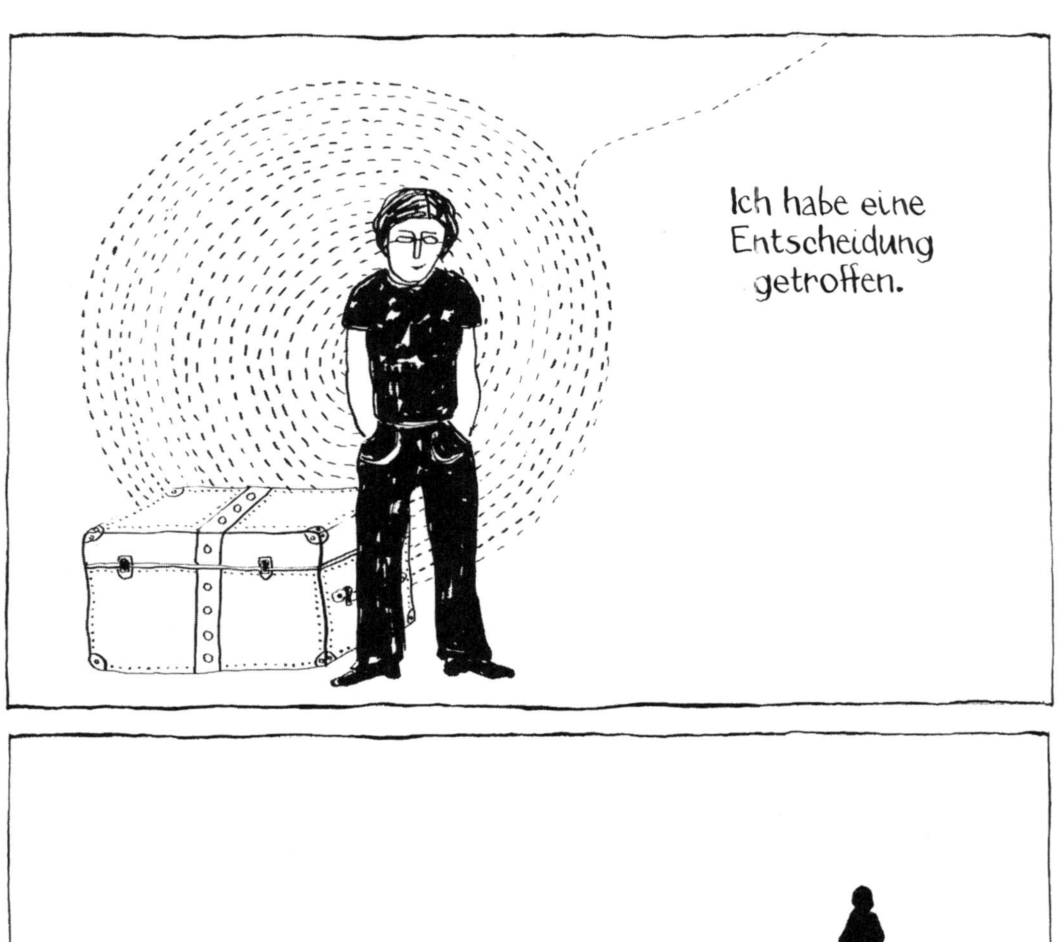
Ich habe eine Entscheidung getroffen.

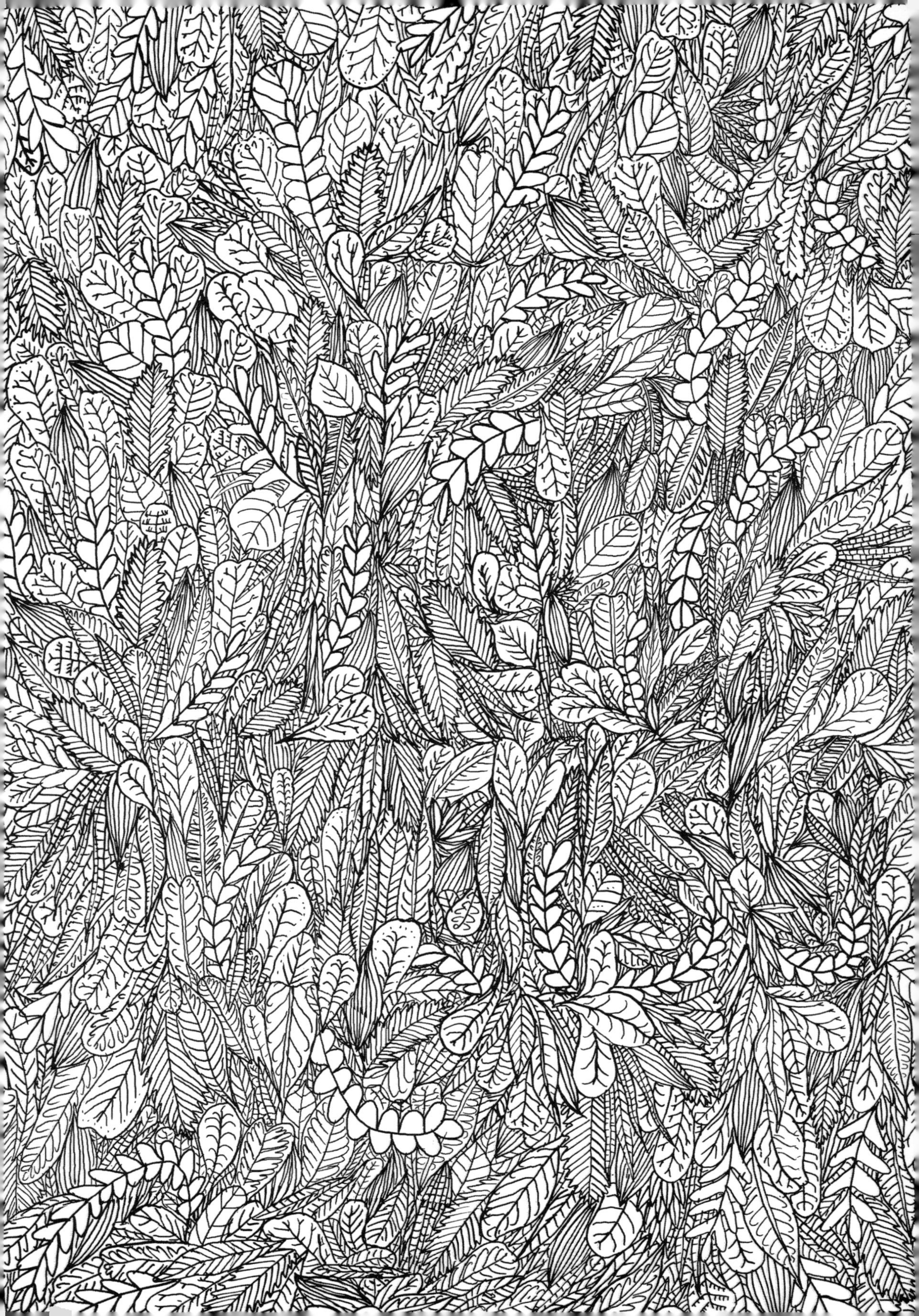

HOTEL 77

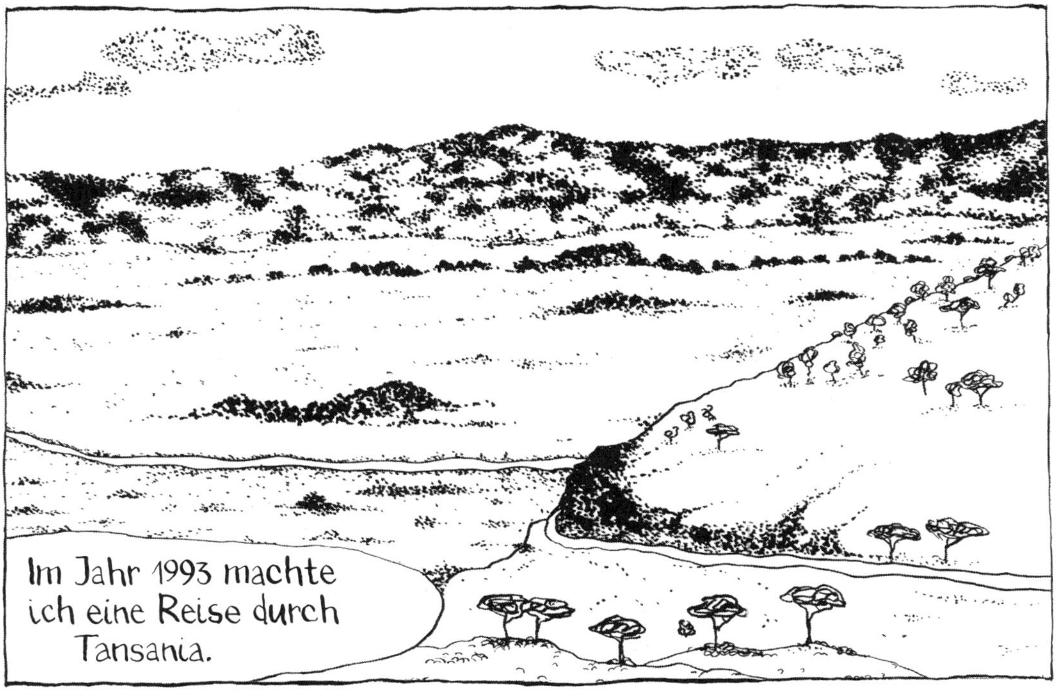

Im Jahr 1993 machte ich eine Reise durch Tansania.

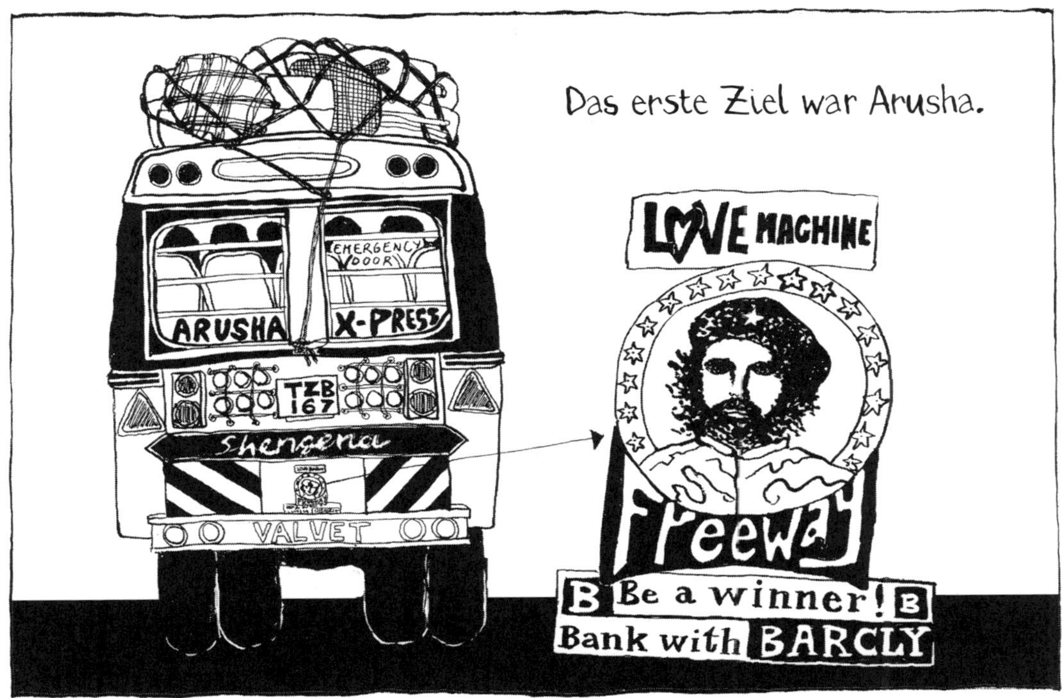

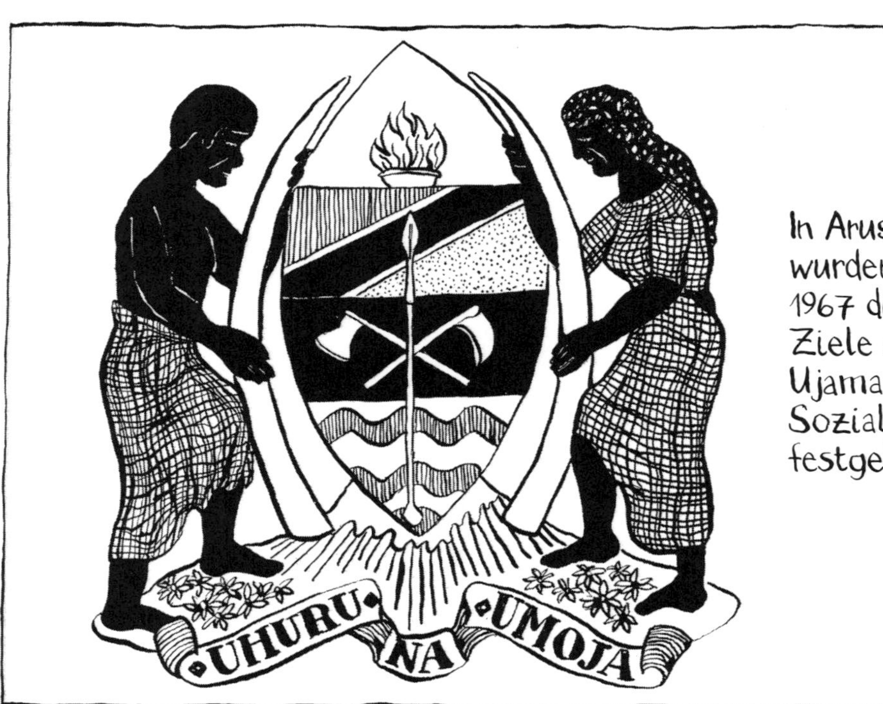

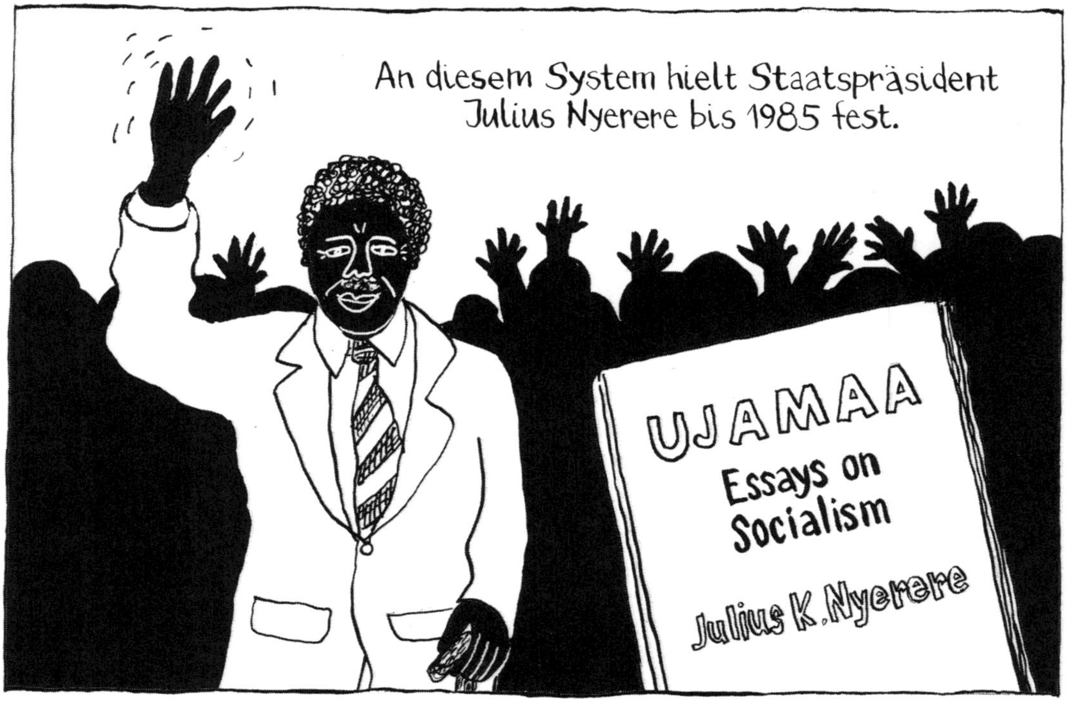

An diesem System hielt Staatspräsident Julius Nyerere bis 1985 fest.

UJAMAA
Essays on Socialism
Julius K. Nyerere

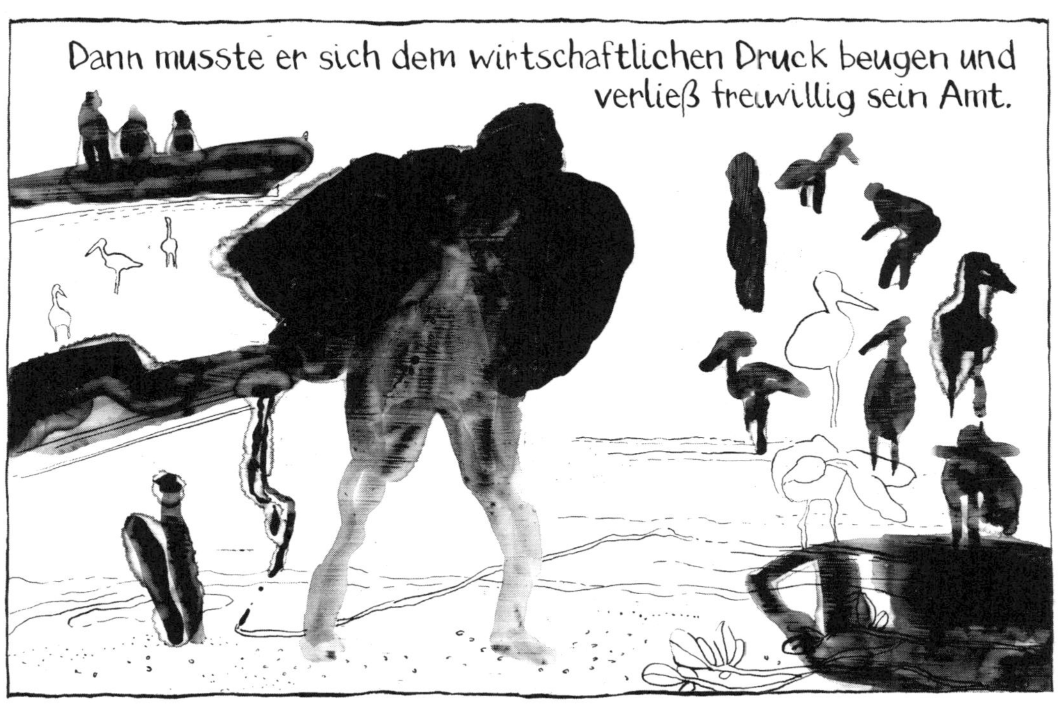
Dann musste er sich dem wirtschaftlichen Druck beugen und verließ freiwillig sein Amt.

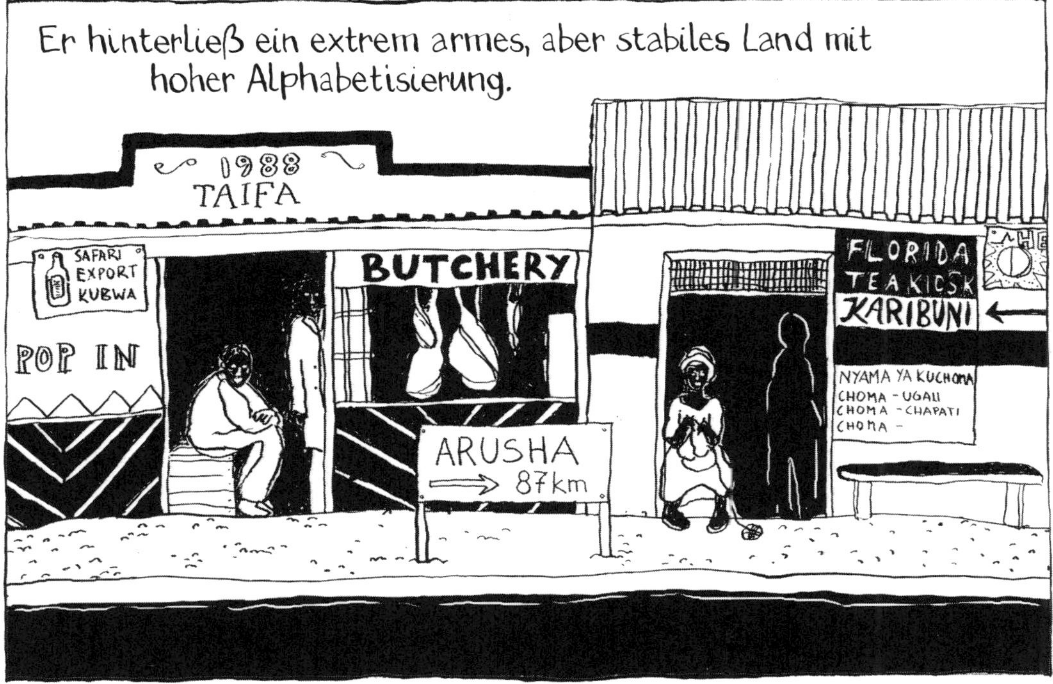
Er hinterließ ein extrem armes, aber stabiles Land mit hoher Alphabetisierung.
1988
TAIFA
SAFARI EXPORT KUBWA
BUTCHERY
POP IN
ARUSHA
87km
FLORIDA
TEA KIOSK
KARIBUNI
NYAMA YA KUCHOMA
CHOMA - UGALI
CHOMA - CHAPATI
CHOMA -

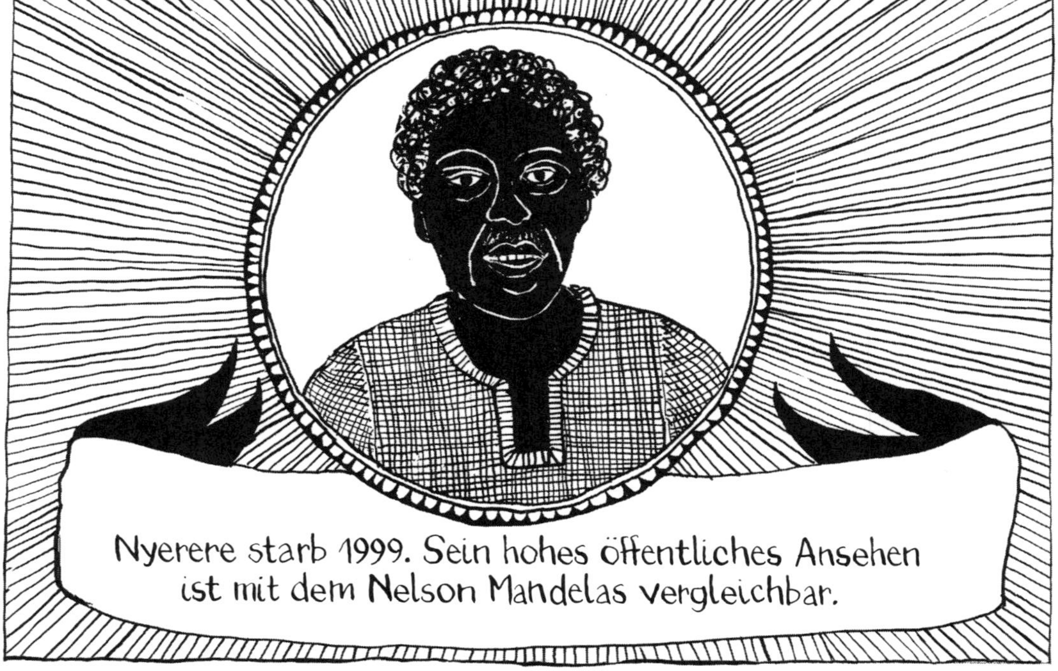

Nyerere starb 1999. Sein hohes öffentliches Ansehen ist mit dem Nelson Mandelas vergleichbar.

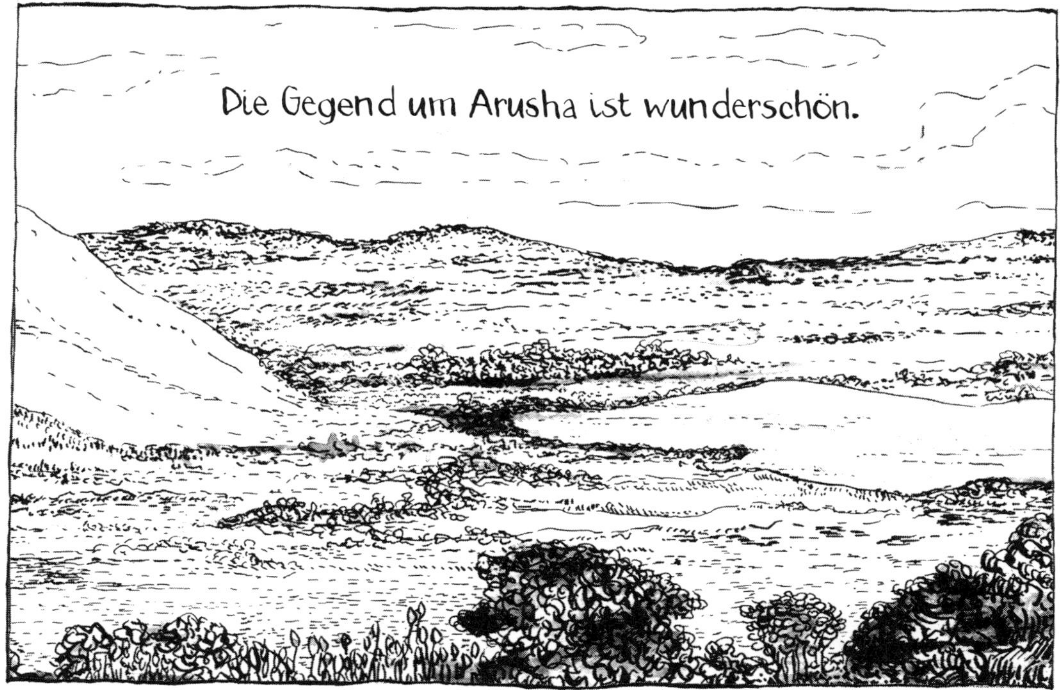

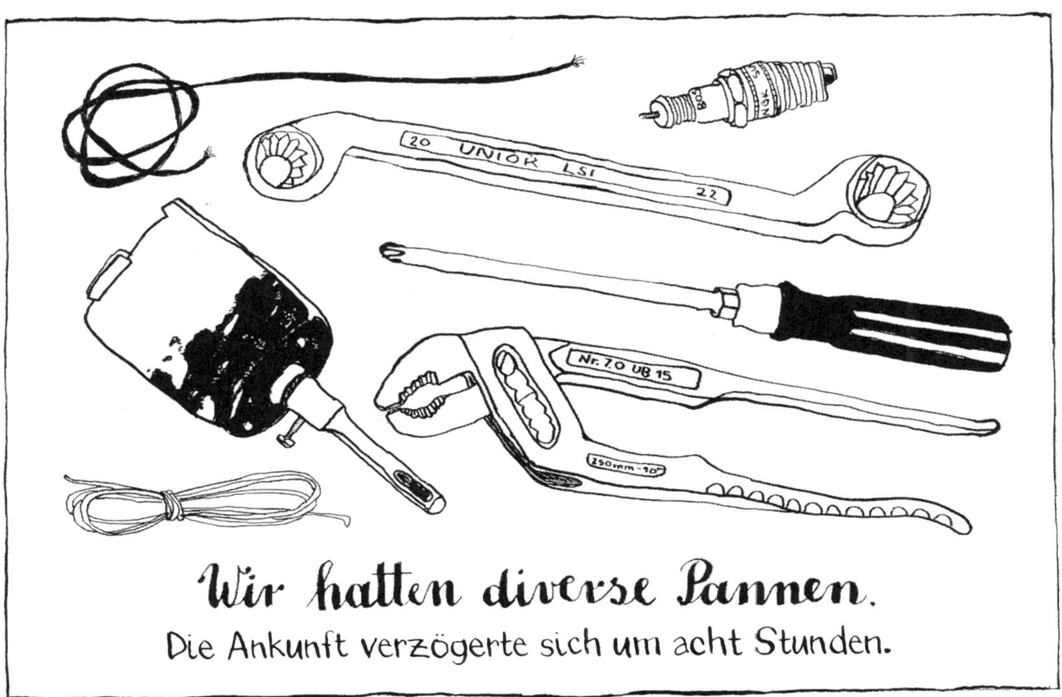
20 UNIOR LSI 22
Nr. 7.0 UB 15
250mm - 10"
Wir hatten diverse Pannen.
Die Ankunft verzögerte sich um acht Stunden.

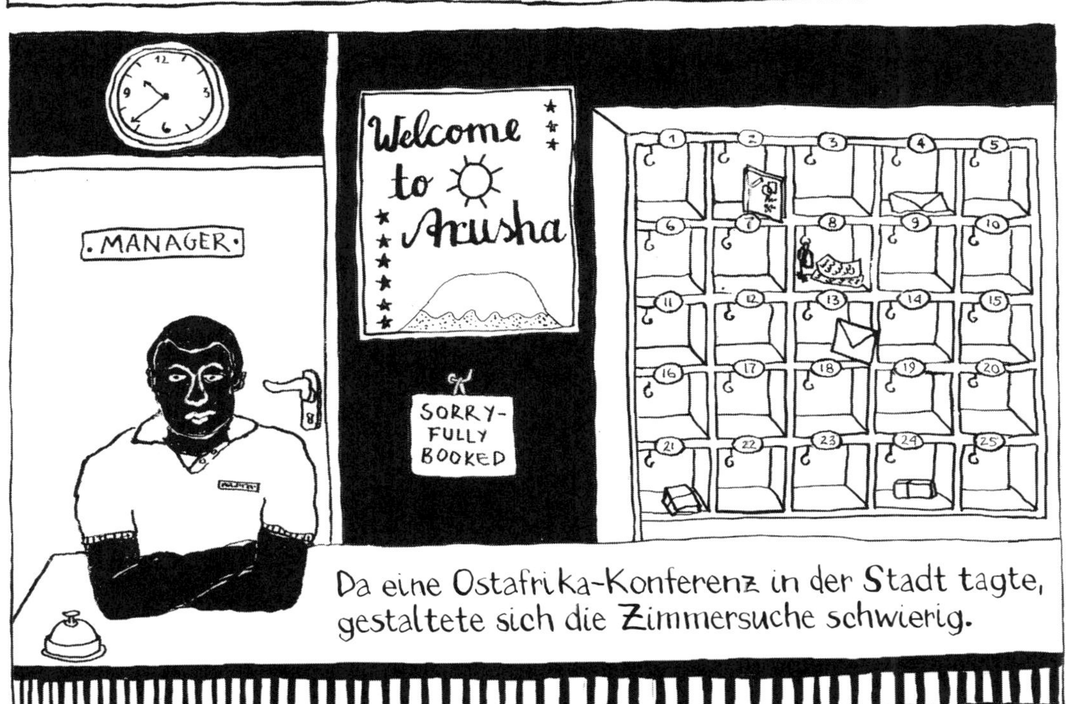
MANAGER
Welcome to Arusha
SORRY-
FULLY
BOOKED
Da eine Ostafrika-Konferenz in der Stadt tagte,
gestaltete sich die Zimmersuche schwierig.

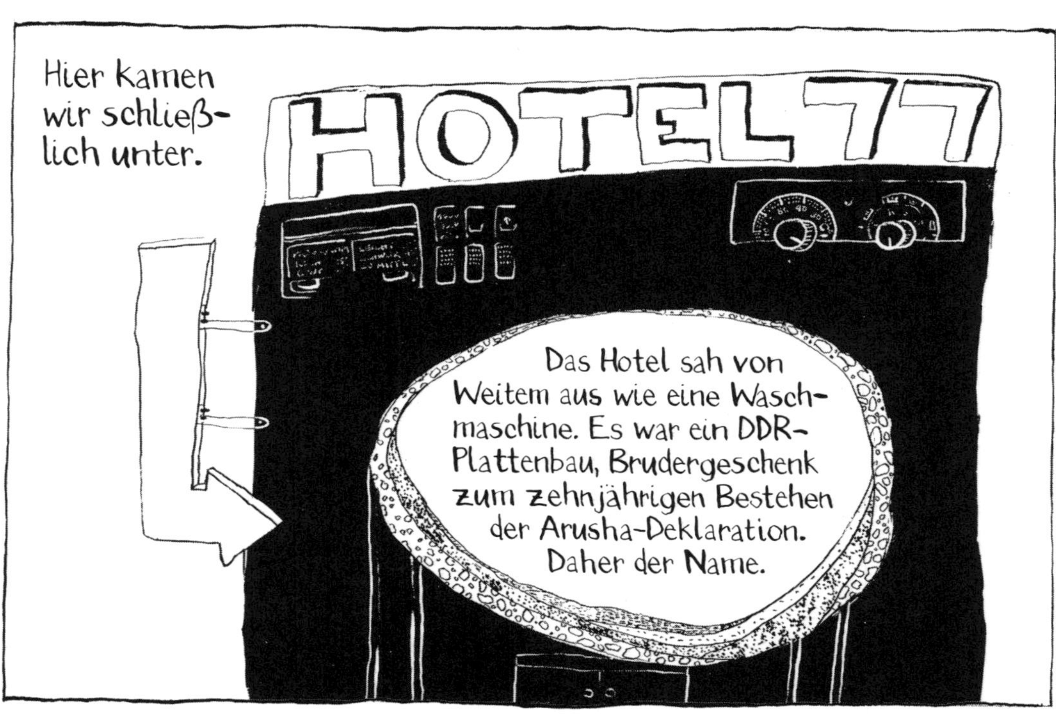

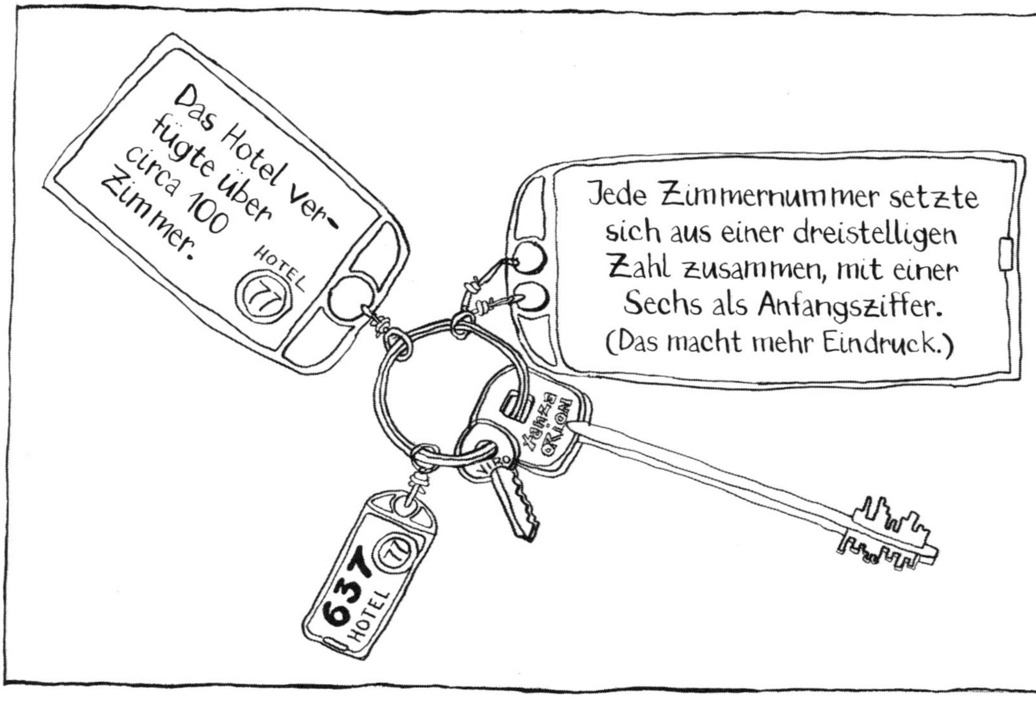

Das Hotel ver-fügte über circa 100 Zimmer.

Jede Zimmernummer setzte sich aus einer dreistelligen Zahl zusammen, mit einer Sechs als Anfangsziffer. (Das macht mehr Eindruck.)

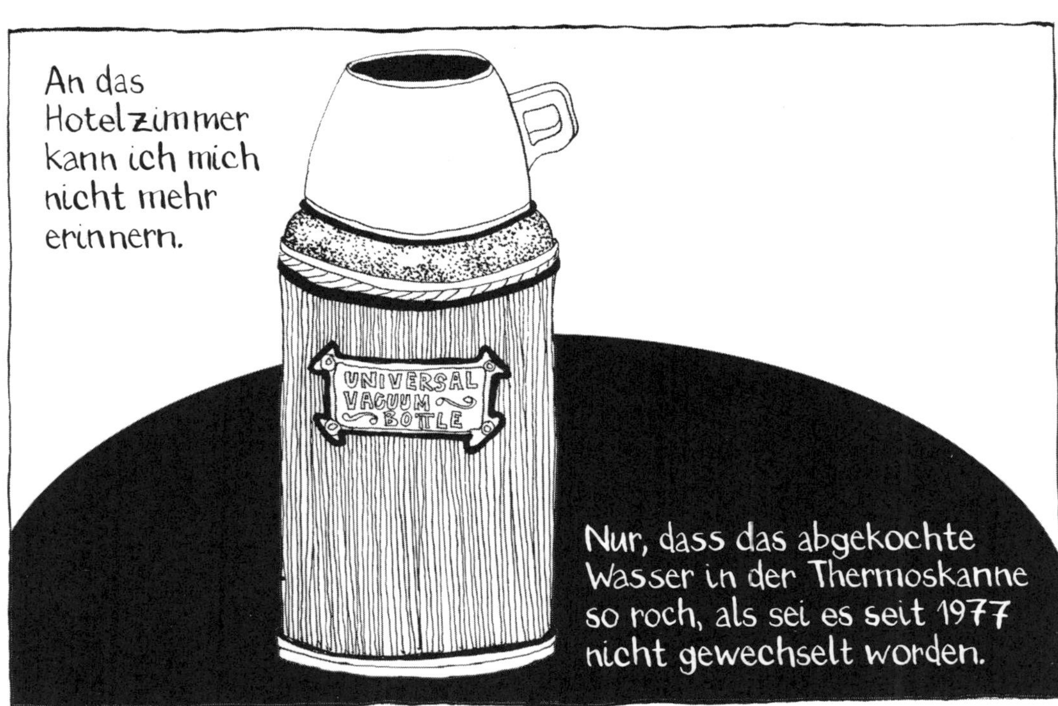
An das Hotelzimmer kann ich mich nicht mehr erinnern.
UNIVERSAL VACUUM BOTTLE
Nur, dass das abgekochte Wasser in der Thermoskanne so roch, als sei es seit 1977 nicht gewechselt worden.

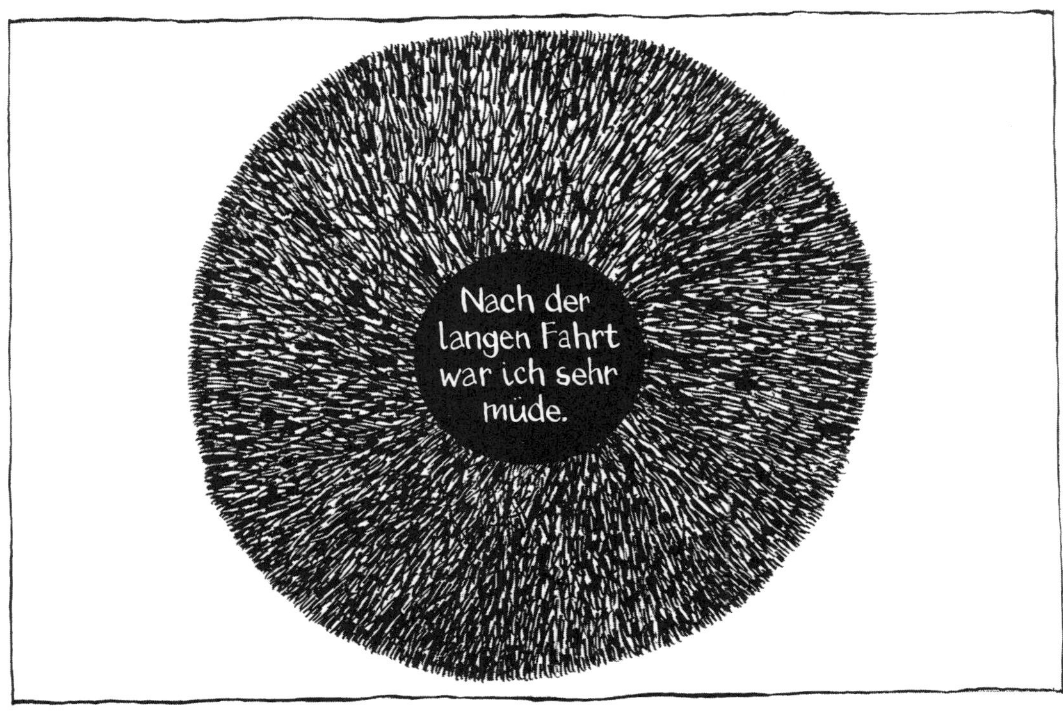
Nach der langen Fahrt war ich sehr müde.

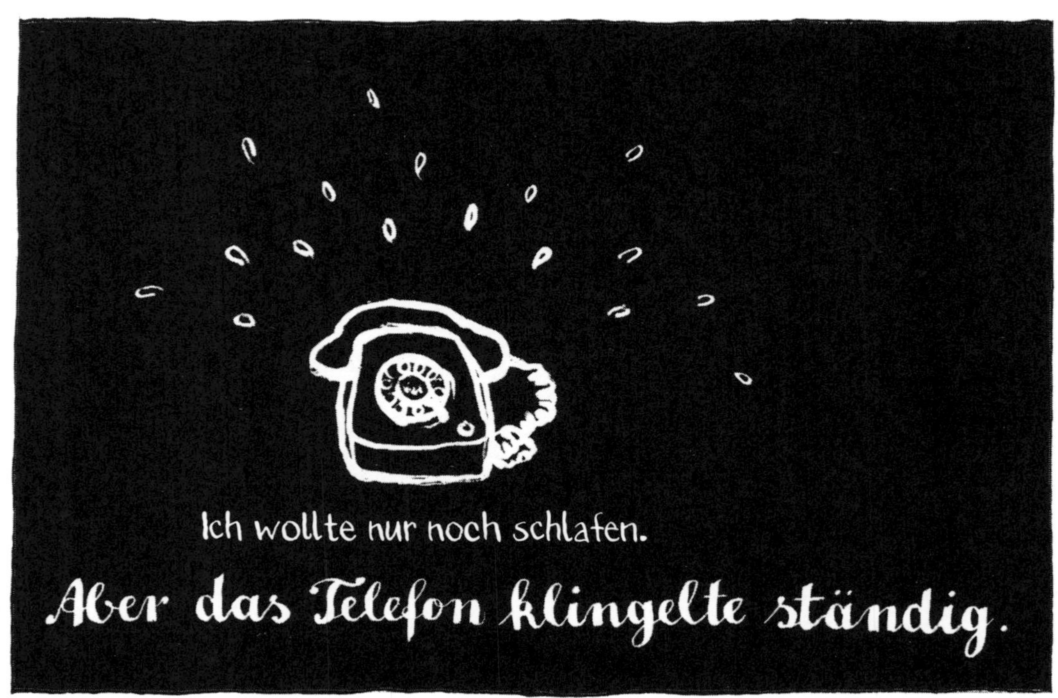
Ich wollte nur noch schlafen.
Aber das Telefon klingelte ständig.

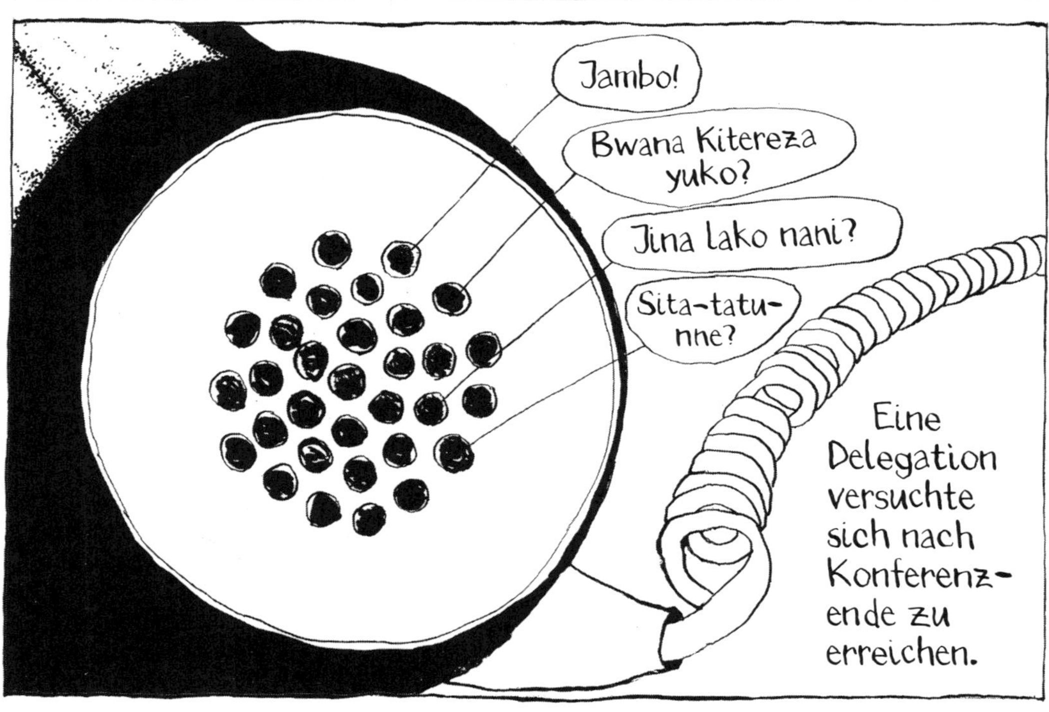
Jambo!
Bwana Kitereza yuko?
Jina lako nani?
Sita-tatu-nne?
Eine Delegation versuchte sich nach Konferenzende zu erreichen.

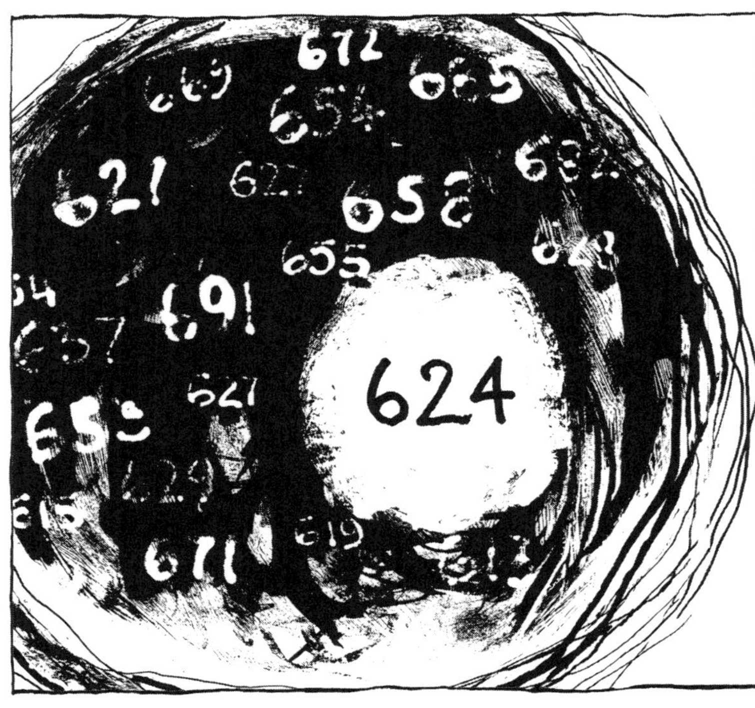

Es stellte sich heraus, dass die Zimmernummern nicht mit den Telefonnummern identisch waren.

So hatte ich das Zimmer:

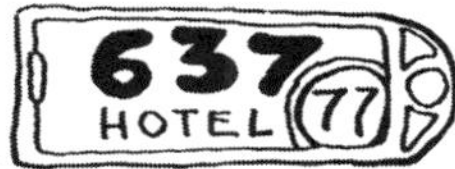

Meine Telefonnummer aber war die:

624 #

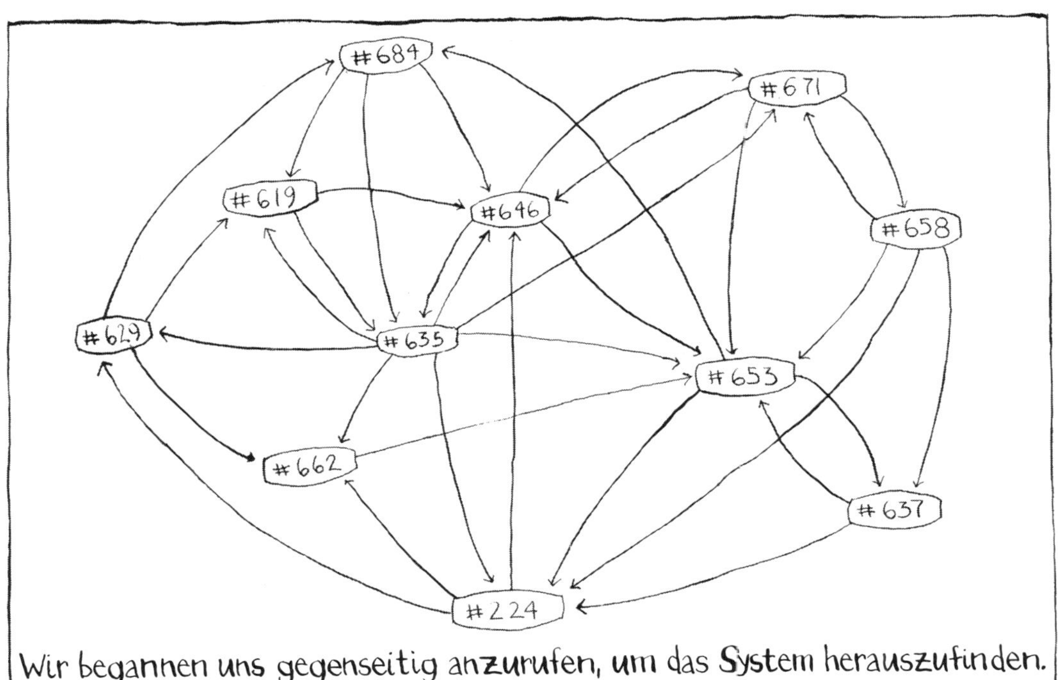

Wir begannen uns gegenseitig anzurufen, um das System herauszufinden.

Es gab kein System.

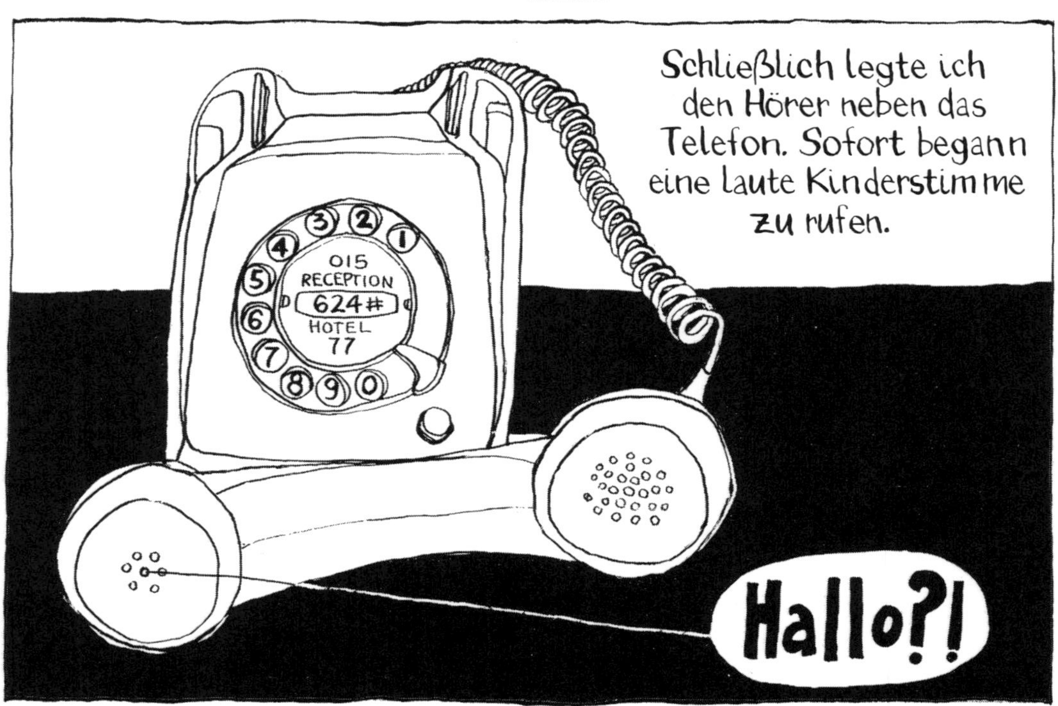

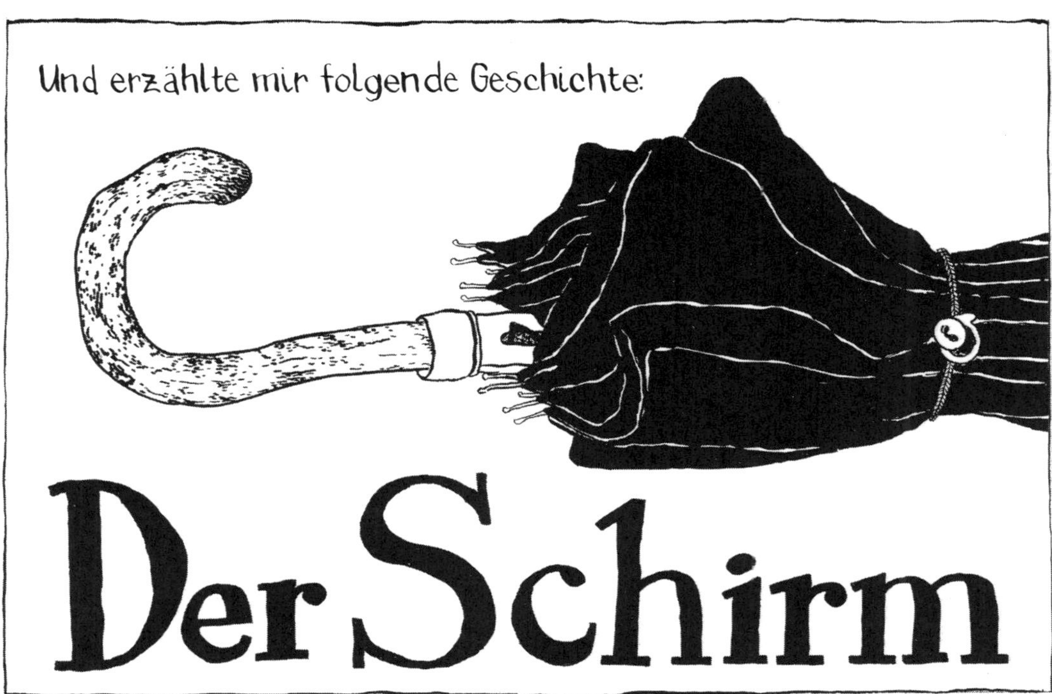
Und erzählte mir folgende Geschichte:
Der Schirm

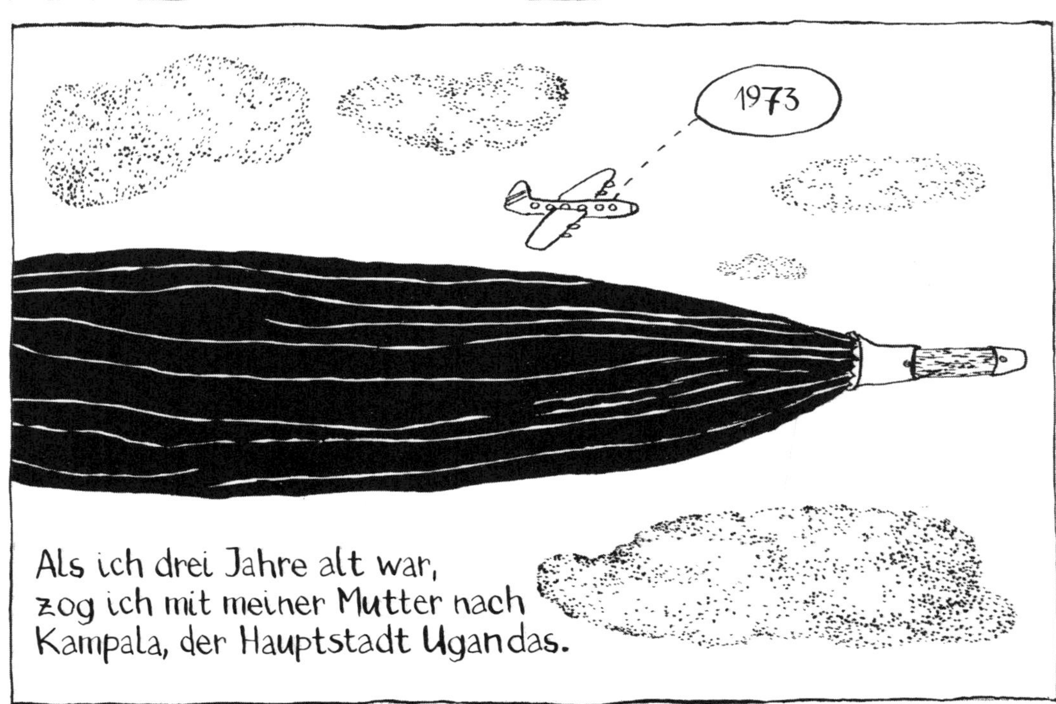
1973
Als ich drei Jahre alt war,
zog ich mit meiner Mutter nach
Kampala, der Hauptstadt Ugandas.

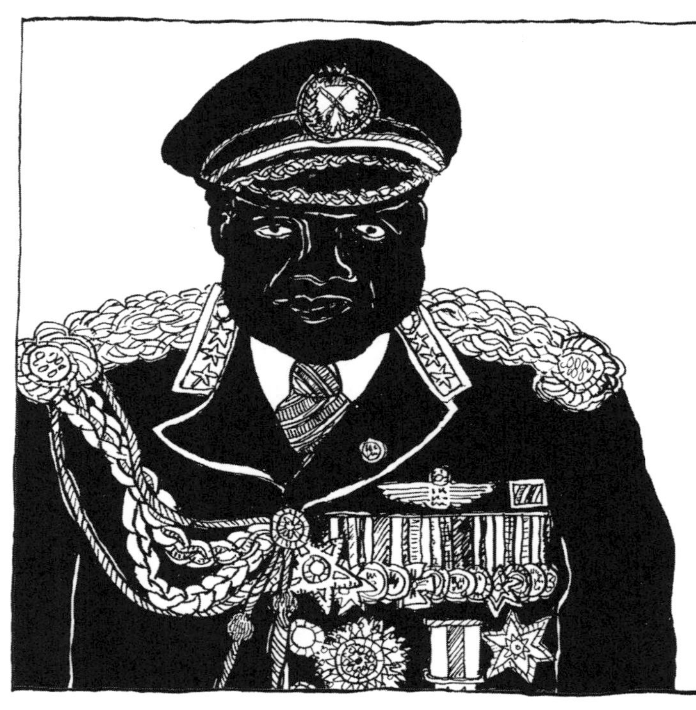
Uganda wurde
ab 1971 von
Idi Amin regiert.

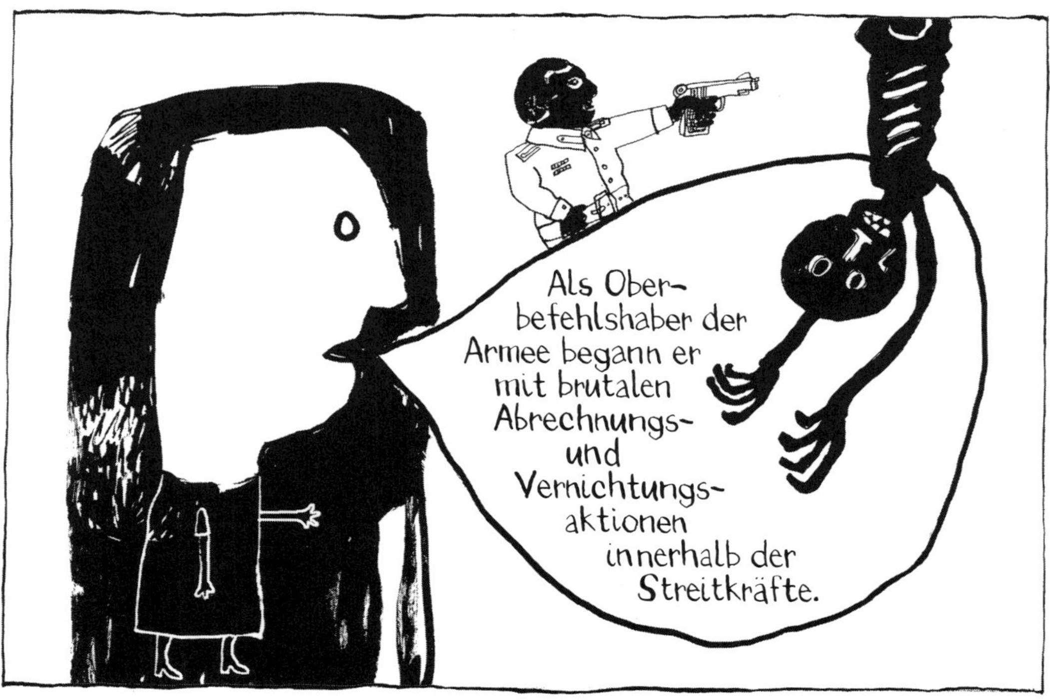
Als Oberbefehlshaber der Armee begann er mit brutalen Abrechnungs- und Vernichtungsaktionen innerhalb der Streitkräfte.

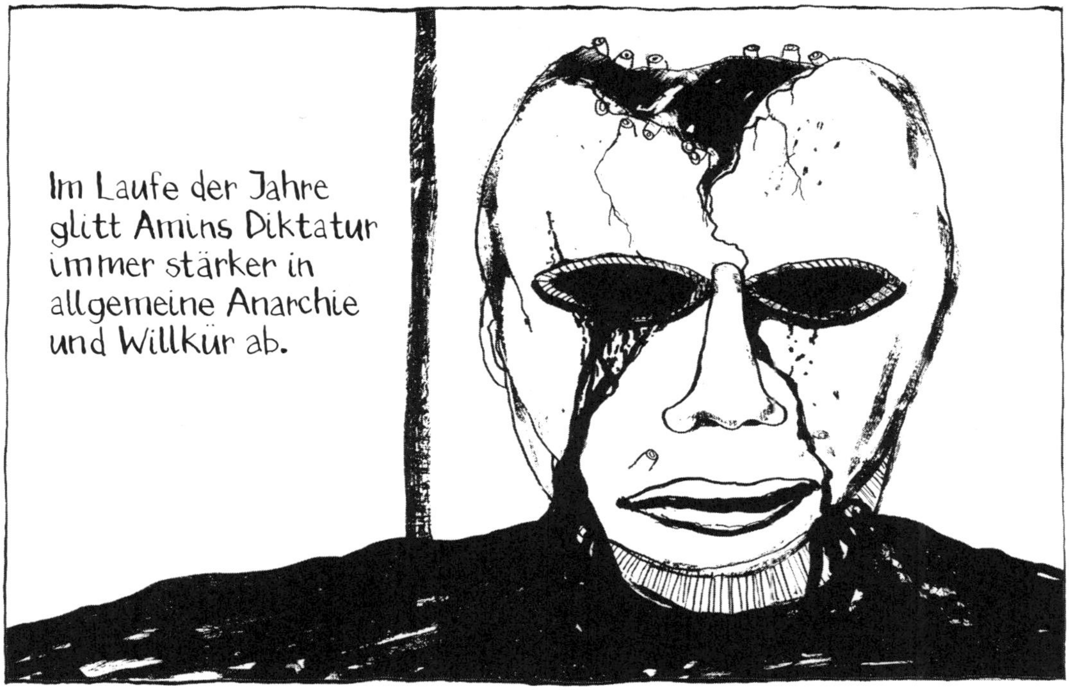

Im Laufe der Jahre glitt Amins Diktatur immer stärker in allgemeine Anarchie und Willkür ab.

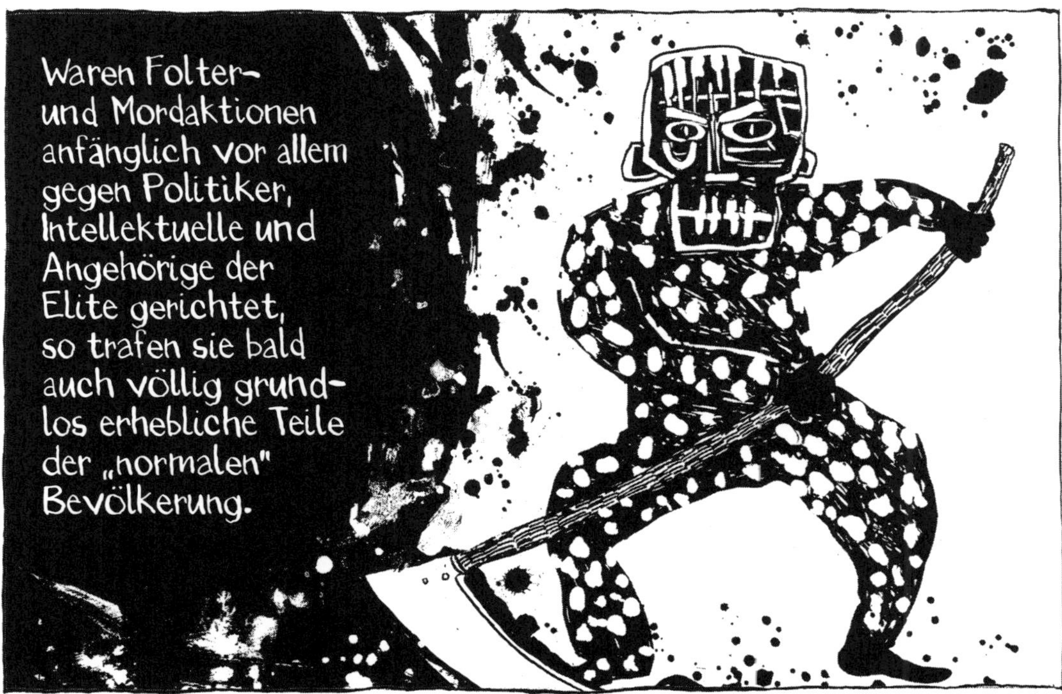

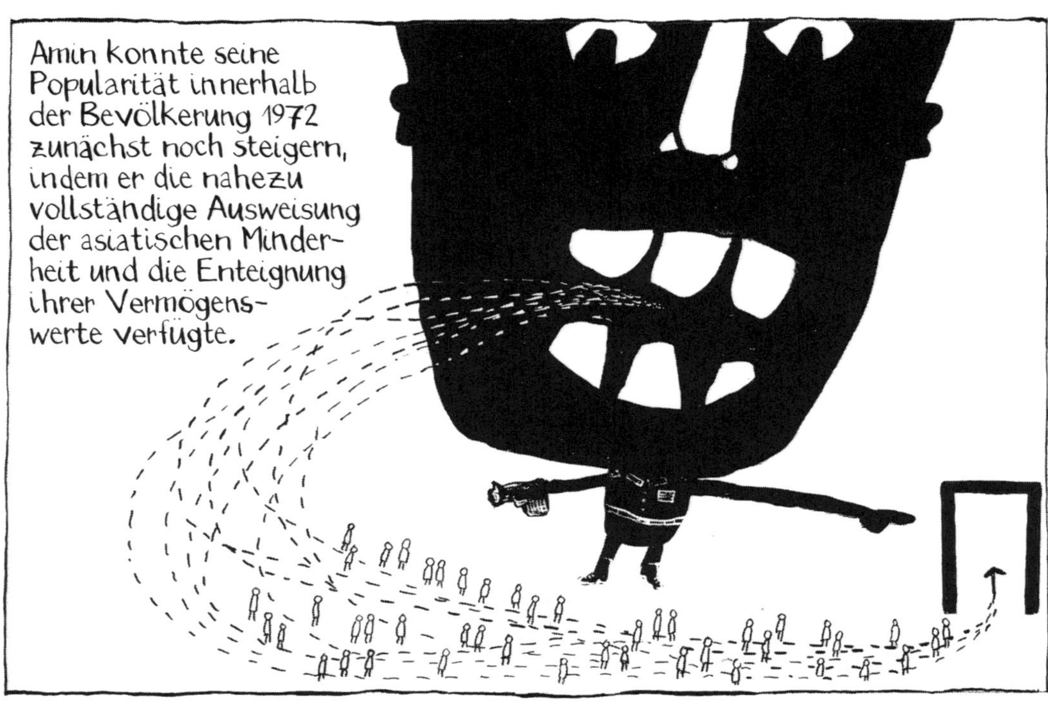
Amin konnte seine
Popularität innerhalb
der Bevölkerung 1972
zunächst noch steigern,
indem er die nahezu
vollständige Ausweisung
der asiatischen Minderheit und die Enteignung
ihrer Vermögenswerte verfügte.

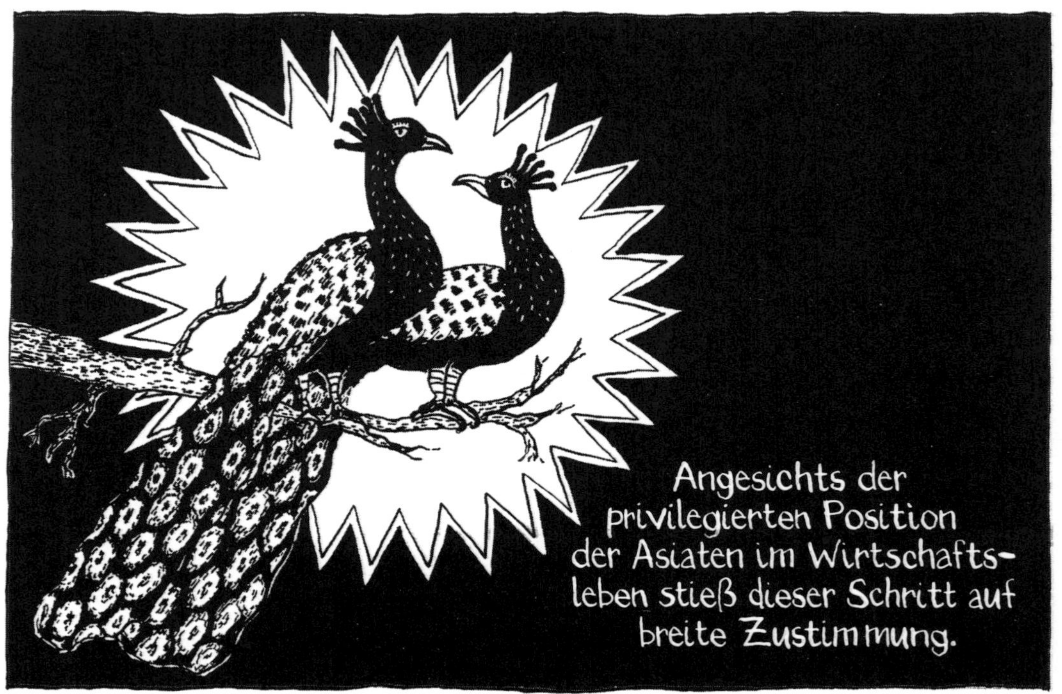
Angesichts der
privilegierten Position
der Asiaten im Wirtschaftsleben stieß dieser Schritt auf
breite Zustimmung.

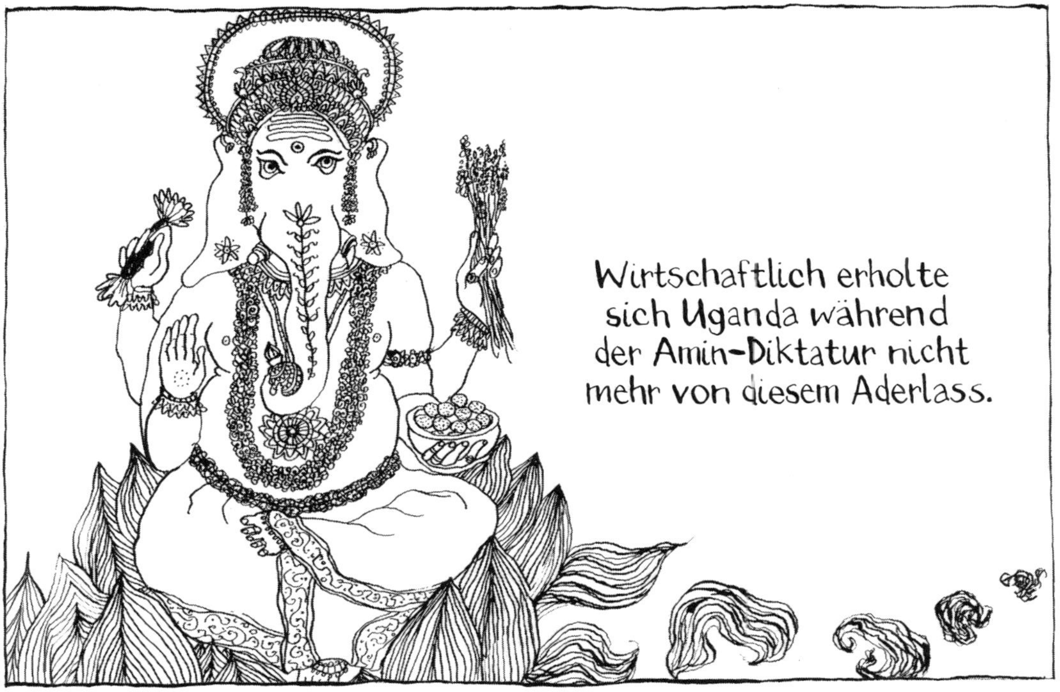

Wirtschaftlich erholte sich Uganda während der Amin-Diktatur nicht mehr von diesem Aderlass.

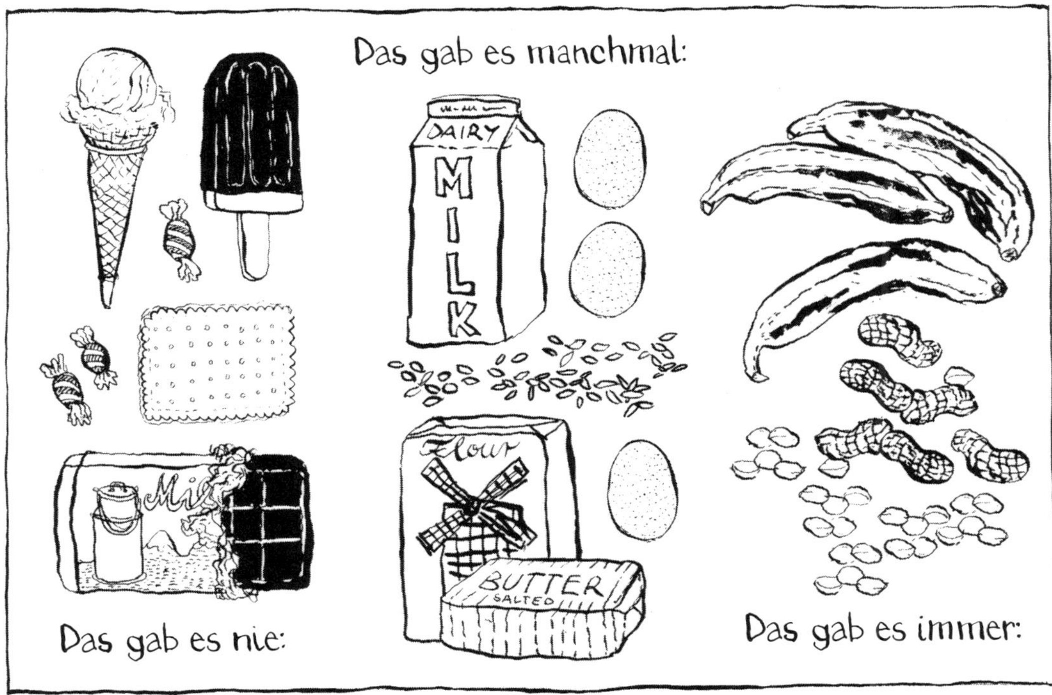

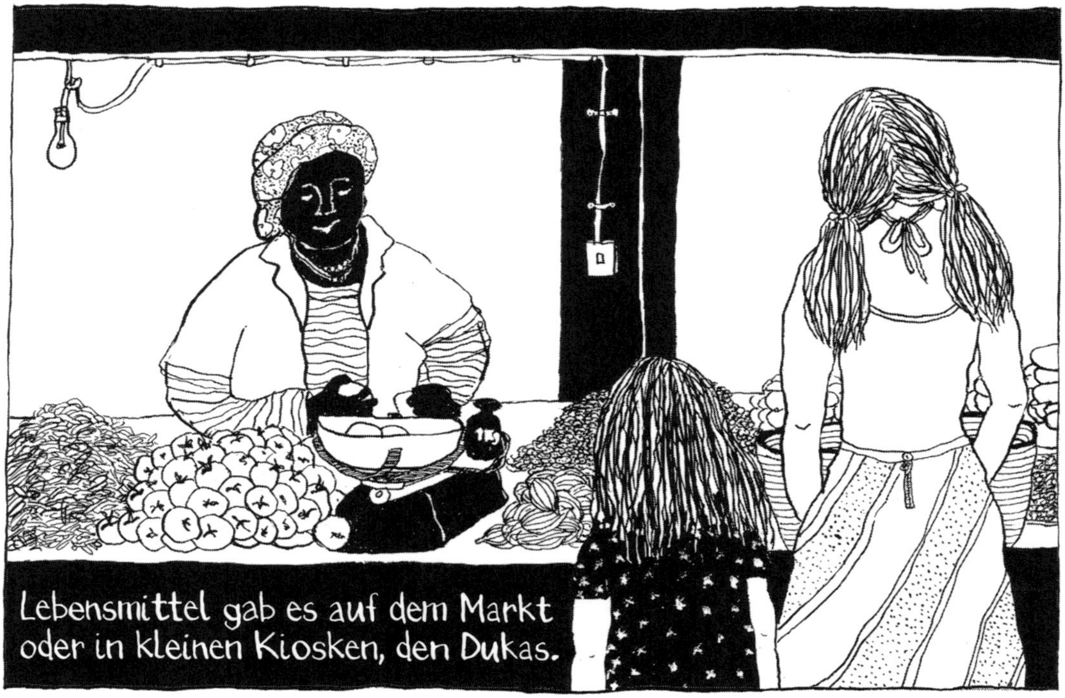

Lebensmittel gab es auf dem Markt oder in kleinen Kiosken, den Dukas.

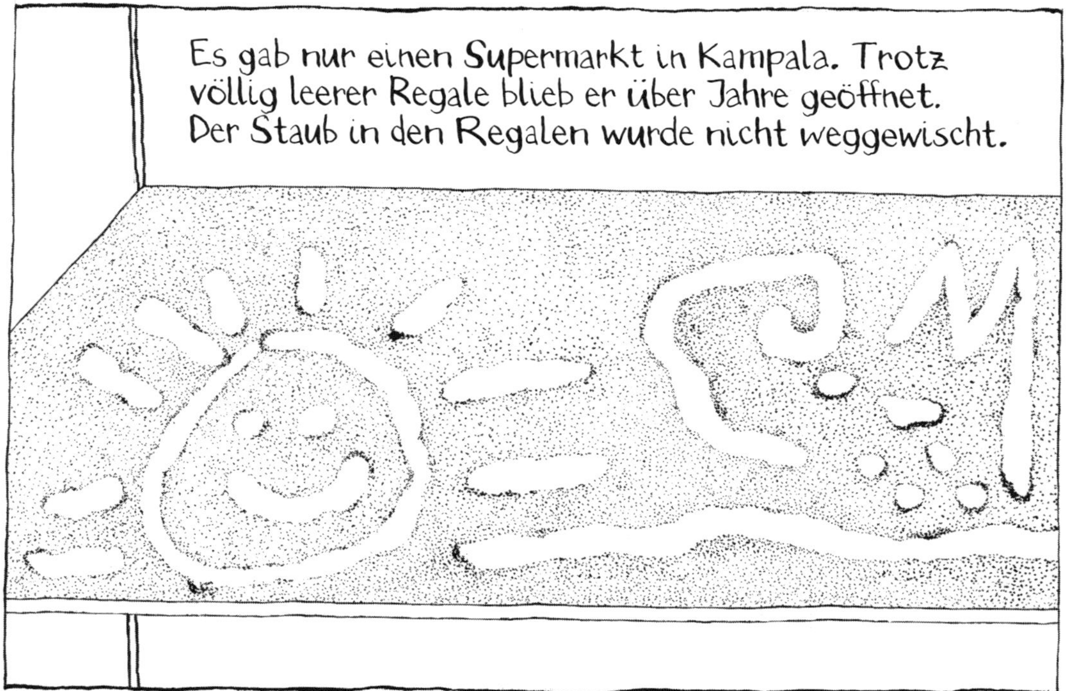

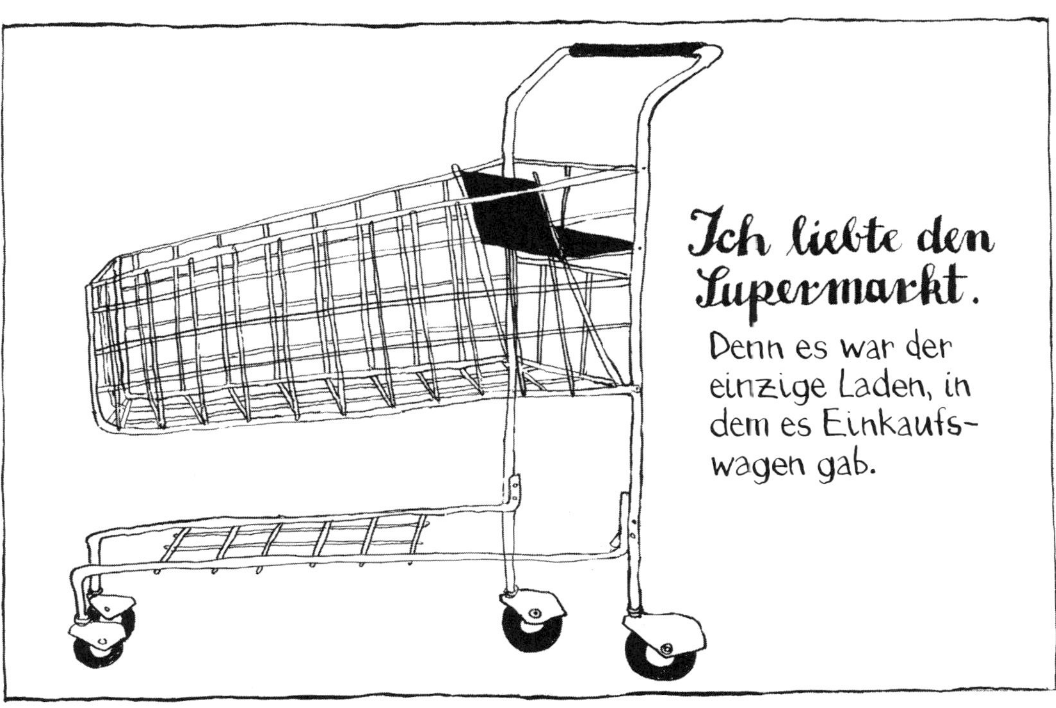
Ich liebte den Supermarkt.
Denn es war der einzige Laden, in dem es Einkaufswagen gab.

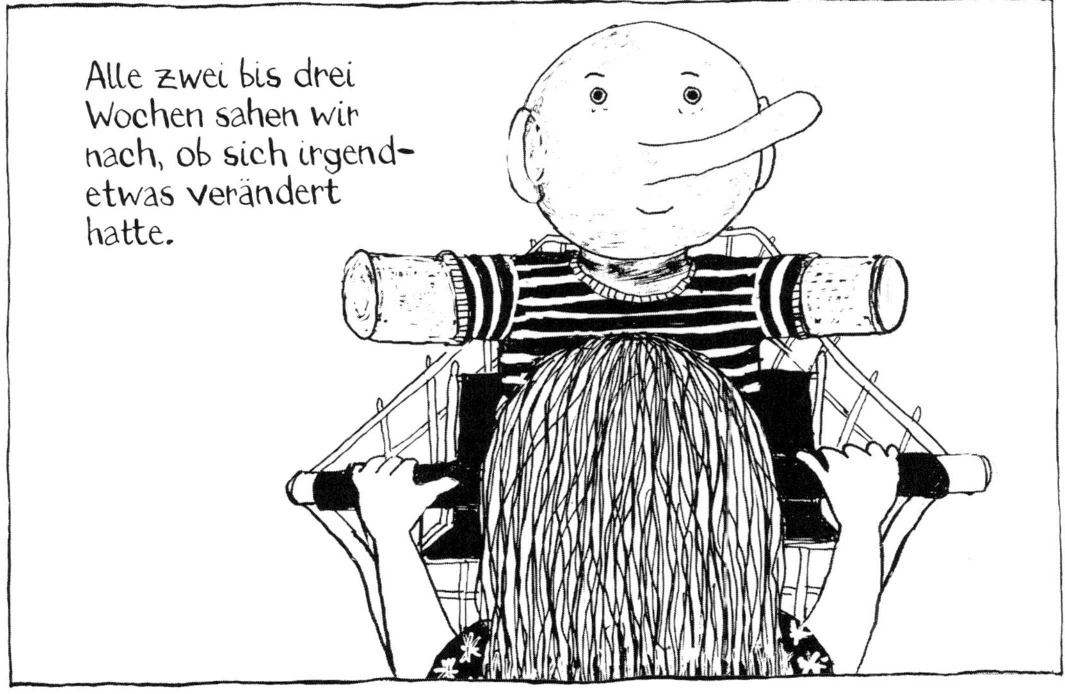
Alle zwei bis drei Wochen sahen wir nach, ob sich irgendetwas verändert hatte.

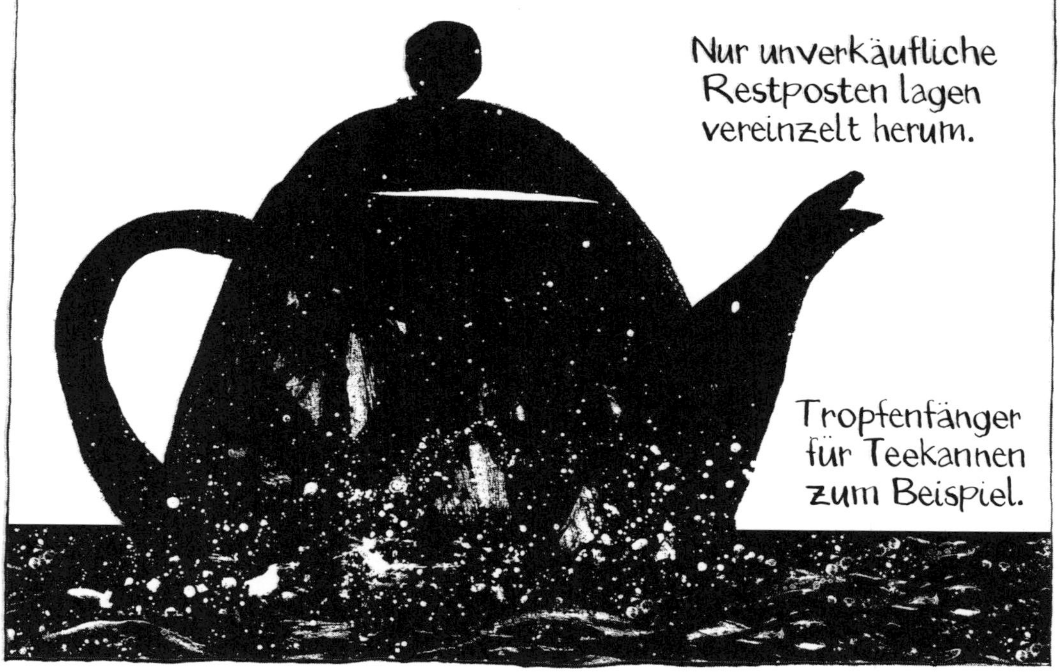

Nur unverkäufliche Restposten lagen vereinzelt herum.

Tropfenfänger für Teekannen zum Beispiel.

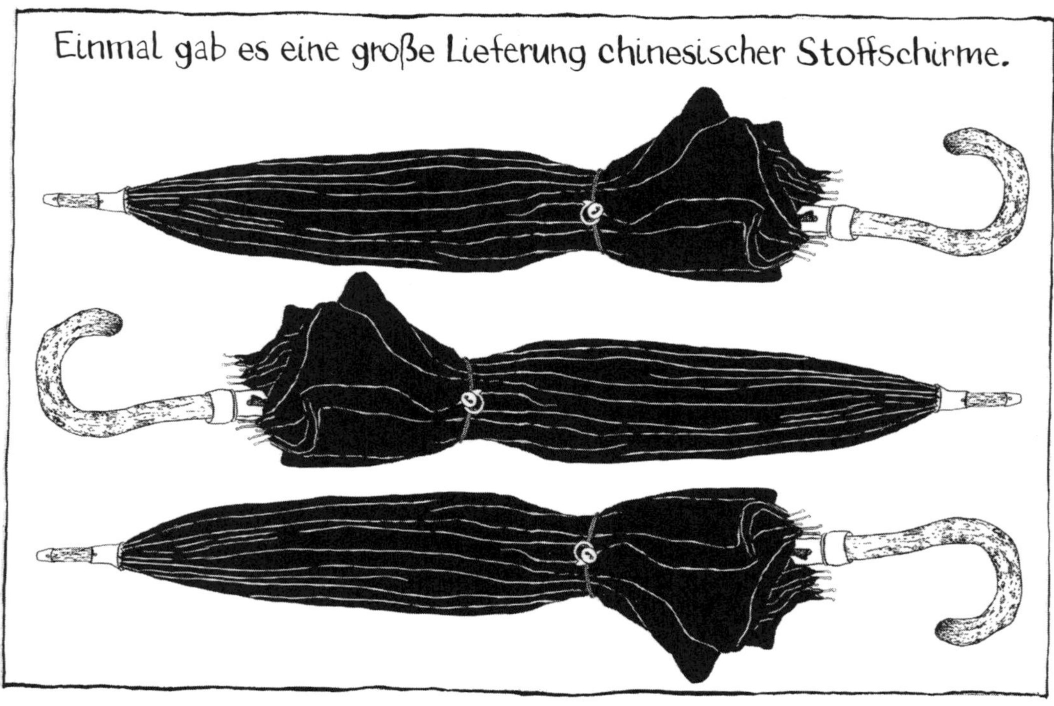

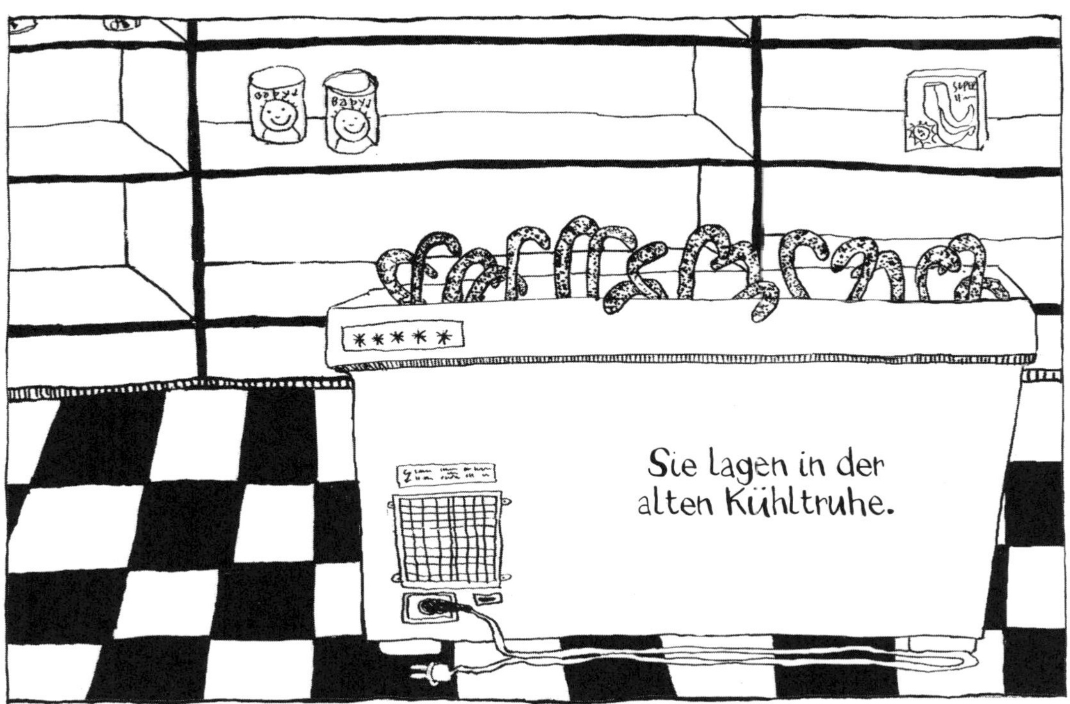

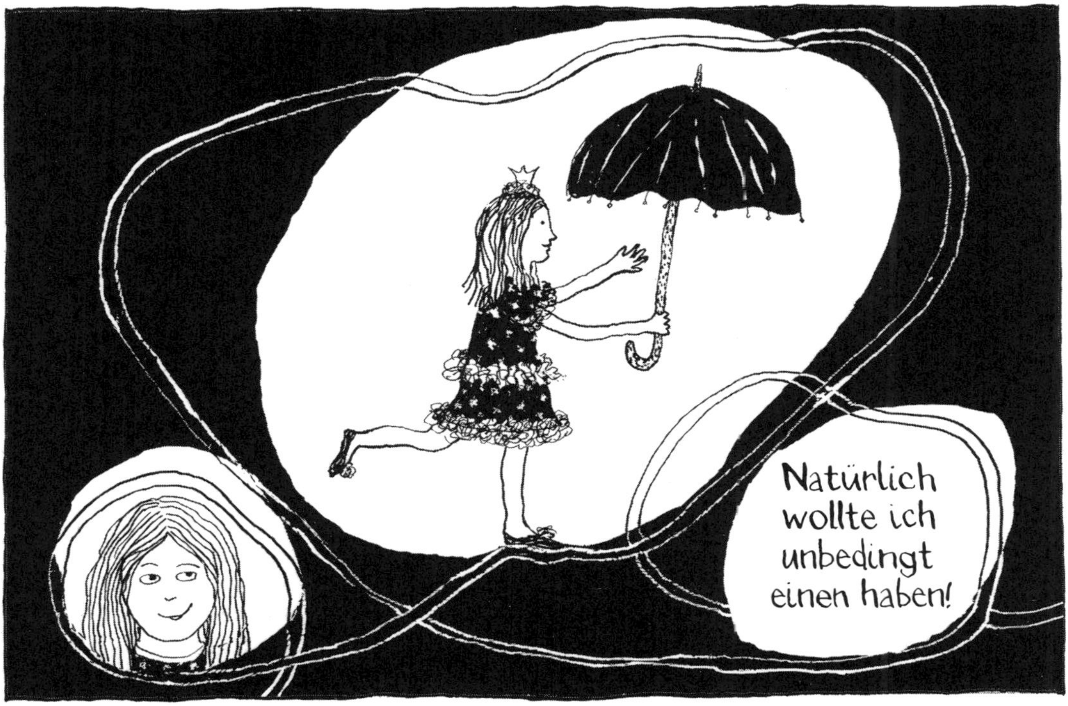

Natürlich wollte ich unbedingt einen haben!

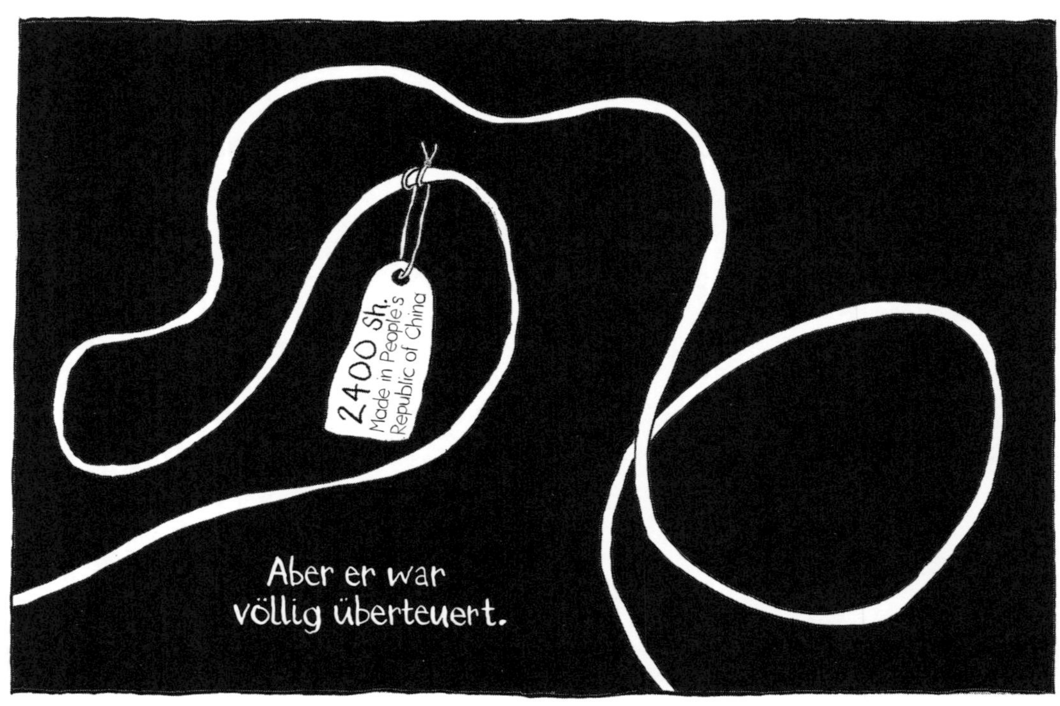
2400 sh.
Made in People's
Republic of China
Aber er war
völlig überteuert.

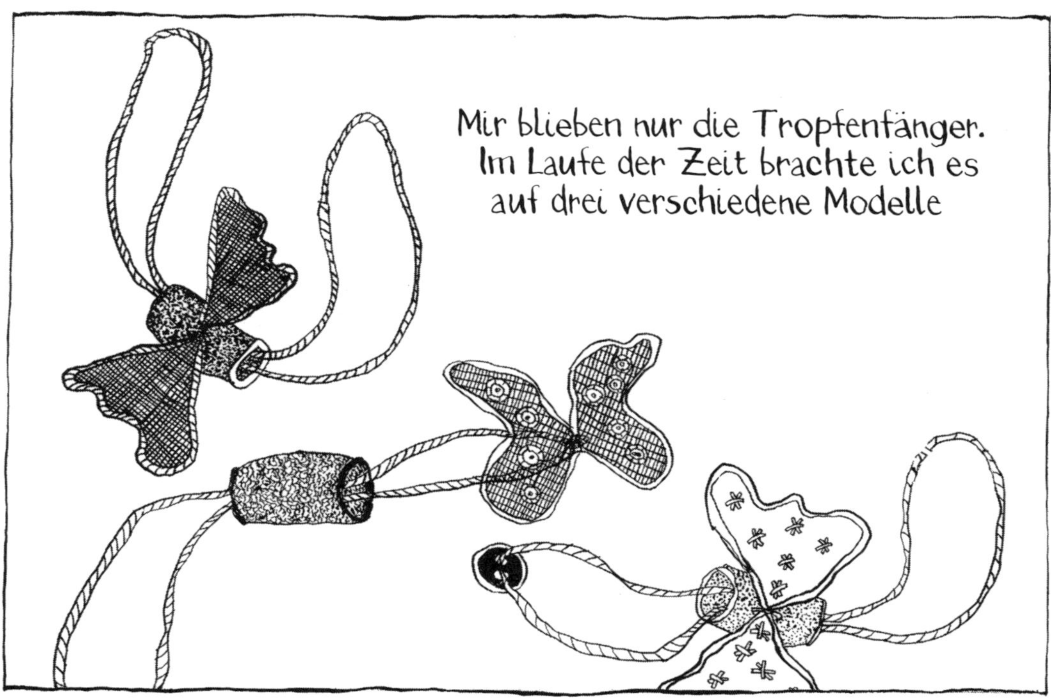
Mir blieben nur die Tropfenfänger.
Im Laufe der Zeit brachte ich es
auf drei verschiedene Modelle

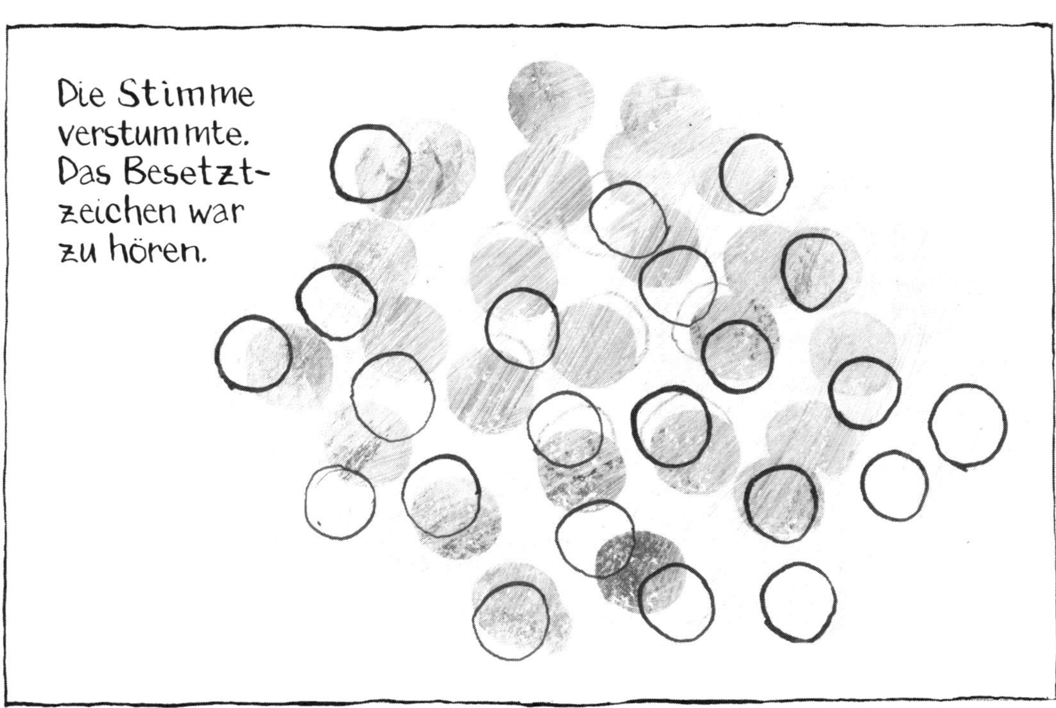
Die Stimme
verstummte.
Das Besetzt-
zeichen war
zu hören.

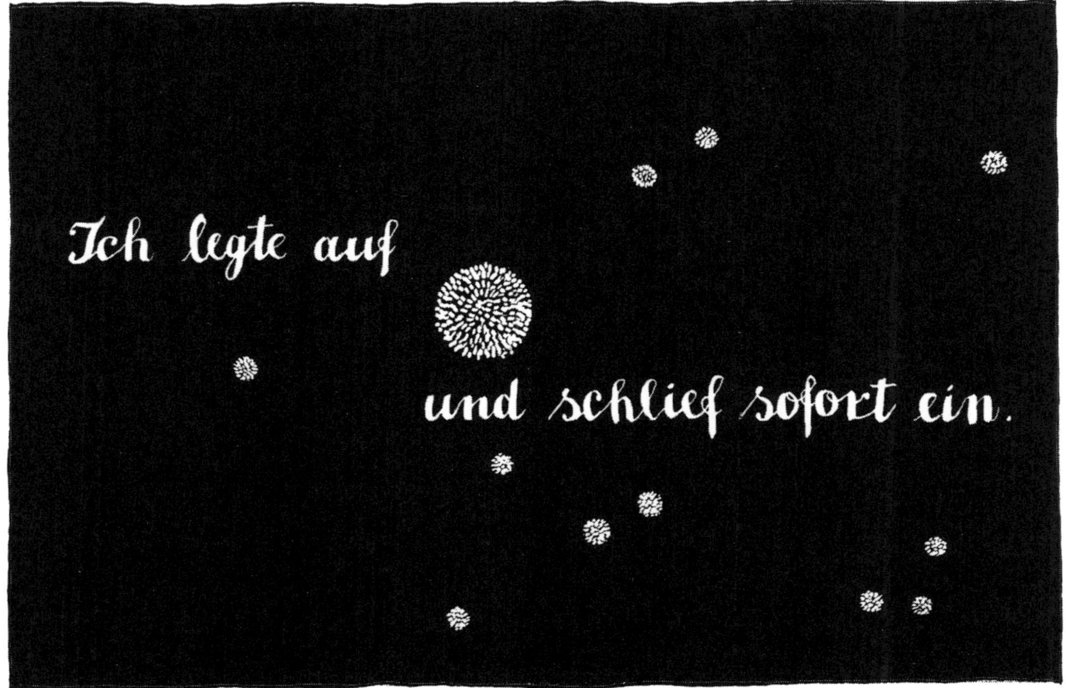
Ich legte auf
und schlief sofort ein.

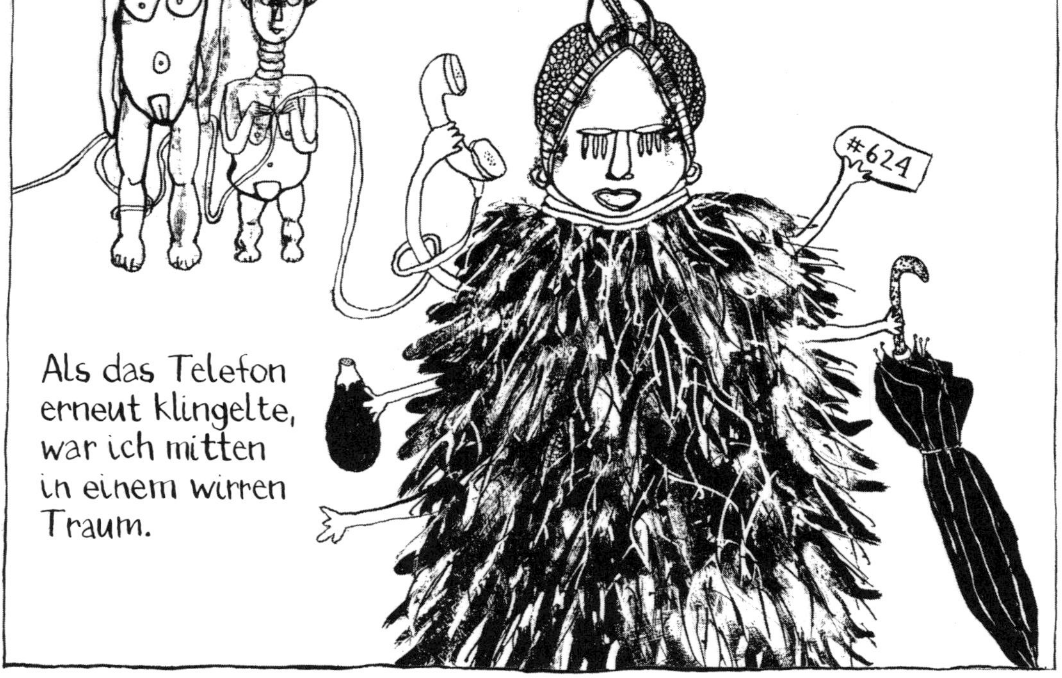

Als das Telefon erneut klingelte, war ich mitten in einem wirren Traum.

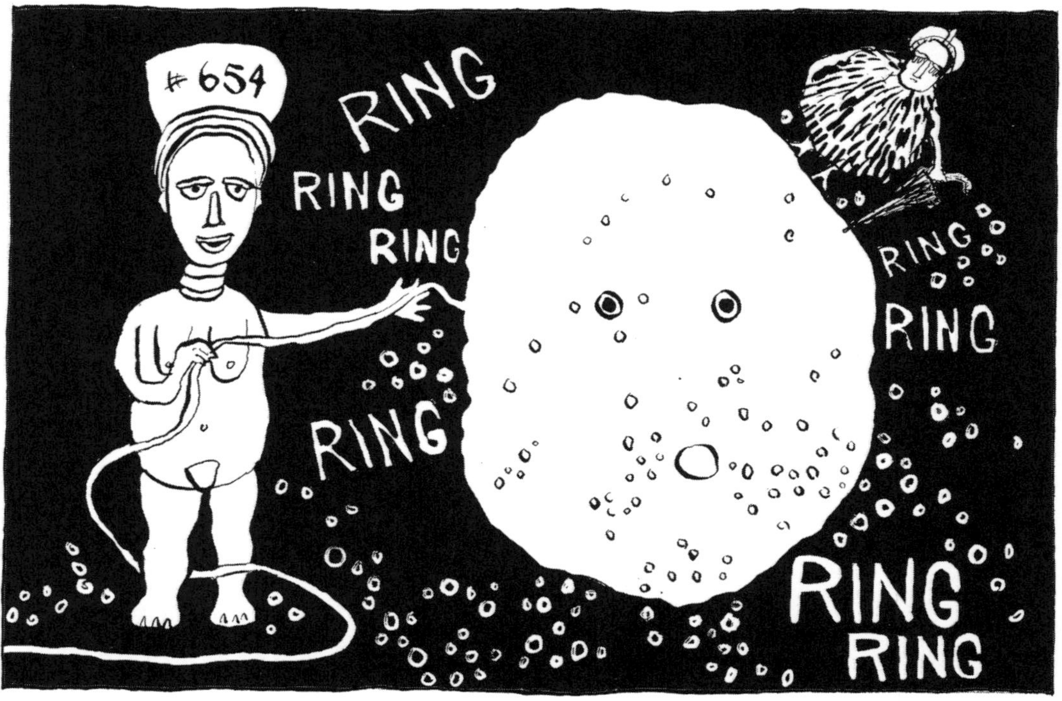

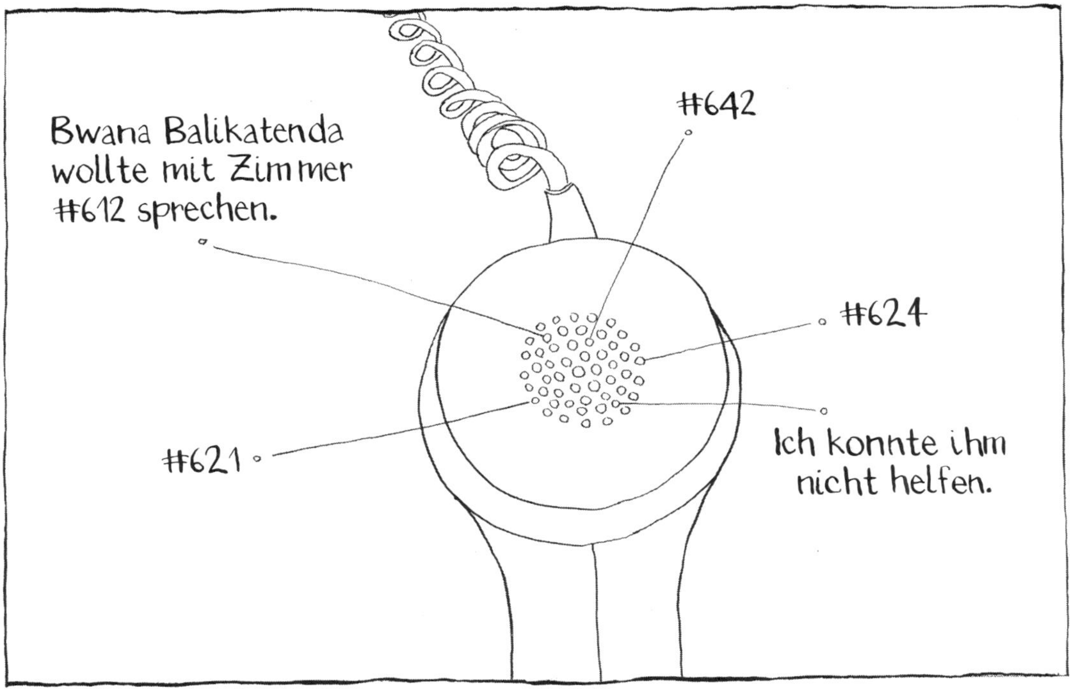

Bwana Balikatenda wollte mit Zimmer #612 sprechen.

#642

#624

#621

Ich konnte ihm nicht helfen.

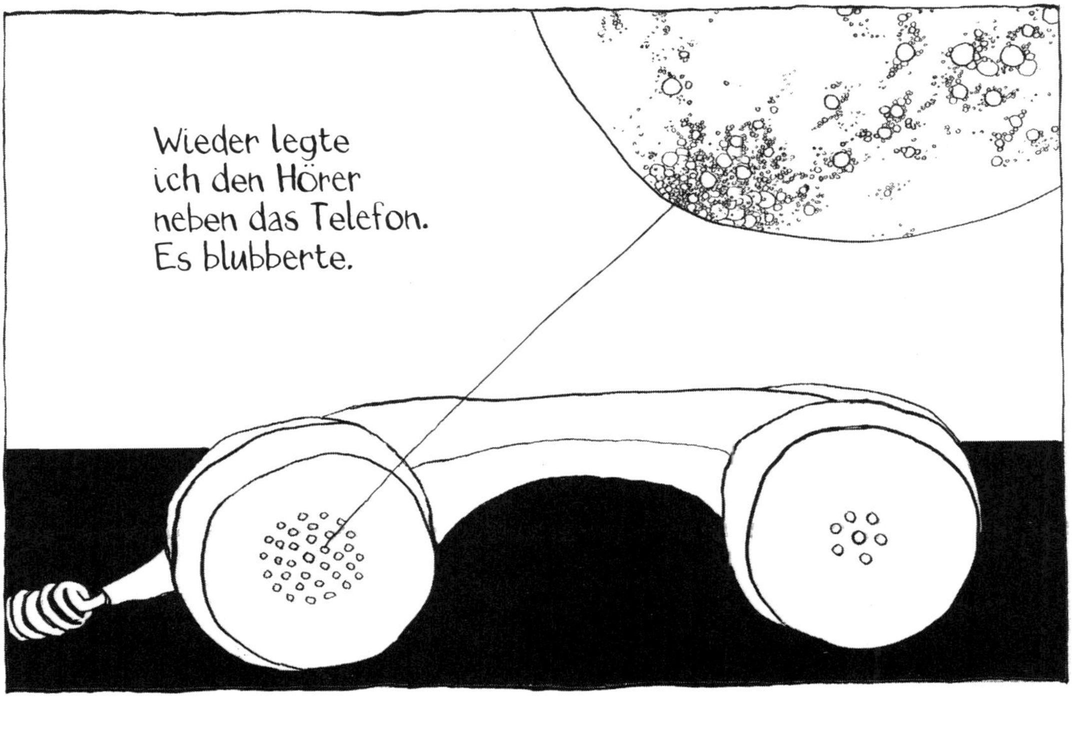

Wieder legte ich den Hörer neben das Telefon. Es blubberte.

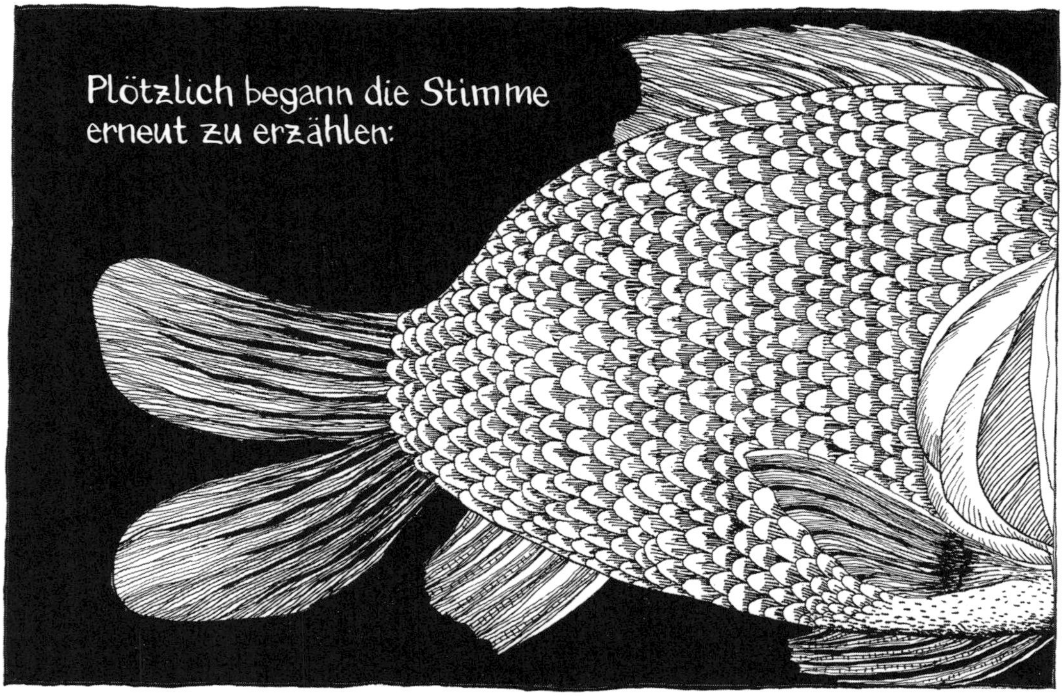

Plötzlich begann die Stimme erneut zu erzählen:

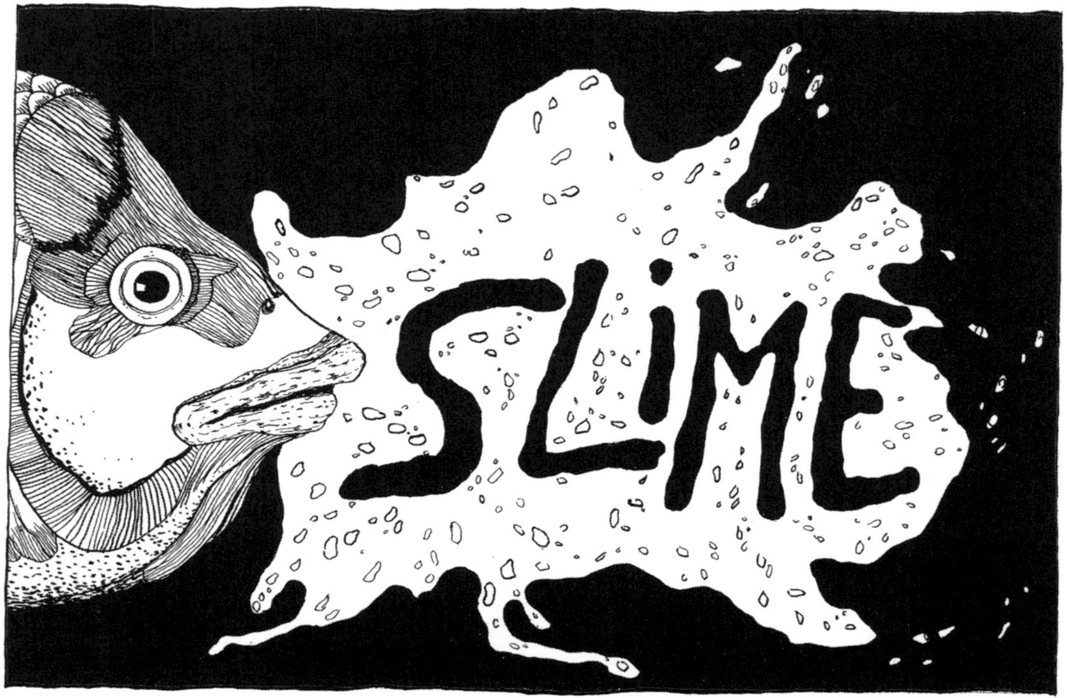

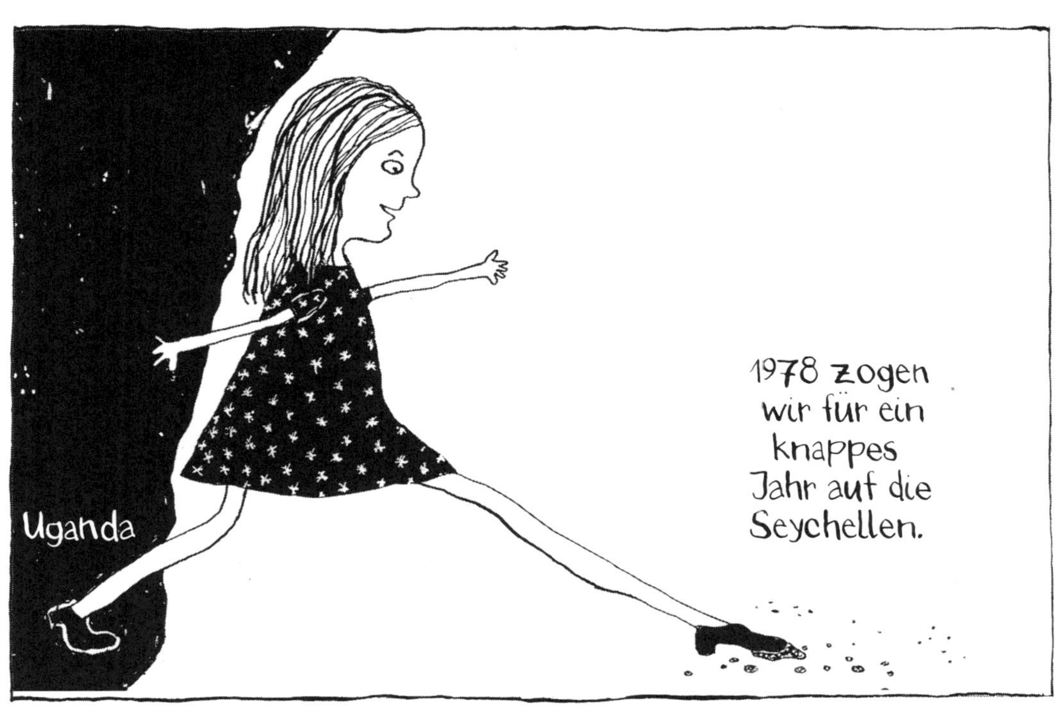
Uganda
1978 zogen wir für ein knappes Jahr auf die Seychellen.

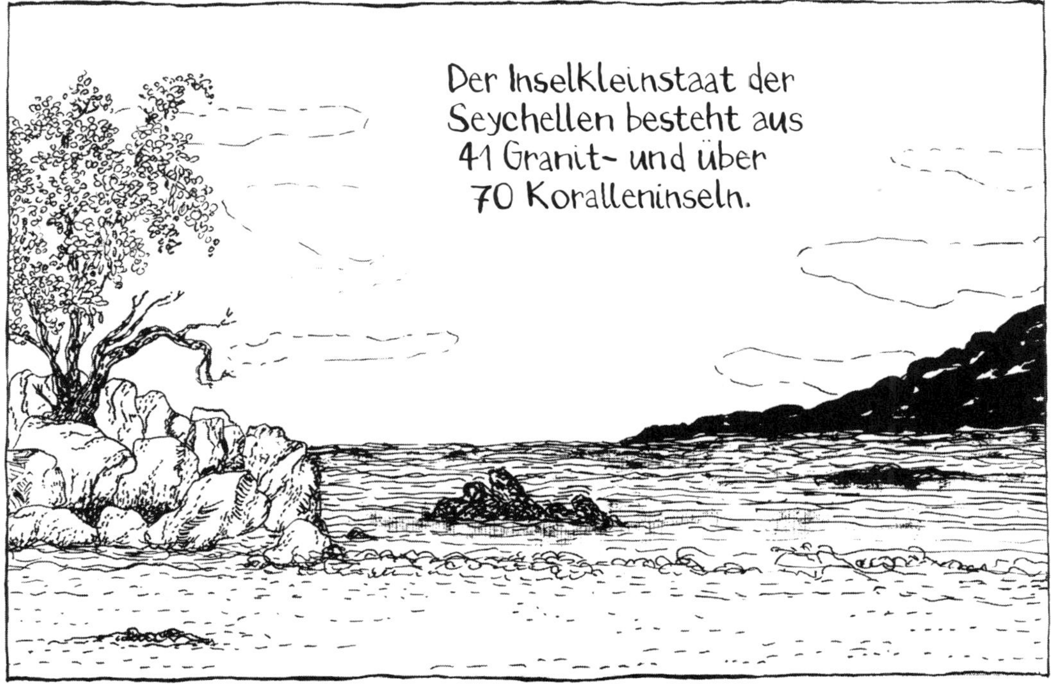
Der Inselkleinstaat der Seychellen besteht aus 41 Granit- und über 70 Koralleninseln.

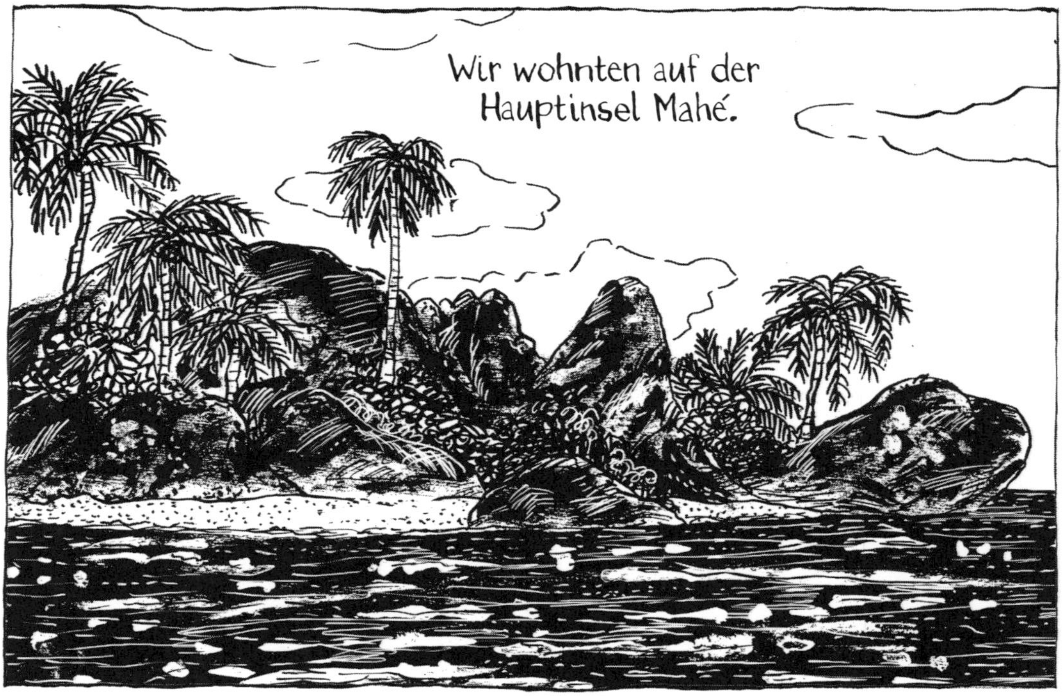

Wir wohnten auf der Hauptinsel Mahé.

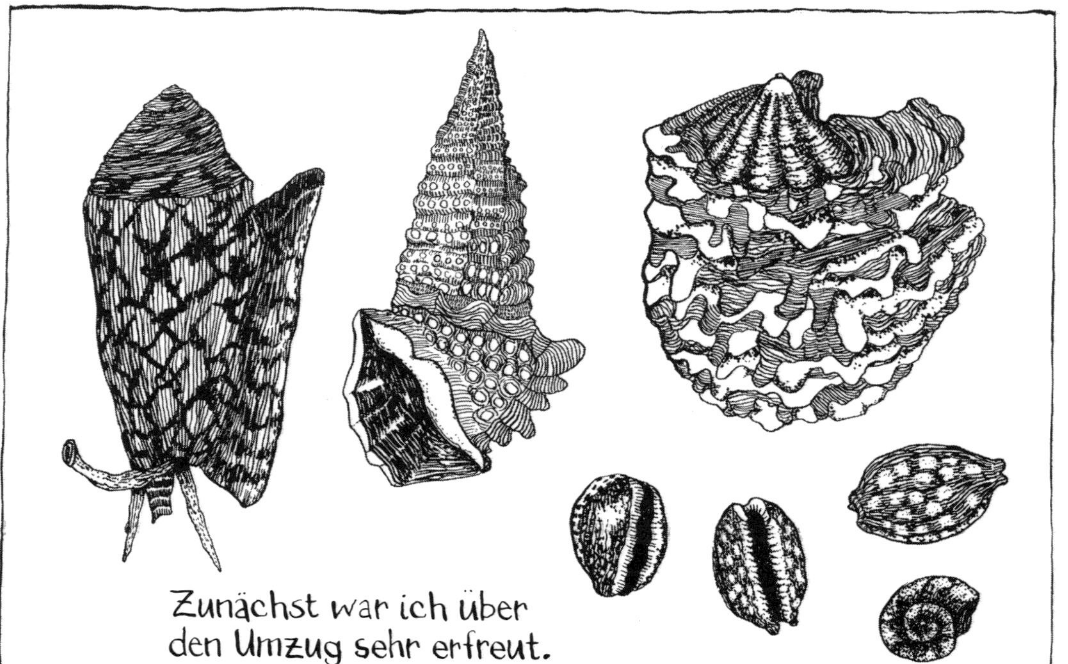

Zunächst war ich über den Umzug sehr erfreut.

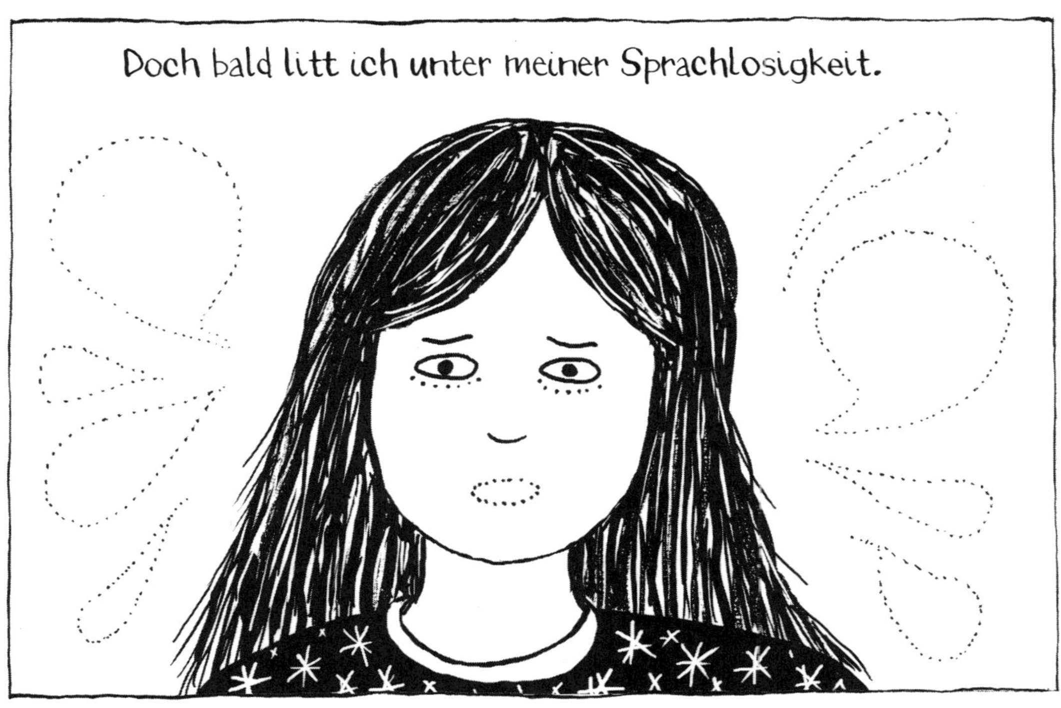
Doch bald litt ich unter meiner Sprachlosigkeit.

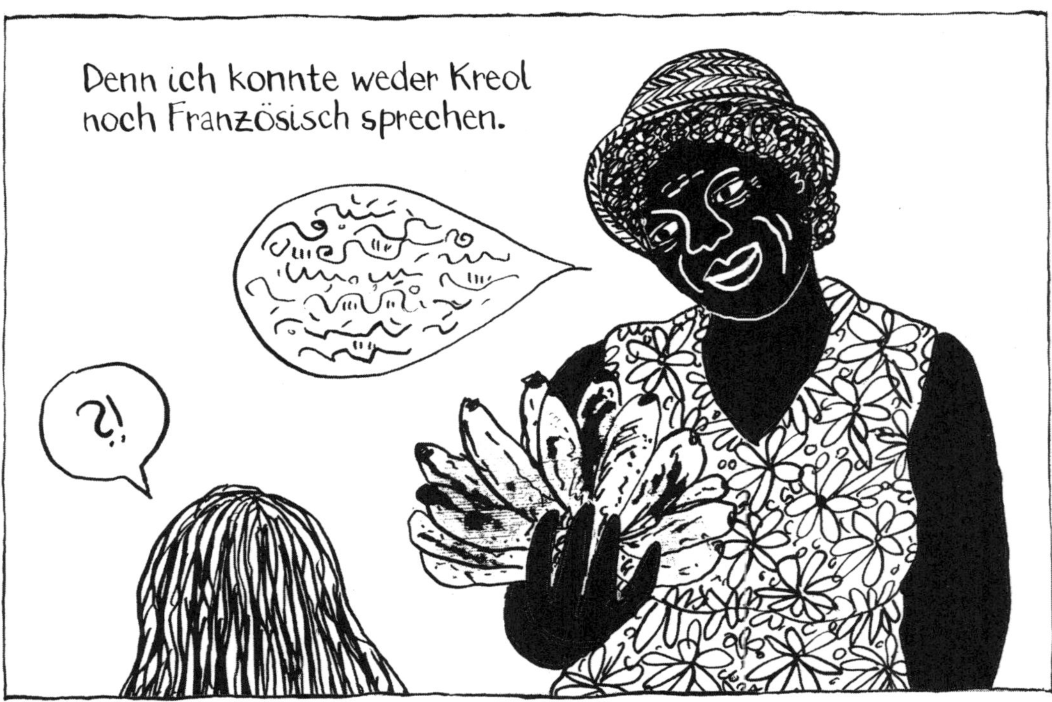
Denn ich konnte weder Kreol noch Französisch sprechen.
?!

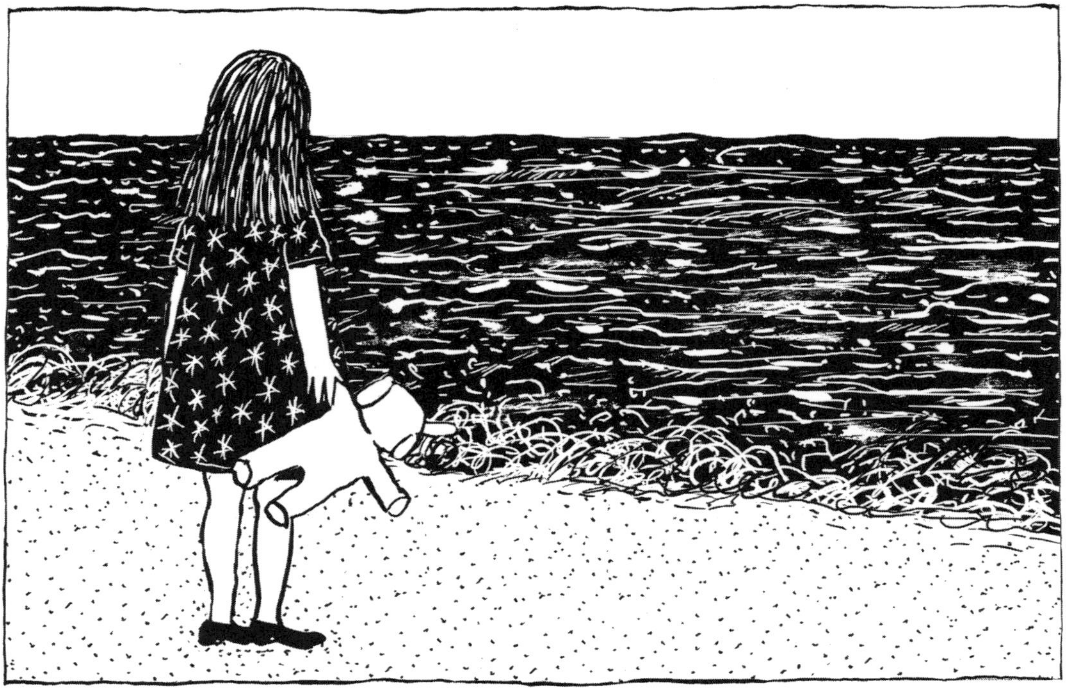

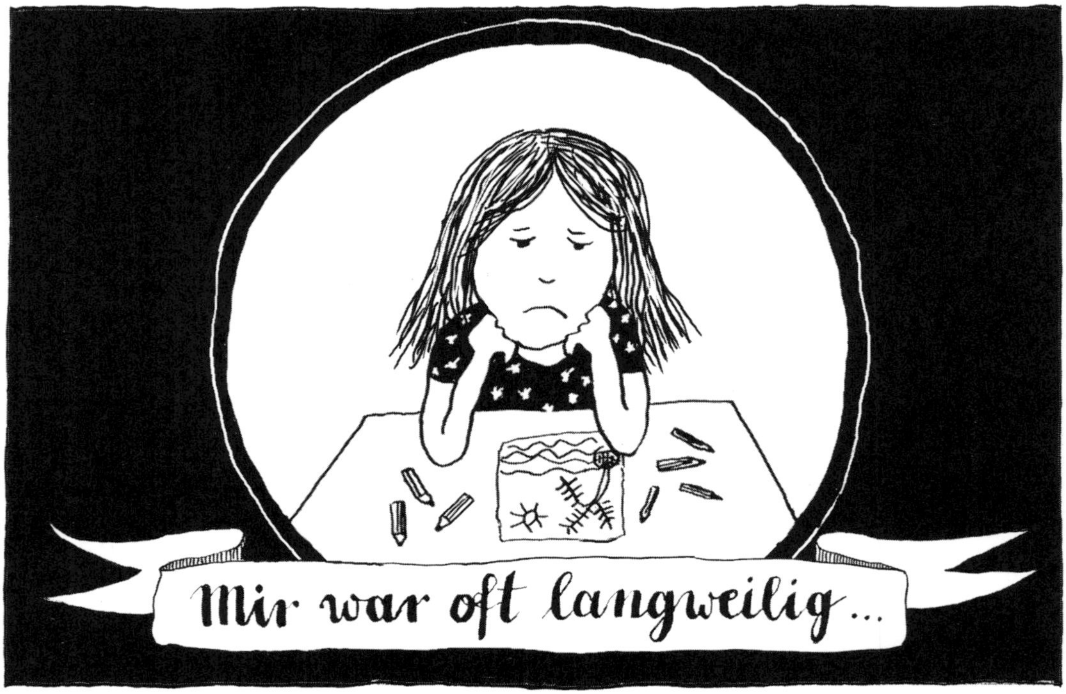

Mir war oft langweilig ...

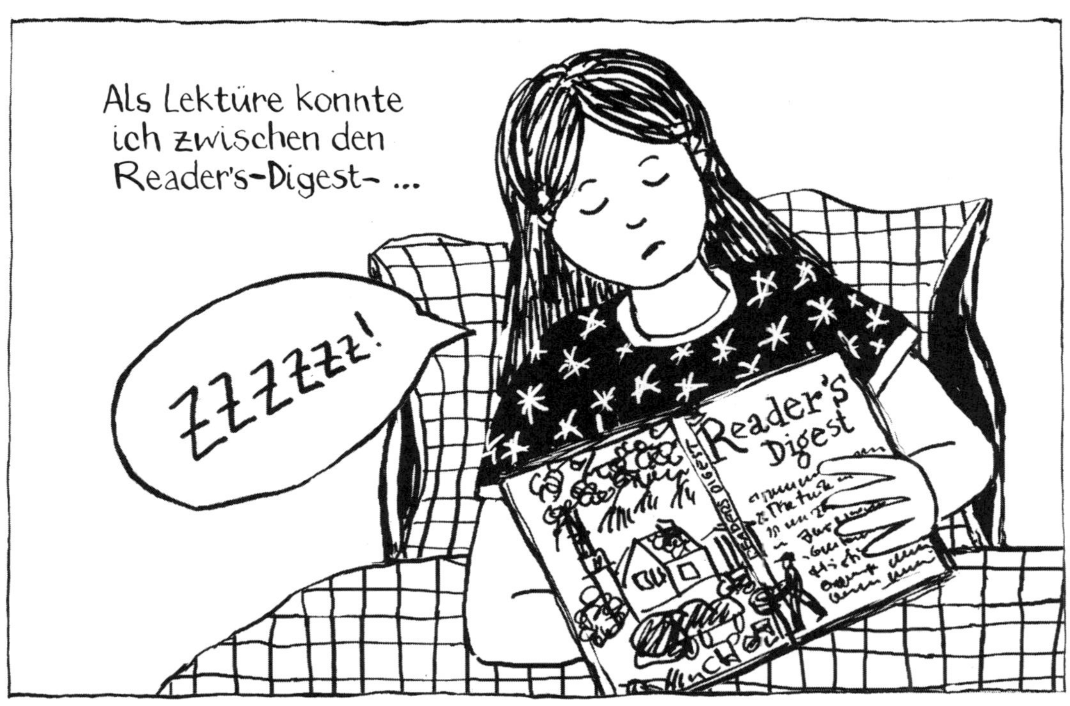

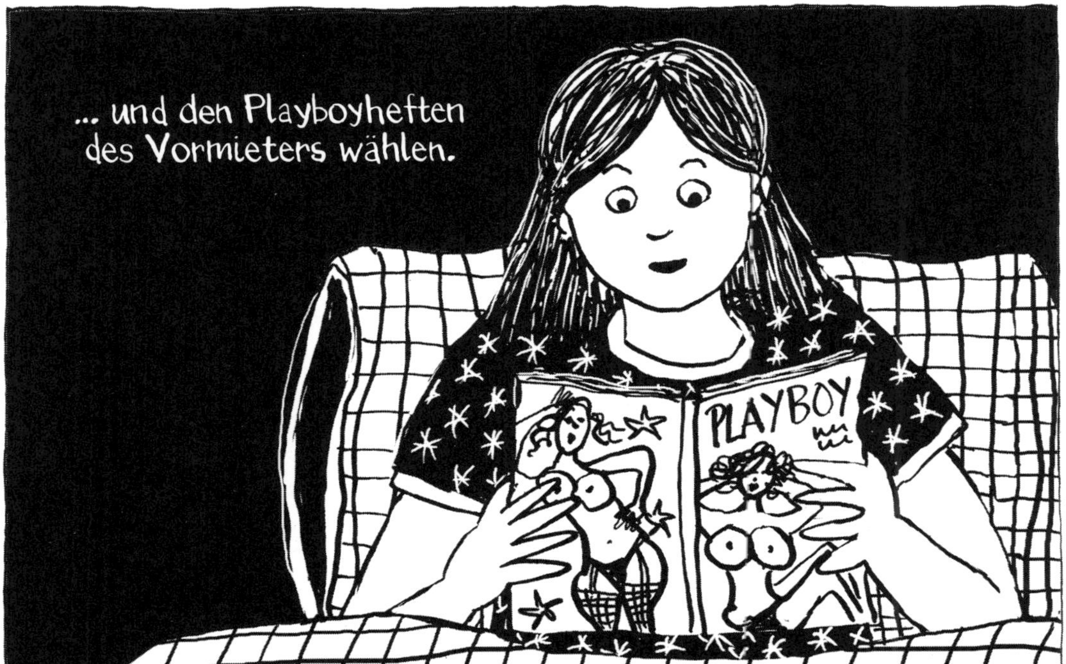

... und den Playboyheften
des Vormieters wählen.

PLAYBOY

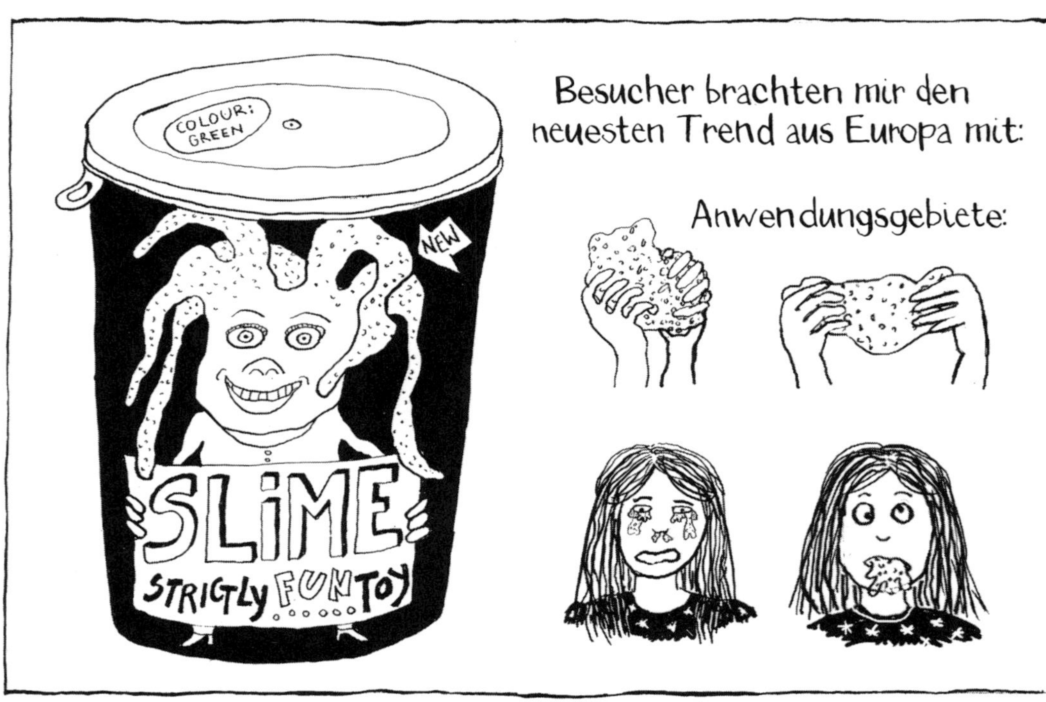
Besucher brachten mir den neuesten Trend aus Europa mit:
COLOUR: GREEN
NEW
SLiME
STRICTLY FUN TOY
Anwendungsgebiete:

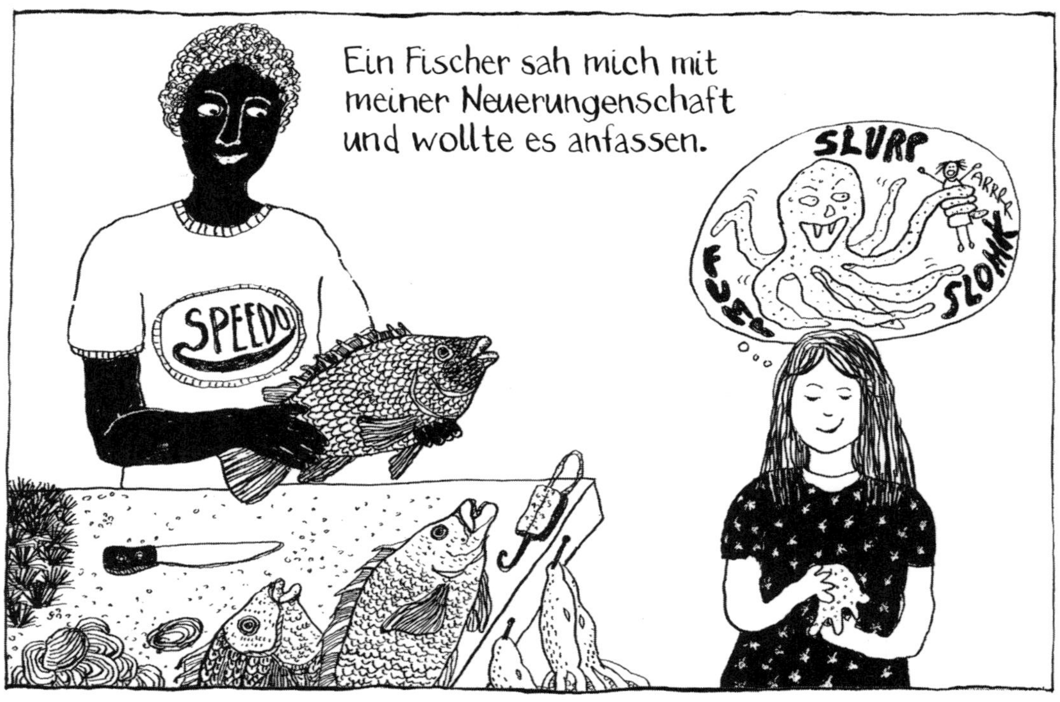
Ein Fischer sah mich mit meiner Neuerungenschaft und wollte es anfassen.
SPEEDO
SLURP
ARRRR
FUMP
SLONK

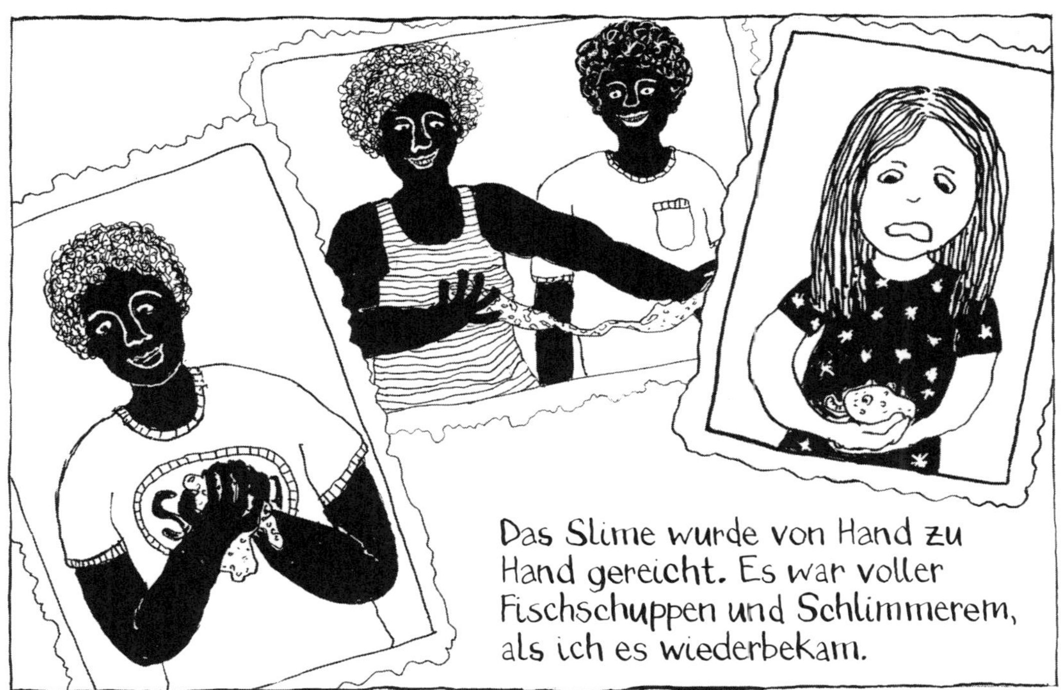
Das Slime wurde von Hand zu
Hand gereicht. Es war voller
Fischschuppen und Schlimmerem,
als ich es wiederbekam.

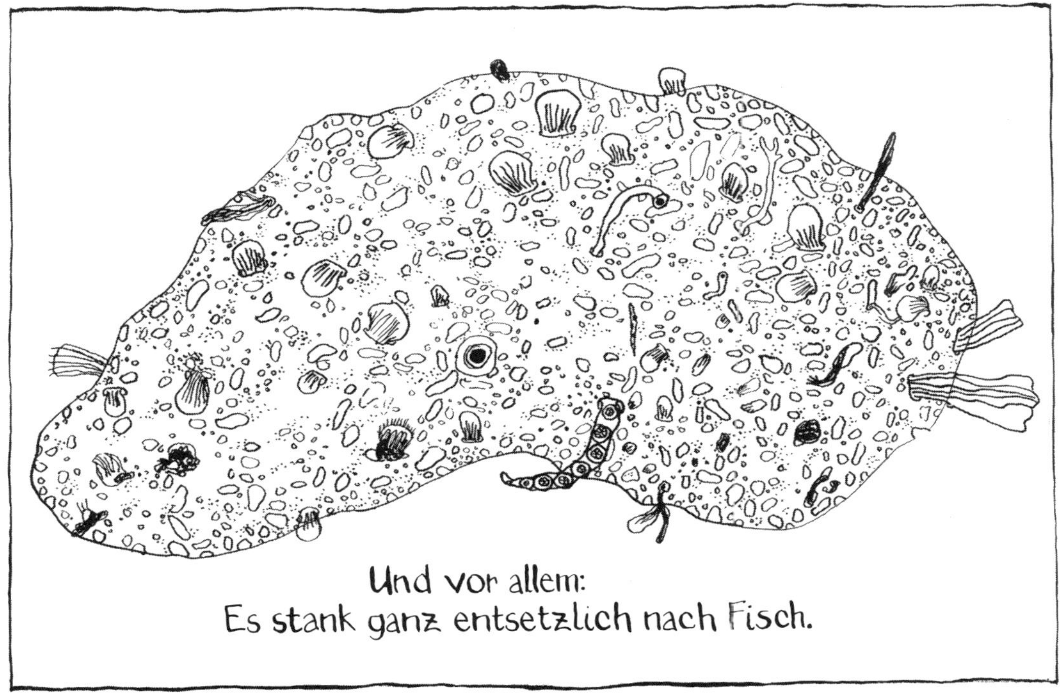
Und vor allem:
Es stank ganz entsetzlich nach Fisch.

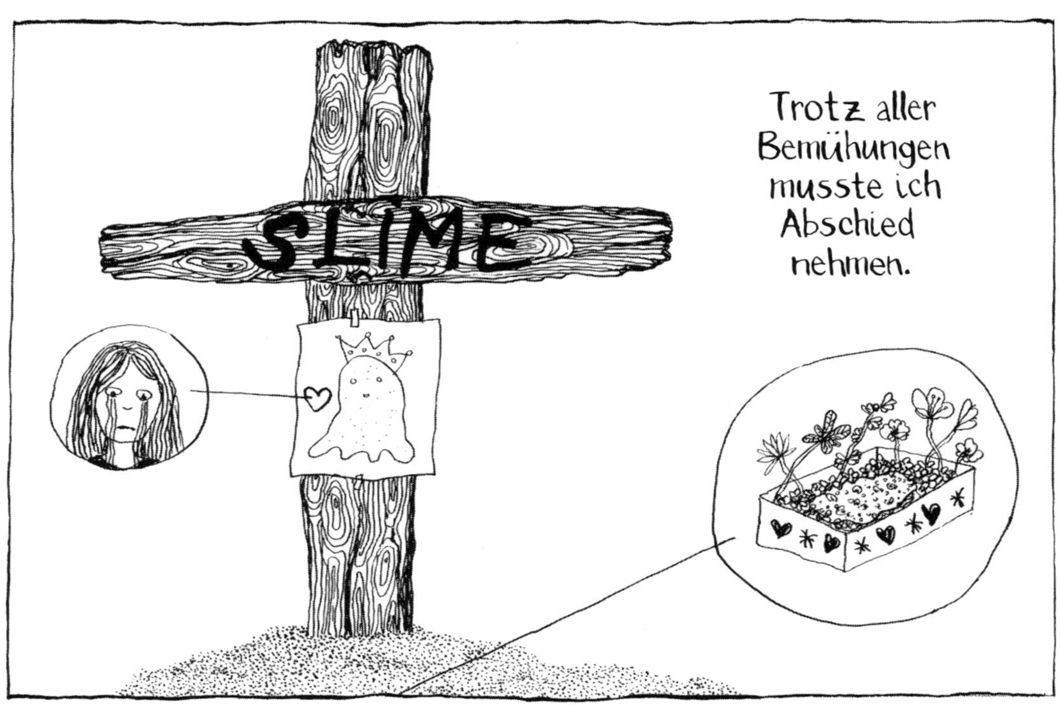
SLIME
Trotz aller Bemühungen musste ich Abschied nehmen.

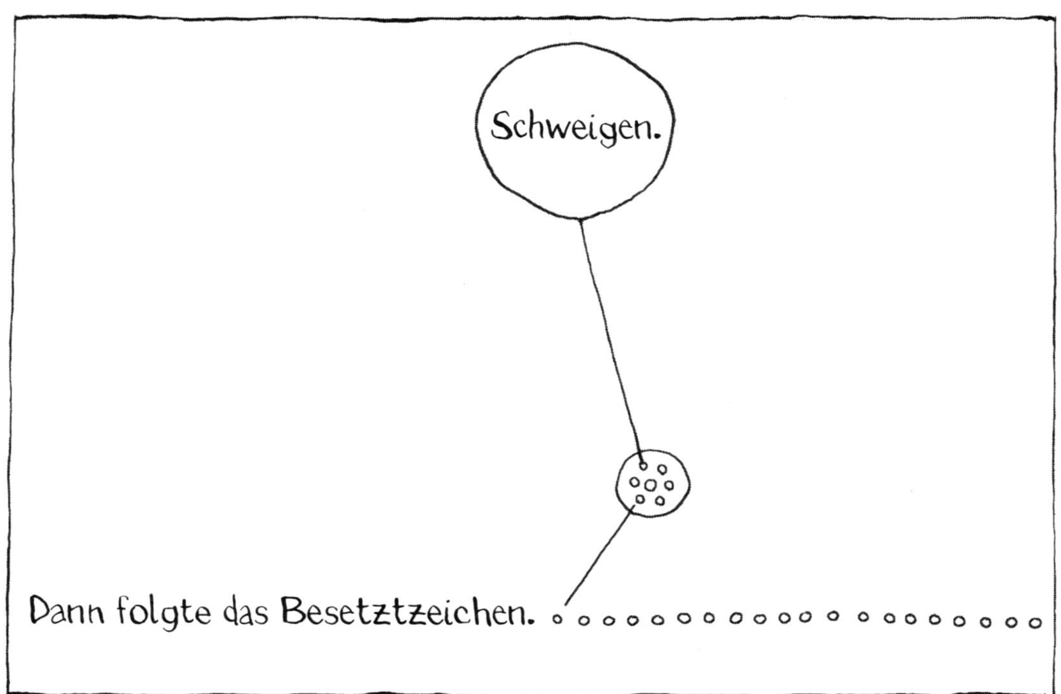
Schweigen.
Dann folgte das Besetztzeichen.

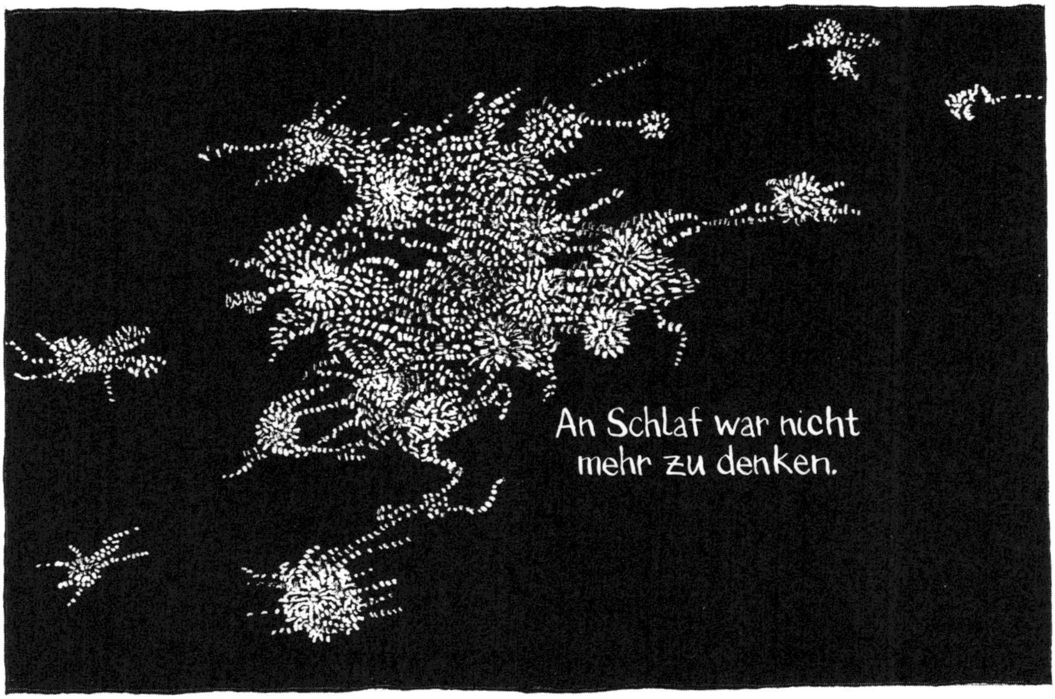

An Schlaf war nicht
mehr zu denken.

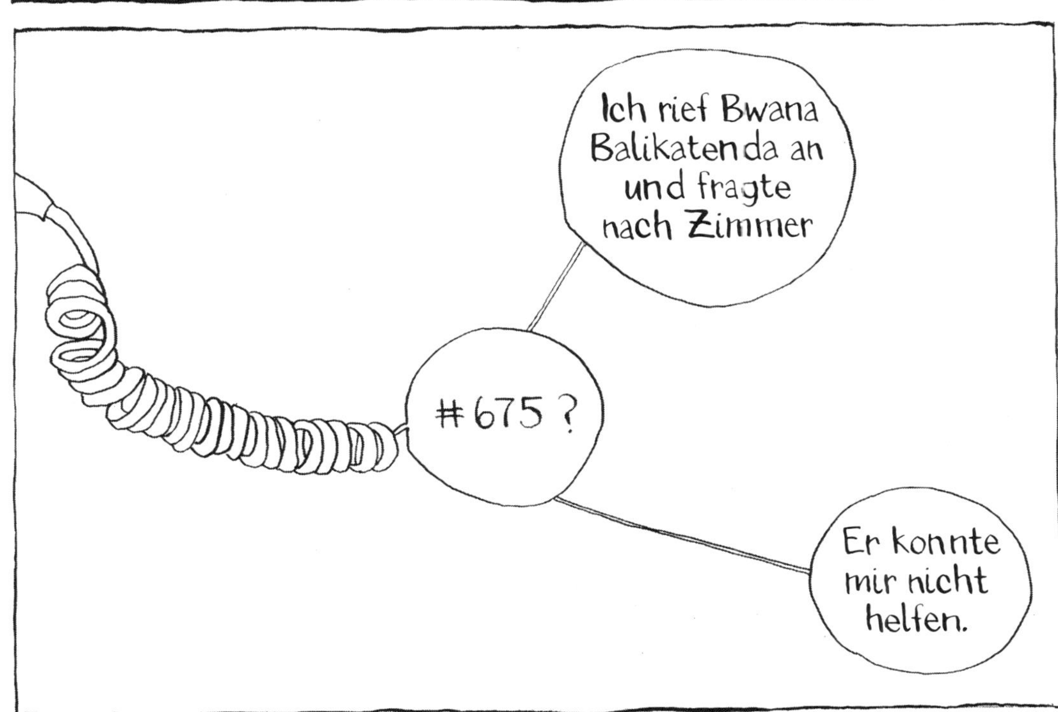

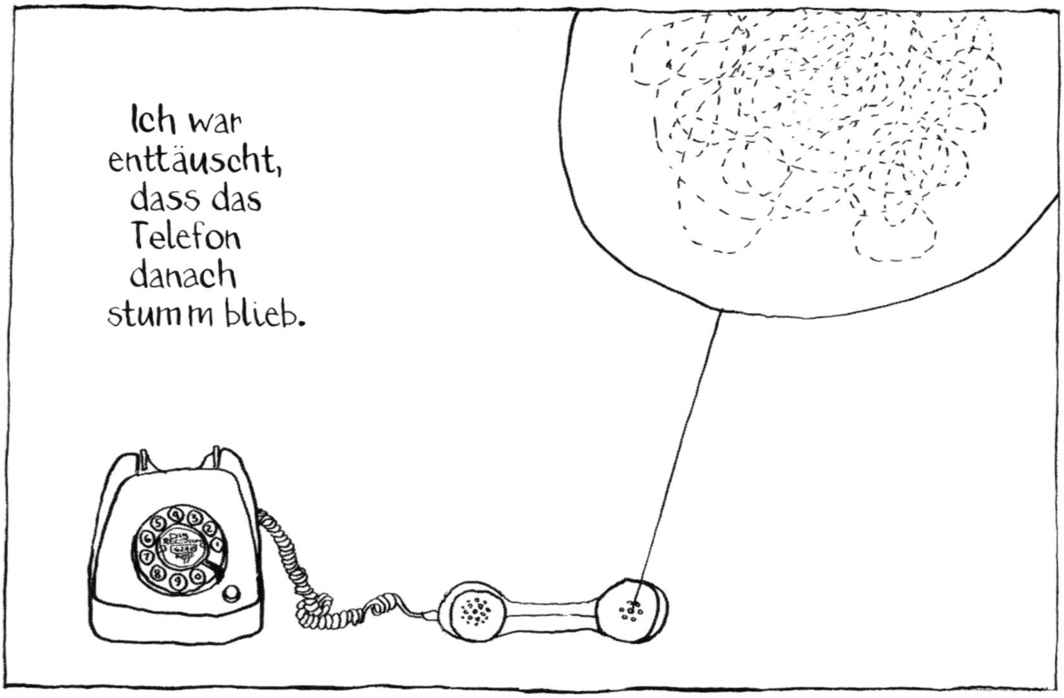

Ich war enttäuscht, dass das Telefon danach stumm blieb.

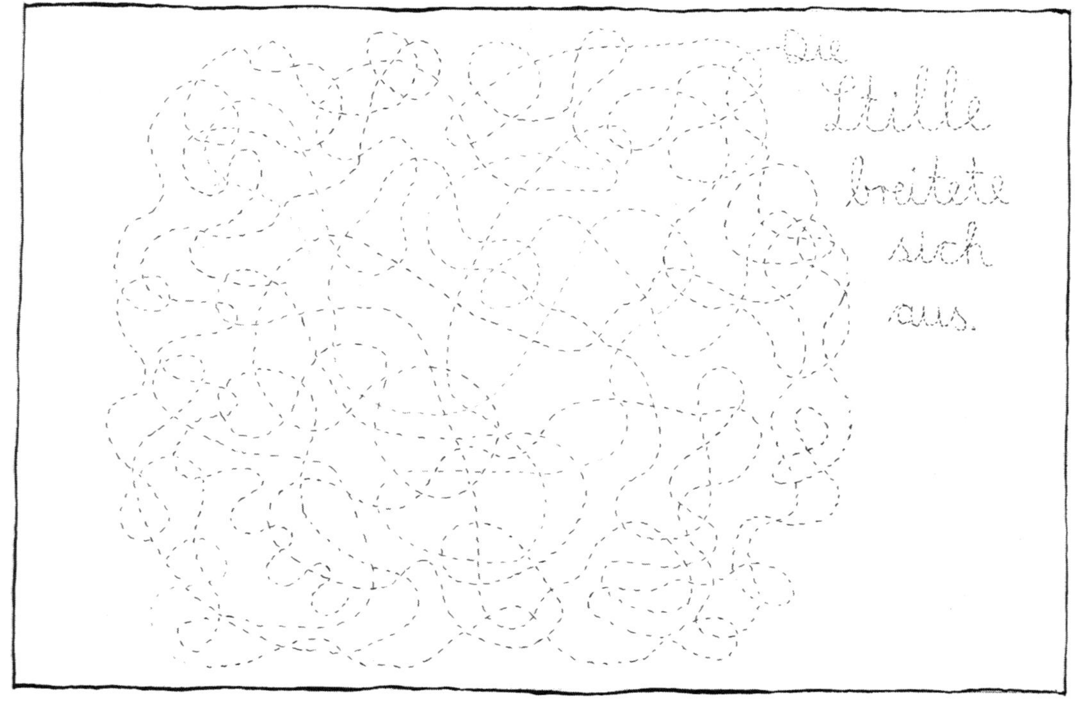

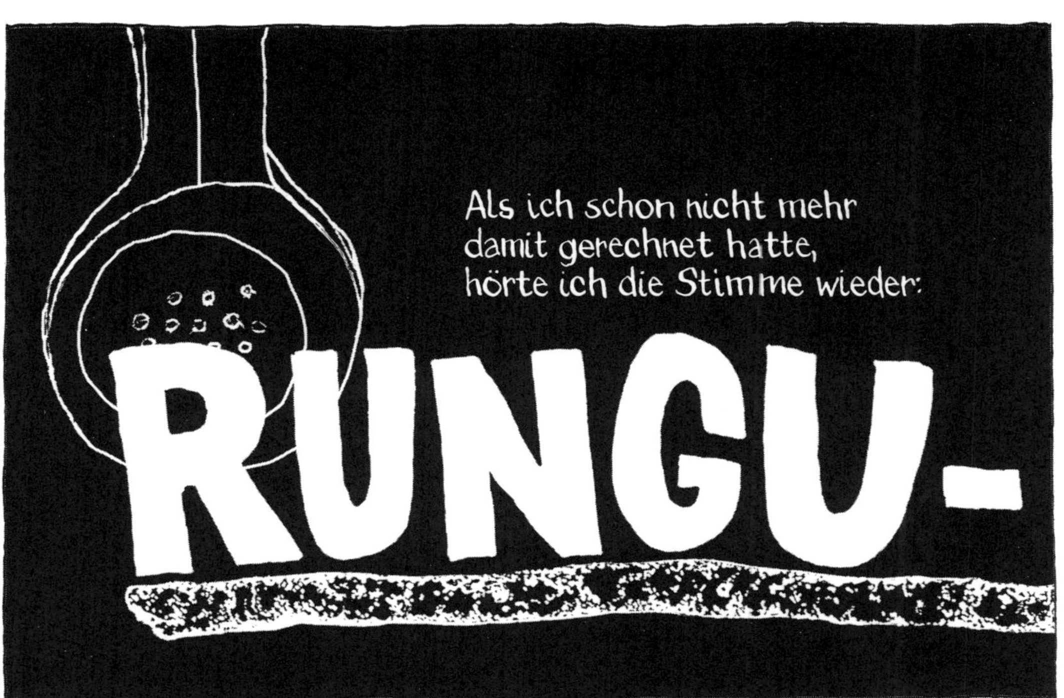
Als ich schon nicht mehr
damit gerechnet hatte,
hörte ich die Stimme wieder:
RUNGU-

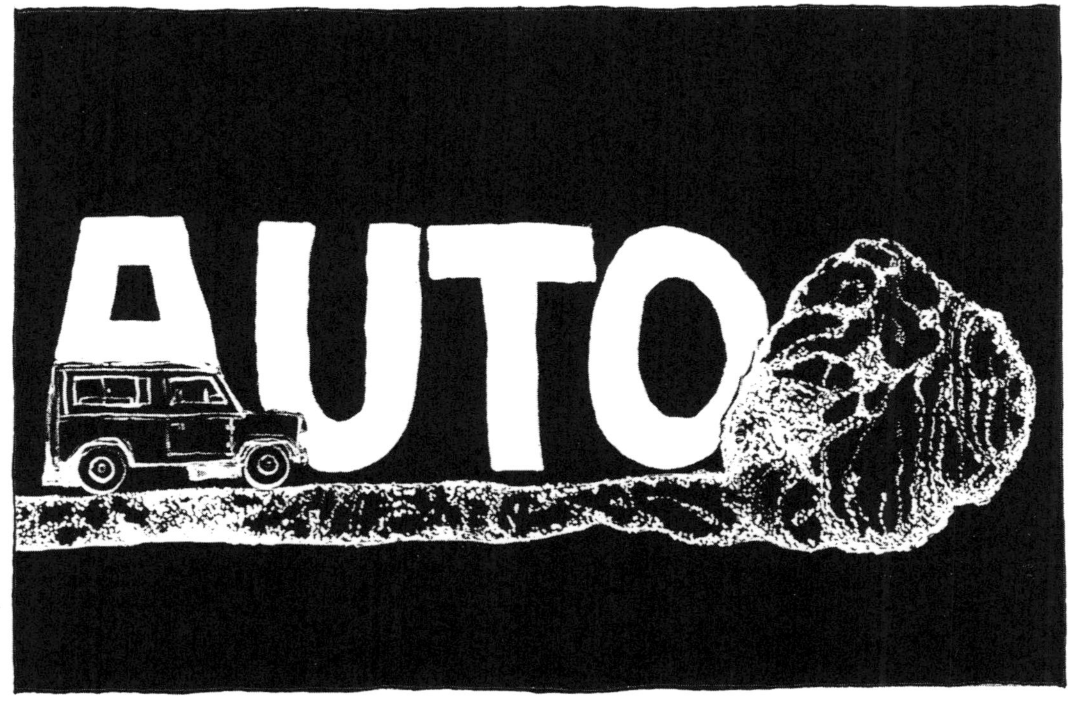
AUTO

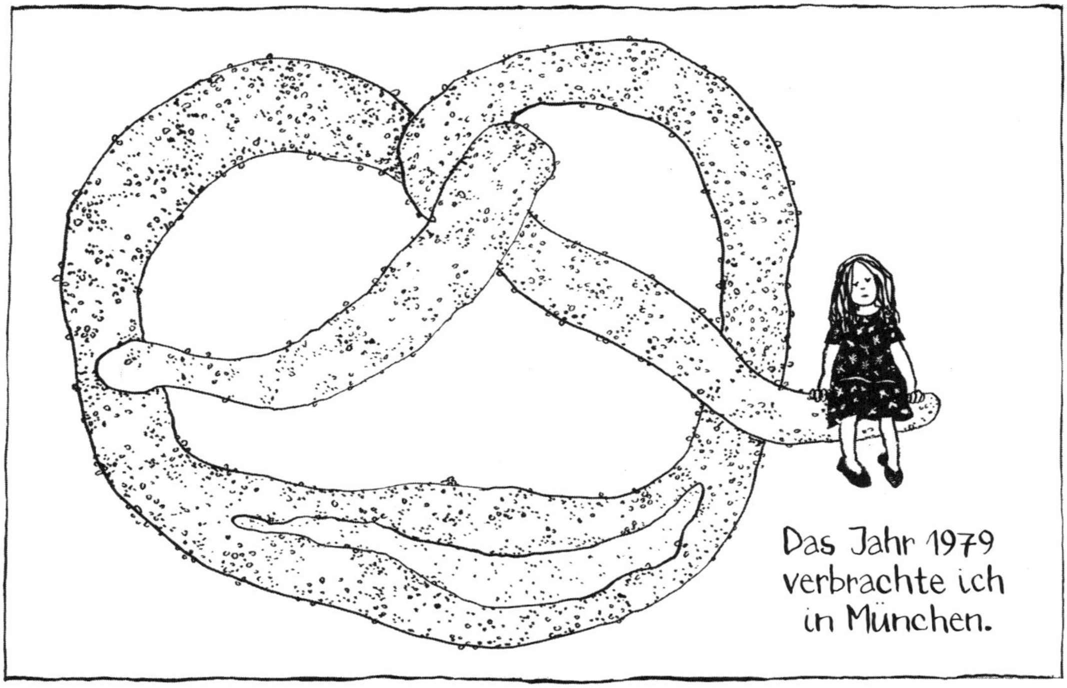

Das Jahr 1979 verbrachte ich in München.

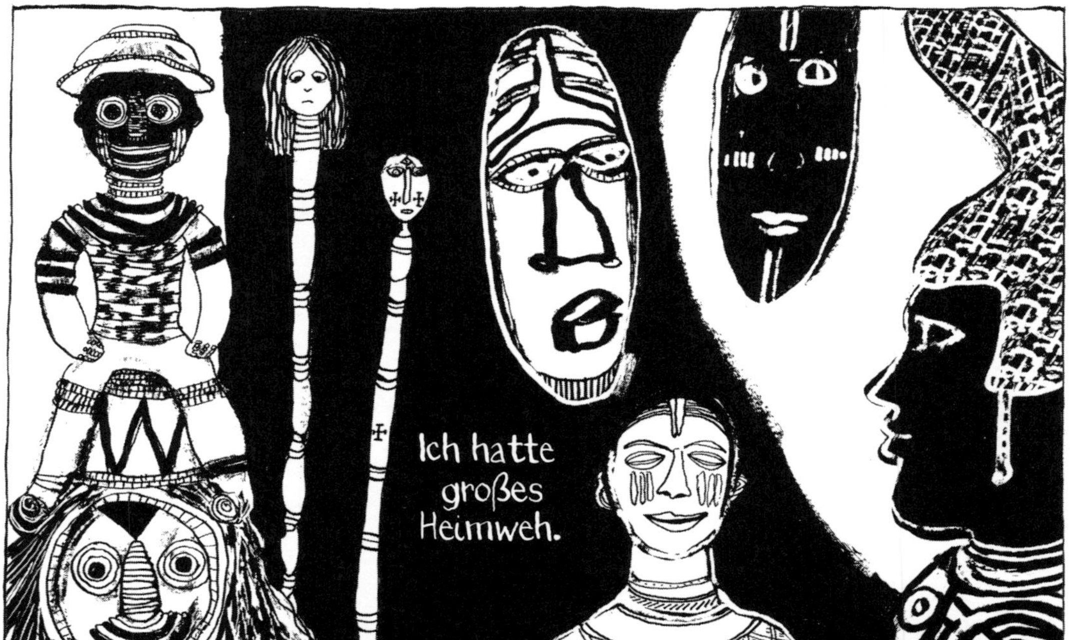

Ich hatte großes Heimweh.

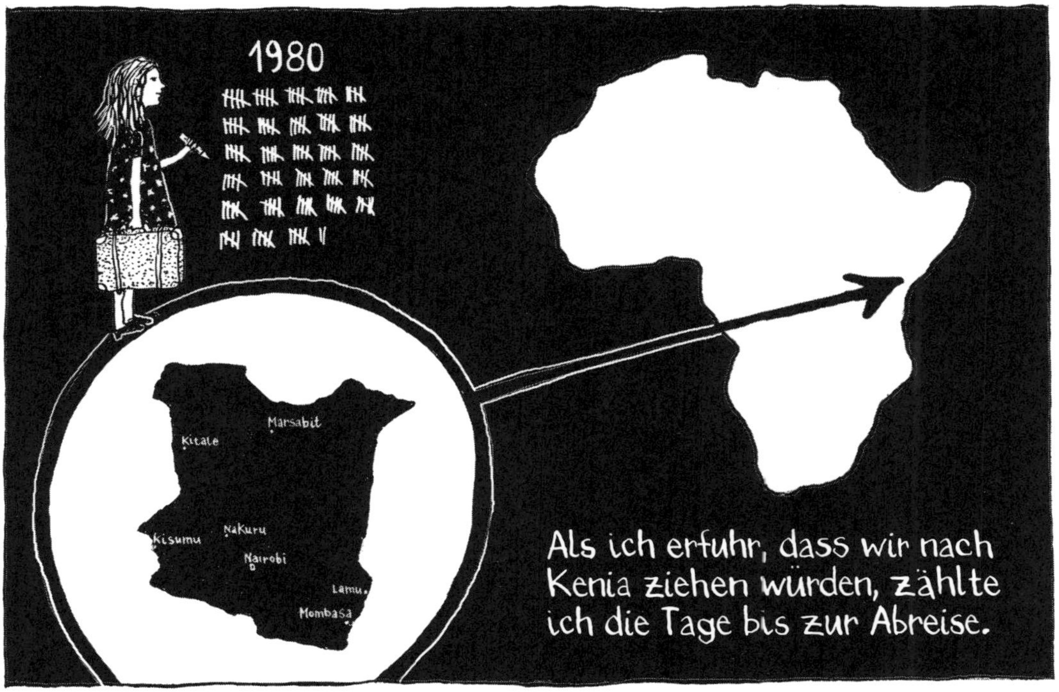

1980

Marsabit
Kitale
Kisumu
Nakuru
Nairobi
Lamu
Mombasa

Als ich erfuhr, dass wir nach Kenia ziehen würden, zählte ich die Tage bis zur Abreise.

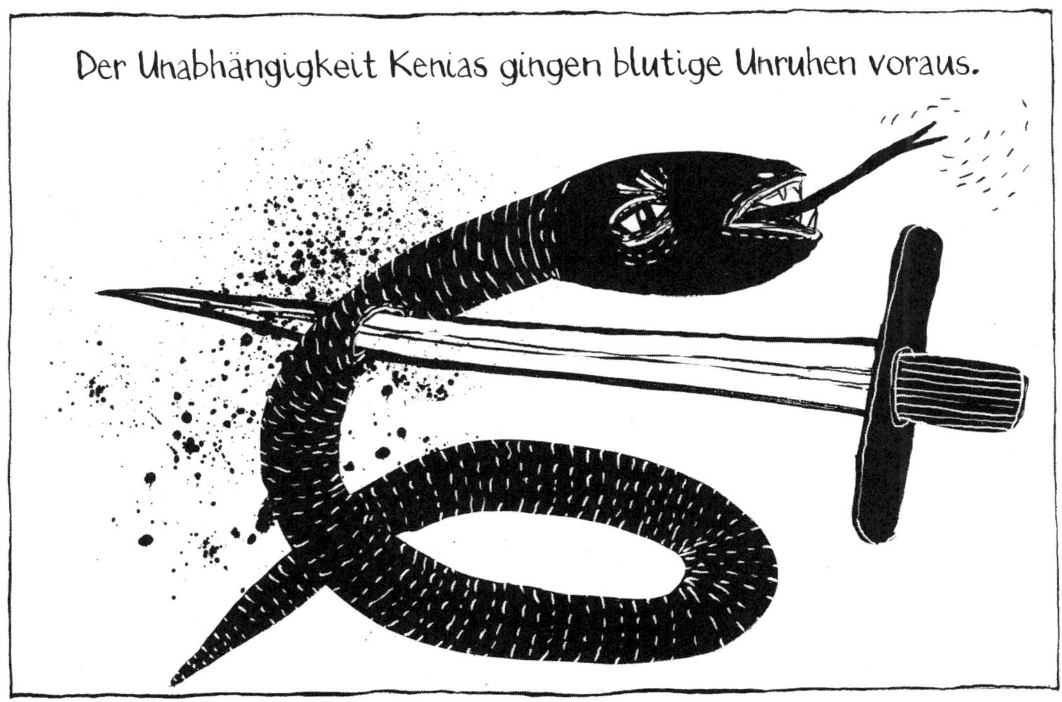

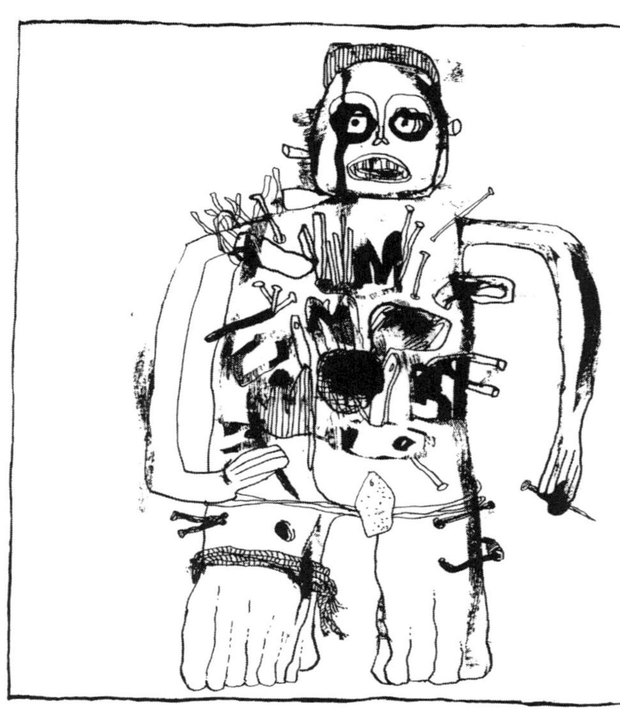
Im „Mau-Mau-Aufstand"
wurde die britische
Kolonialregierung durch
systematische Guerilla-
aktionen destabilisiert.

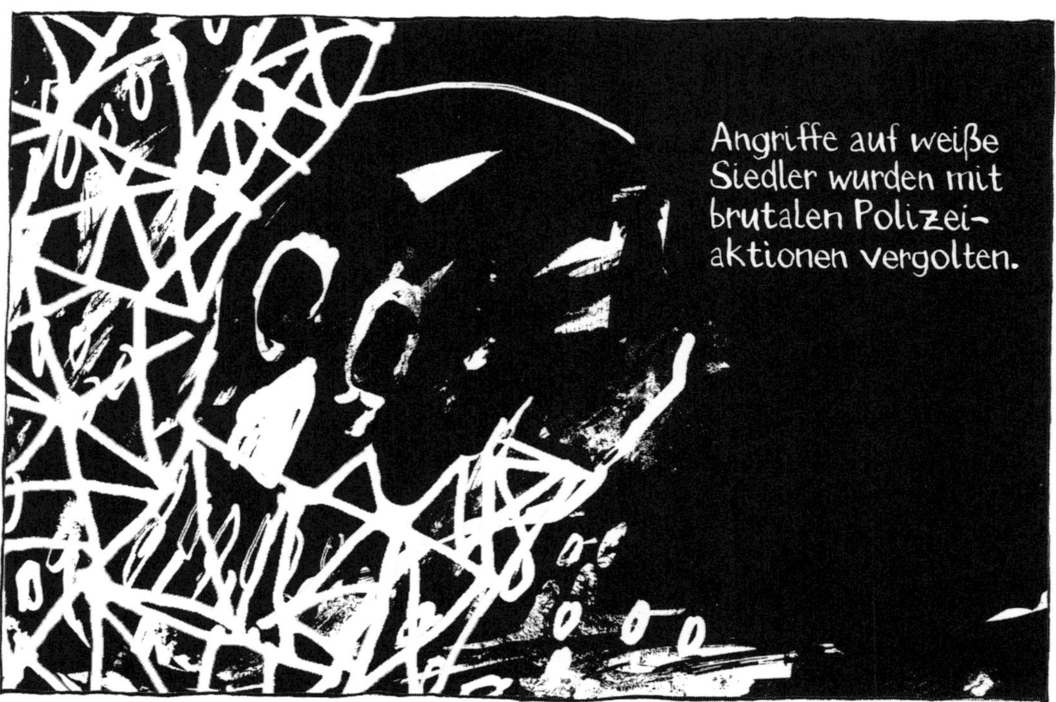
Angriffe auf weiße
Siedler wurden mit
brutalen Polizei-
aktionen vergolten.

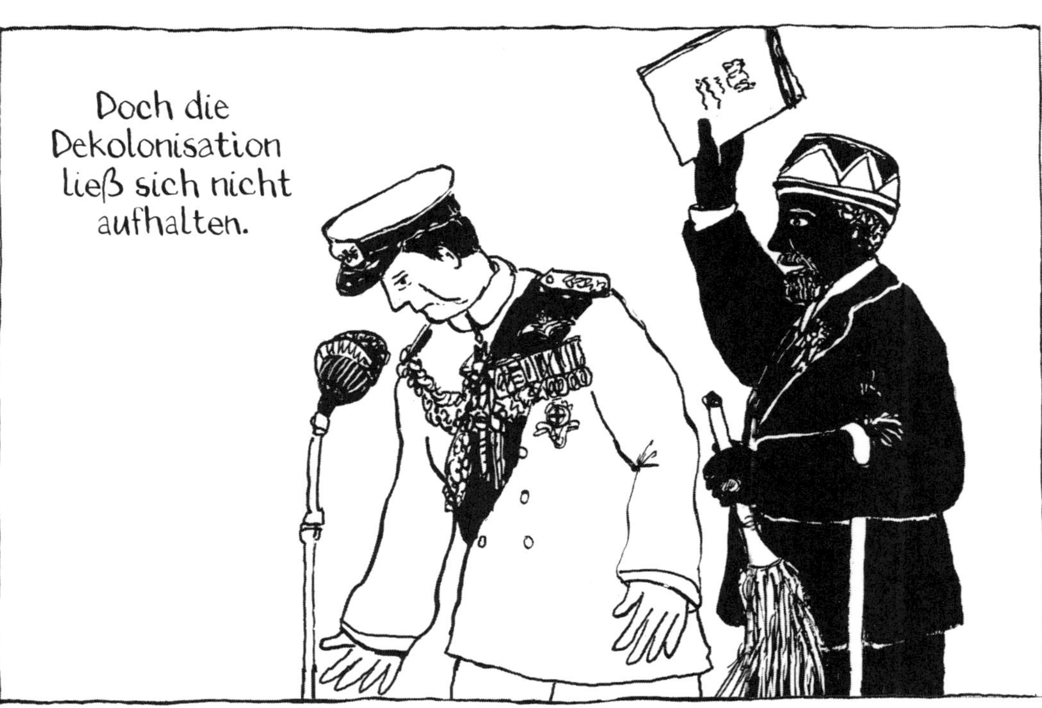
Doch die Dekolonisation ließ sich nicht aufhalten.

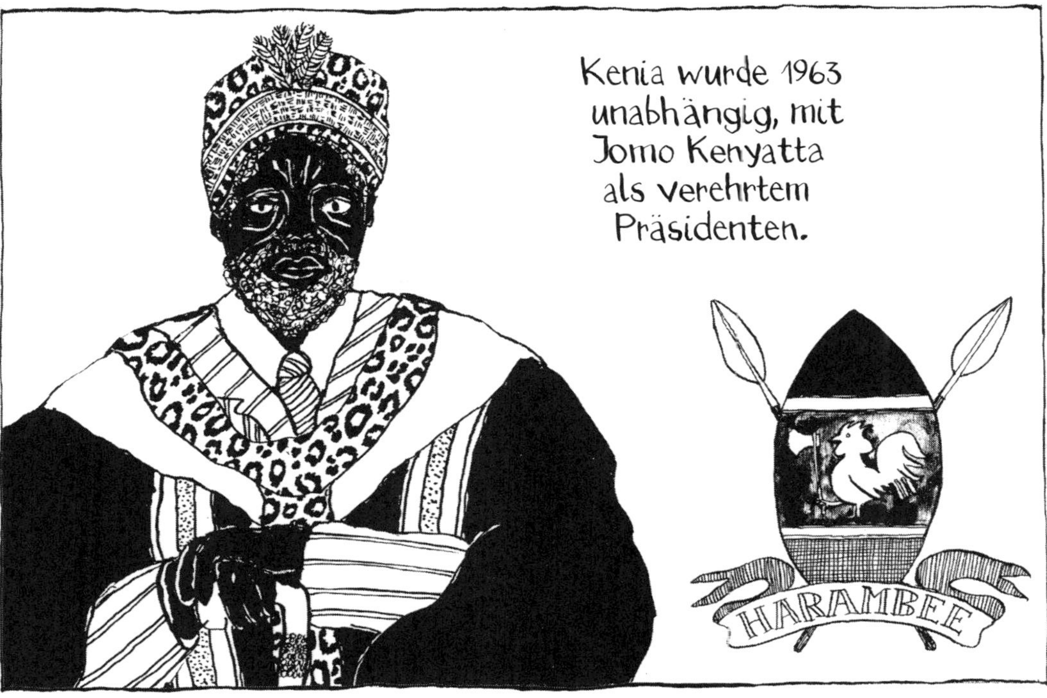
Kenia wurde 1963 unabhängig, mit Jomo Kenyatta als verehrtem Präsidenten.
HARAMBEE

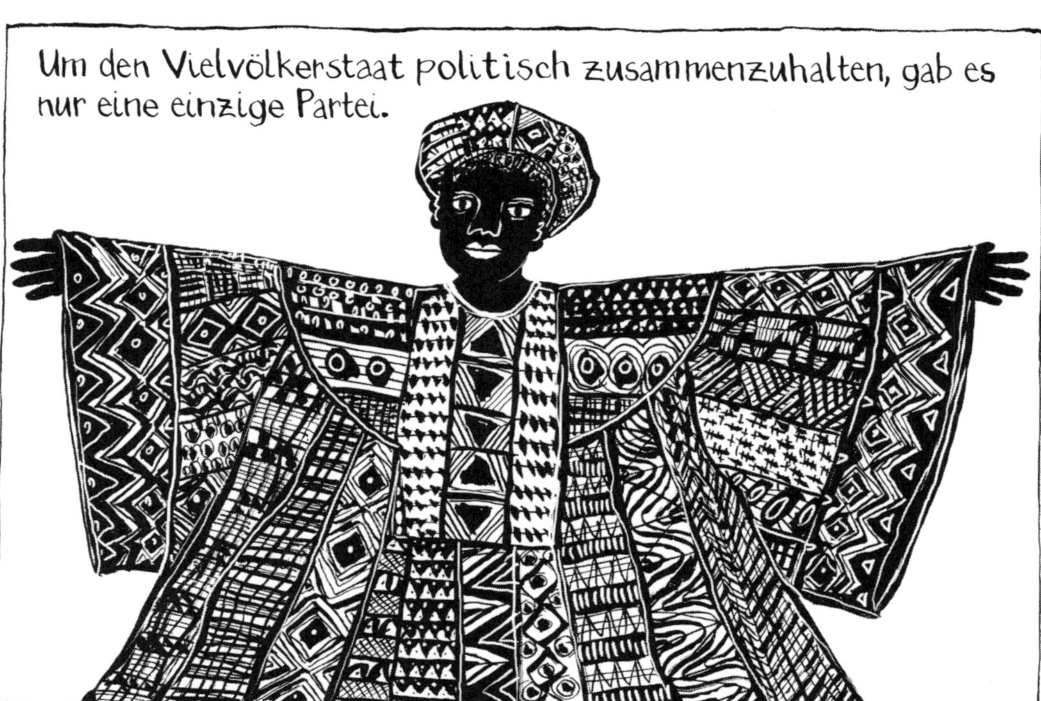
Um den Vielvölkerstaat politisch zusammenzuhalten, gab es nur eine einzige Partei.

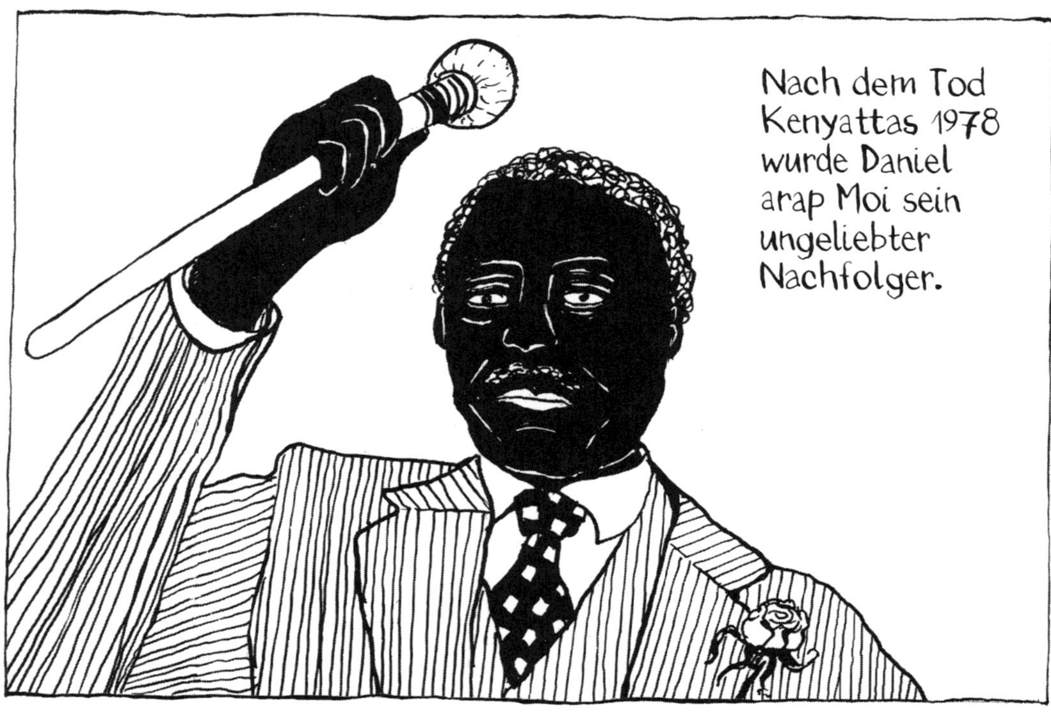
Nach dem Tod Kenyattas 1978 wurde Daniel arap Moi sein ungeliebter Nachfolger.

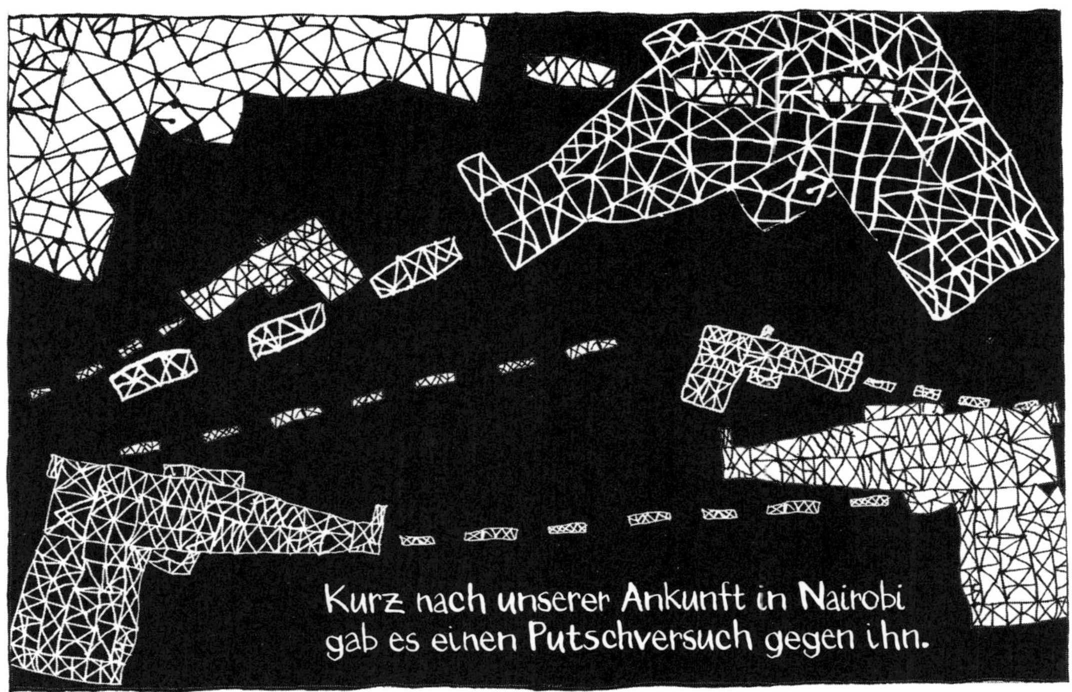
Kurz nach unserer Ankunft in Nairobi
gab es einen Putschversuch gegen ihn.

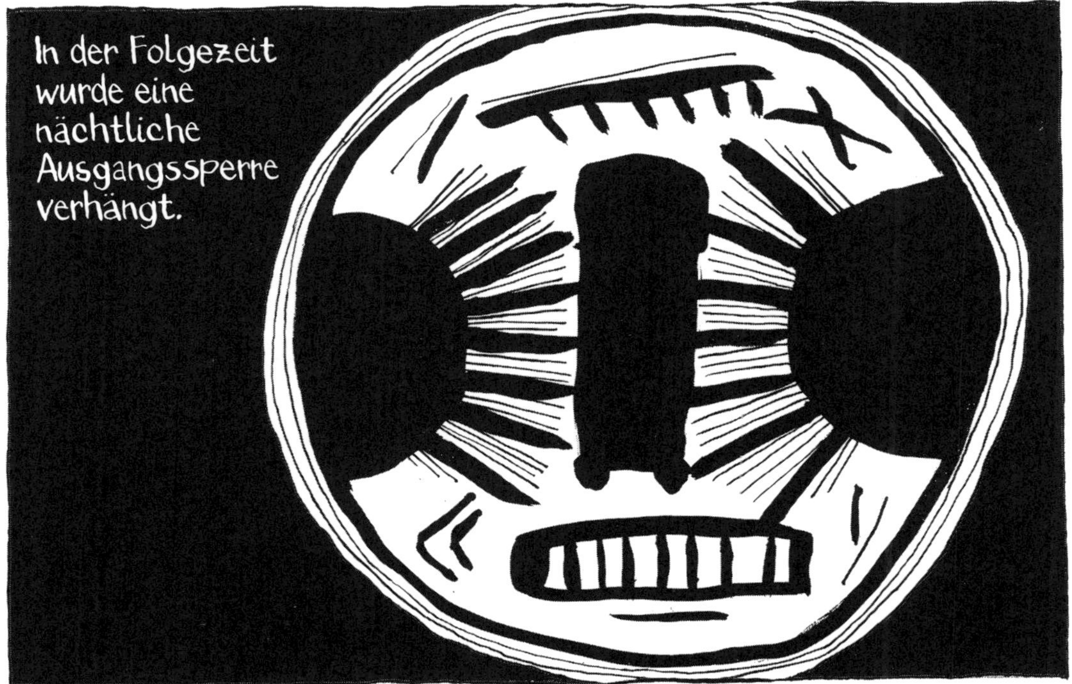
In der Folgezeit
wurde eine
nächtliche
Ausgangssperre
verhängt.

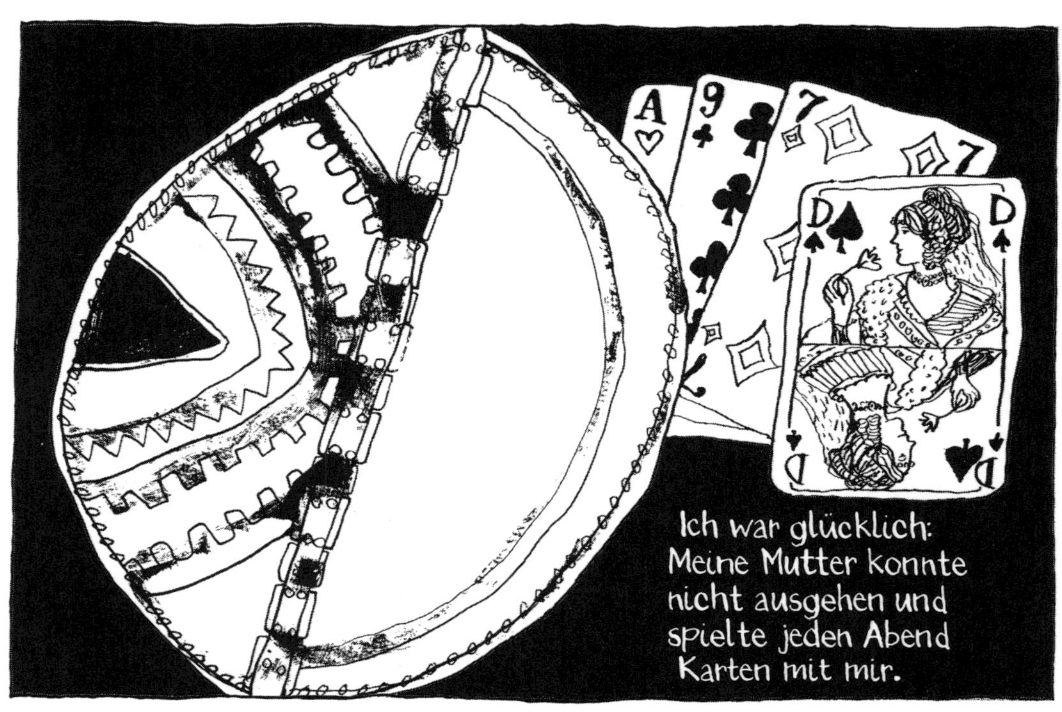
Ich war glücklich:
Meine Mutter konnte
nicht ausgehen und
spielte jeden Abend
Karten mit mir.

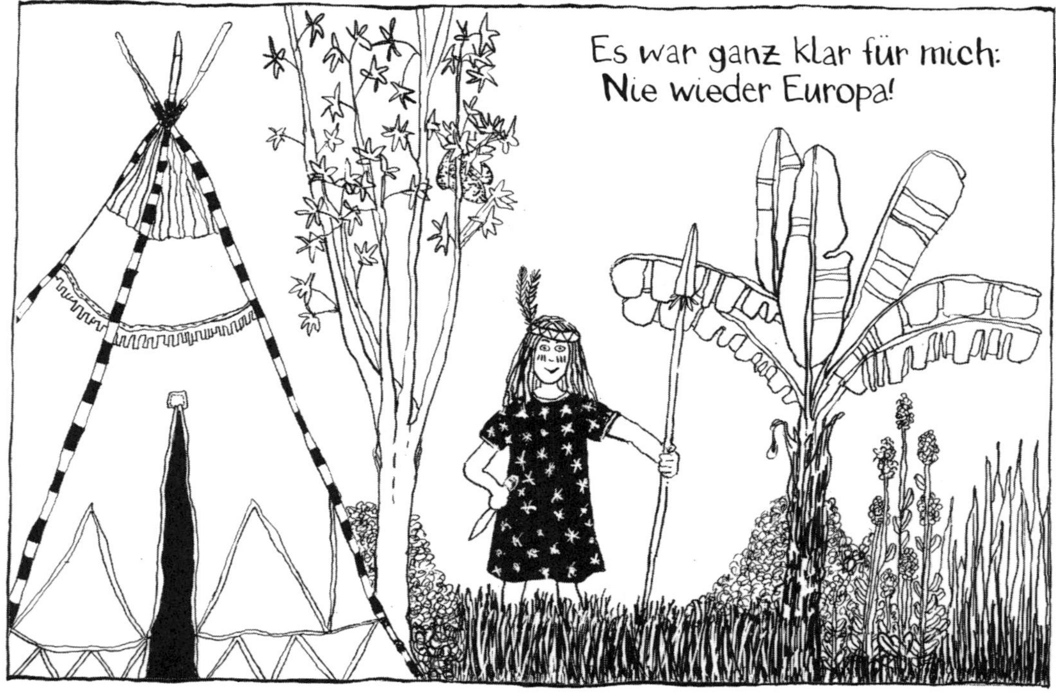
Es war ganz klar für mich:
Nie wieder Europa!

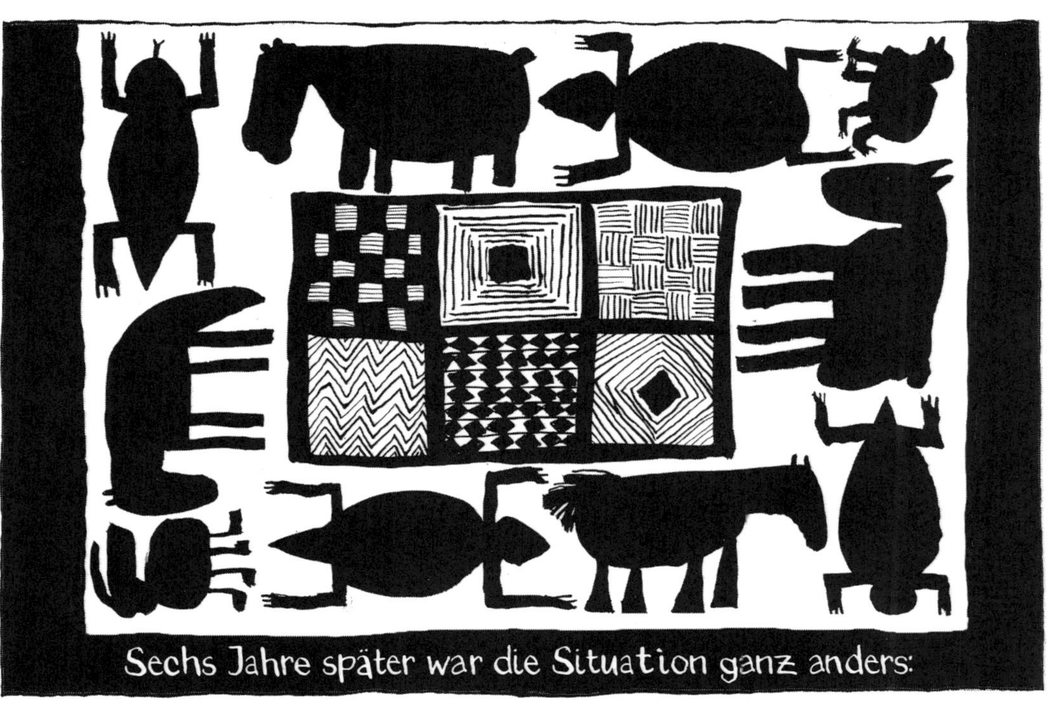
Sechs Jahre später war die Situation ganz anders:

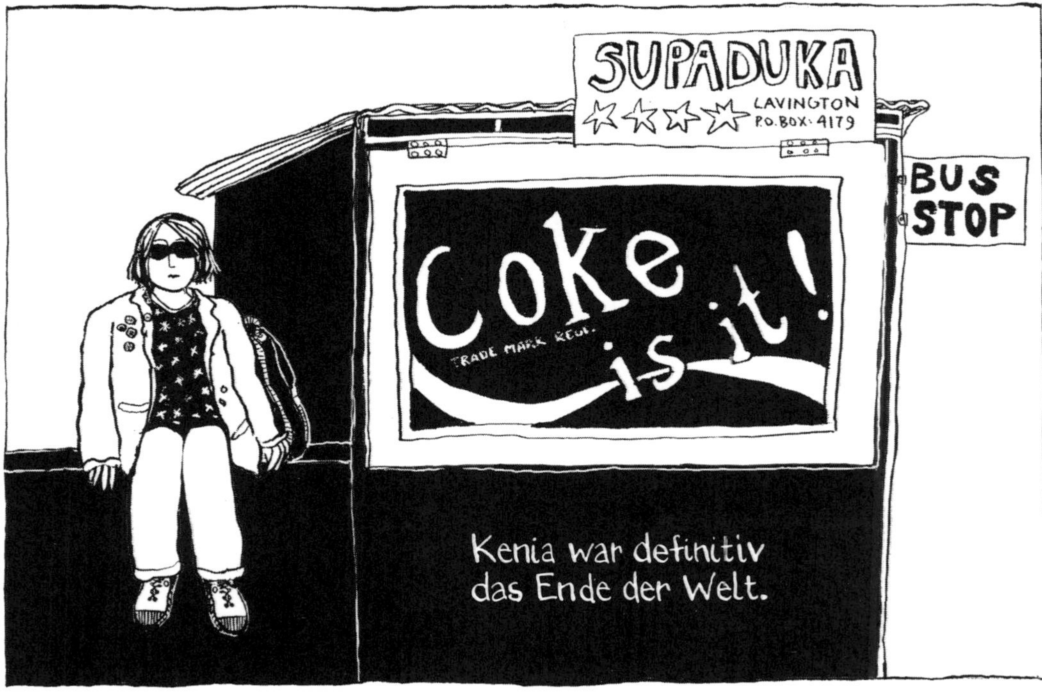
SUPADUKA
LAVINGTON
P.O.BOX·4179
BUS STOP
Coke is it!
Kenia war definitiv
das Ende der Welt.

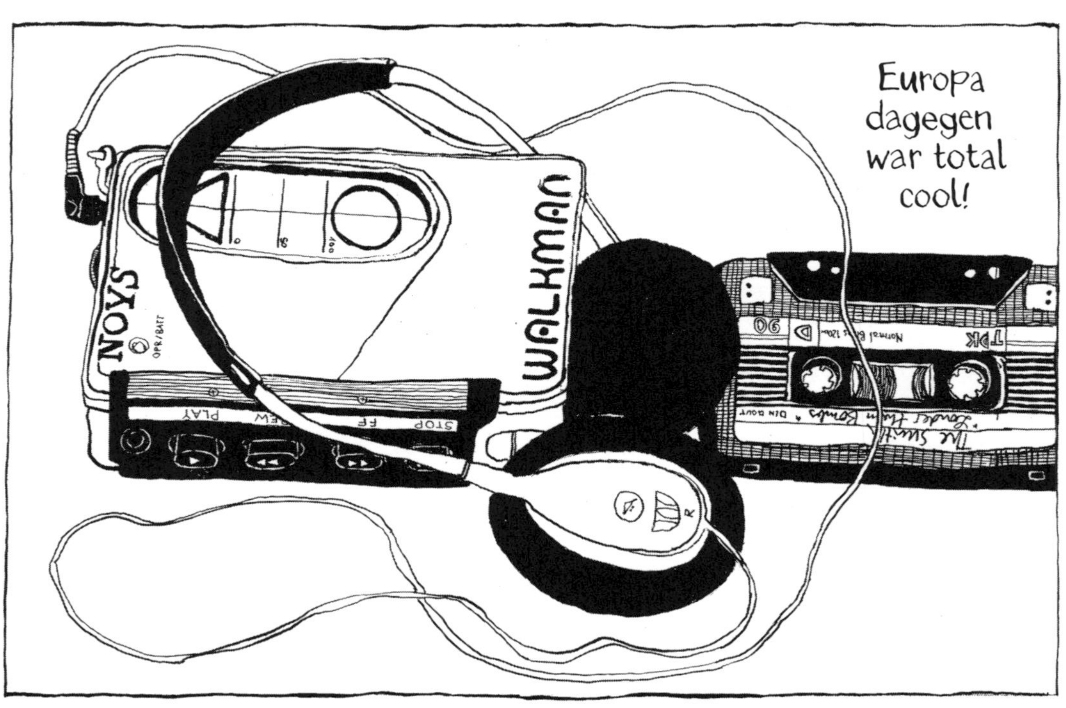

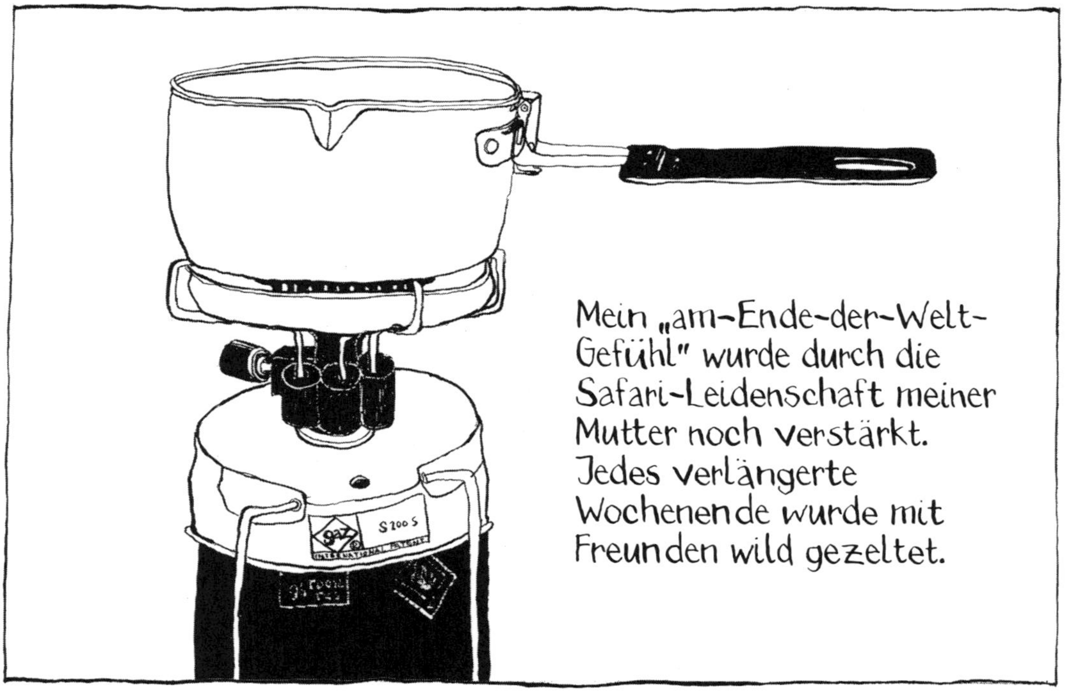

Mein „am-Ende-der-Welt-Gefühl" wurde durch die Safari-Leidenschaft meiner Mutter noch verstärkt. Jedes verlängerte Wochenende wurde mit Freunden wild gezeltet.

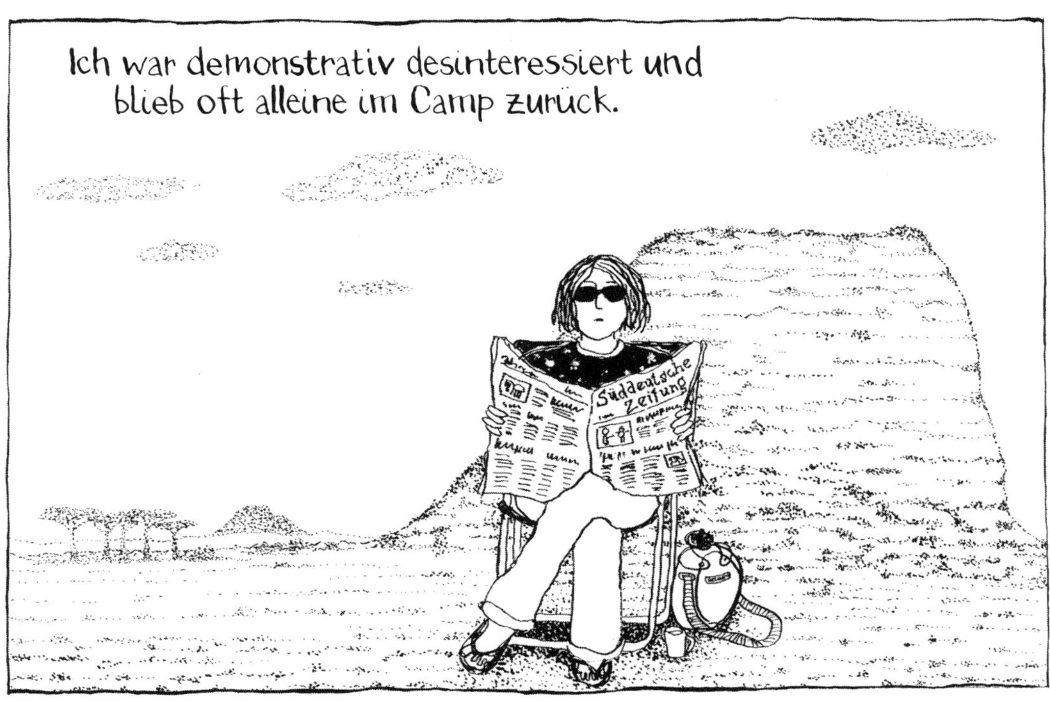
Ich war demonstrativ desinteressiert und
blieb oft alleine im Camp zurück.
Süddeutsche Zeitung

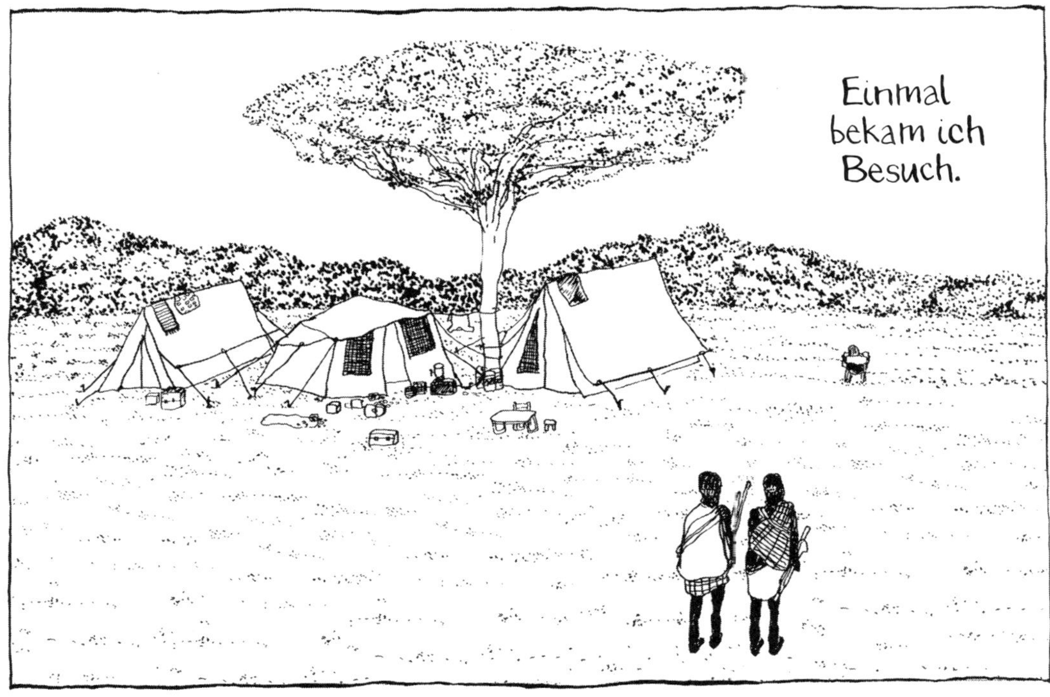
Einmal
bekam ich
Besuch.

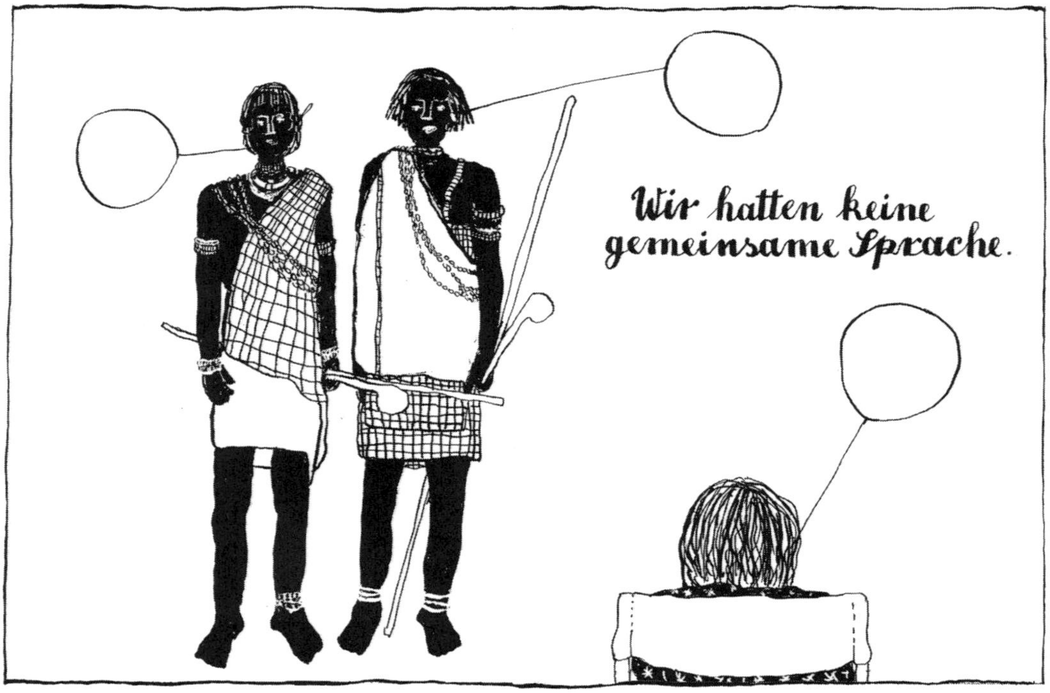

Wir hatten keine gemeinsame Sprache.

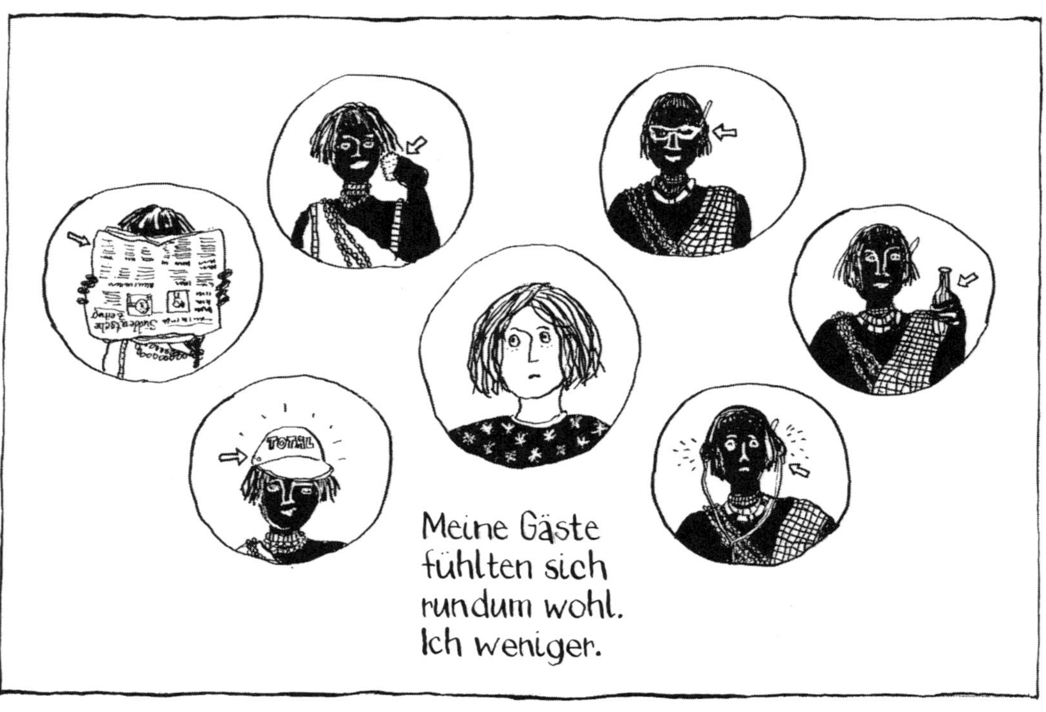

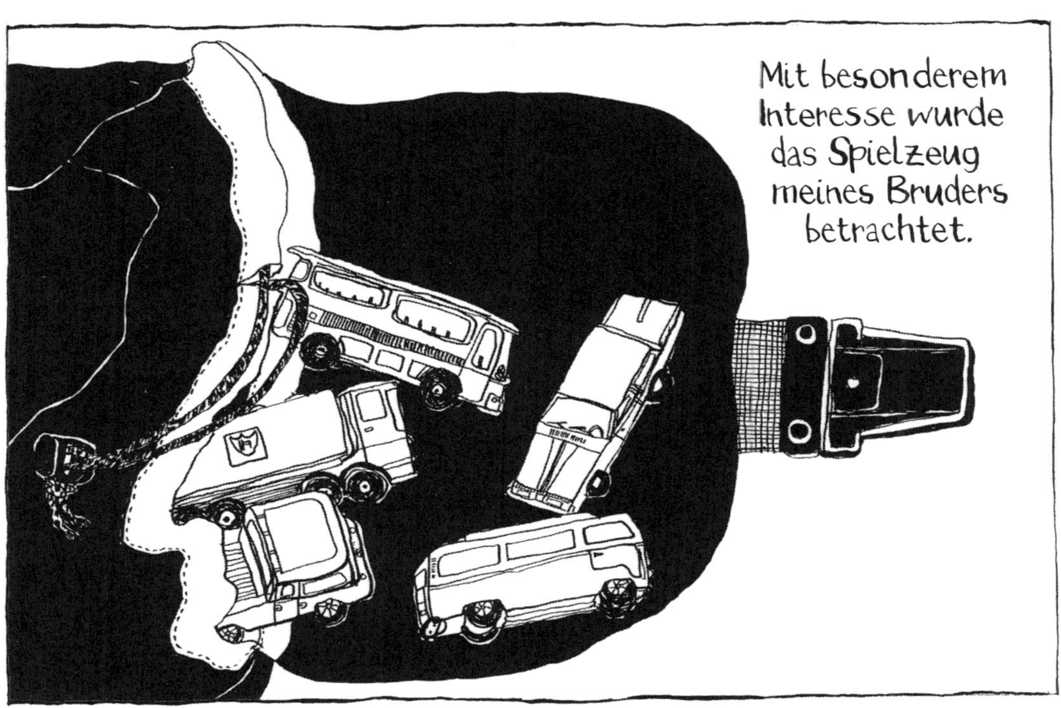
Mit besonderem Interesse wurde das Spielzeug meines Bruders betrachtet.

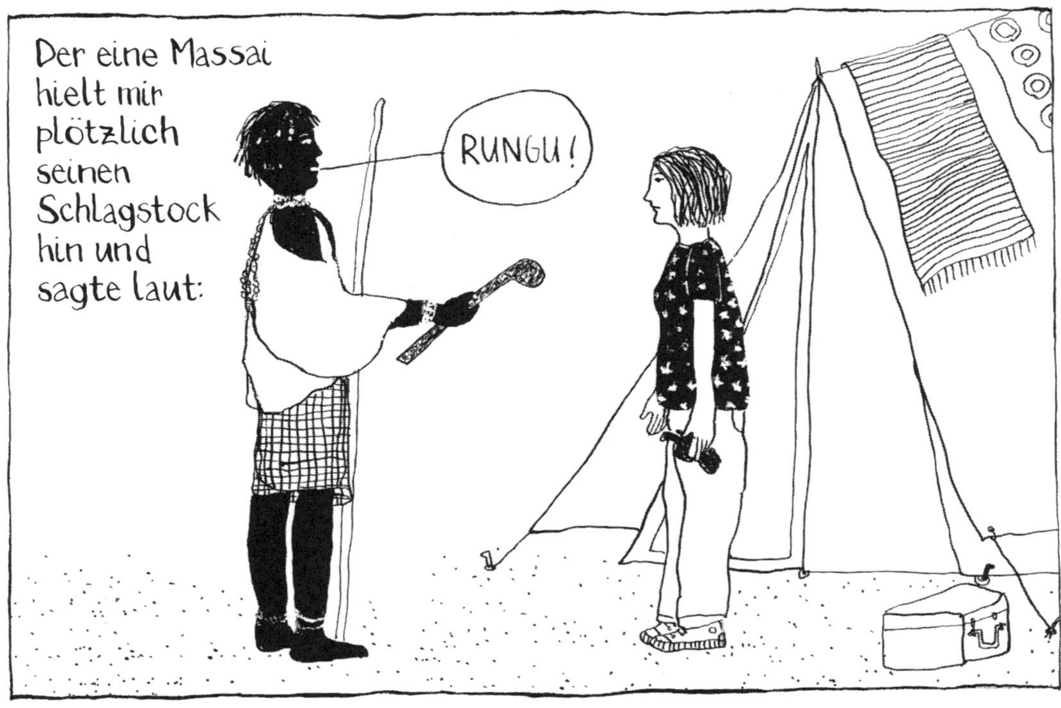
Der eine Massai hielt mir plötzlich seinen Schlagstock hin und sagte laut:
RUNGU!

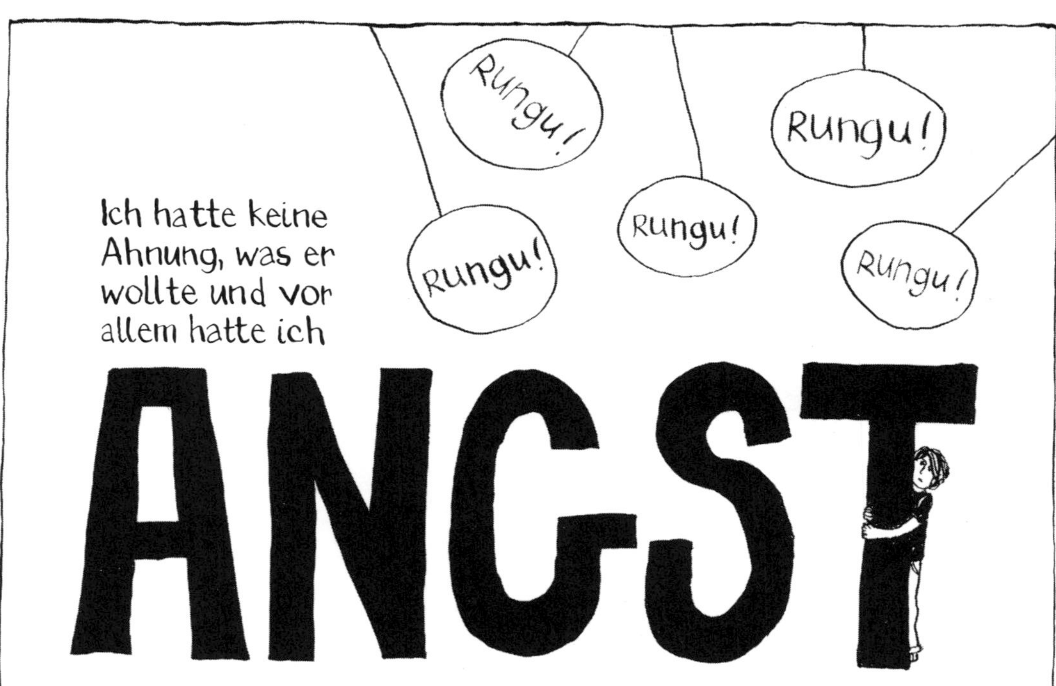

RUNGU!

Erst, als er den Schlagstock auf den Boden legte, verstand ich ihn:

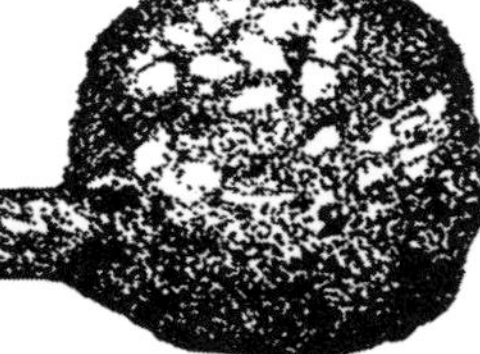

Dies ist ein Rungu!

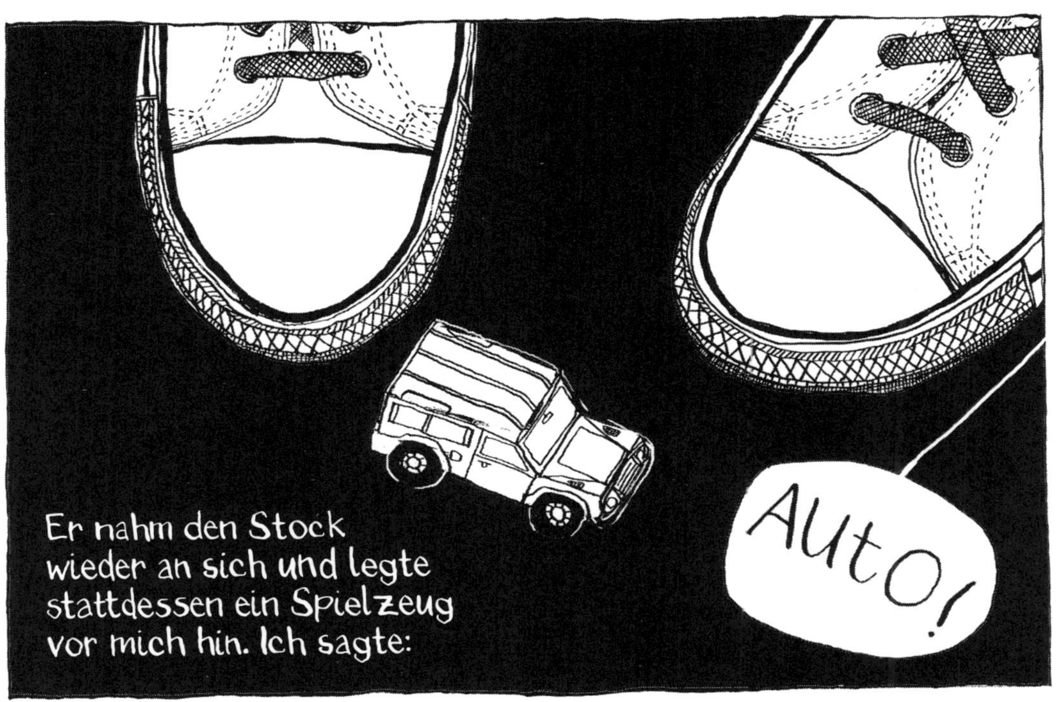
Er nahm den Stock wieder an sich und legte stattdessen ein Spielzeug vor mich hin. Ich sagte:
Auto!

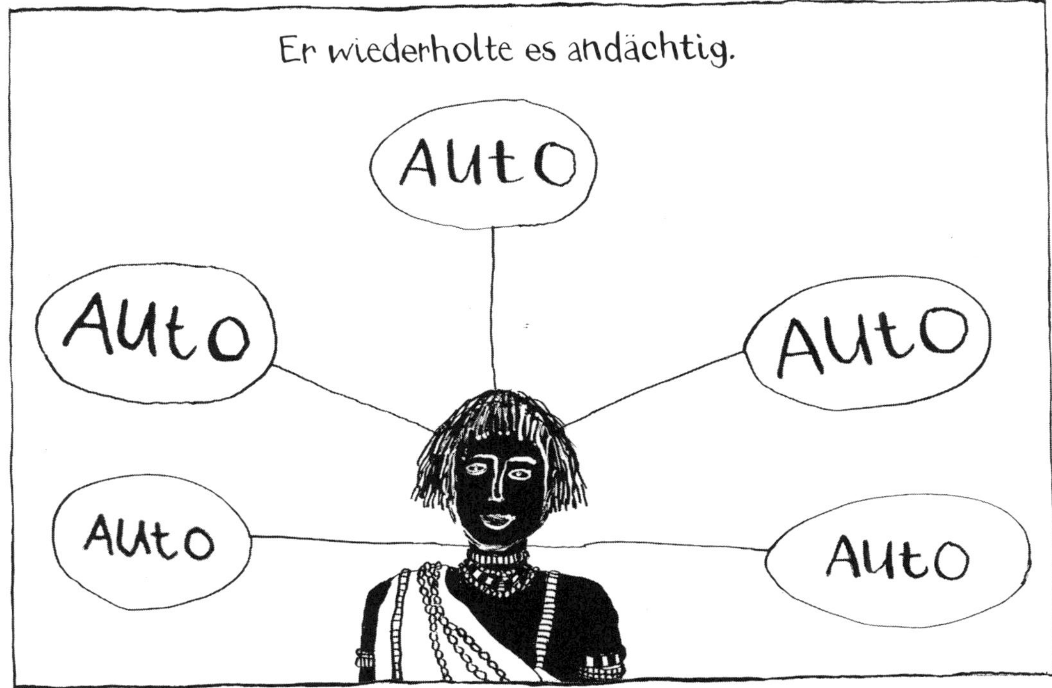
Er wiederholte es andächtig.
Auto
Auto
Auto
Auto
Auto

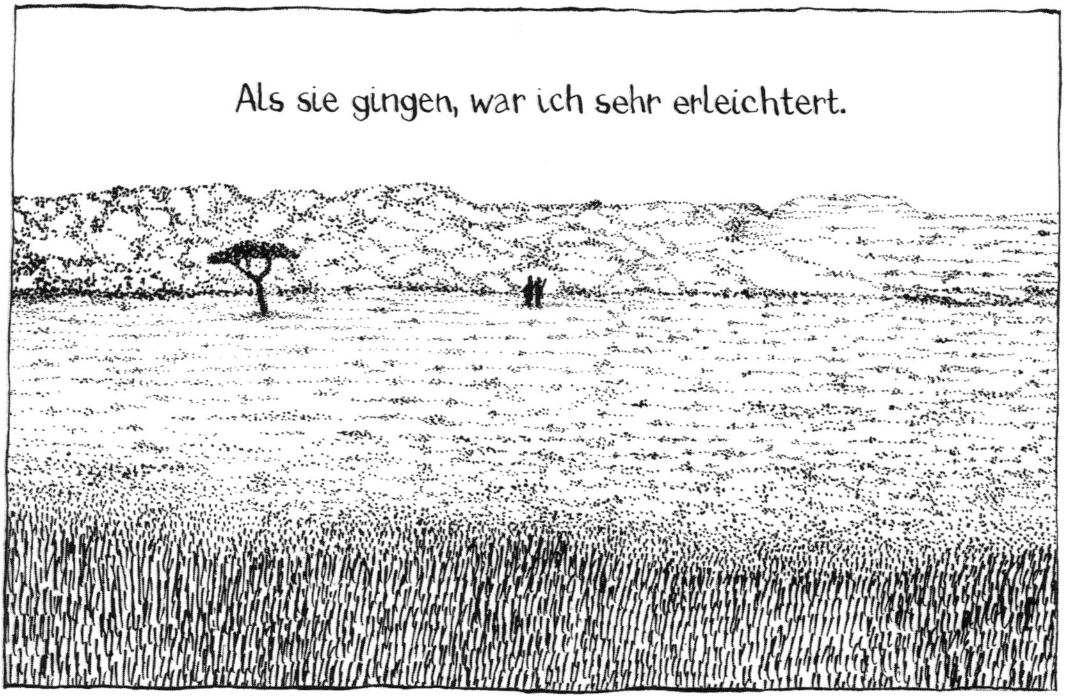

Als sie gingen, war ich sehr erleichtert.

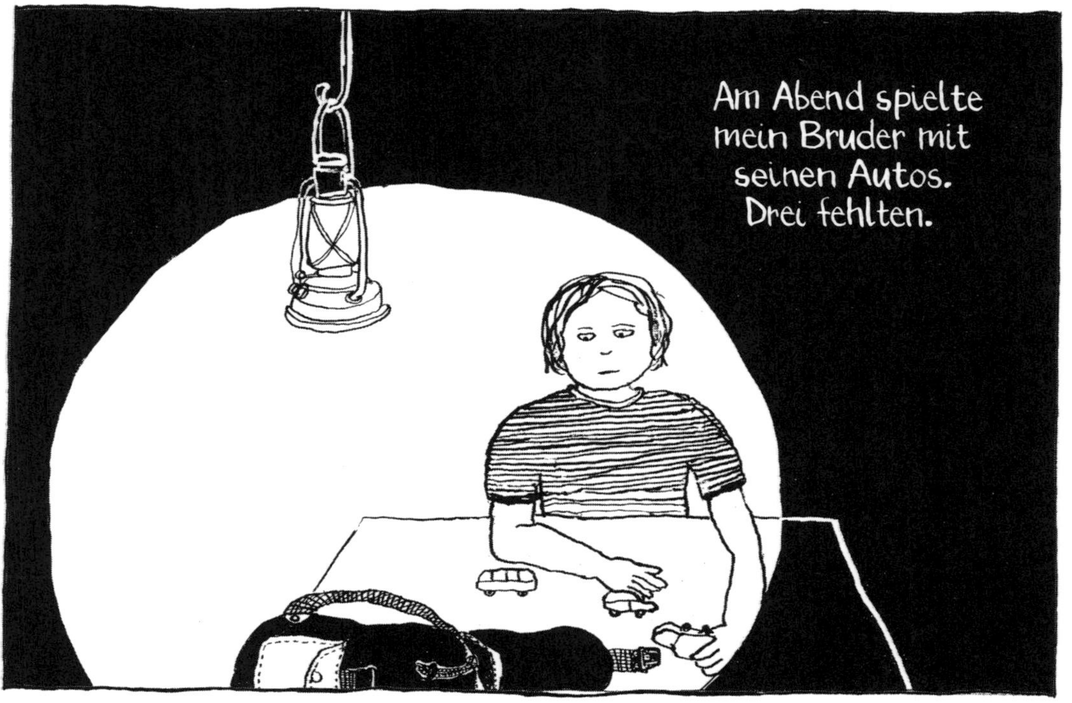

Am Abend spielte mein Bruder mit seinen Autos. Drei fehlten.

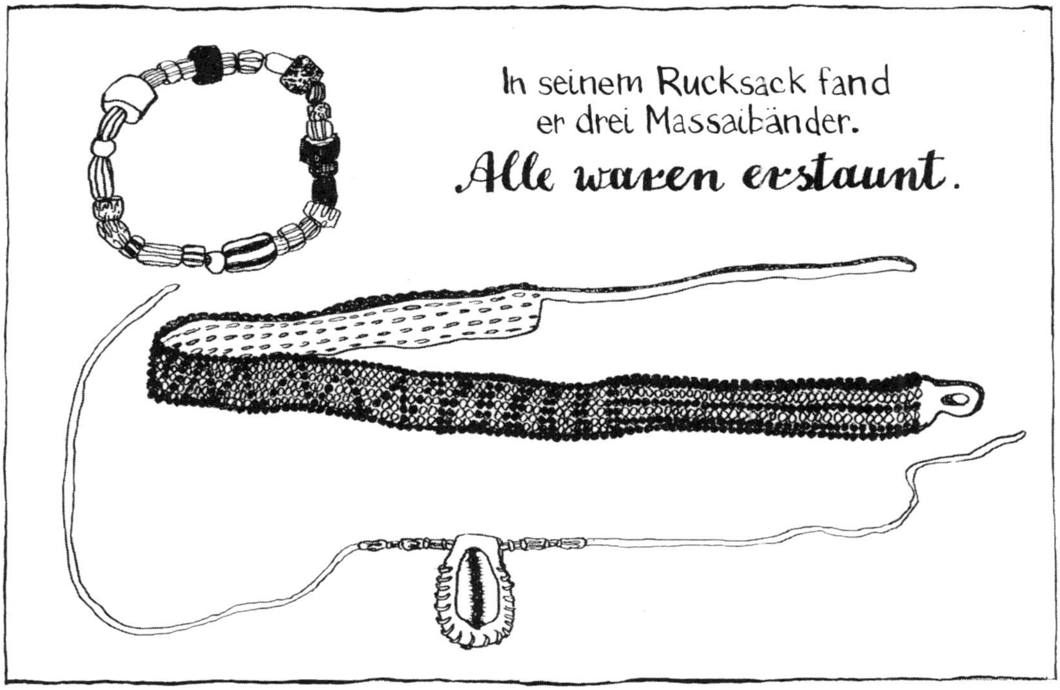

In seinem Rucksack fand
er drei Massaibänder.
Alle waren erstaunt.

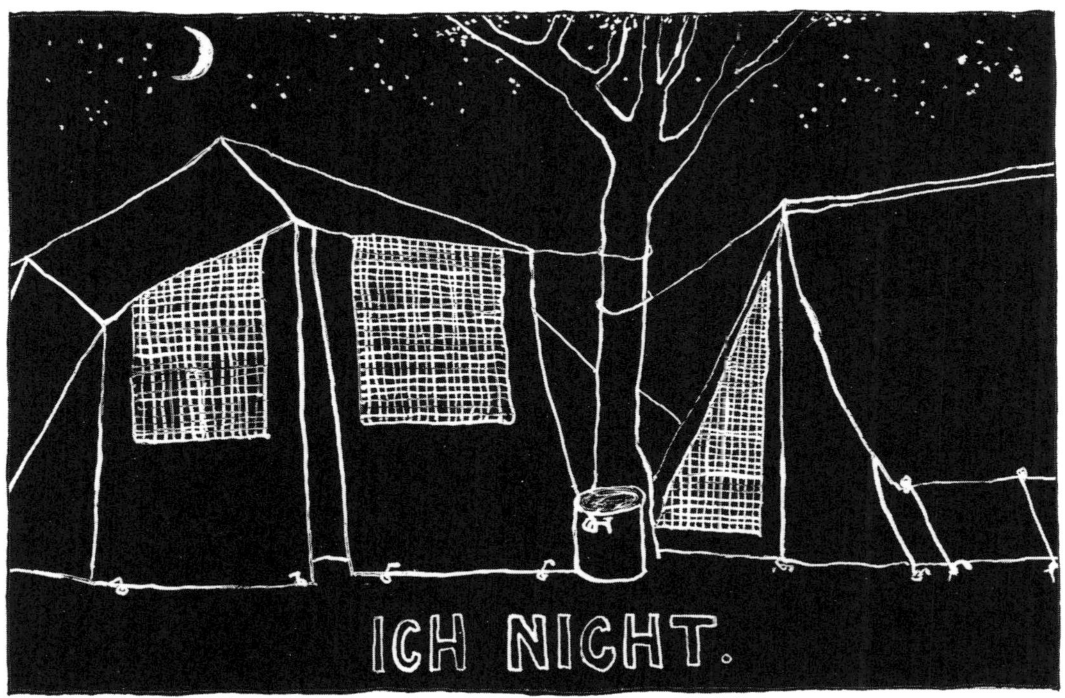

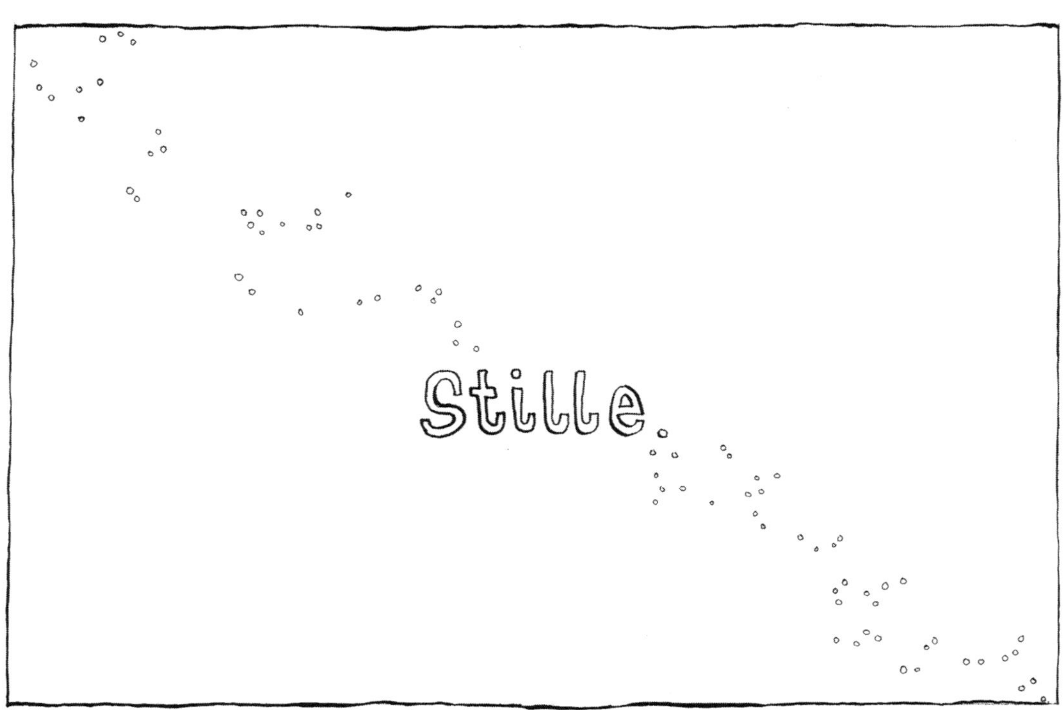
Stille

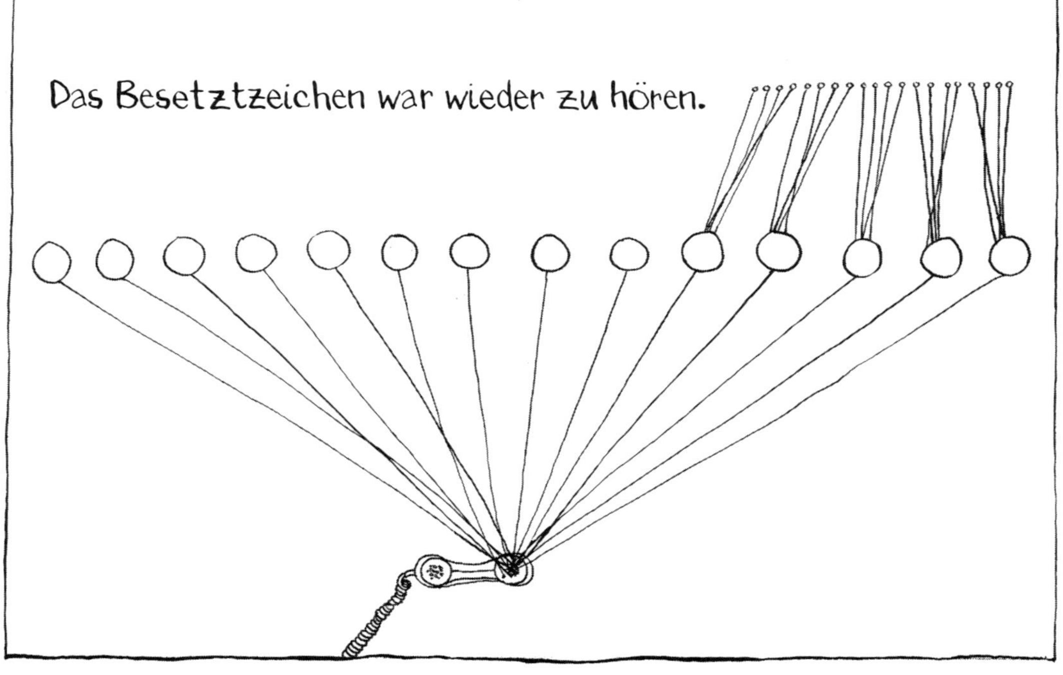
Das Besetztzeichen war wieder zu hören.

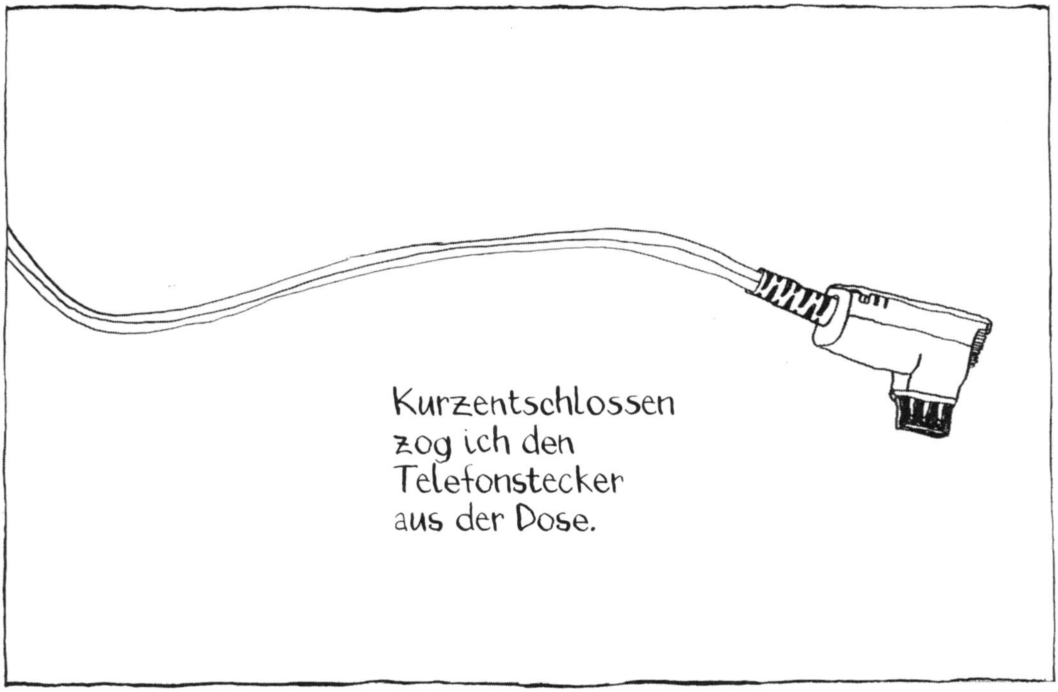

Kurzentschlossen
zog ich den
Telefonstecker
aus der Dose.

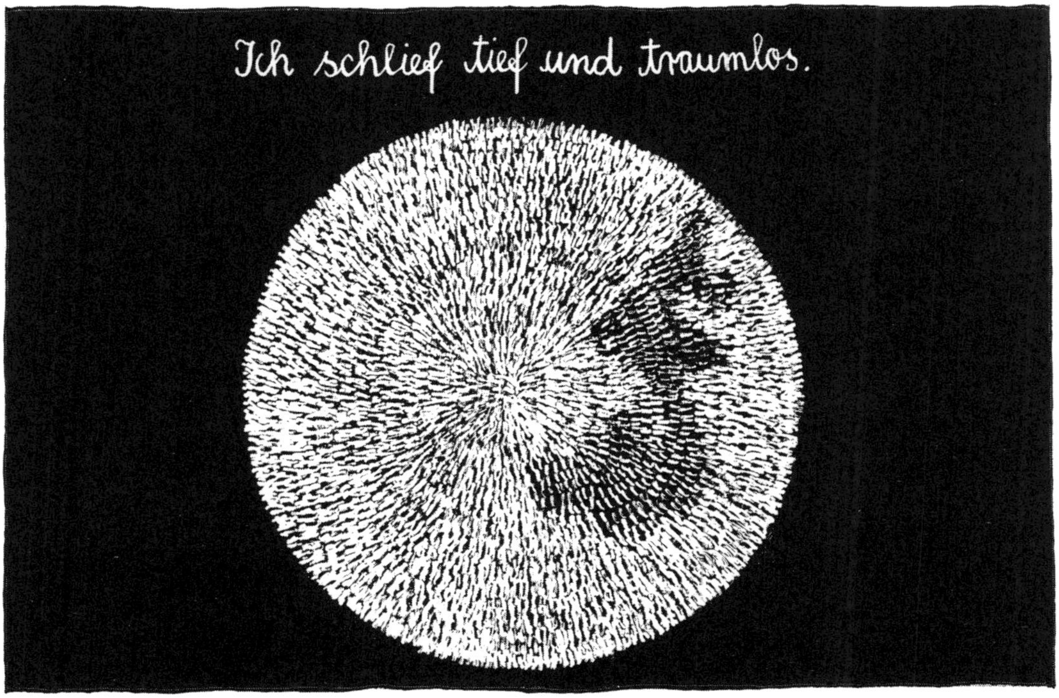

Ich schlief tief und traumlos.

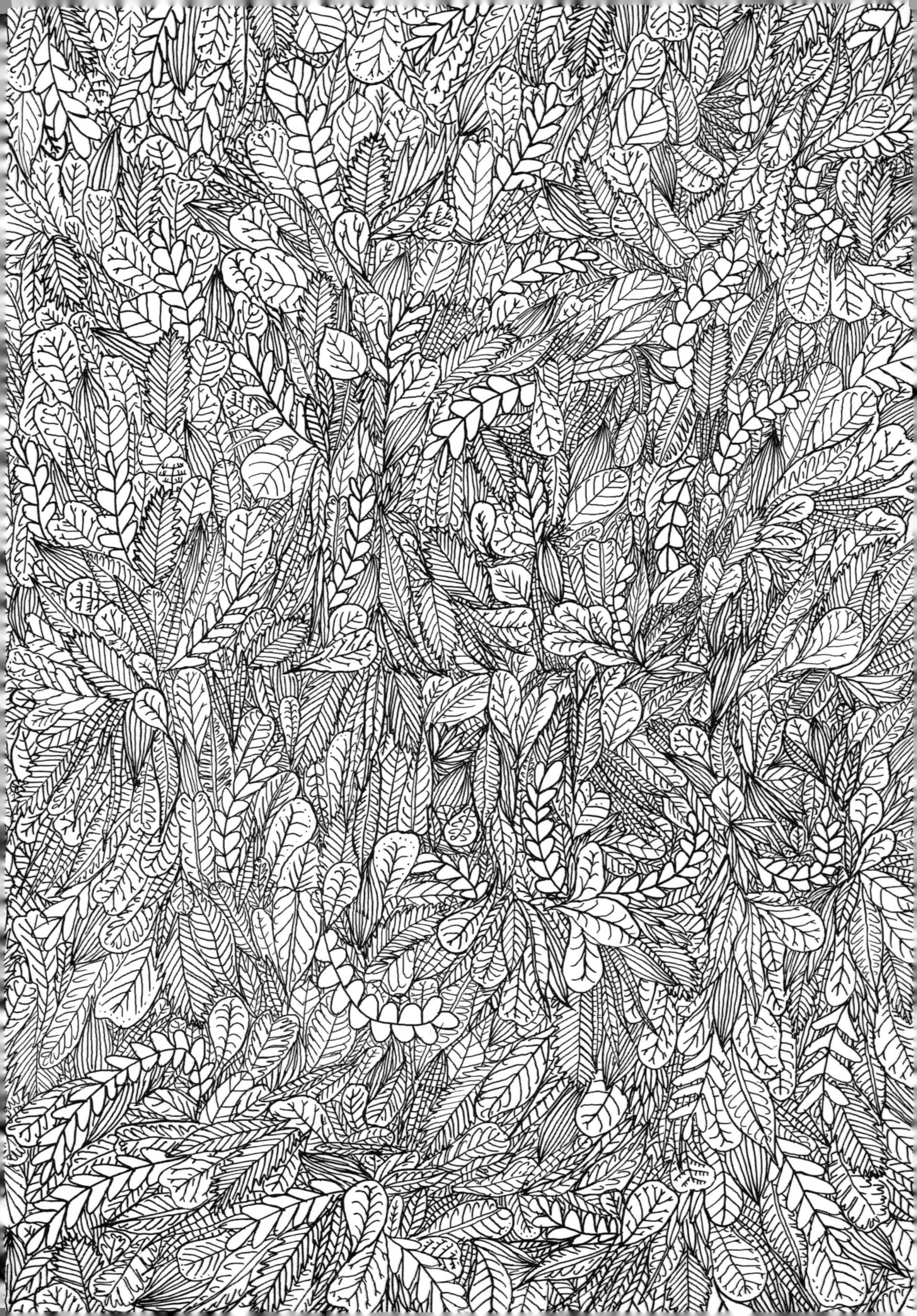

PHARAO

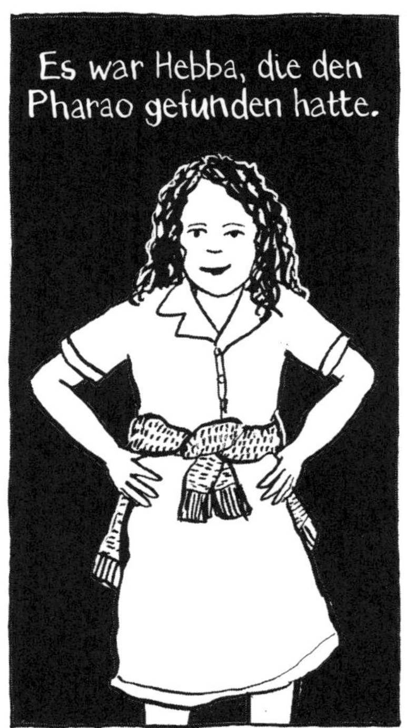
Es war Hebba, die den
Pharao gefunden hatte.

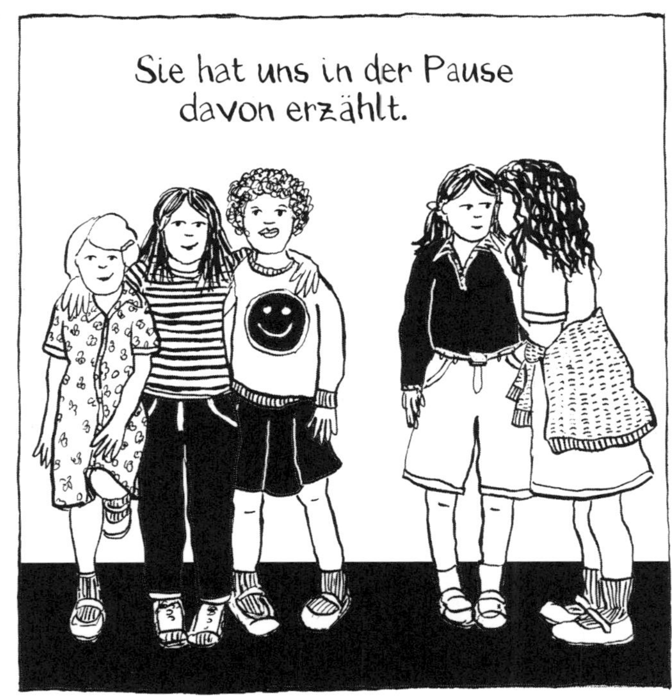
Sie hat uns in der Pause
davon erzählt.

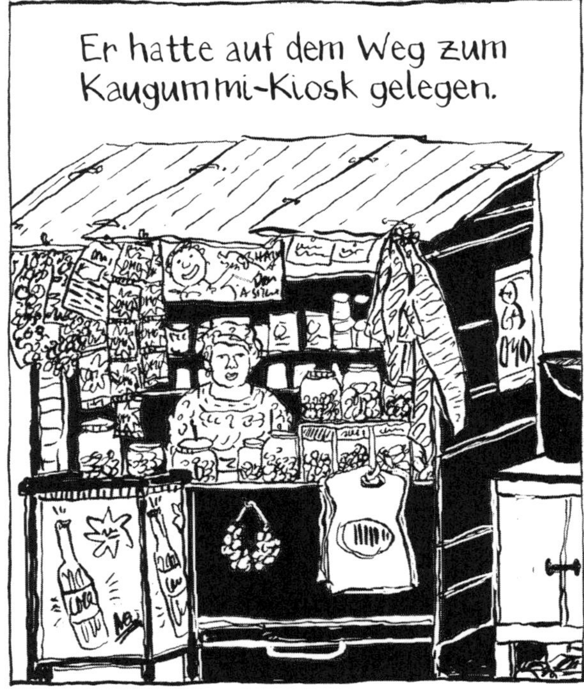
Er hatte auf dem Weg zum
Kaugummi-Kiosk gelegen.

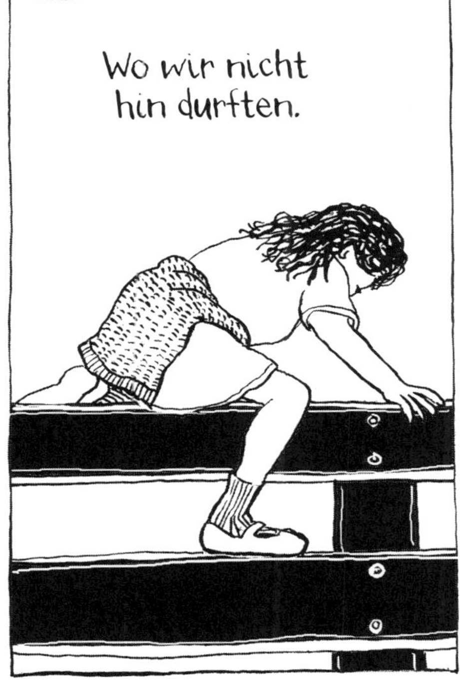
Wo wir nicht
hin durften.

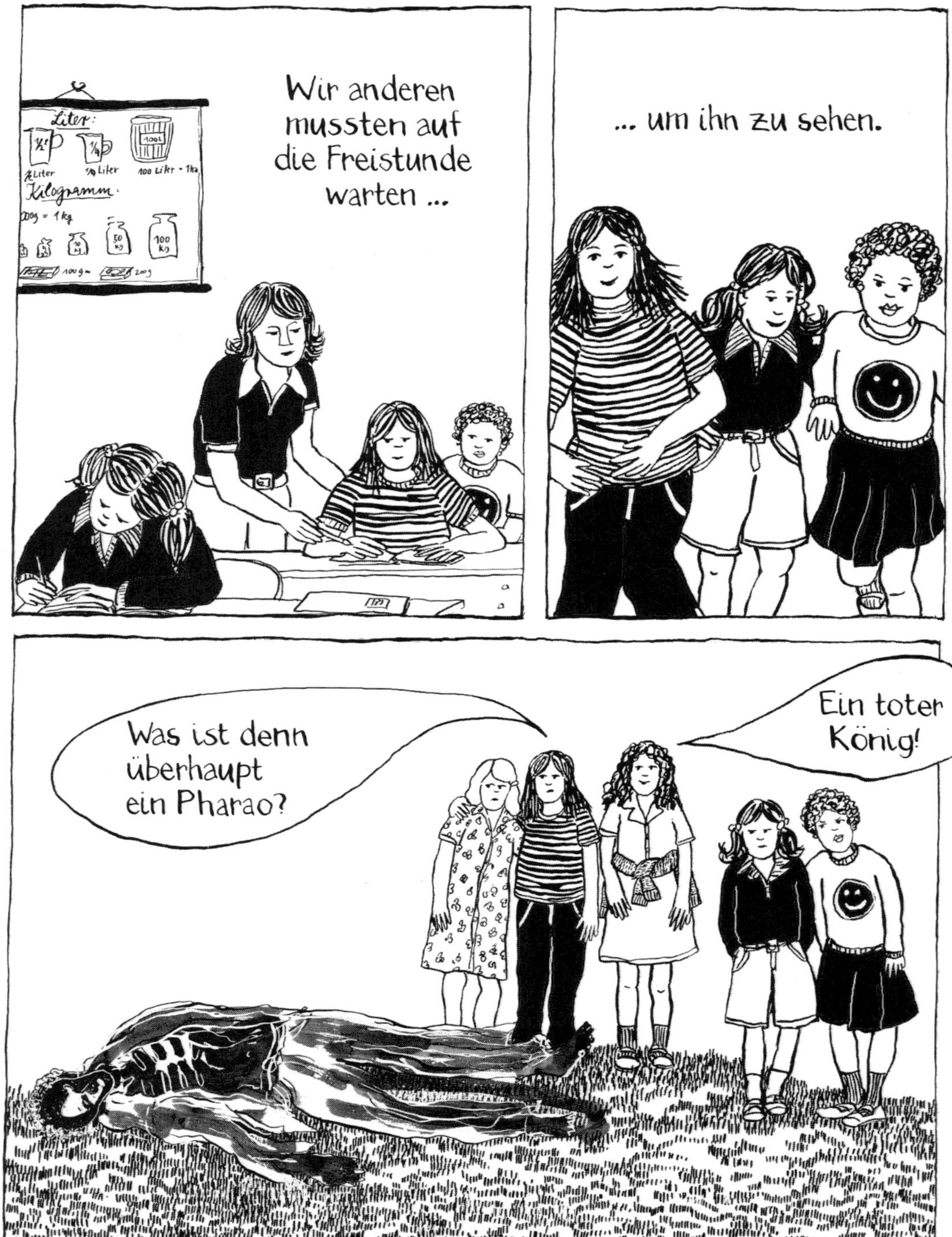

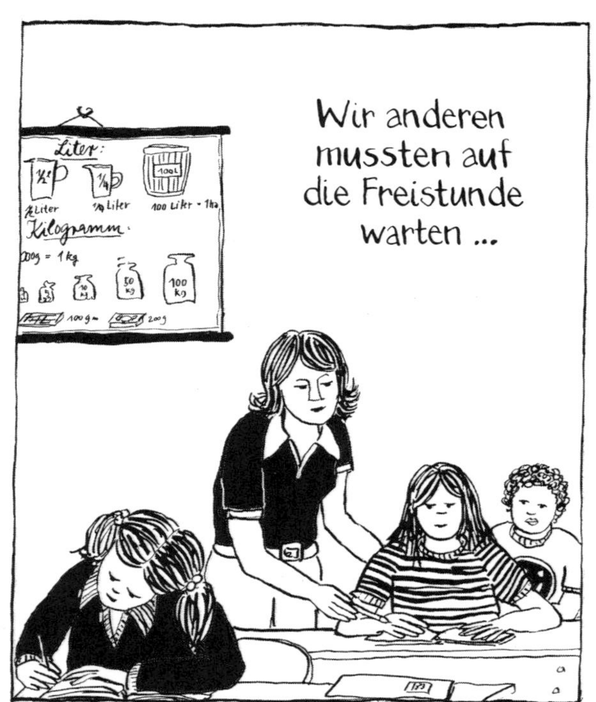

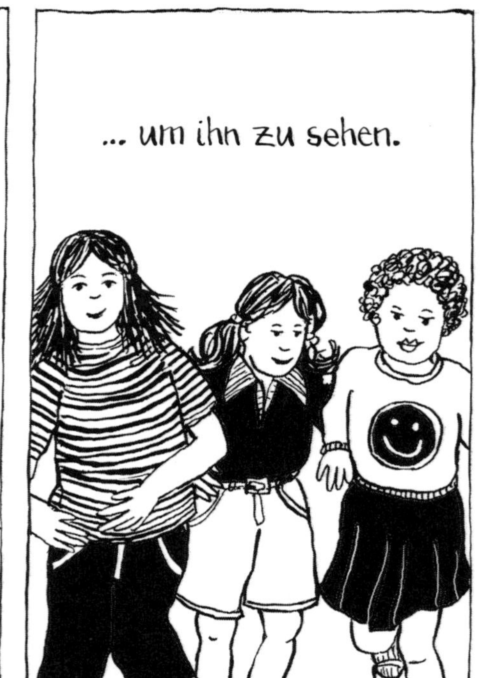

Was ist denn überhaupt ein Pharao?

Ein toter König!

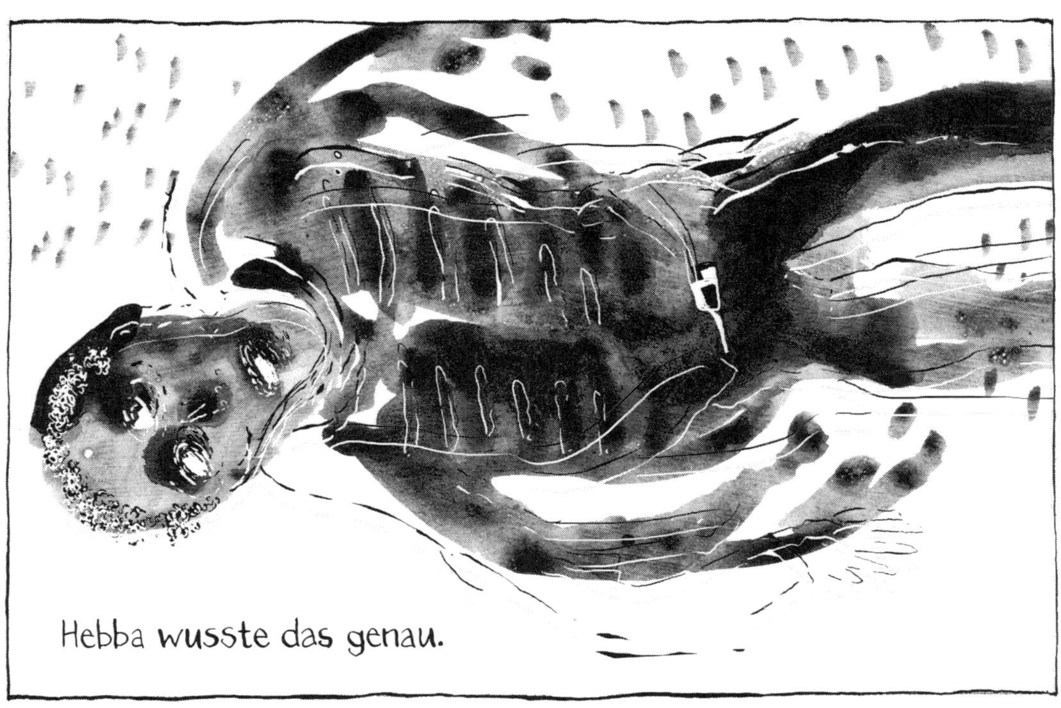
Hebba wusste das genau.

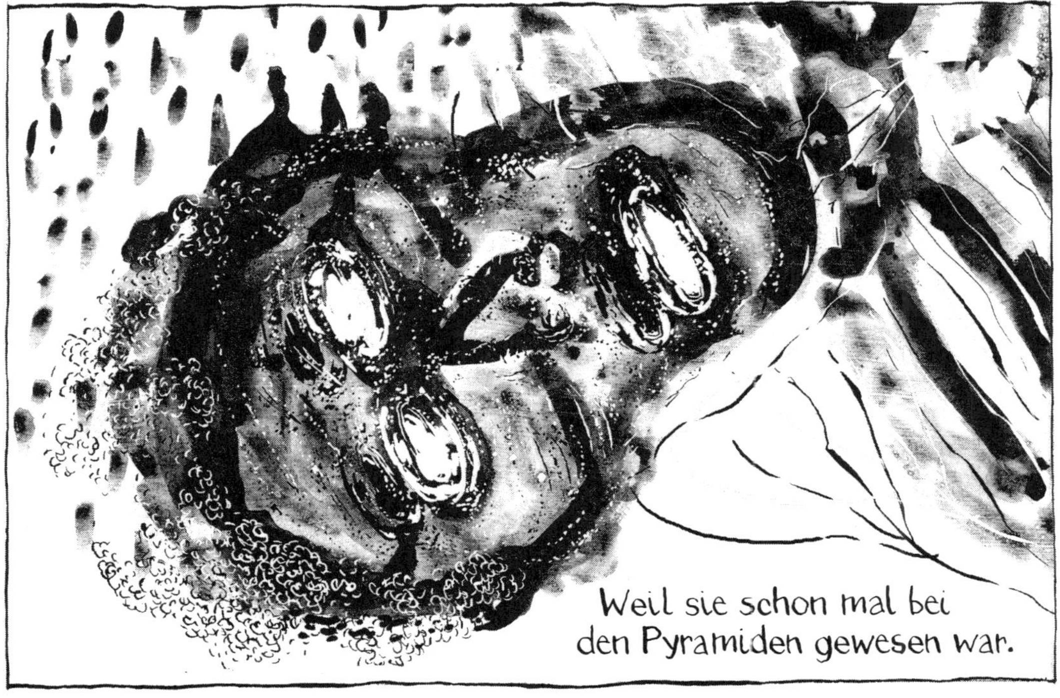
Weil sie schon mal bei
den Pyramiden gewesen war.

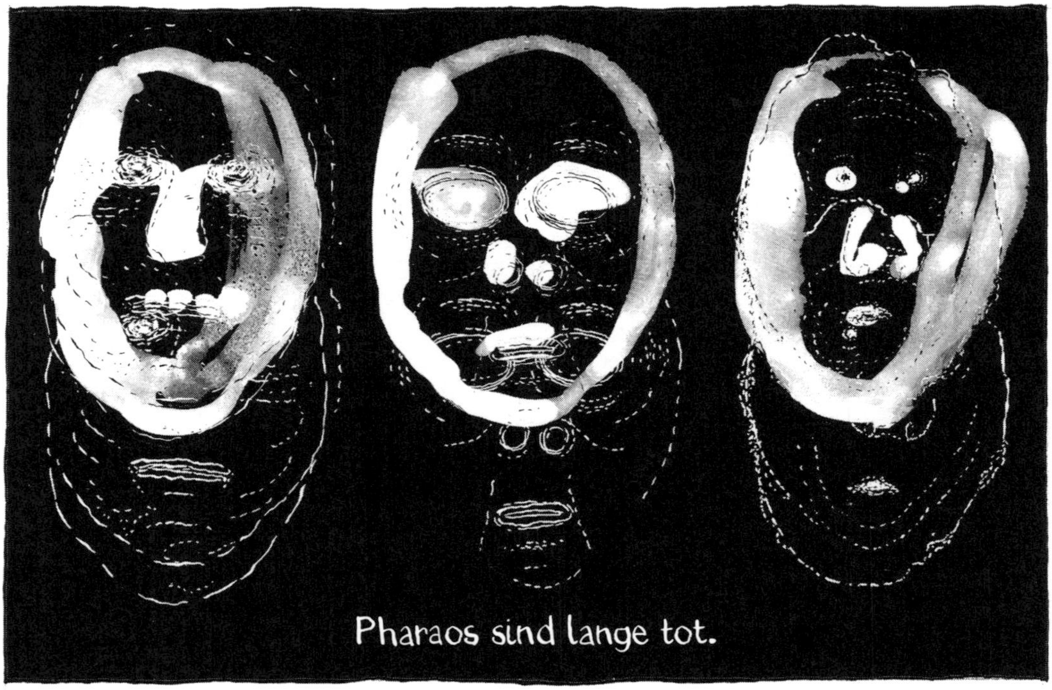

Pharaos sind lange tot.

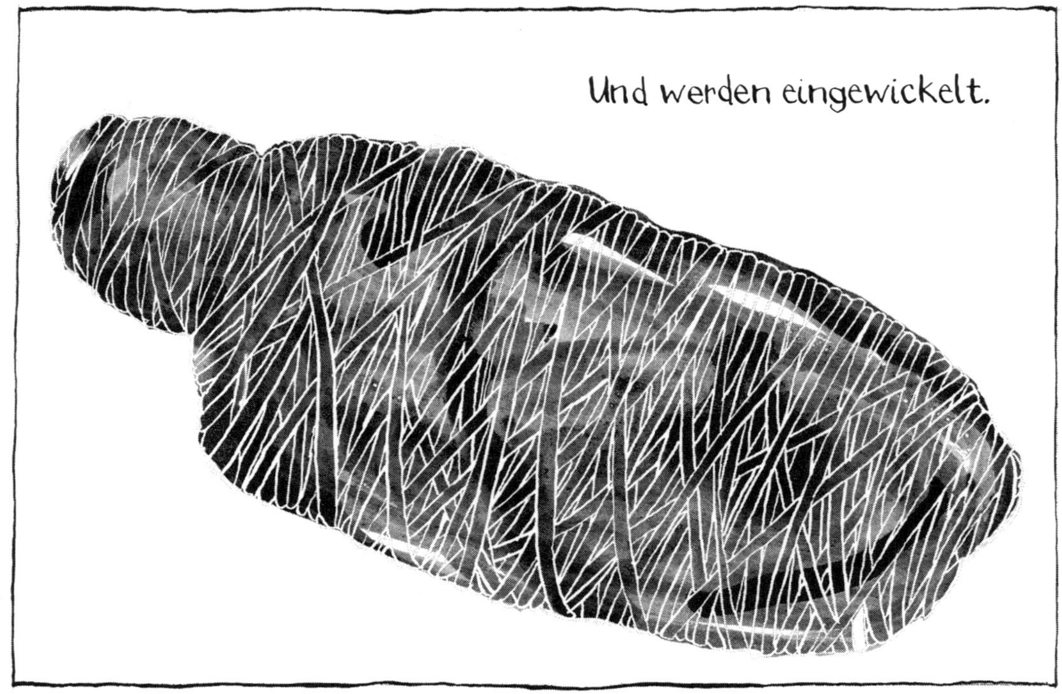

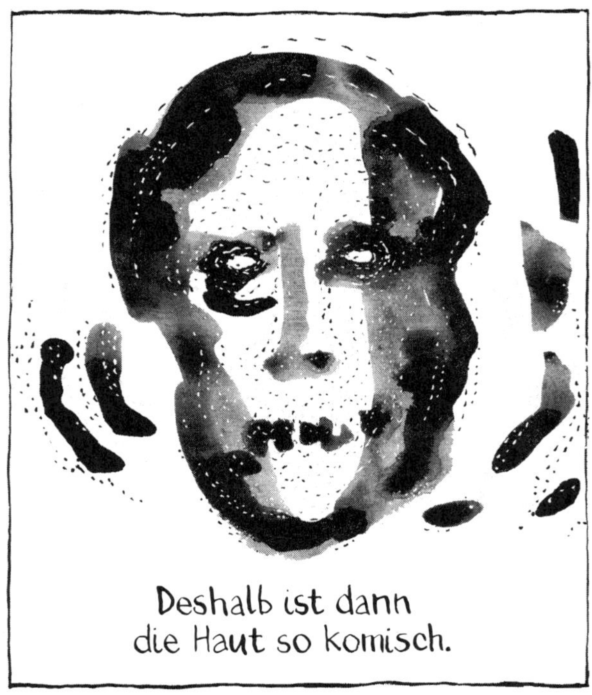
Deshalb ist dann
die Haut so komisch.

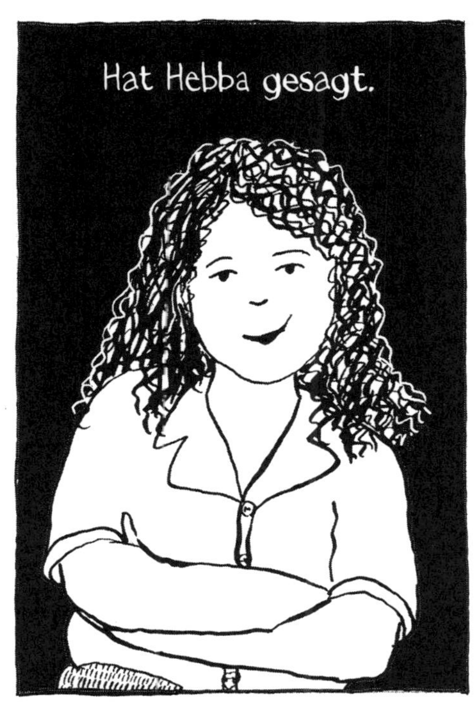
Hat Hebba gesagt.

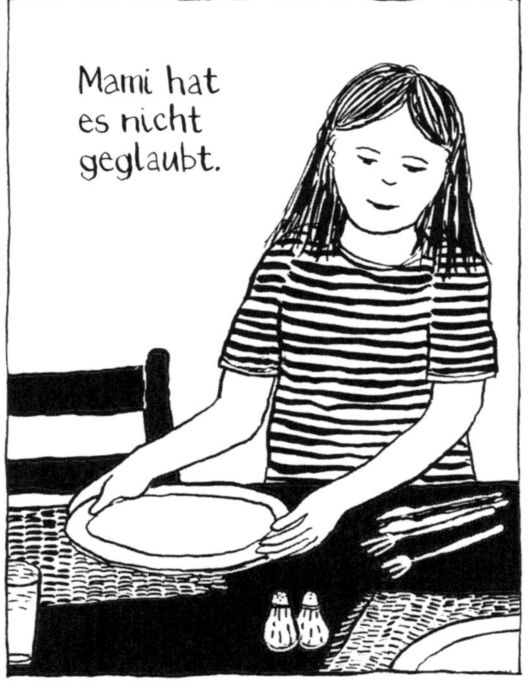
Mami hat
es nicht
geglaubt.

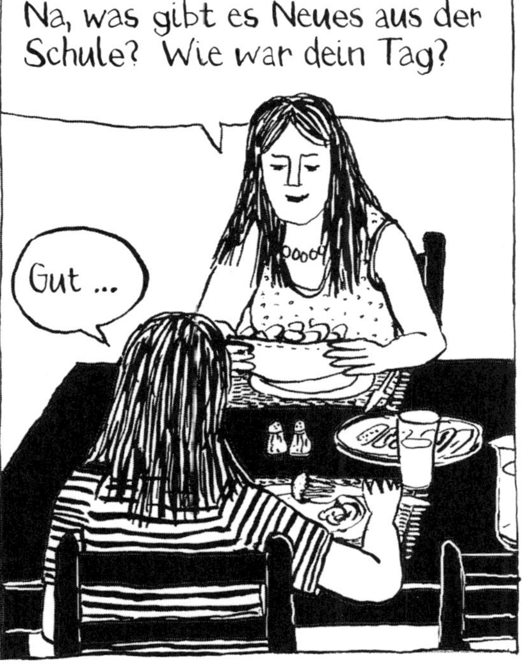
Na, was gibt es Neues aus der
Schule? Wie war dein Tag?
Gut ...

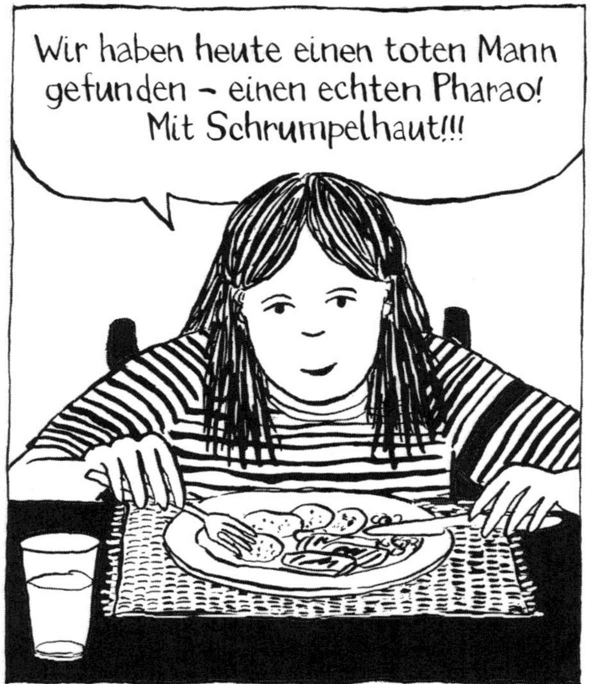
Wir haben heute einen toten Mann gefunden – einen echten Pharao! Mit Schrumpelhaut!!!

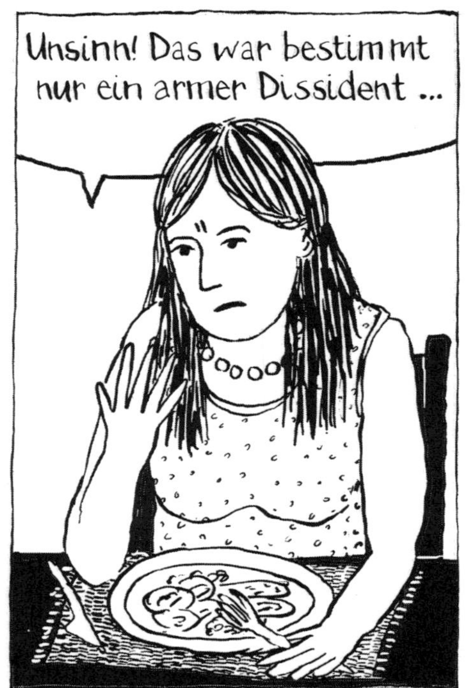
Unsinn! Das war bestimmt nur ein armer Dissident ...

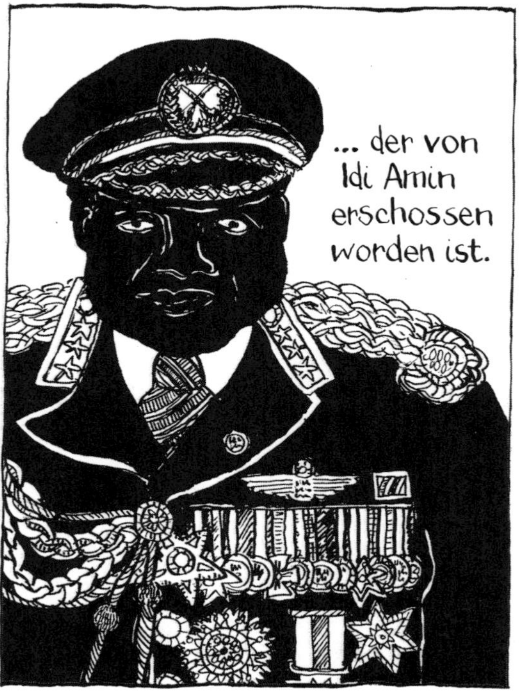
... der von Idi Amin erschossen worden ist.

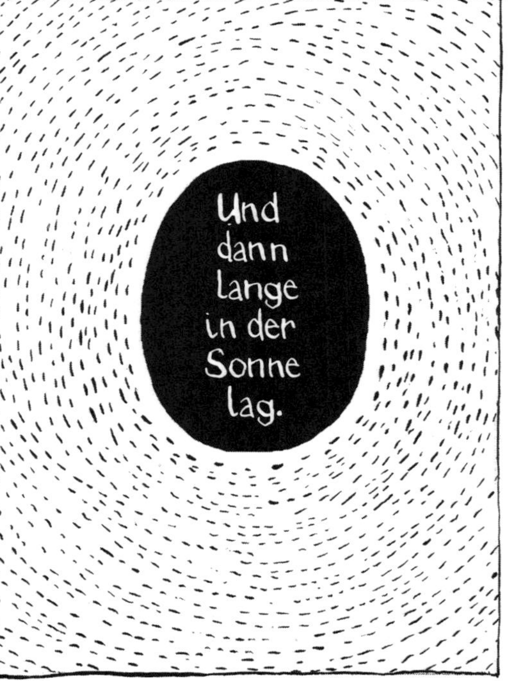
Und dann lange in der Sonne lag.

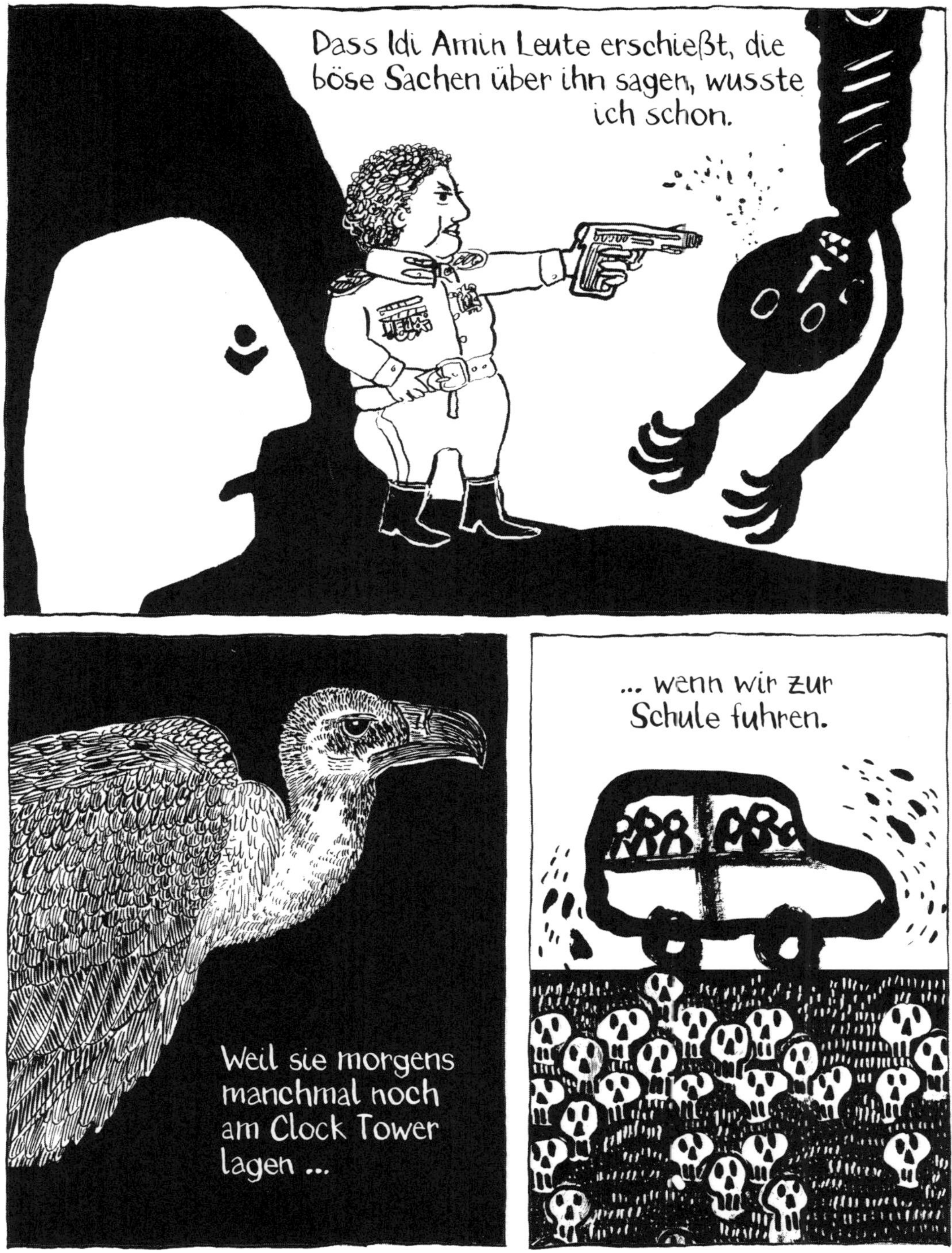

Dass Idi Amin Leute erschießt, die böse Sachen über ihn sagen, wusste ich schon.

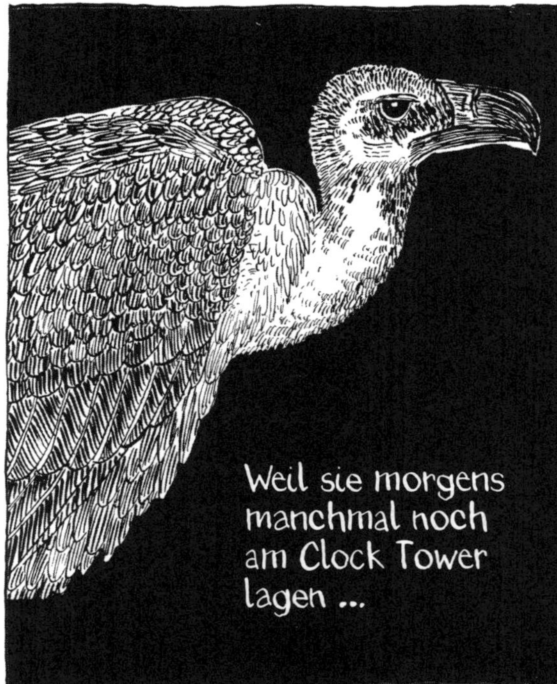

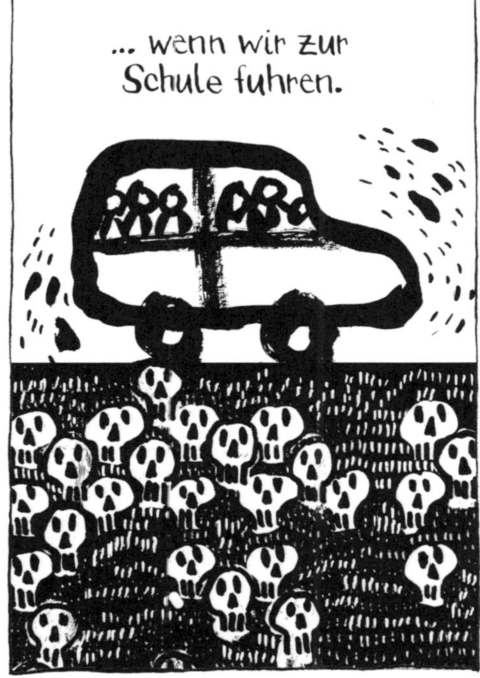

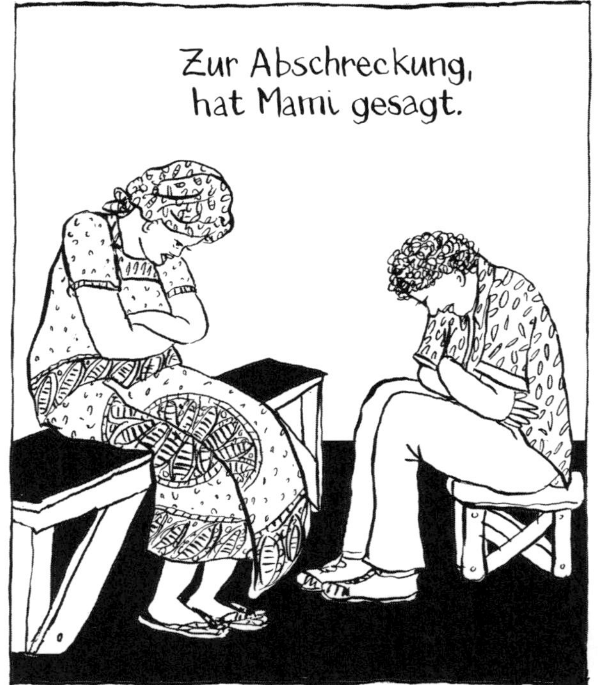
Zur Abschreckung,
hat Mami gesagt.

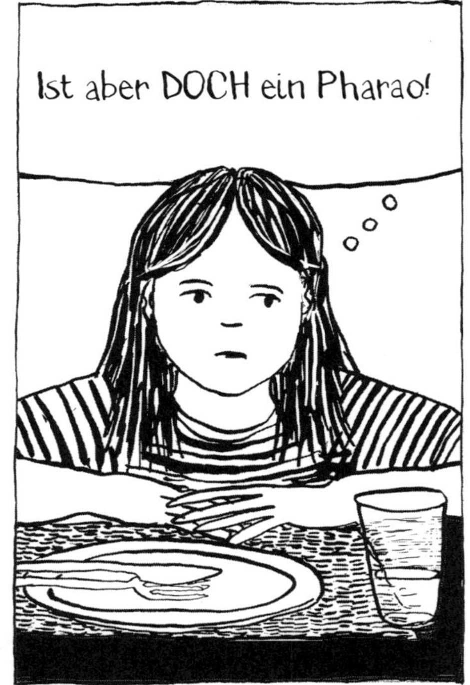
Ist aber DOCH ein Pharao!

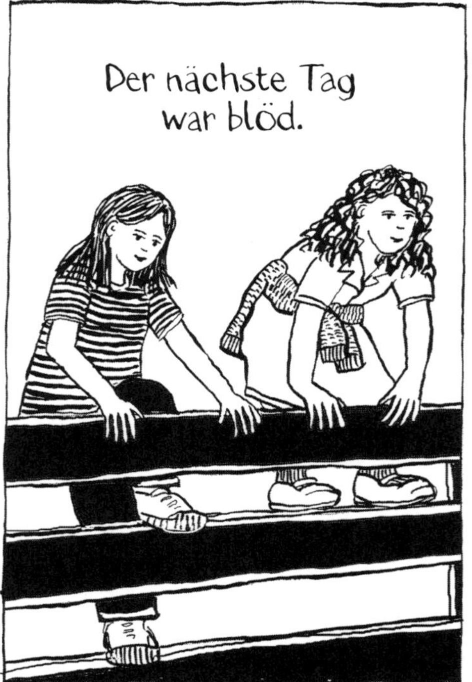
Der nächste Tag
war blöd.

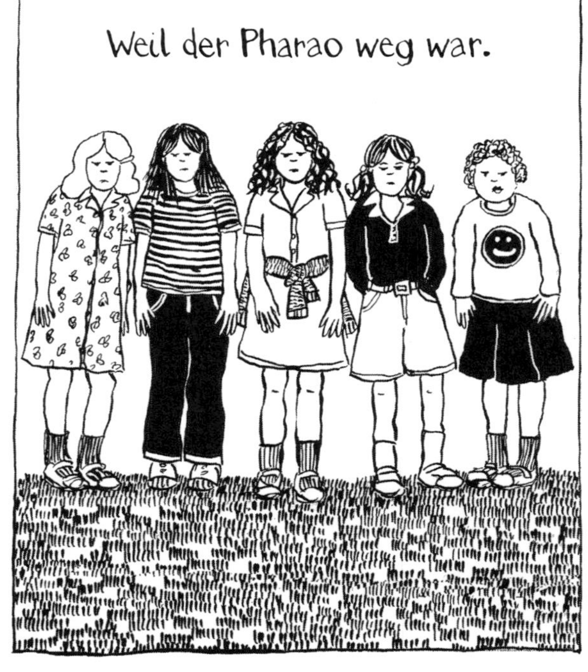
Weil der Pharao weg war.

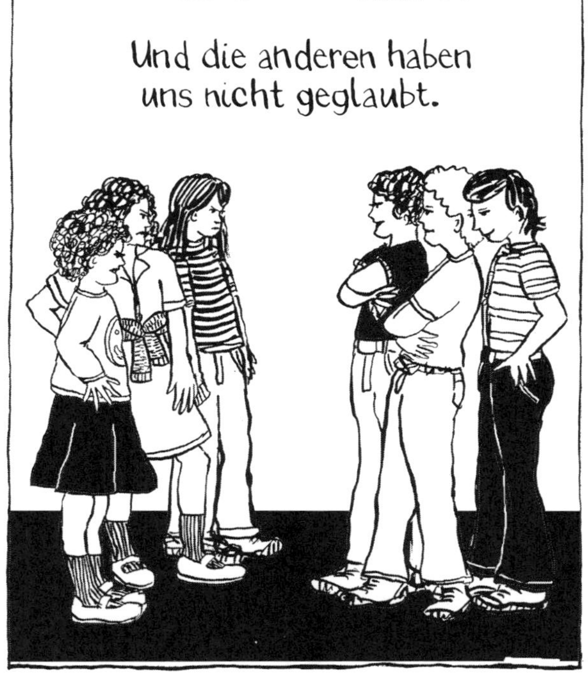
Und die anderen haben
uns nicht geglaubt.

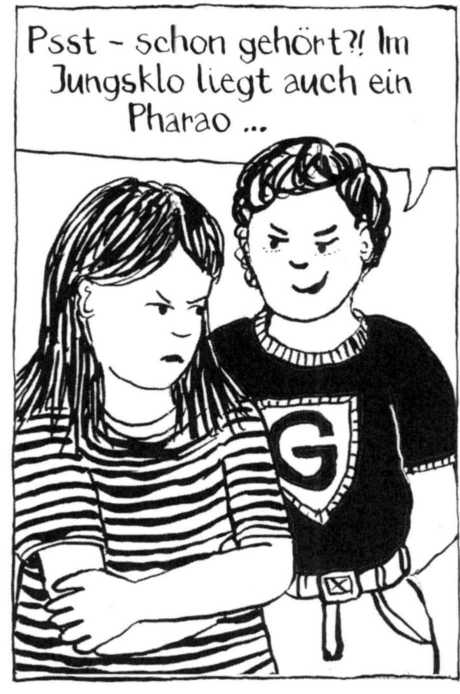
Psst – schon gehört?! Im
Jungsklo liegt auch ein
Pharao ...

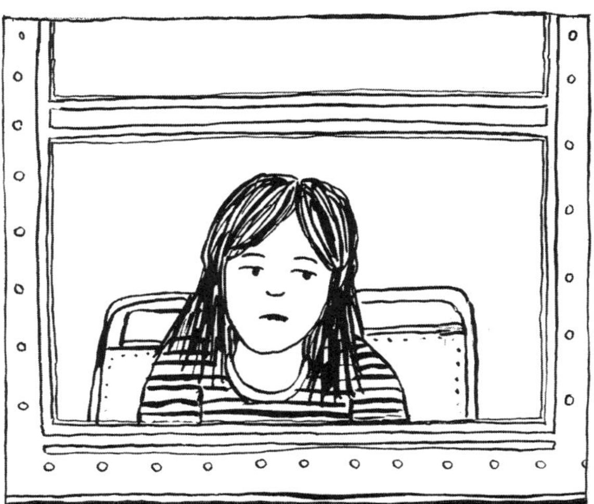
GERMAN SCHOOL B
Außerdem war Donnerstag,
da arbeitete Mami immer lange.

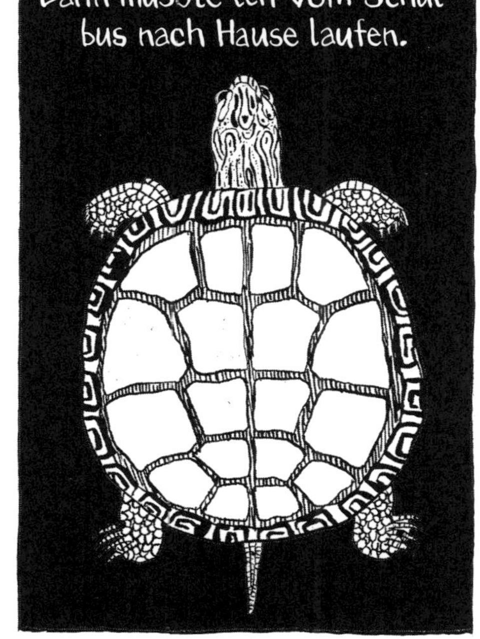
Dann musste ich vom Schul-
bus nach Hause laufen.

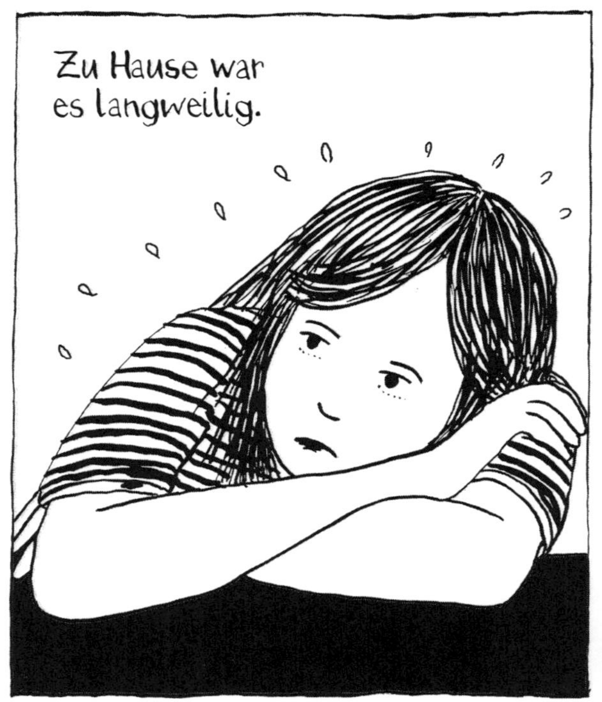

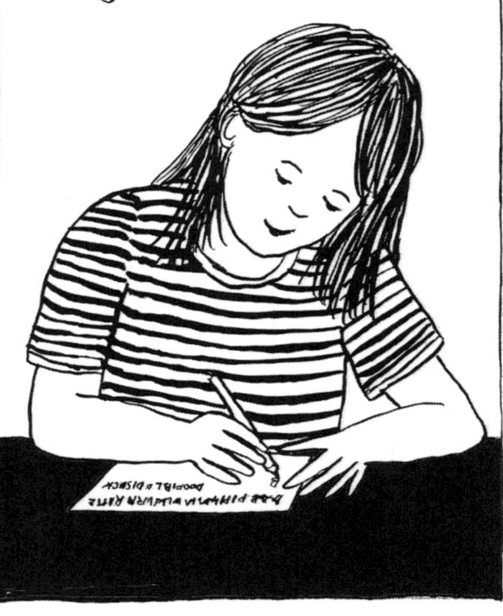

HÜHNAKACKENHINKESAUBÄR
LABRIGERKORNFLÄKARSCHDOOF
FURZPFLAUMENPISSERAFFENARSCH
BLÖDEPIPIKU~~GANS~~KAKALAKENSCHWEINAFFE
MISTKÄFERBLÖDDOOFMANNIDIOT
VOLLTOTALKACKARSCHBLÖDI

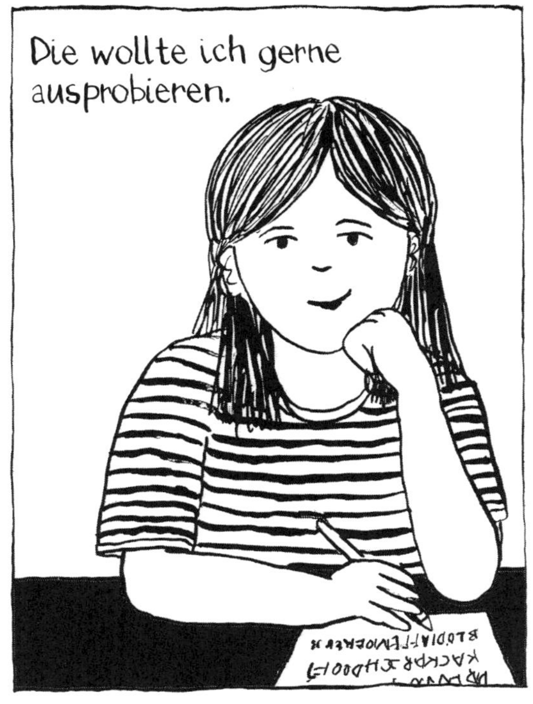
Die wollte ich gerne ausprobieren.

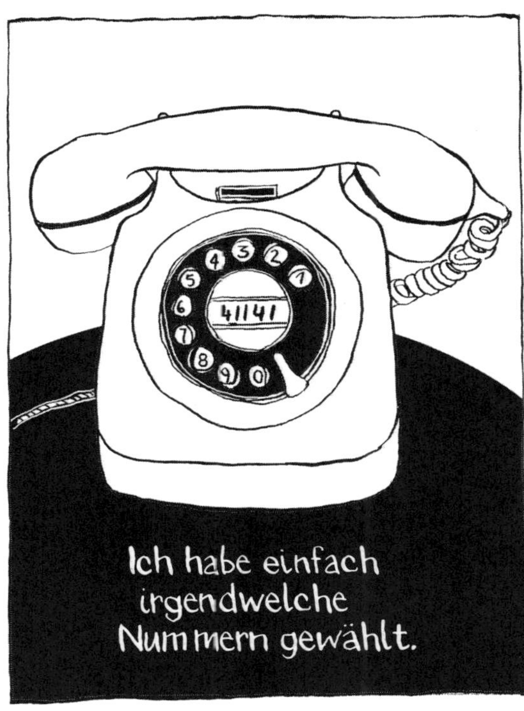
Ich habe einfach irgendwelche Nummern gewählt.

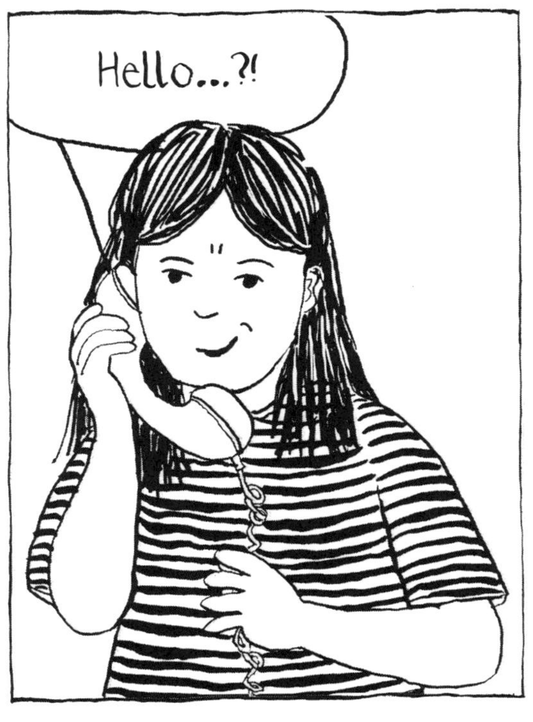
Hello...?!

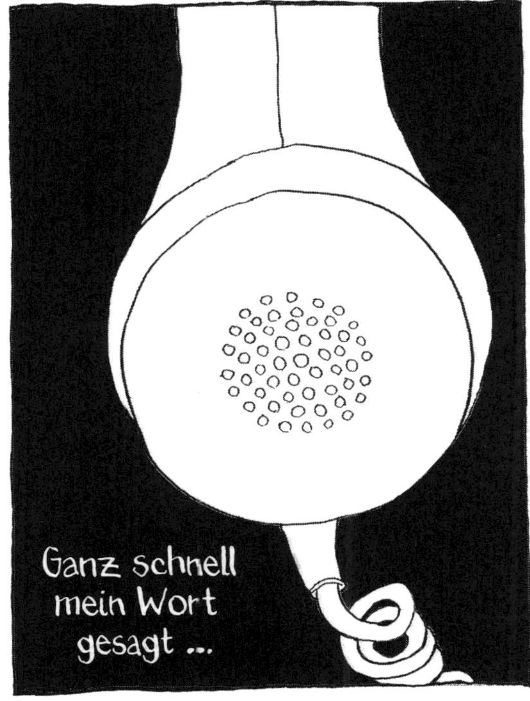
Ganz schnell mein Wort gesagt ...

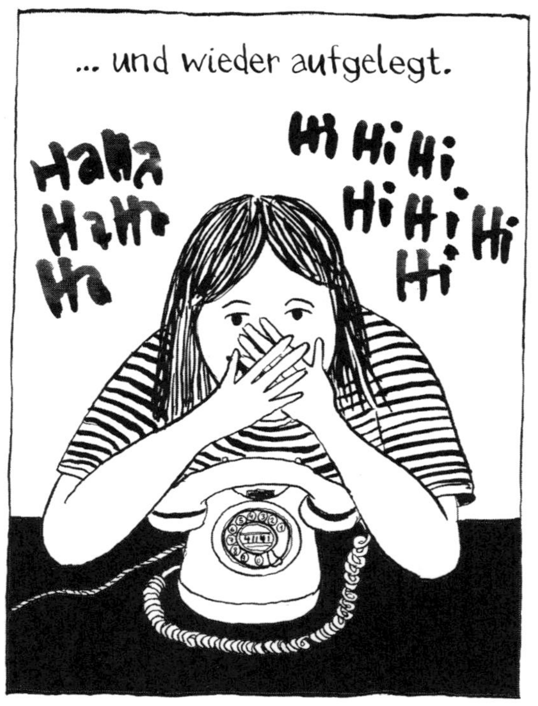
... und wieder aufgelegt.
Haha Haha Ha
Hi Hi Hi Hi Hi Hi Hi Hi

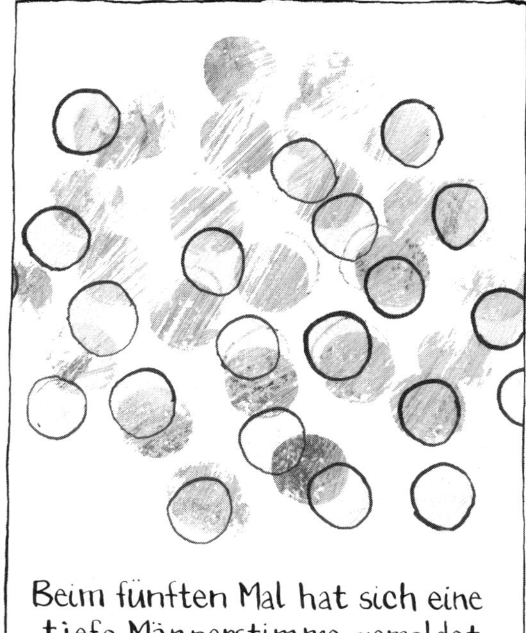
Beim fünften Mal hat sich eine tiefe Männerstimme gemeldet.

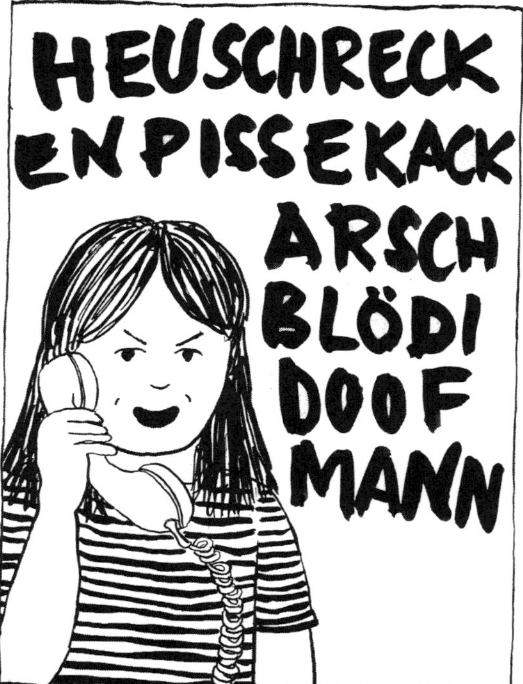
HEUSCHRECKENPISSEKACK
ARSCH
BLÖDI
DOOF
MANN

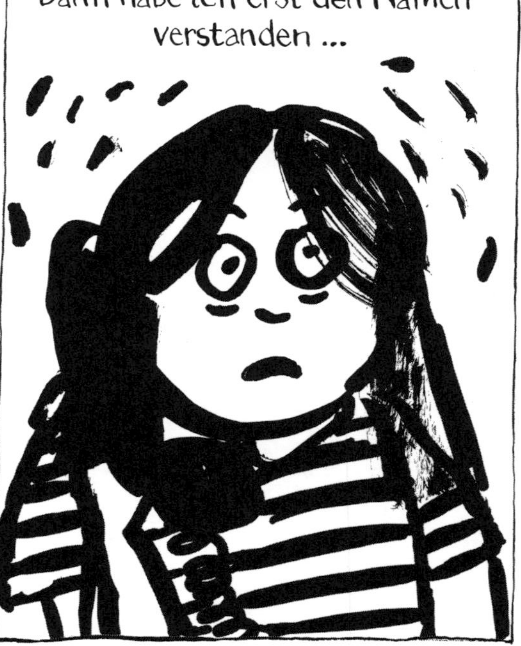
Dann habe ich erst den Namen verstanden ...

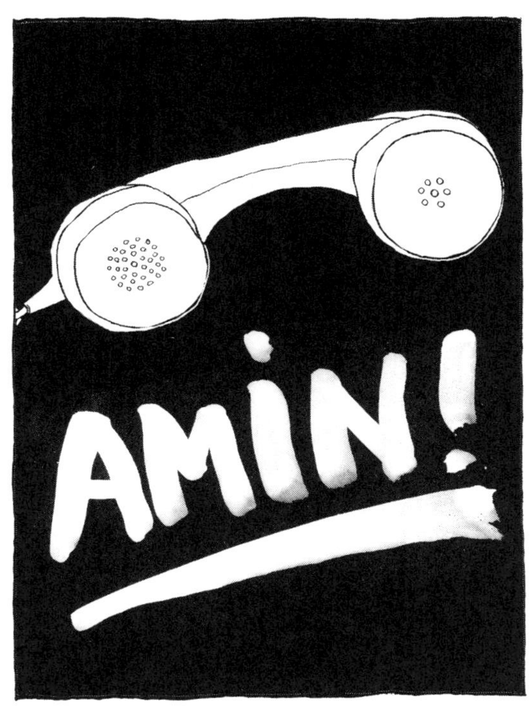
AMIN!

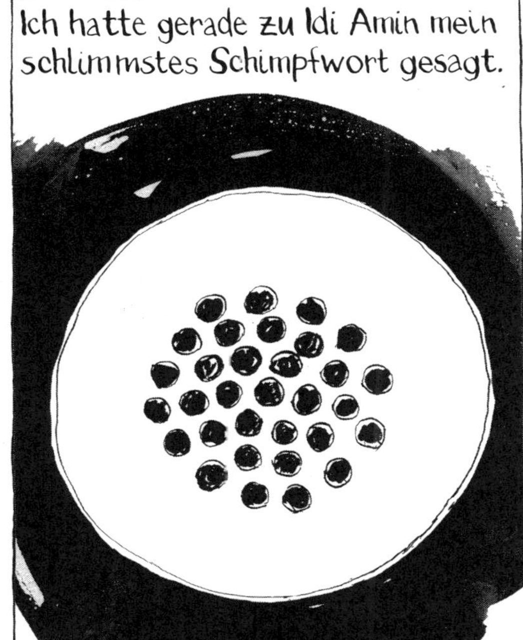
Ich hatte gerade zu Idi Amin mein schlimmstes Schimpfwort gesagt.

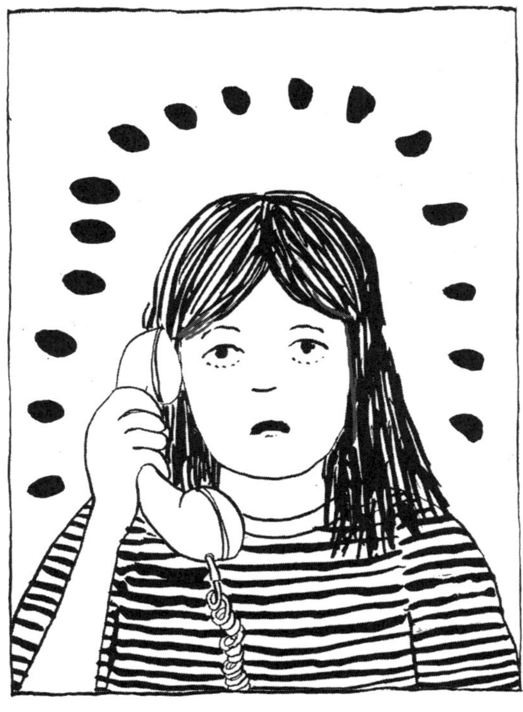

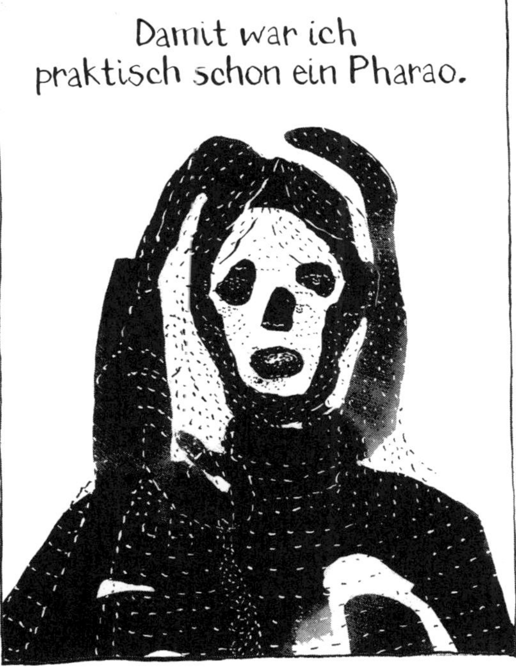
Damit war ich praktisch schon ein Pharao.

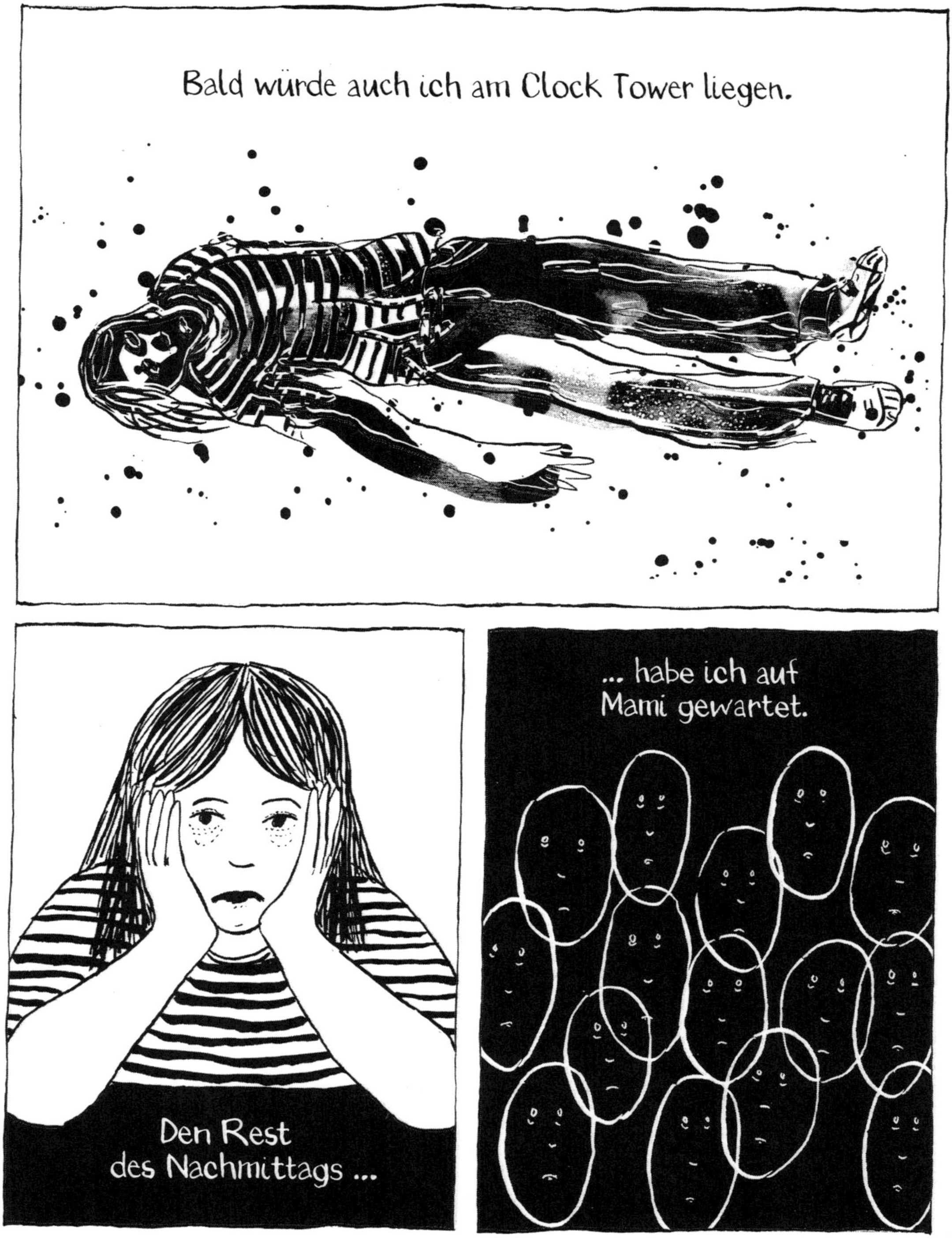

Bald würde auch ich am Clock Tower liegen.

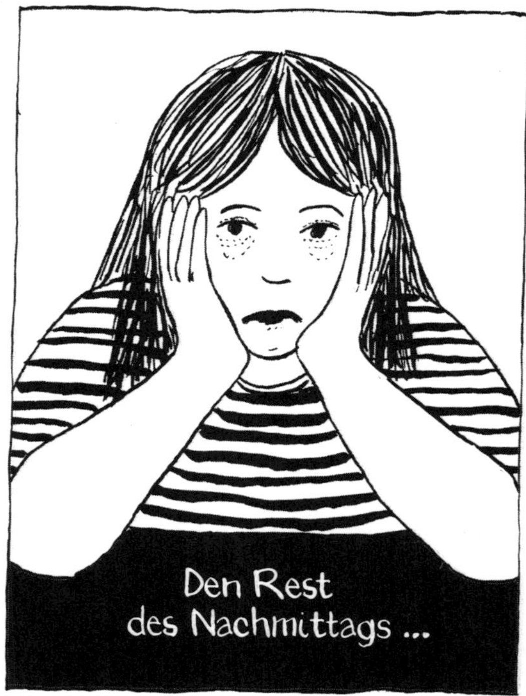

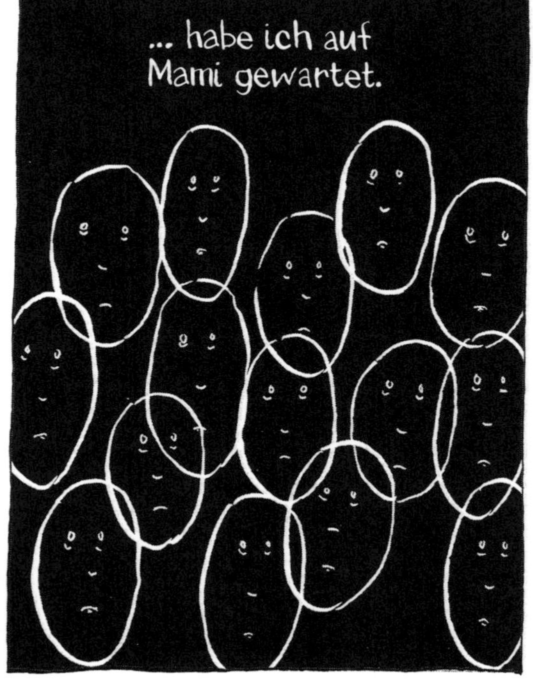

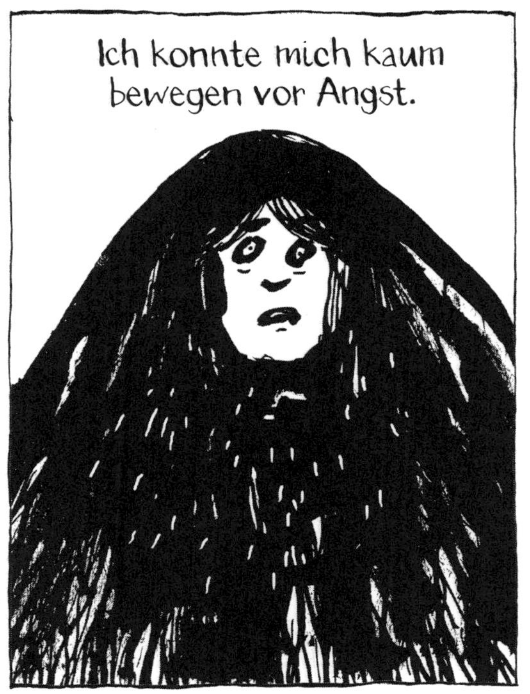
Ich konnte mich kaum
bewegen vor Angst.

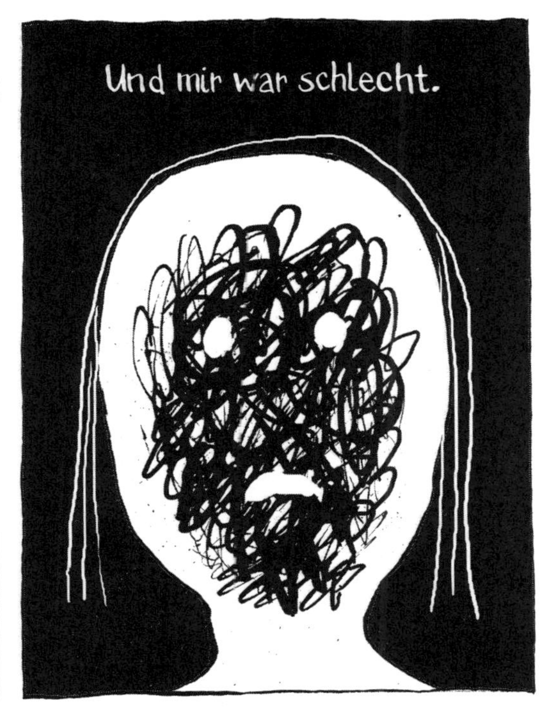
Und mir war schlecht.

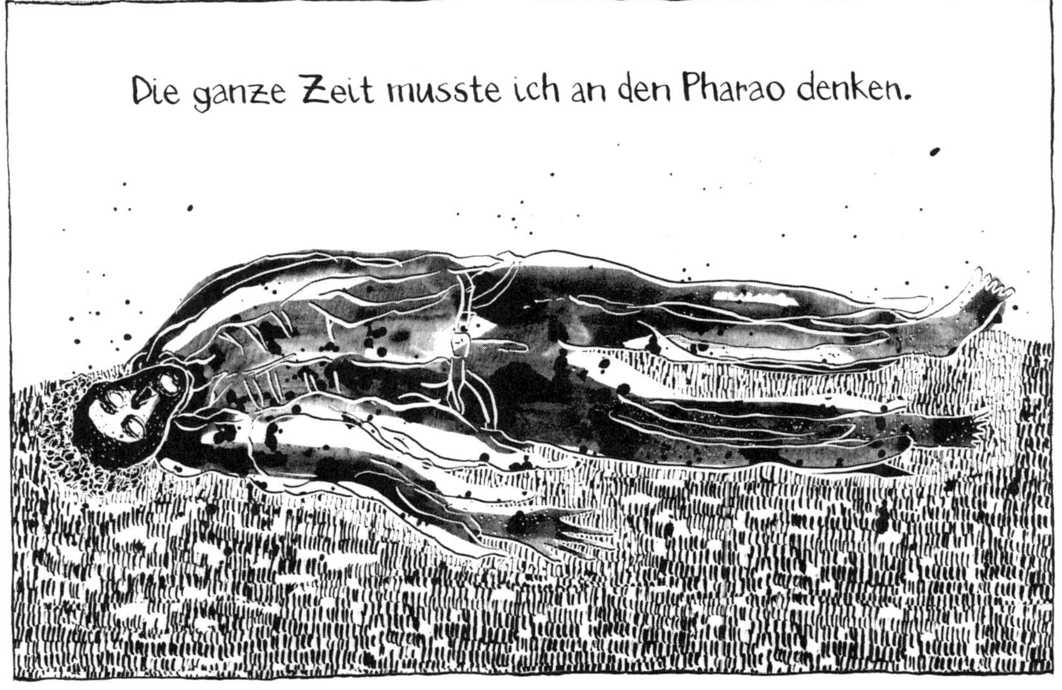
Die ganze Zeit musste ich an den Pharao denken.

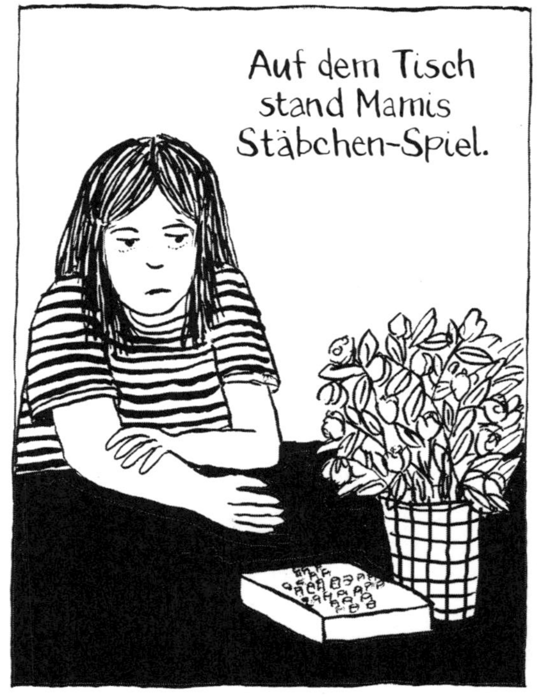
Auf dem Tisch
stand Mamis
Stäbchen-Spiel.

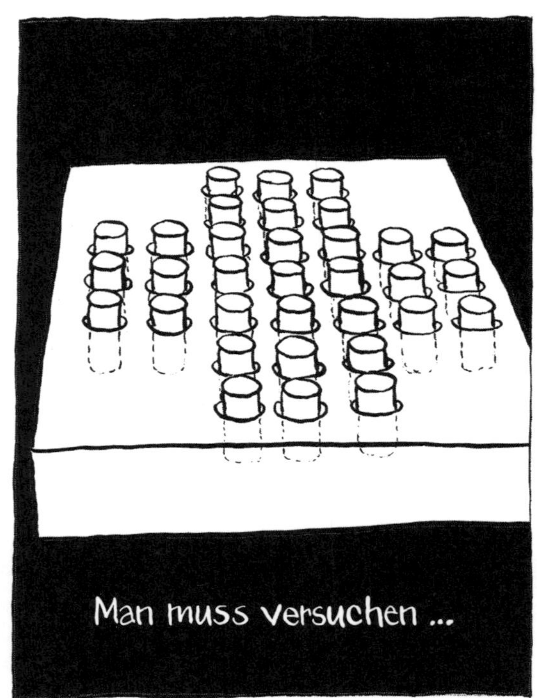
Man muss versuchen ...

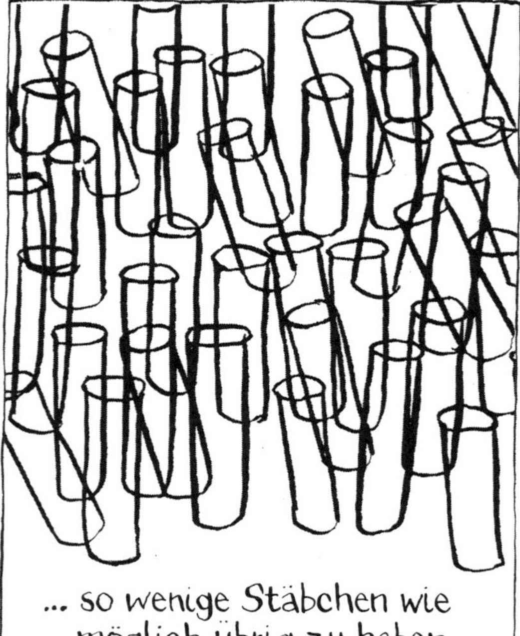
... so wenige Stäbchen wie
möglich übrig zu haben.

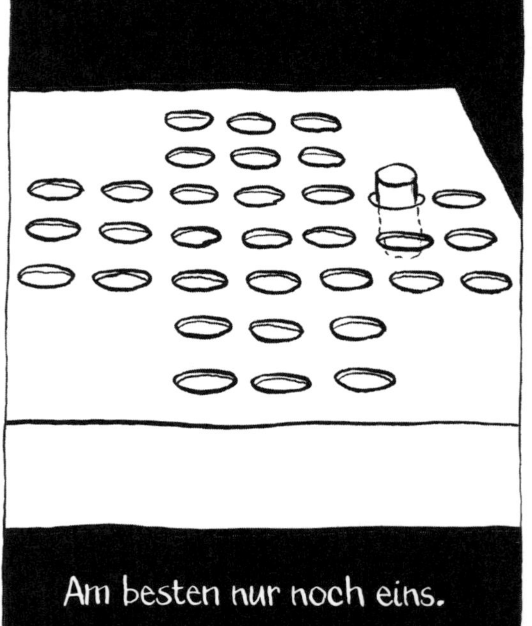
Am besten nur noch eins.

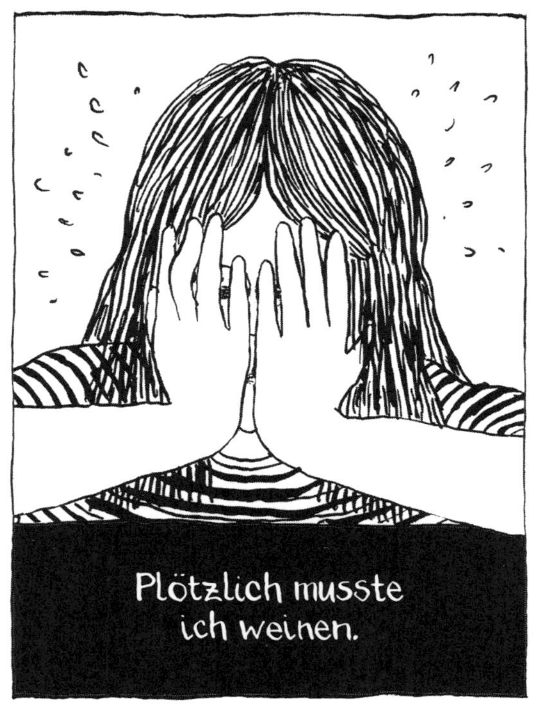
Plötzlich musste
ich weinen.

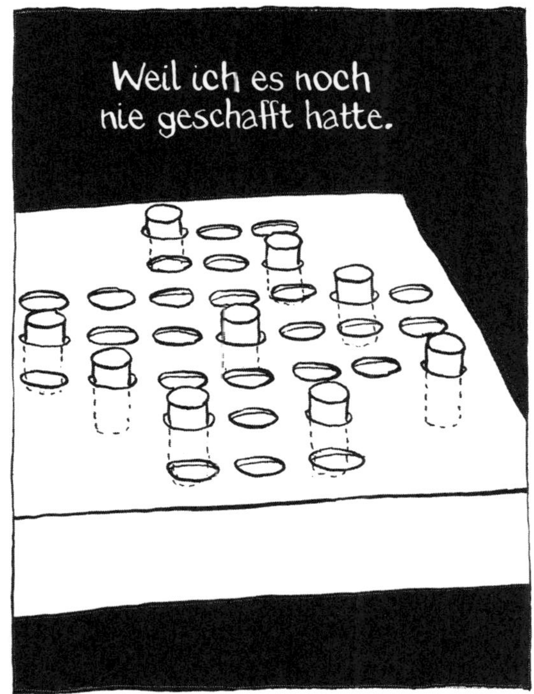
Weil ich es noch
nie geschafft hatte.

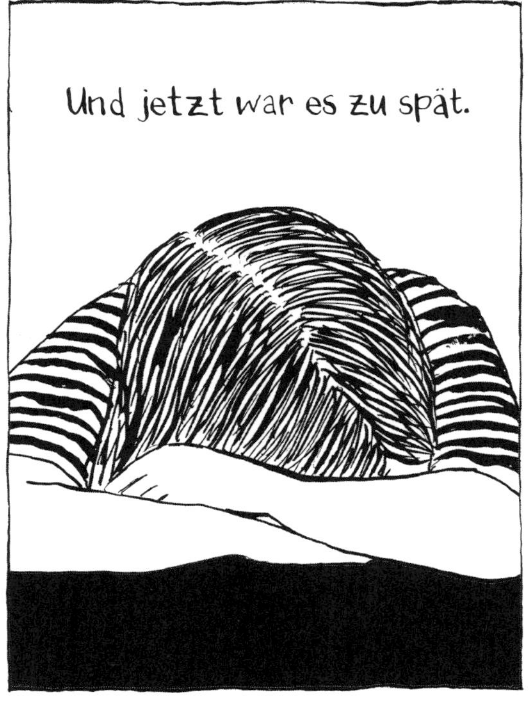
Und jetzt war es zu spät.

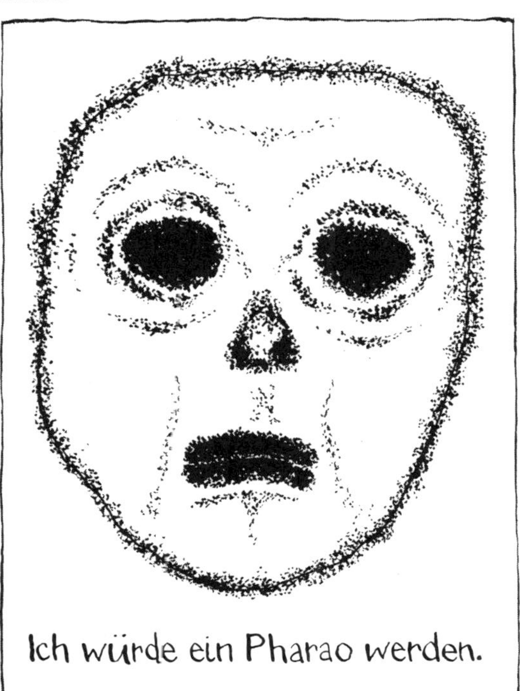
Ich würde ein Pharao werden.

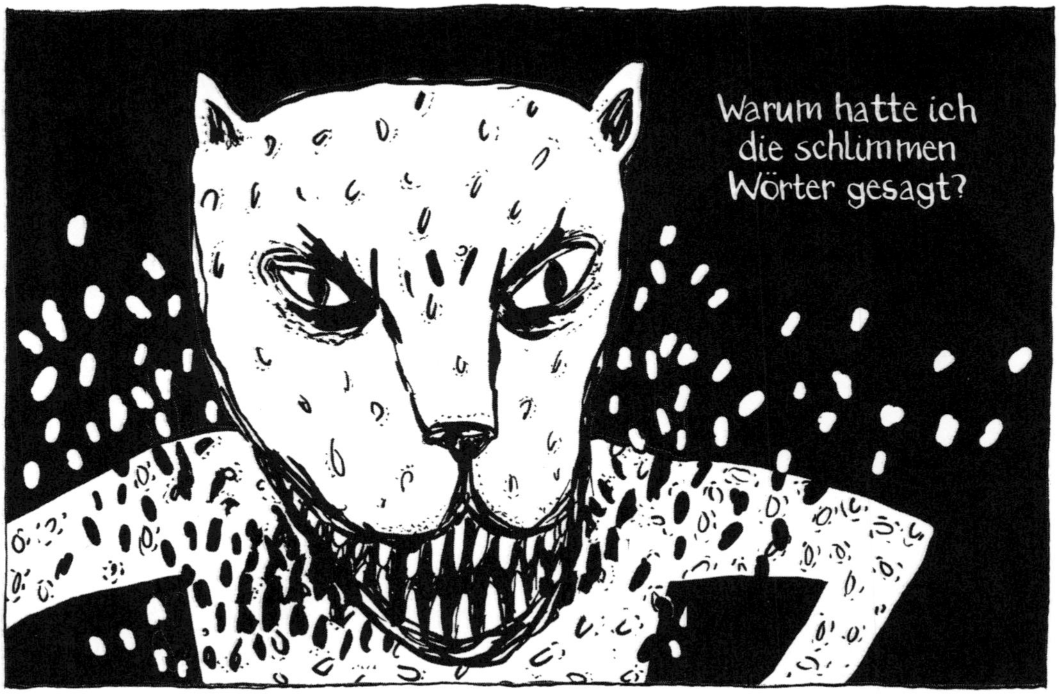

Warum hatte ich die schlimmen Wörter gesagt?

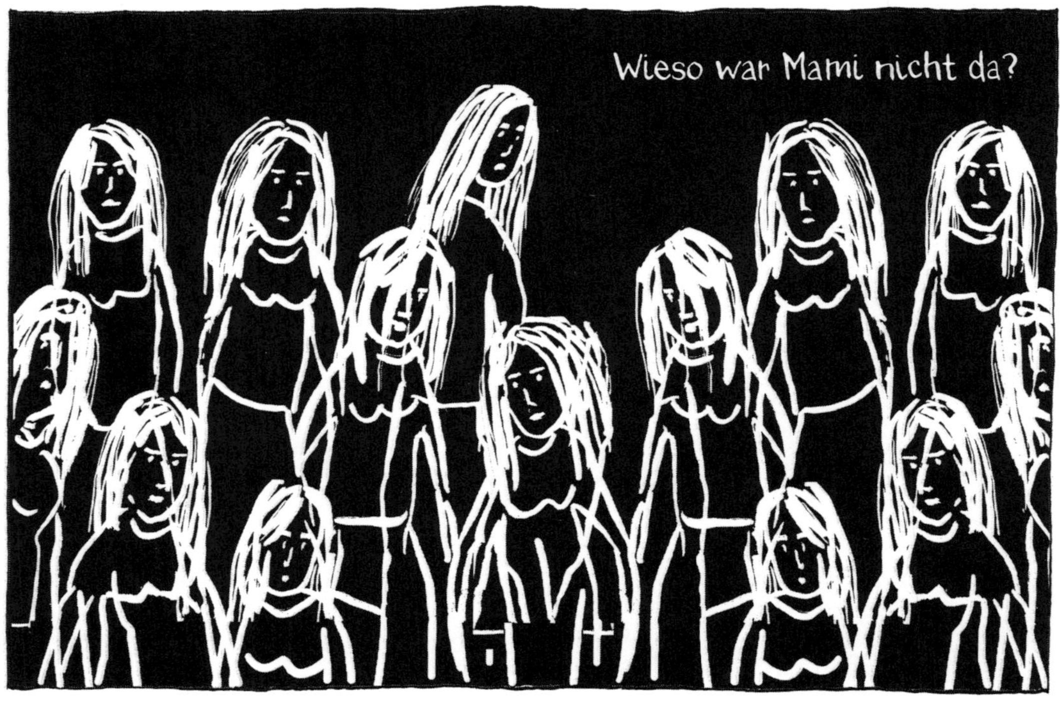

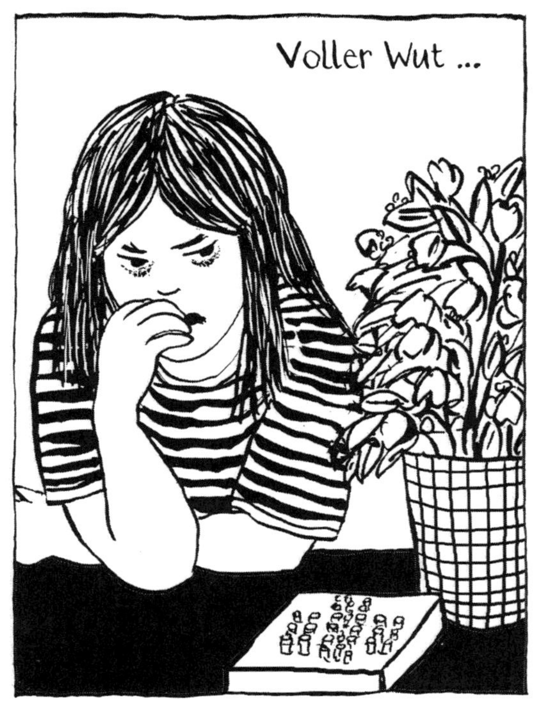
Voller Wut ...

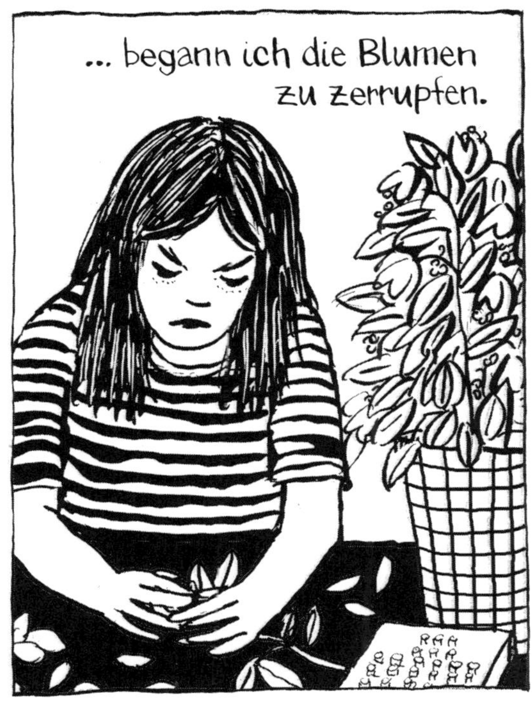
... begann ich die Blumen
zu zerrupfen.

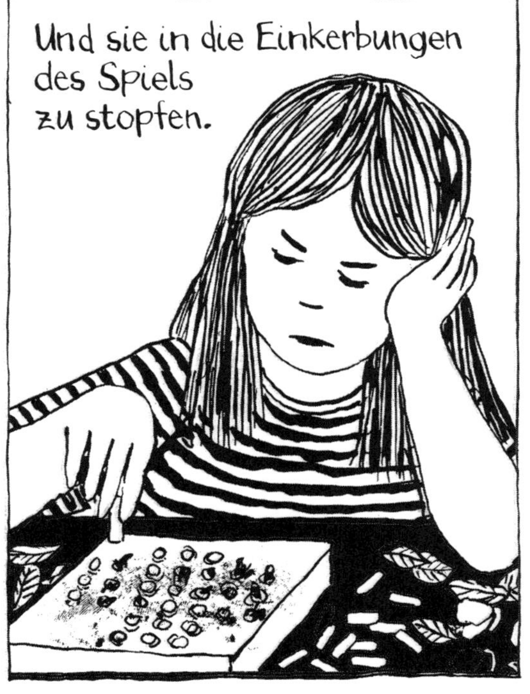
Und sie in die Einkerbungen
des Spiels
zu stopfen.

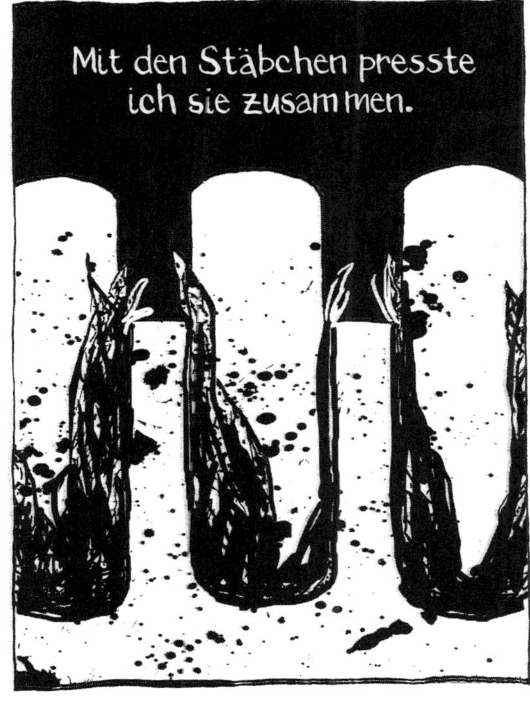
Mit den Stäbchen presste
ich sie zusammen.

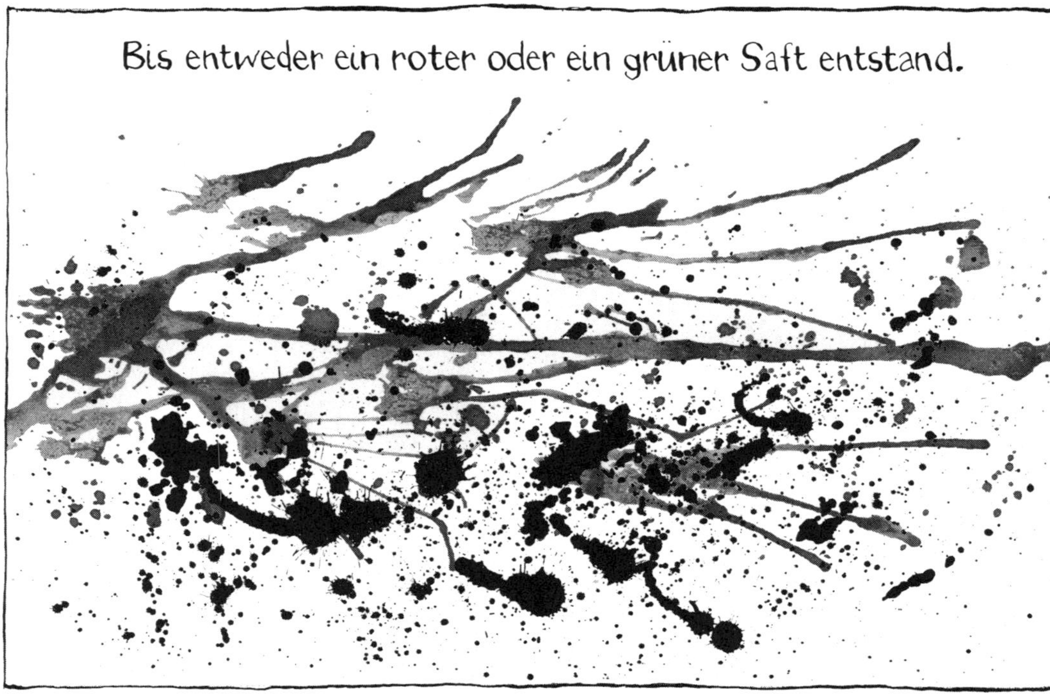

Bis entweder ein roter oder ein grüner Saft entstand.

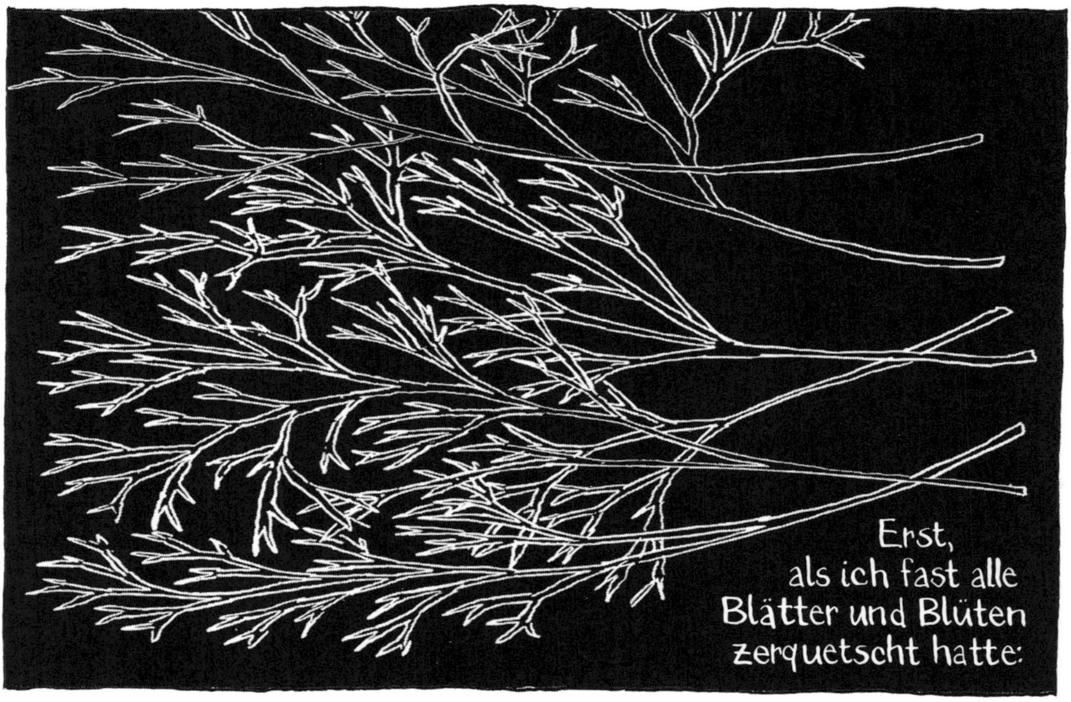

Erst,
als ich fast alle
Blätter und Blüten
zerquetscht hatte:

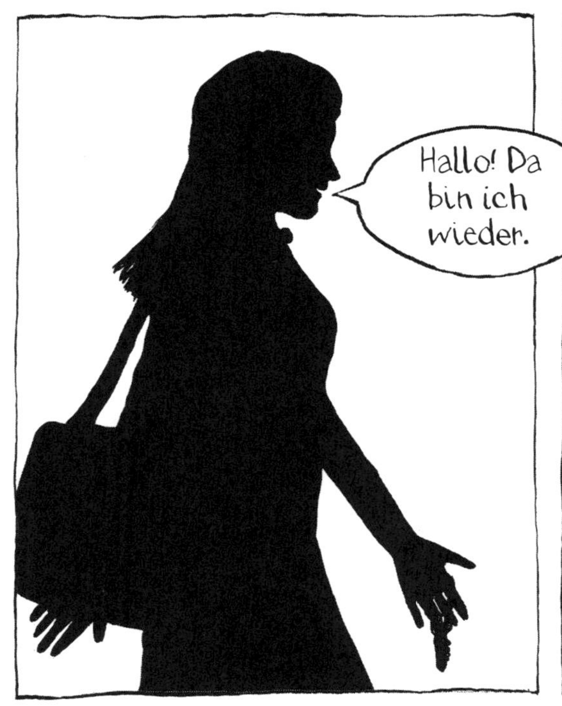
Hallo! Da
bin ich
wieder.

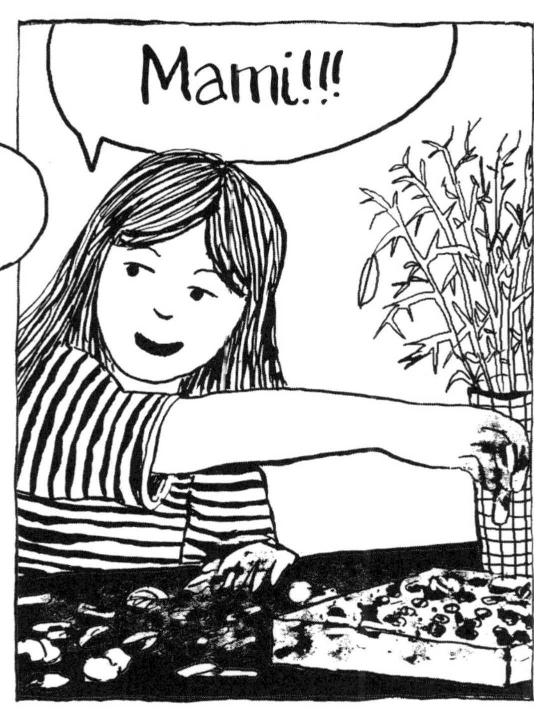
Mami!!!

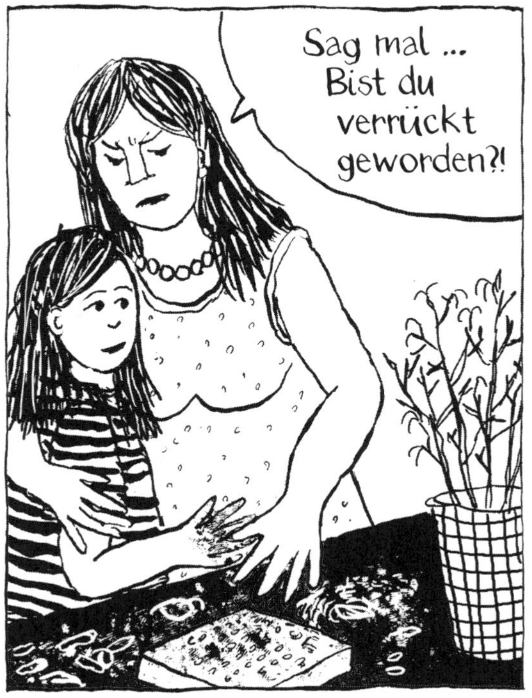
Sag mal ...
Bist du
verrückt
geworden?!

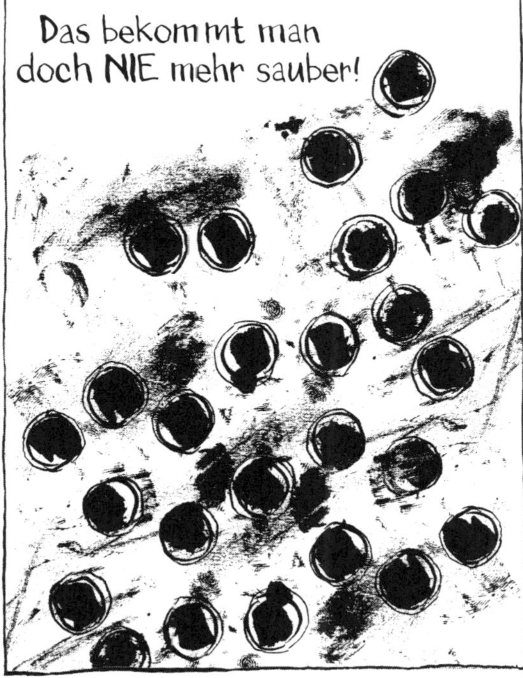
Das bekommt man
doch NIE mehr sauber!

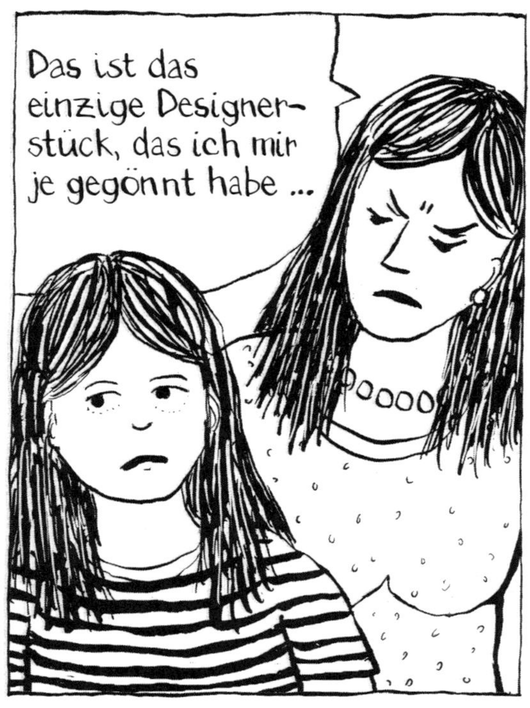
Das ist das einzige Designerstück, das ich mir je gegönnt habe ...

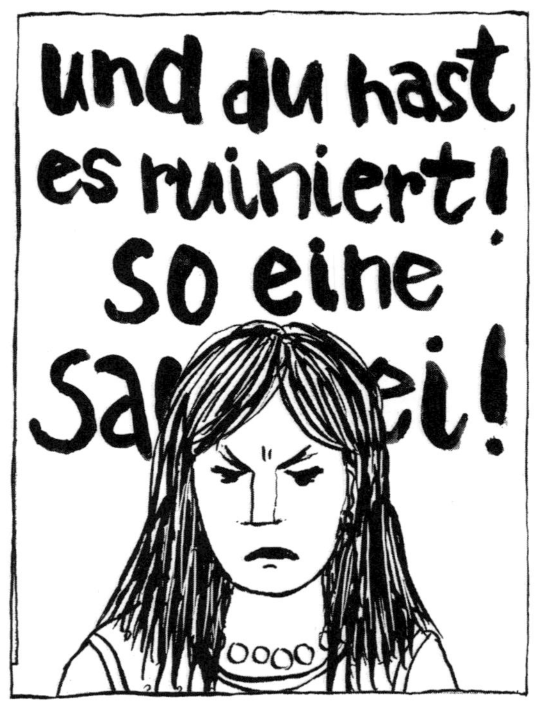
und du hast es ruiniert! So eine
Sa ei!

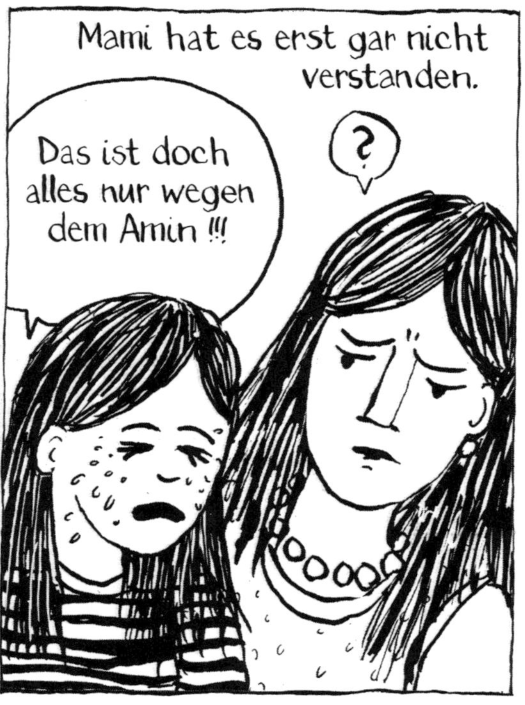
Mami hat es erst gar nicht verstanden.
Das ist doch alles nur wegen dem Amin !!!
?

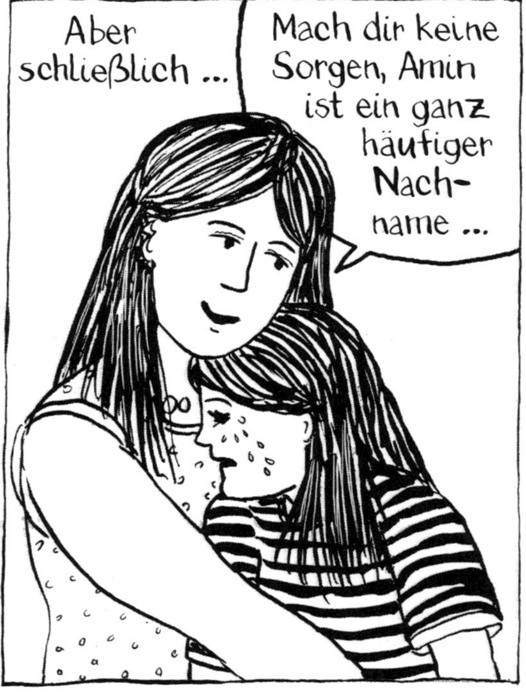
Aber schließlich ...
Mach dir keine Sorgen, Amin ist ein ganz häufiger Nachname ...

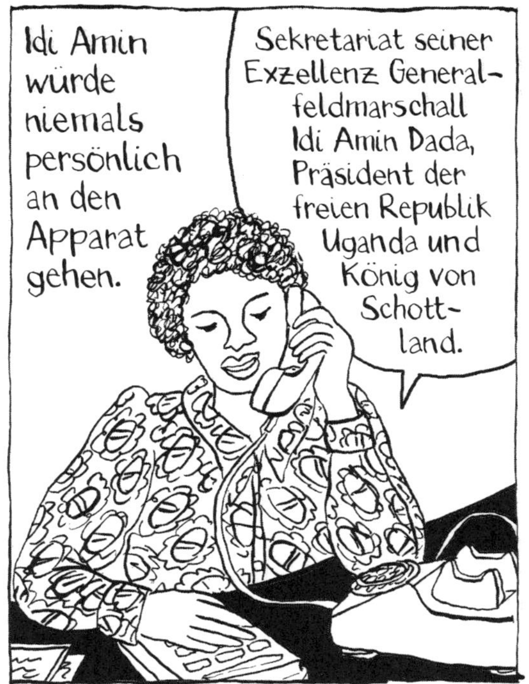
Idi Amin würde niemals persönlich an den Apparat gehen.
Sekretariat seiner Exzellenz Generalfeldmarschall Idi Amin Dada, Präsident der freien Republik Uganda und König von Schottland.

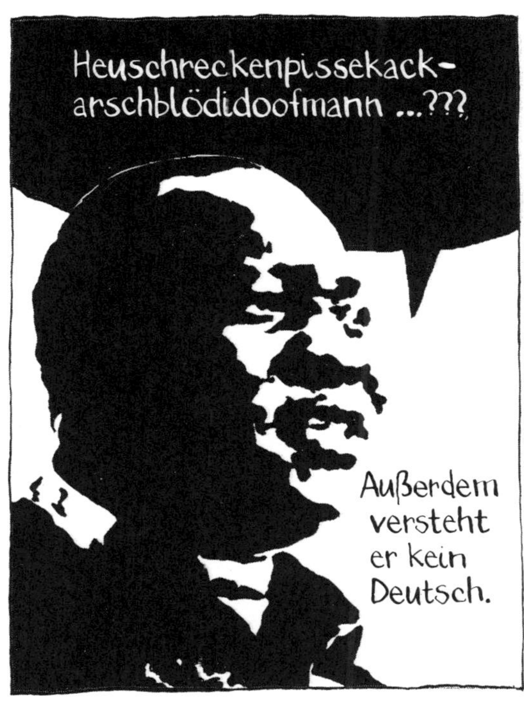
Heuschreckenpissekack-arschblödidoofmann ...???
Außerdem versteht er kein Deutsch.

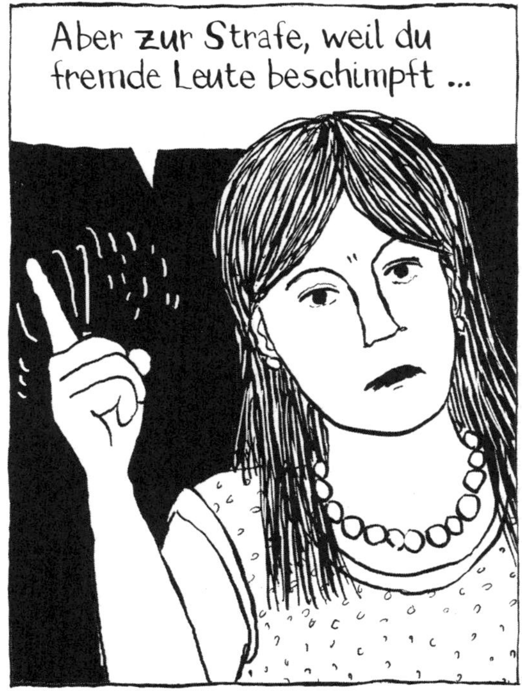
Aber zur Strafe, weil du fremde Leute beschimpft ...

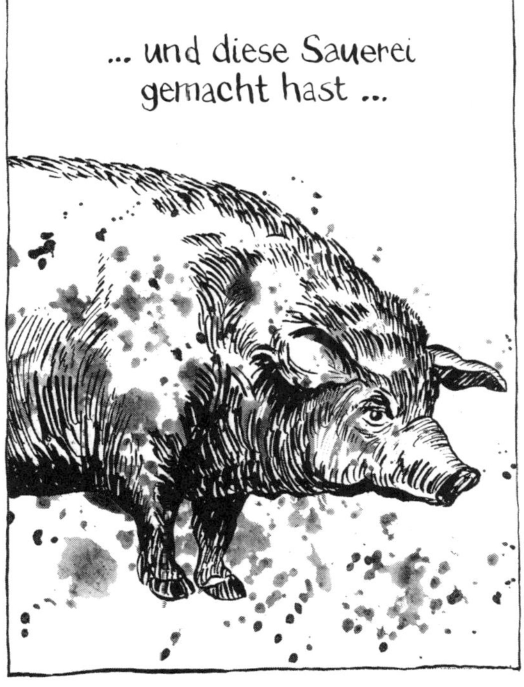
... und diese Sauerei gemacht hast ...

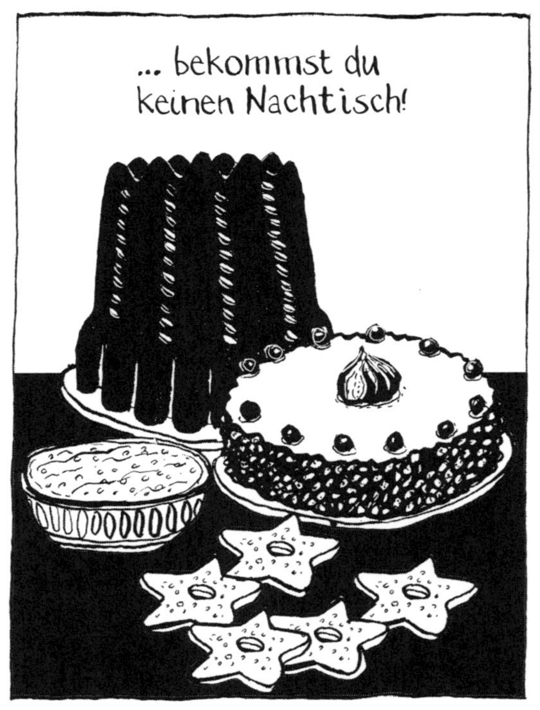
... bekommst du
keinen Nachtisch!

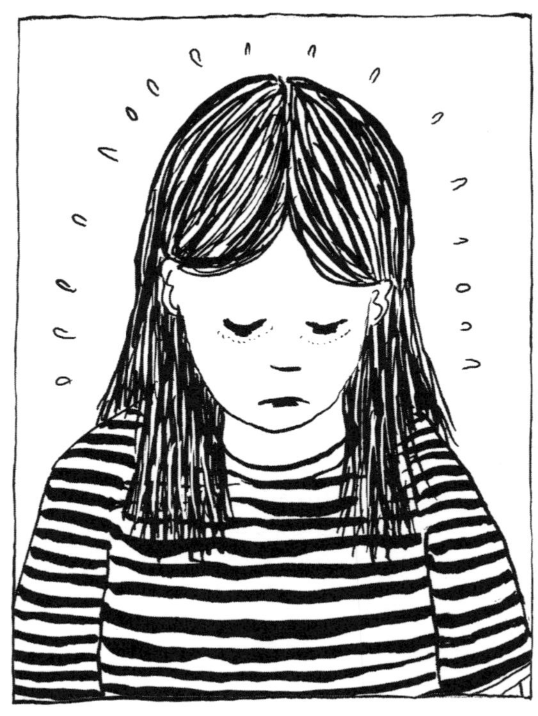

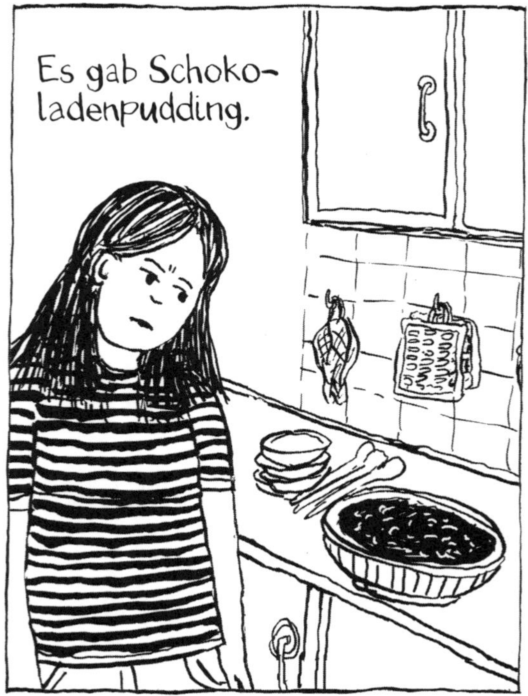
Es gab Schoko-
ladenpudding.

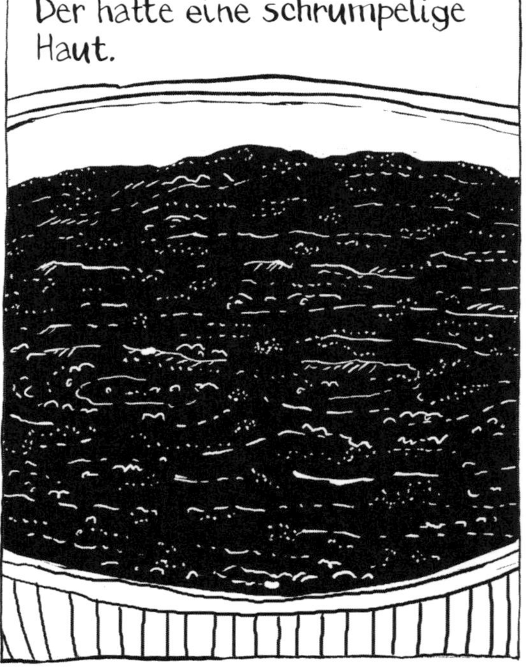
Der hatte eine schrumpelige
Haut.

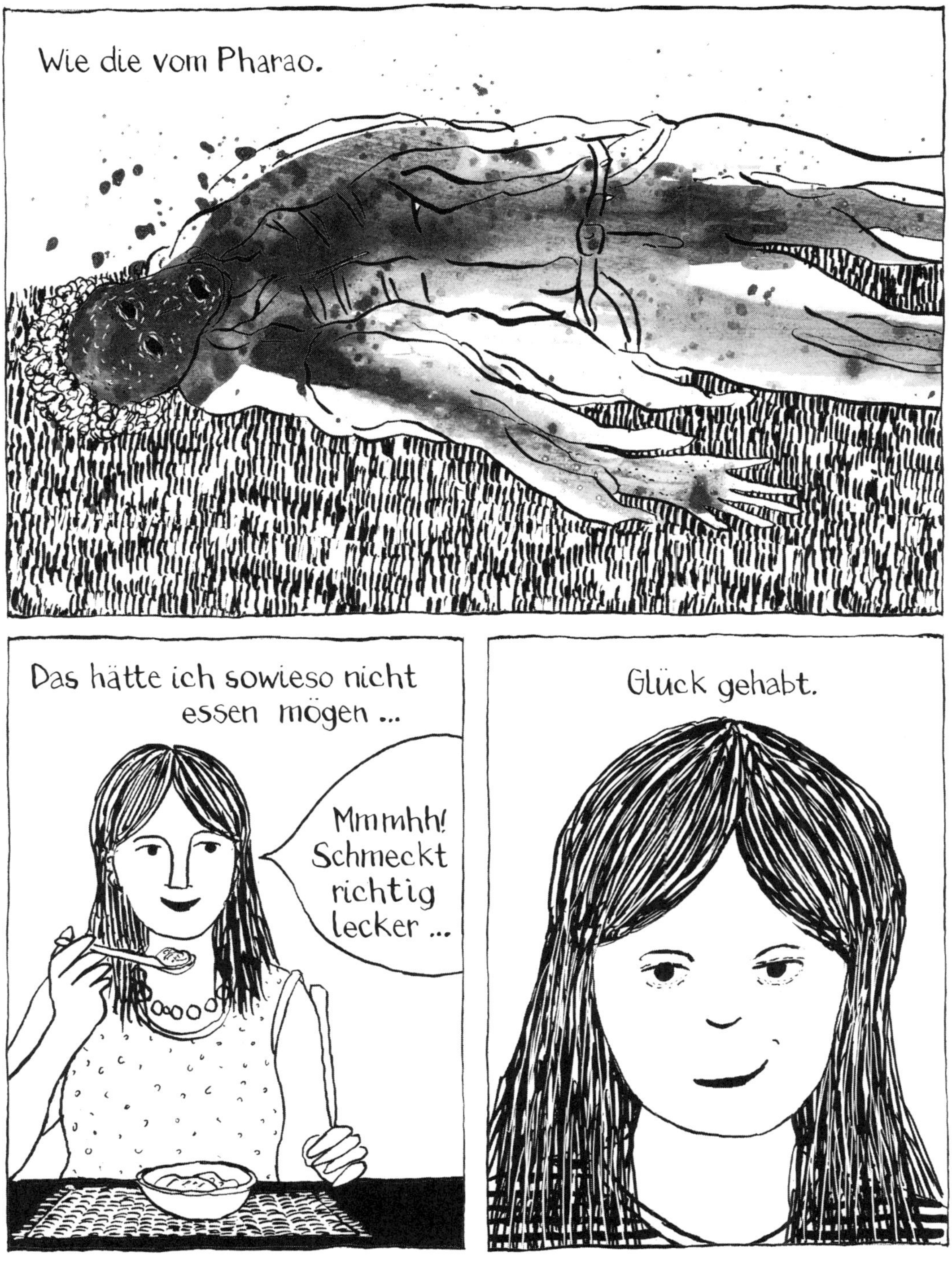

Wie die vom Pharao.

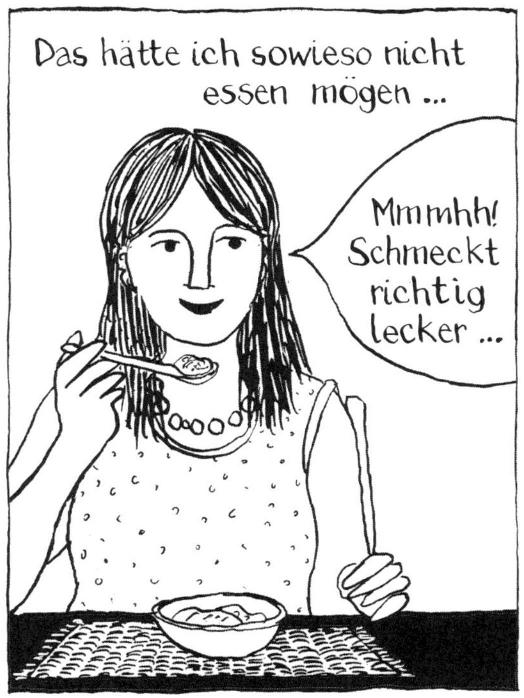

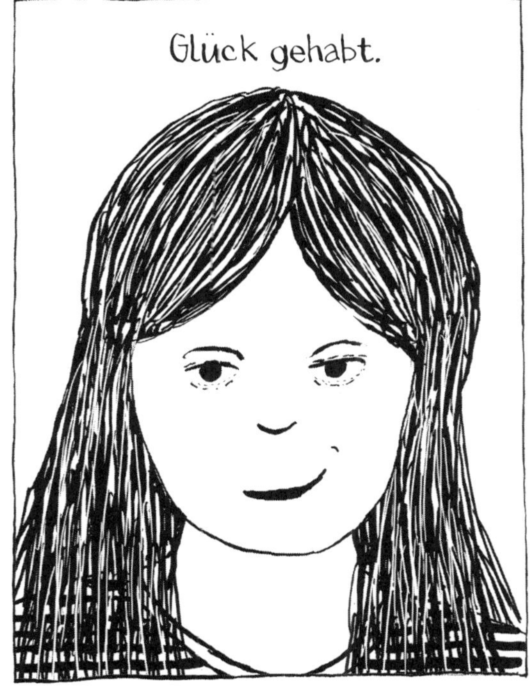

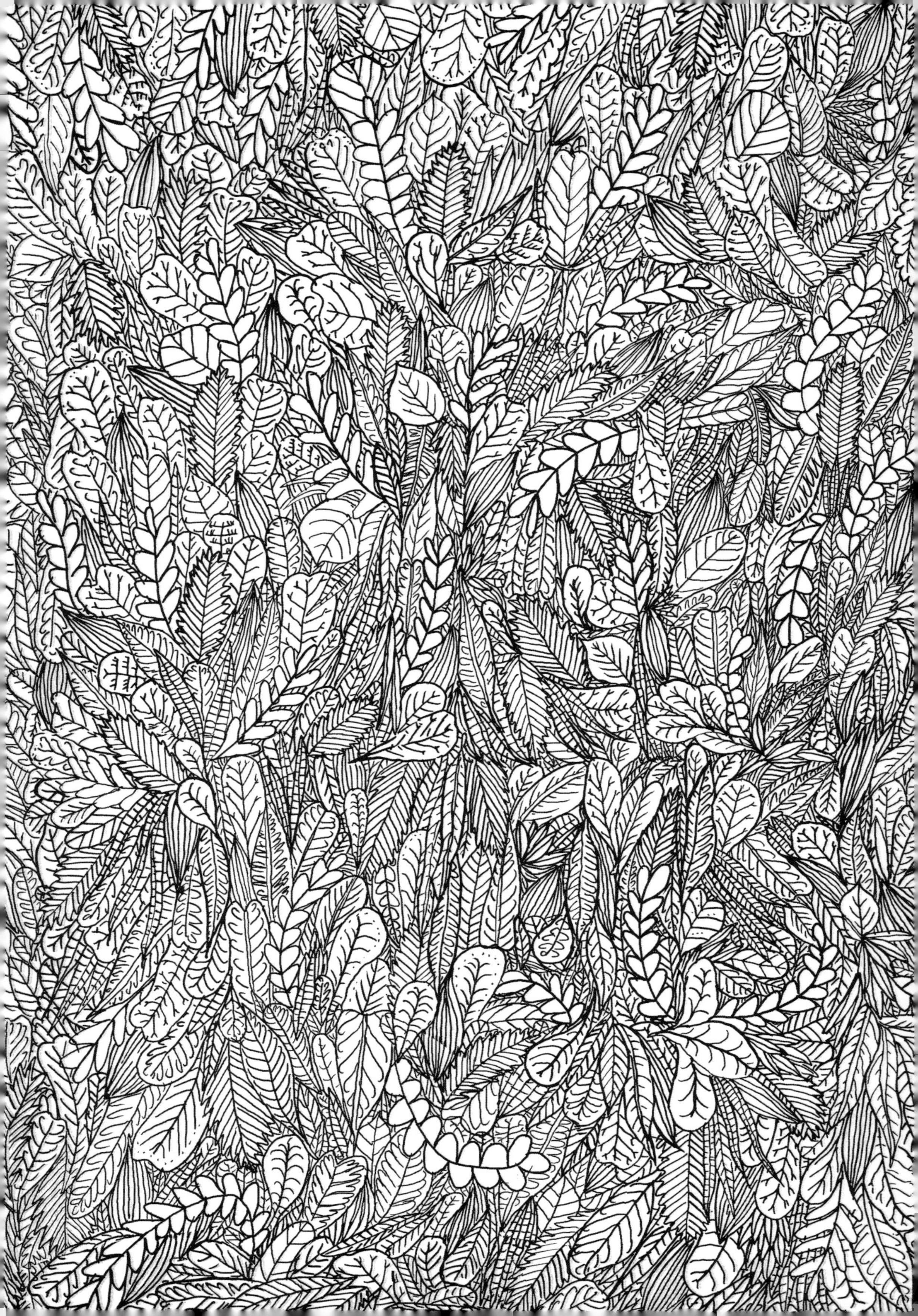

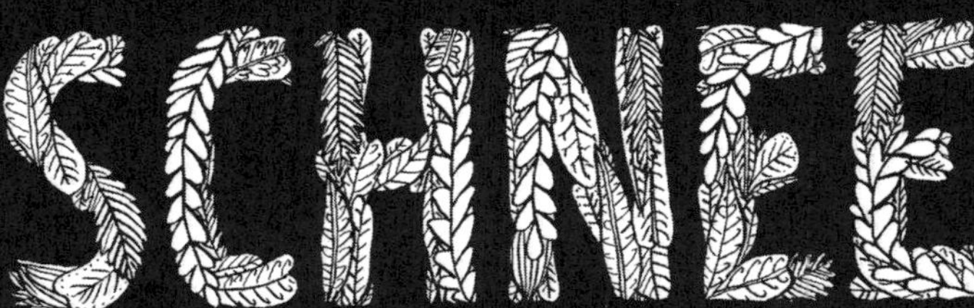
SCHNEE

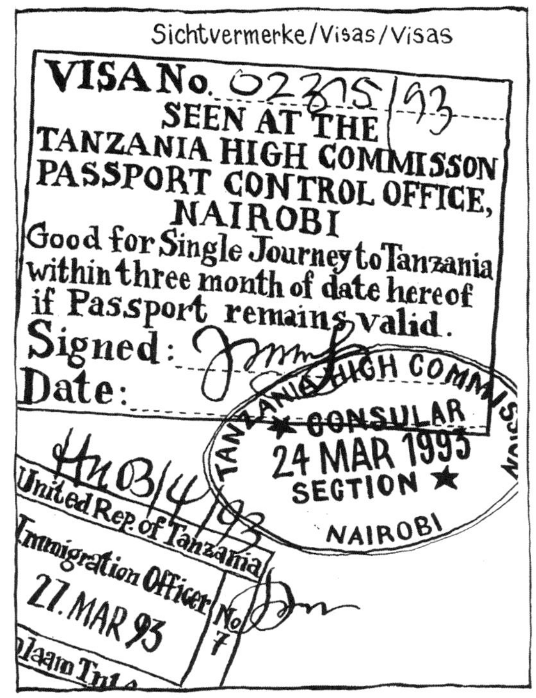
Sichtvermerke/Visas/Visas
VISA No. 02375/93
SEEN AT THE
TANZANIA HIGH COMMISSON
PASSPORT CONTROL OFFICE,
NAIROBI
Good for Single Journey to Tanzania
within three month of date hereof
if Passport remains valid.
Signed:
Date:
TANZANIA HIGH COMMISSION
CONSULAR
24 MAR 1993
SECTION
NAIROBI
United Rep. of Tanzania
Immigration Officer
27. MAR 93
No 7

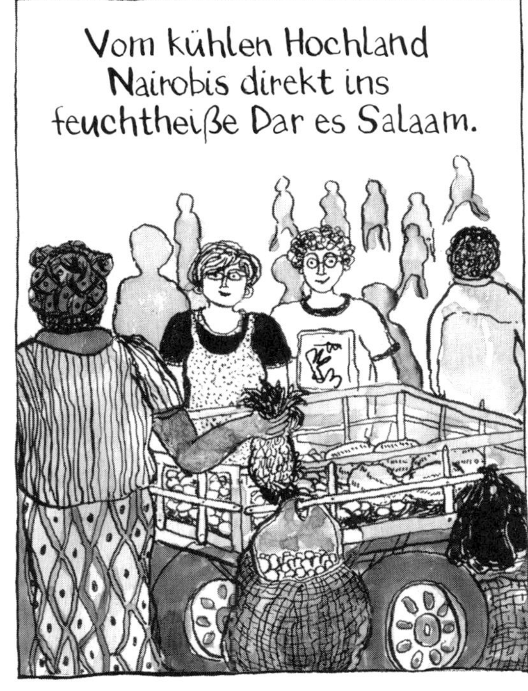
Vom kühlen Hochland
Nairobis direkt ins
feuchtheiße Dar es Salaam.

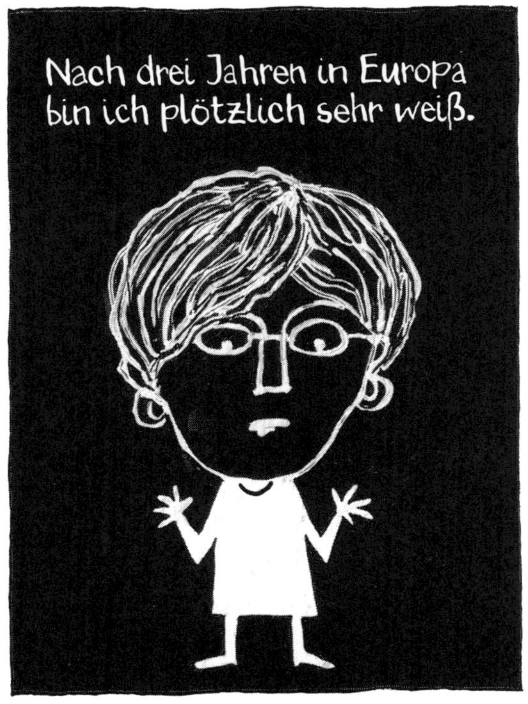
Nach drei Jahren in Europa
bin ich plötzlich sehr weiß.

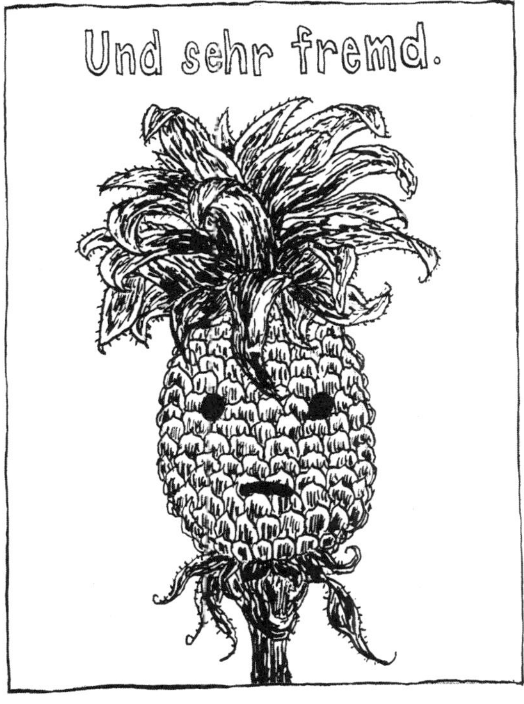
Und sehr fremd.

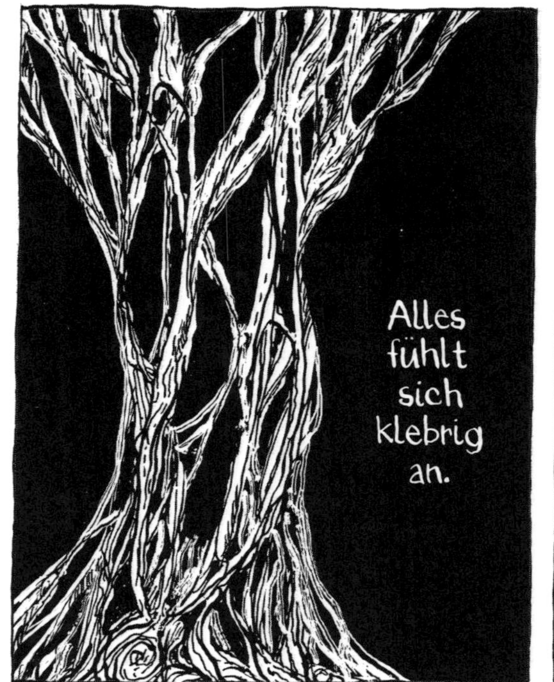

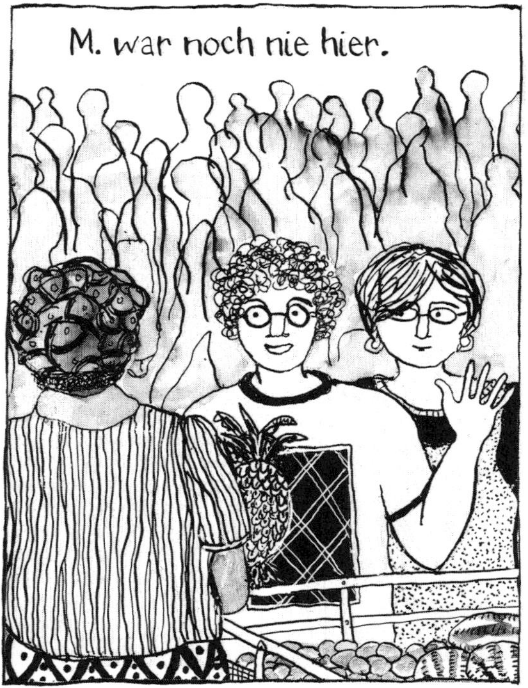

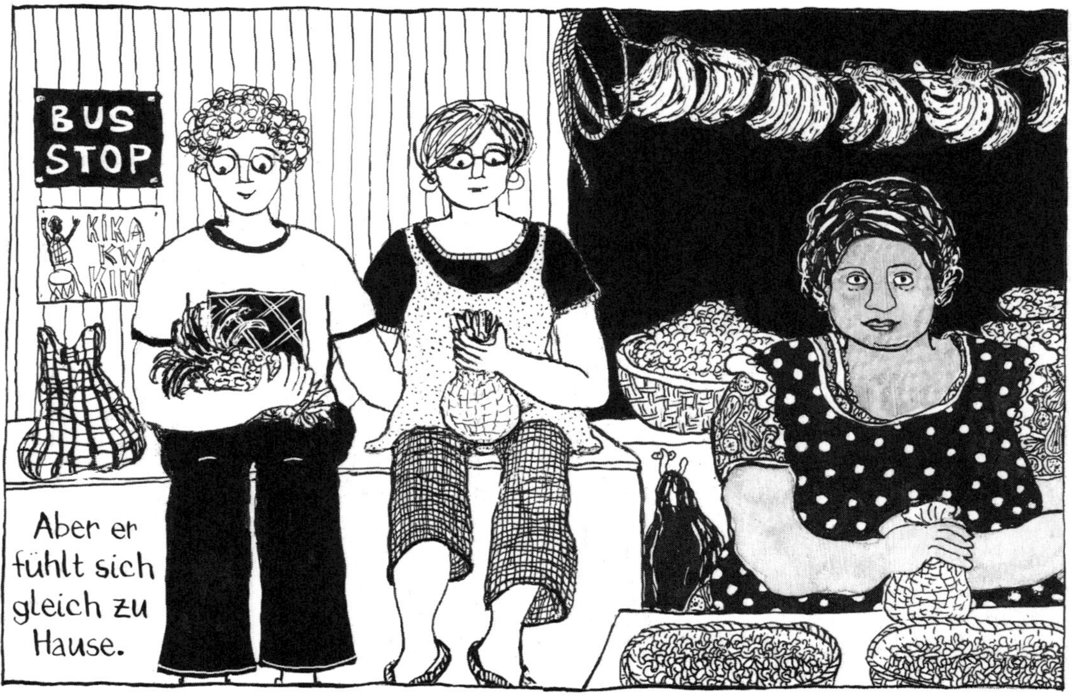

BUS STOP

Aber er fühlt sich gleich zu Hause.

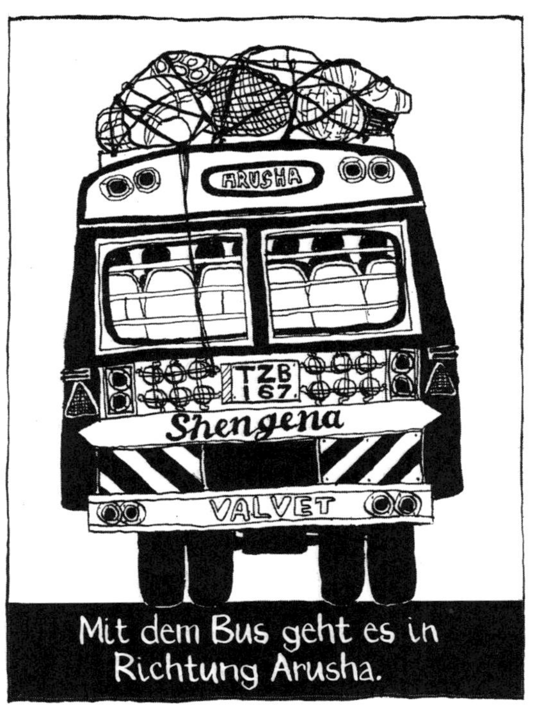

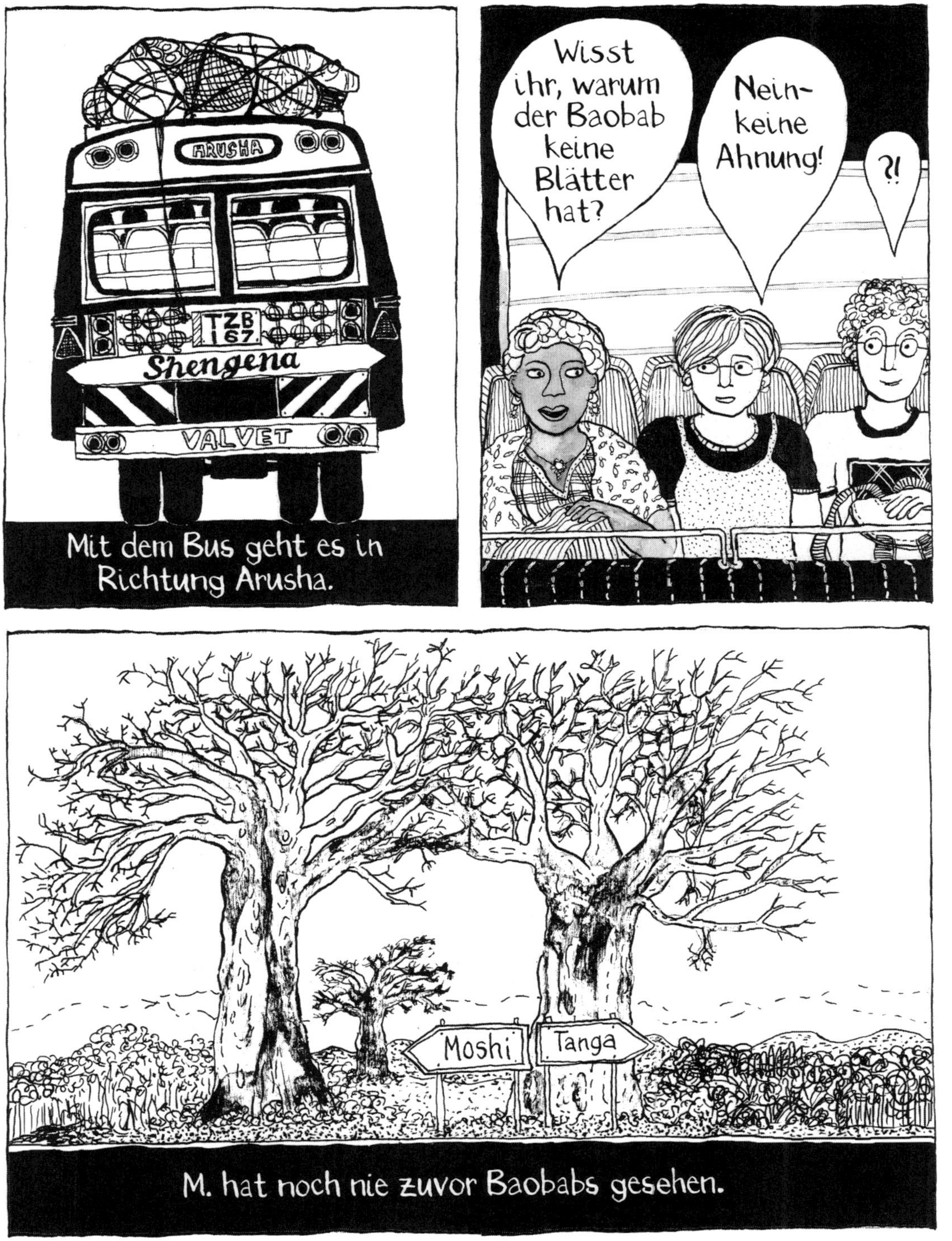

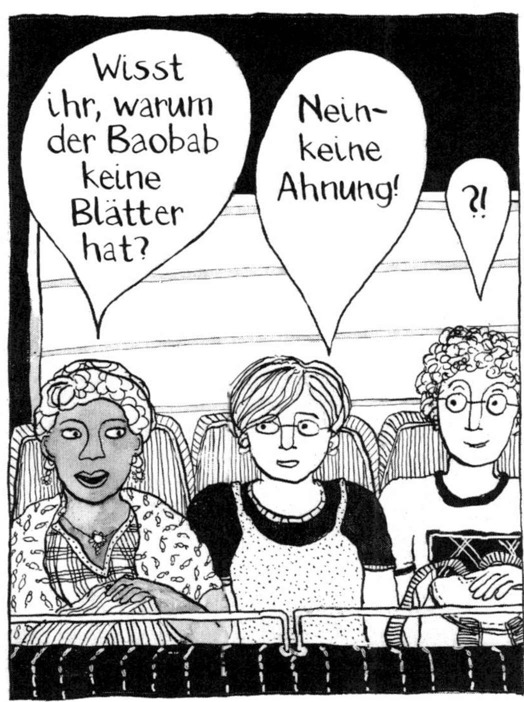

Moshi
Tanga

M. hat noch nie zuvor Baobabs gesehen.

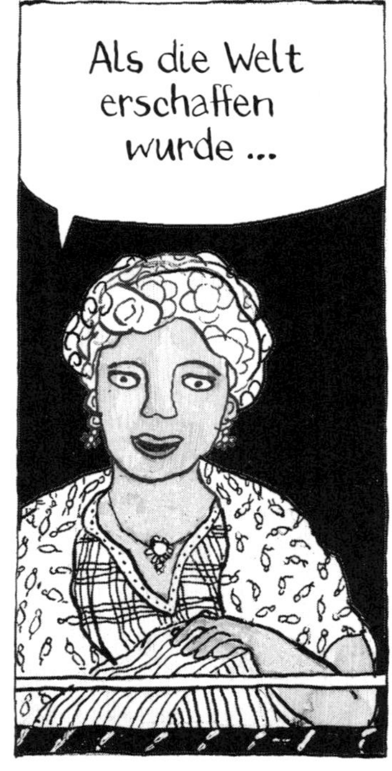
Als die Welt erschaffen wurde …

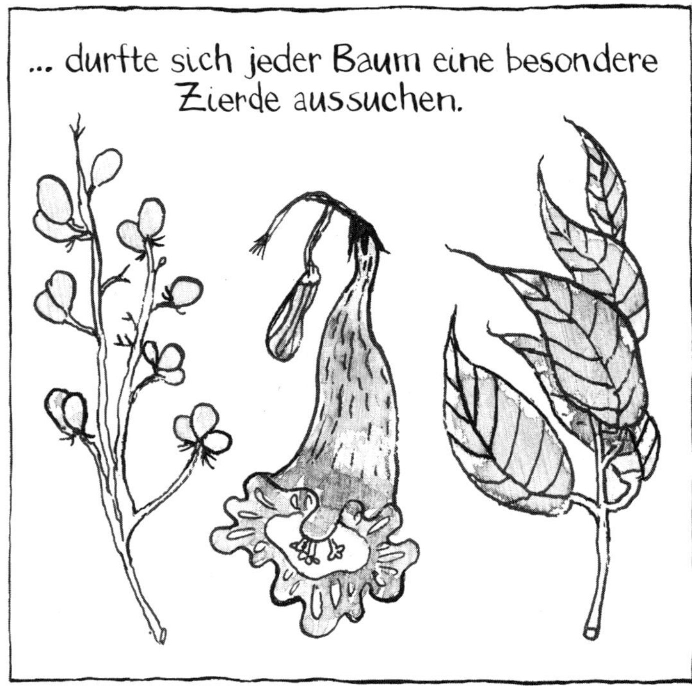
… durfte sich jeder Baum eine besondere Zierde aussuchen.

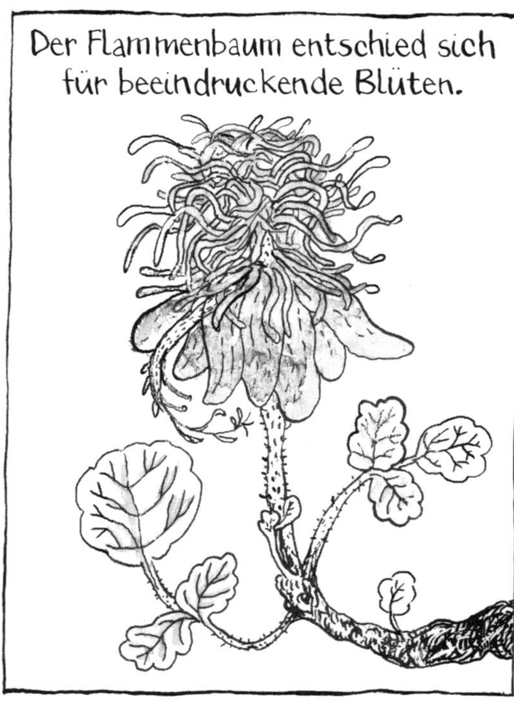
Der Flammenbaum entschied sich für beeindruckende Blüten.

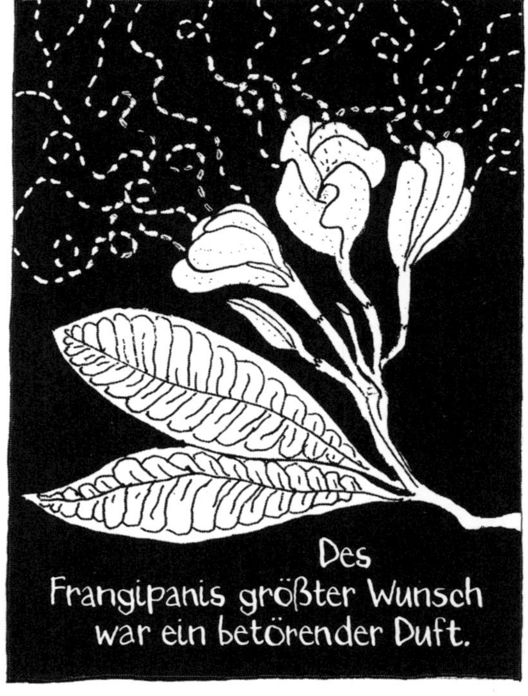
Des Frangipanis größter Wunsch war ein betörender Duft.

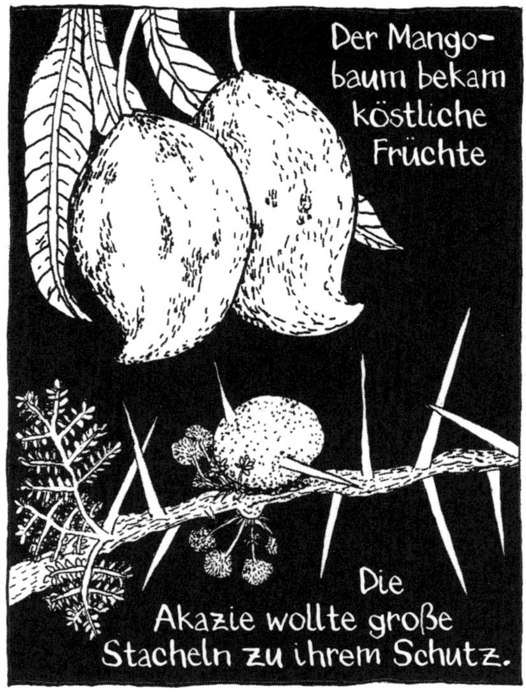
Der Mangobaum bekam köstliche Früchte
Die Akazie wollte große Stacheln zu ihrem Schutz.

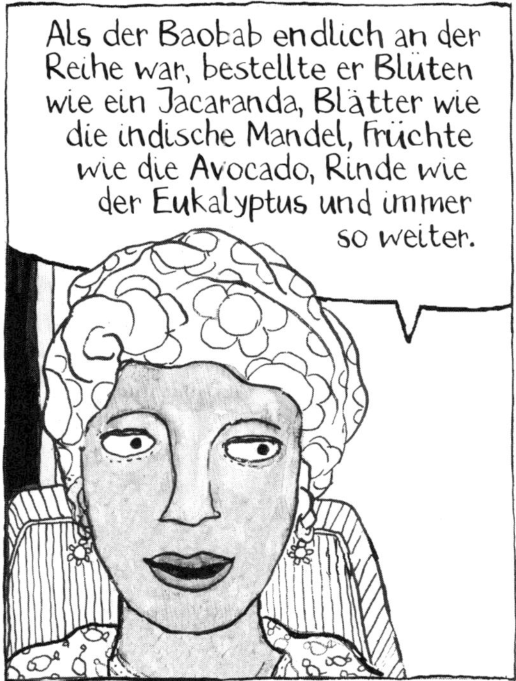
Als der Baobab endlich an der Reihe war, bestellte er Blüten wie ein Jacaranda, Blätter wie die indische Mandel, Früchte wie die Avocado, Rinde wie der Eukalyptus und immer so weiter.

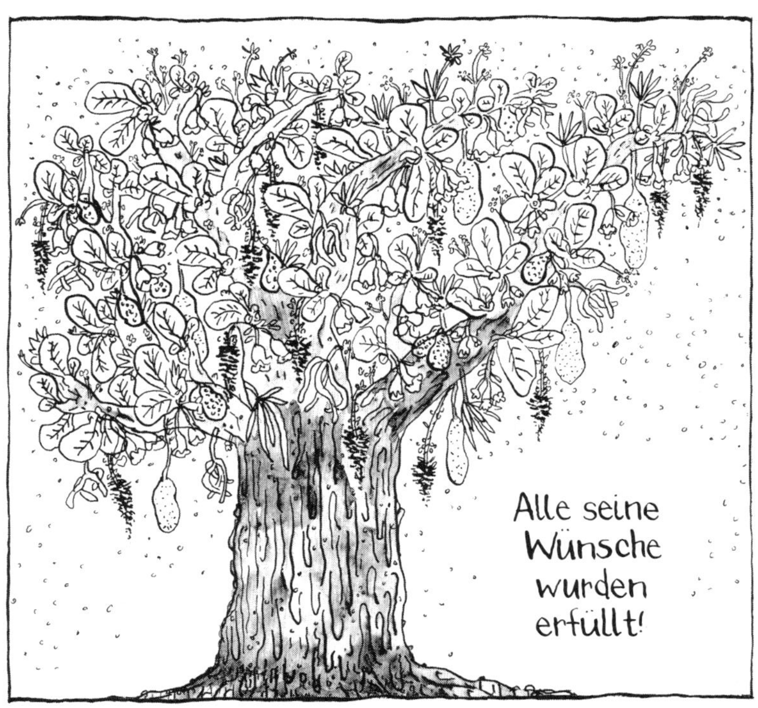
Alle seine Wünsche wurden erfüllt!

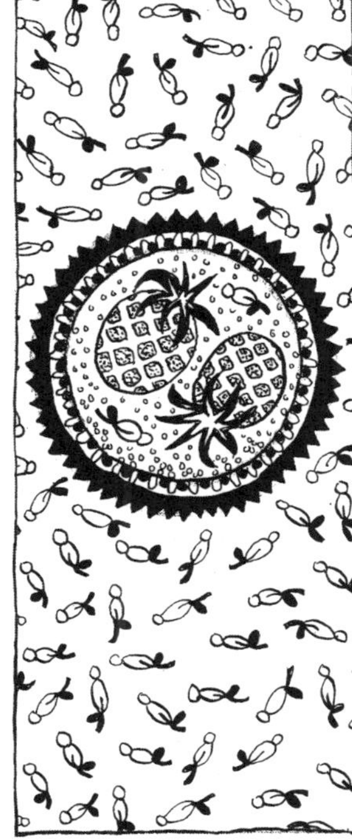

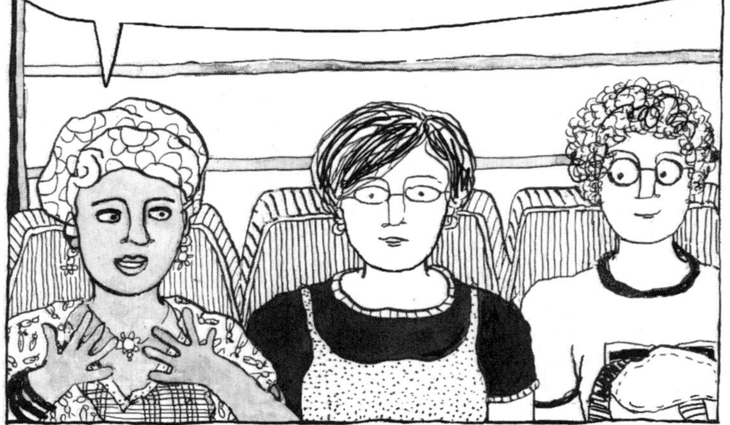
Doch bevor sich der Baobab an seiner Pracht erfreuen konnte, wurde er von Ngai, dem Schöpfer der Dinge, aus dem Boden gerissen – und verkehrt herum zurück in die Erde gesteckt.

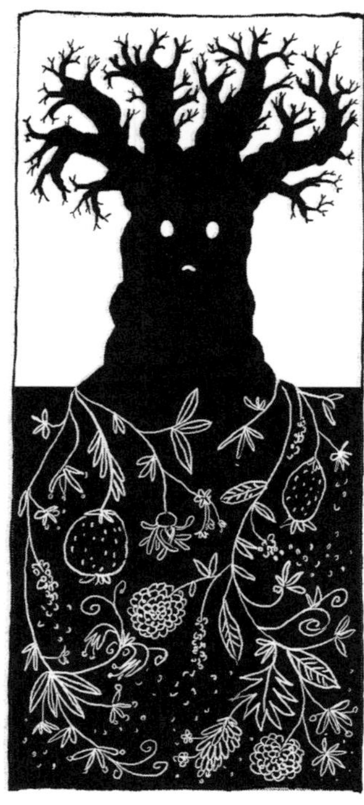

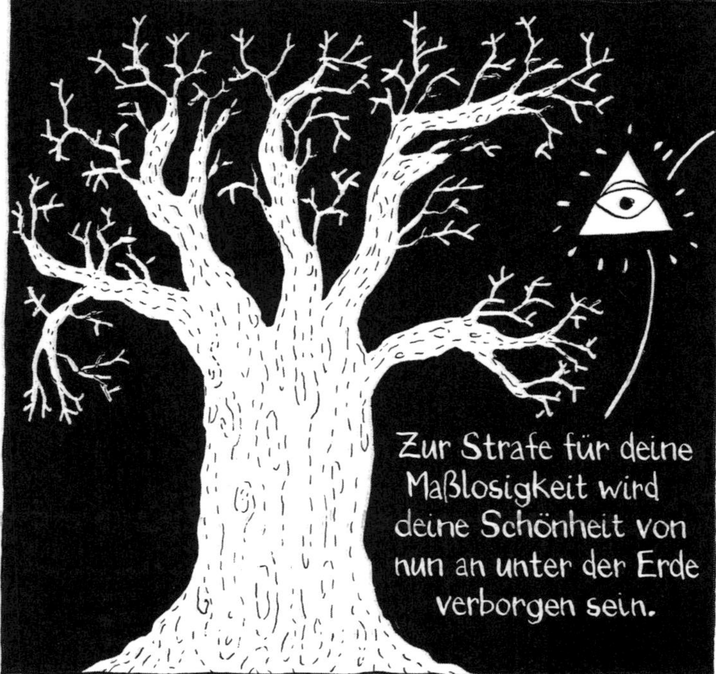
Zur Strafe für deine Maßlosigkeit wird deine Schönheit von nun an unter der Erde verborgen sein.

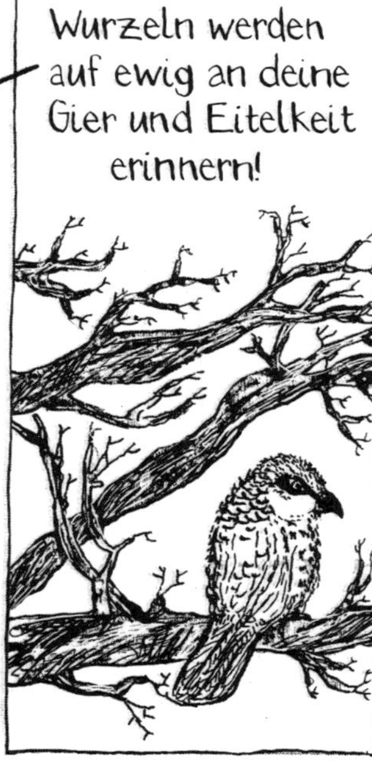
Und deine kahlen Wurzeln werden auf ewig an deine Gier und Eitelkeit erinnern!

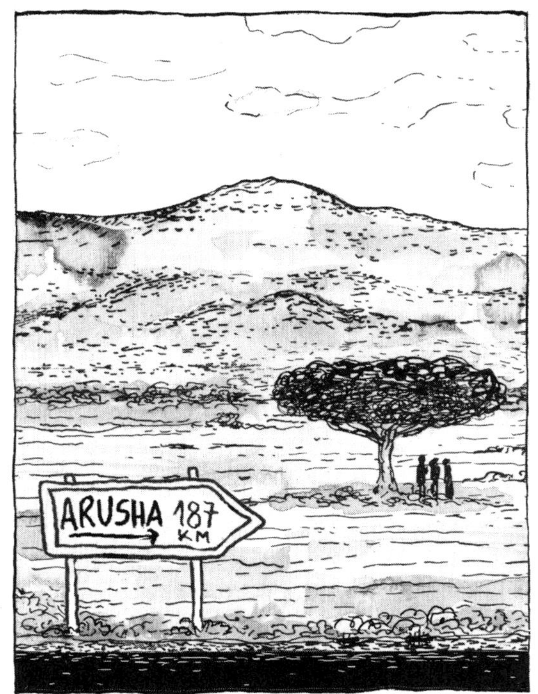
ARUSHA 187 KM

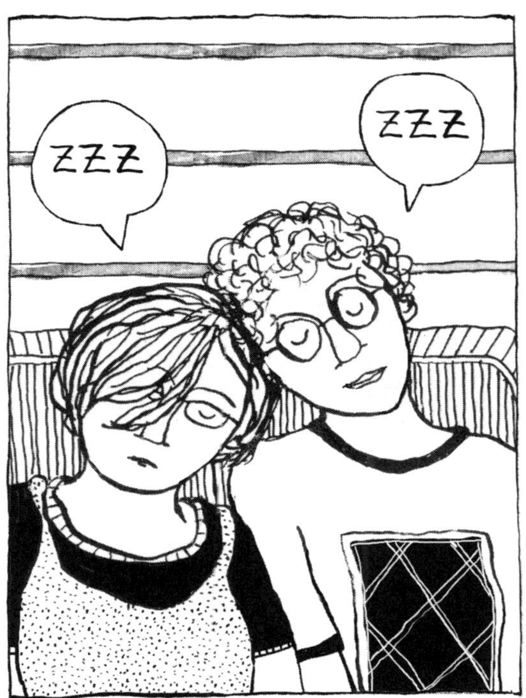
ZZZ
ZZZ

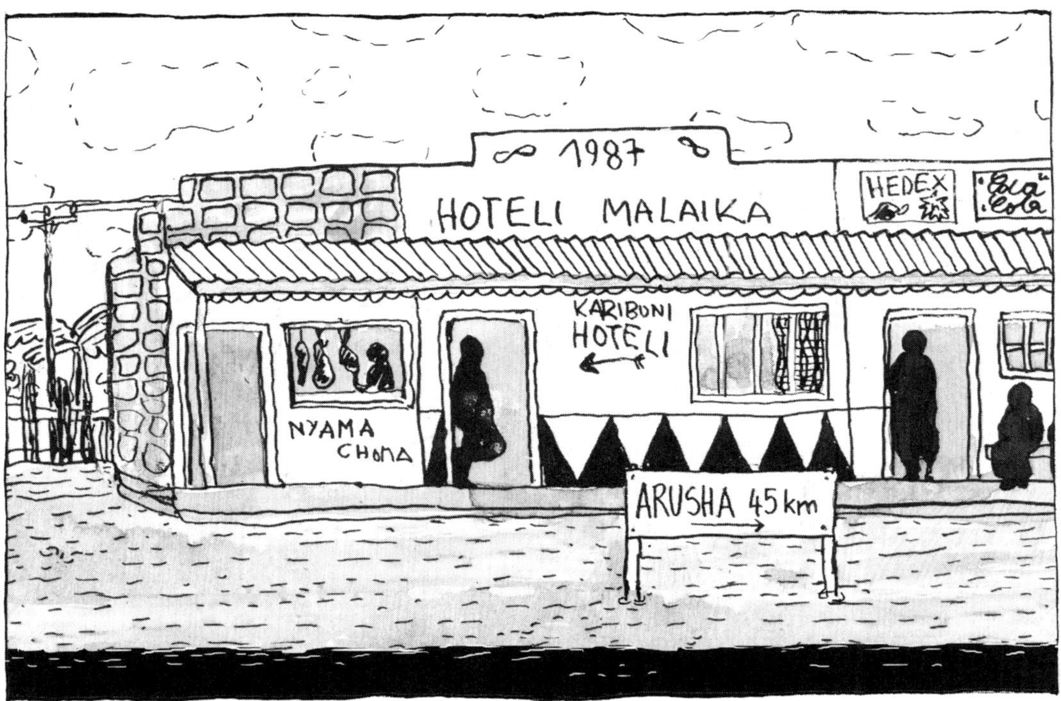
1987
HOTELI MALAIKA
HEDEX
KARIBUNI HOTELI
NYAMA CHOMA
ARUSHA 45 km

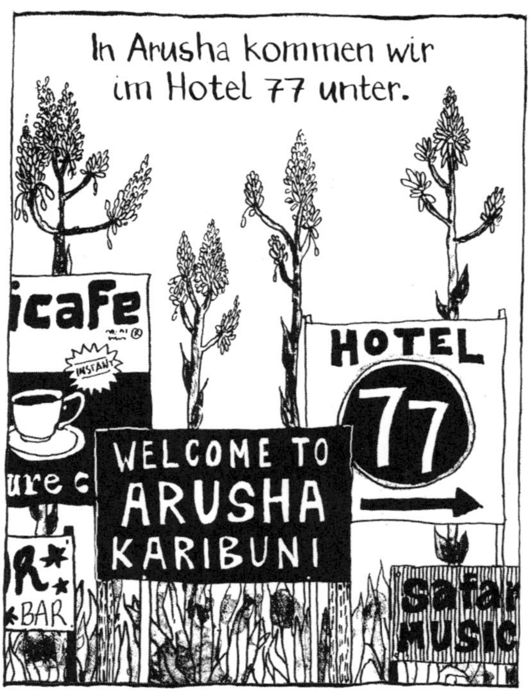
In Arusha kommen wir im Hotel 77 unter.
HOTEL
77
WELCOME TO
ARUSHA
KARIBUNI
BAR
MUSIC

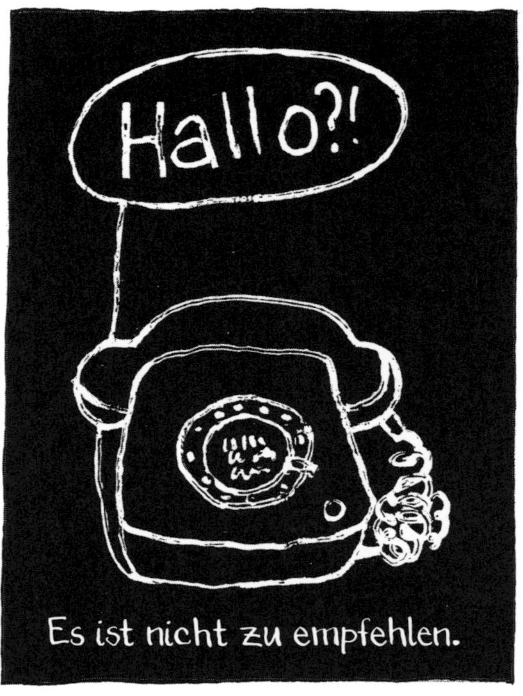
Hallo?!
Es ist nicht zu empfehlen.

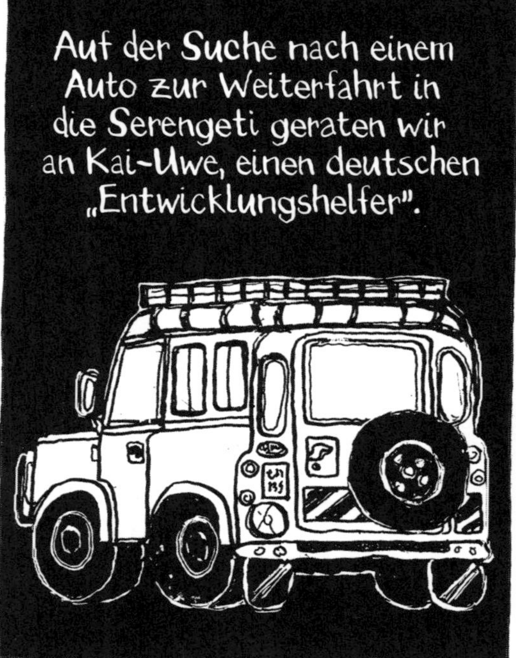
Auf der Suche nach einem Auto zur Weiterfahrt in die Serengeti geraten wir an Kai-Uwe, einen deutschen „Entwicklungshelfer".

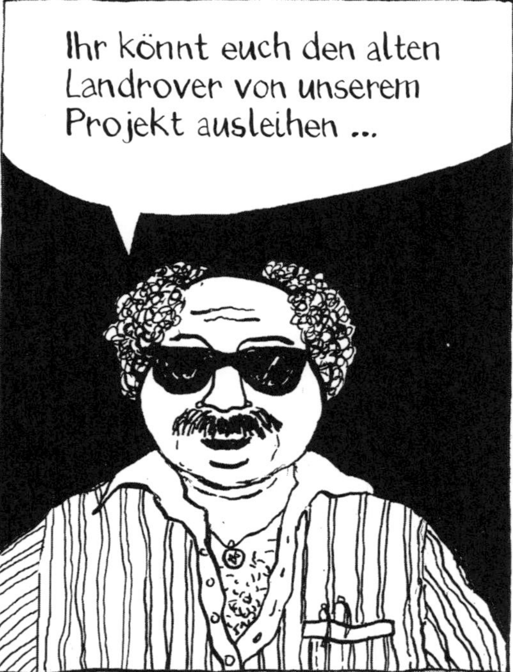
Ihr könnt euch den alten Landrover von unserem Projekt ausleihen ...

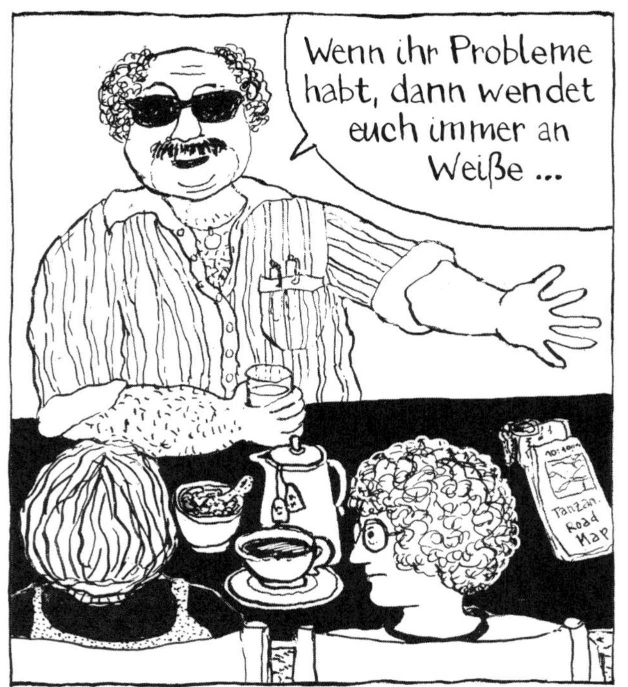
Wenn ihr Probleme habt, dann wendet euch immer an Weiße ...
Tanzan. Road Map

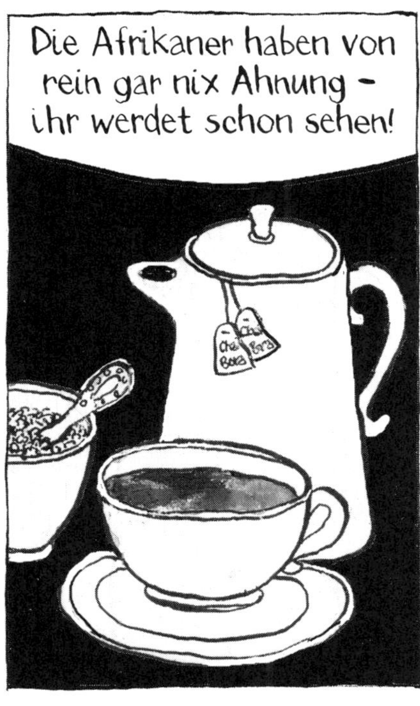
Die Afrikaner haben von rein gar nix Ahnung – ihr werdet schon sehen!

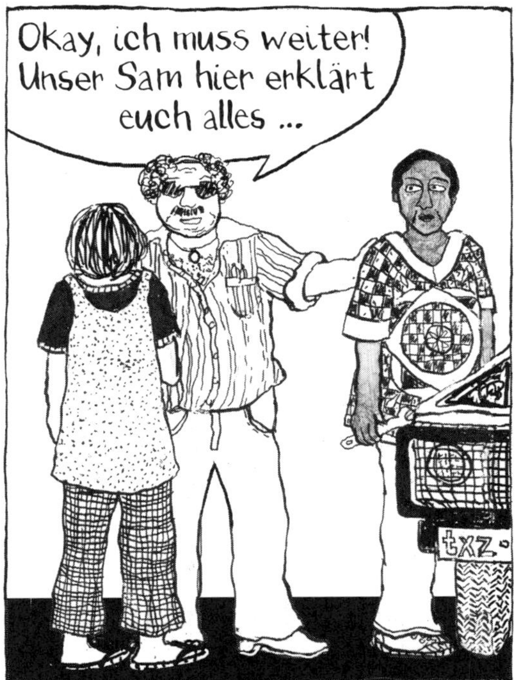
Okay, ich muss weiter! Unser Sam hier erklärt euch alles ...
txz

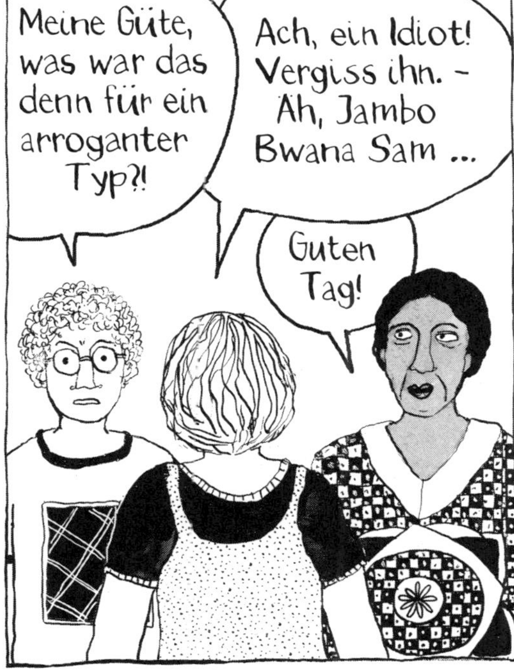
Meine Güte, was war das denn für ein arroganter Typ?!
Ach, ein Idiot! Vergiss ihn. – Äh, Jambo Bwana Sam ...
Guten Tag!

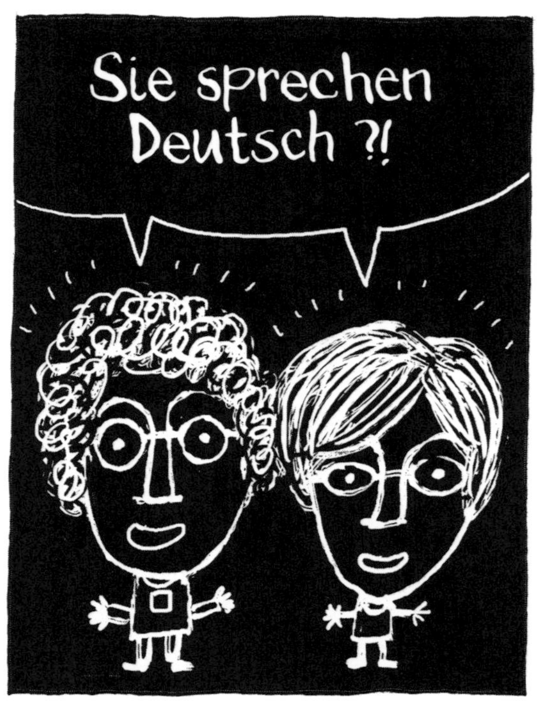
Sie sprechen Deutsch ?!

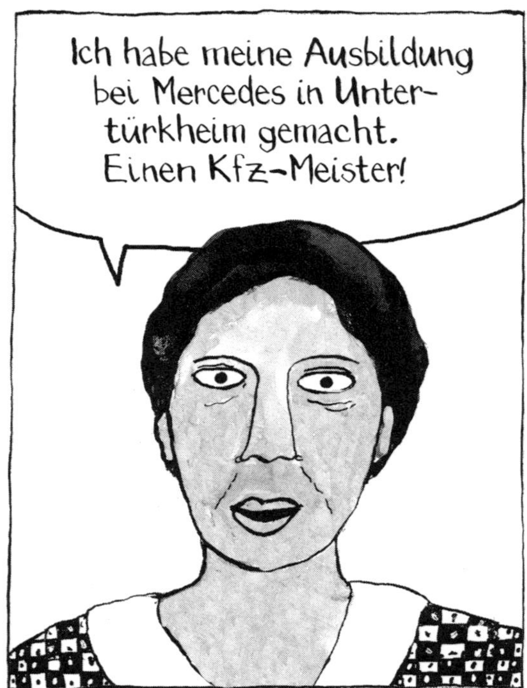
Ich habe meine Ausbildung bei Mercedes in Untertürkheim gemacht. Einen Kfz-Meister!

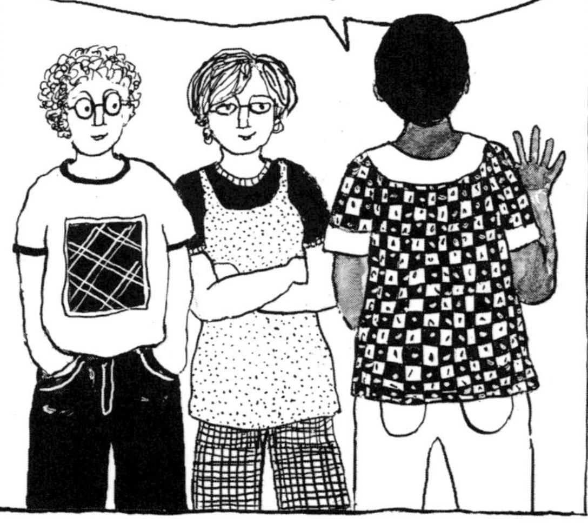
Leider gibt es in diesem Projekt nur Toyotas und diesen alten Landrover. Dabei ist Mercedes viel besser – und bringt mehr Prestige!

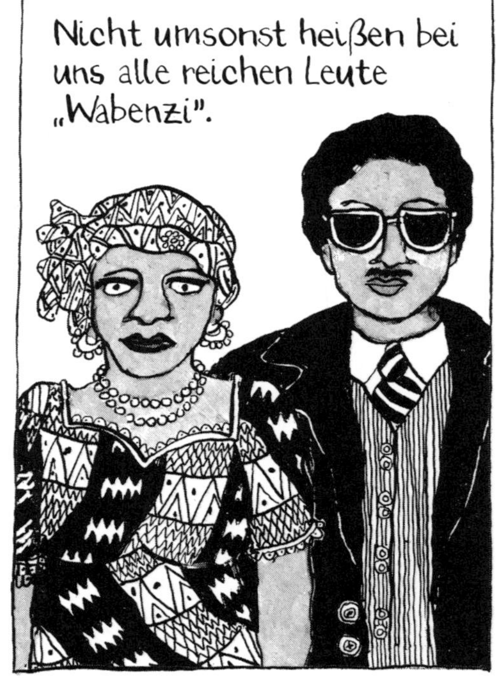
Nicht umsonst heißen bei uns alle reichen Leute „Wabenzi".

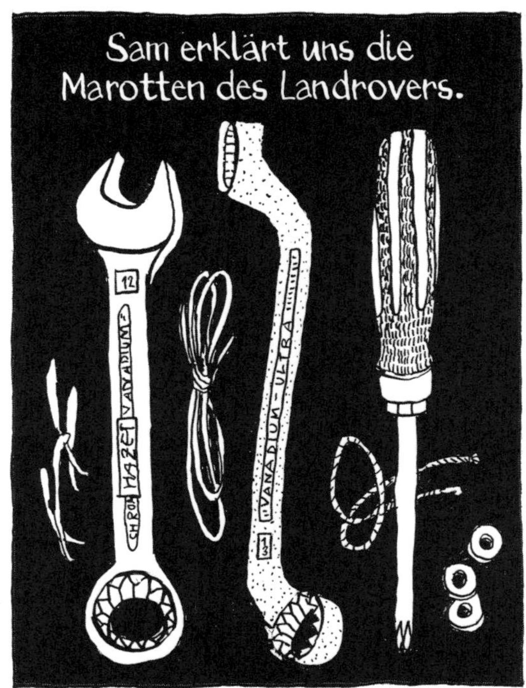
Sam erklärt uns die Marotten des Landrovers.

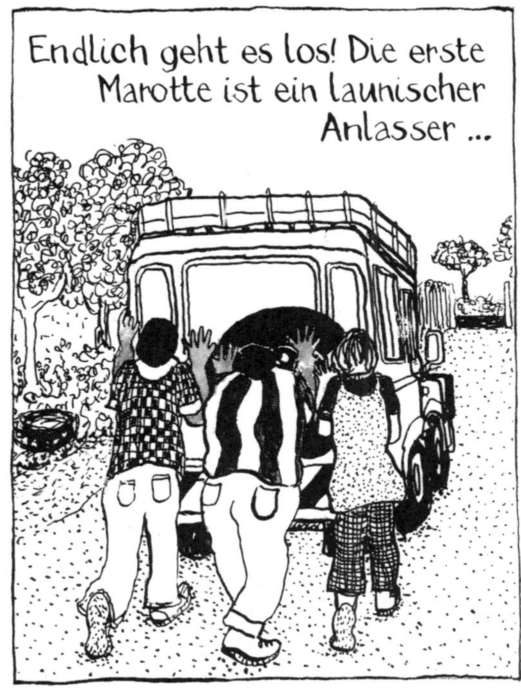
Endlich geht es los! Die erste Marotte ist ein launischer Anlasser ...

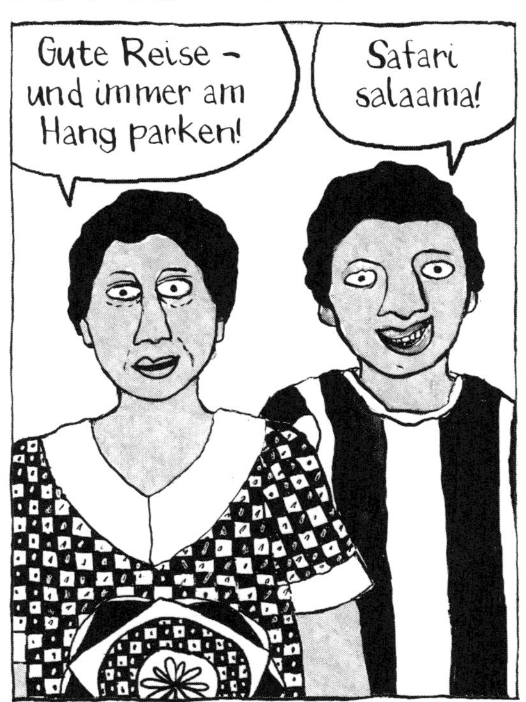
Gute Reise – und immer am Hang parken!
Safari salaama!

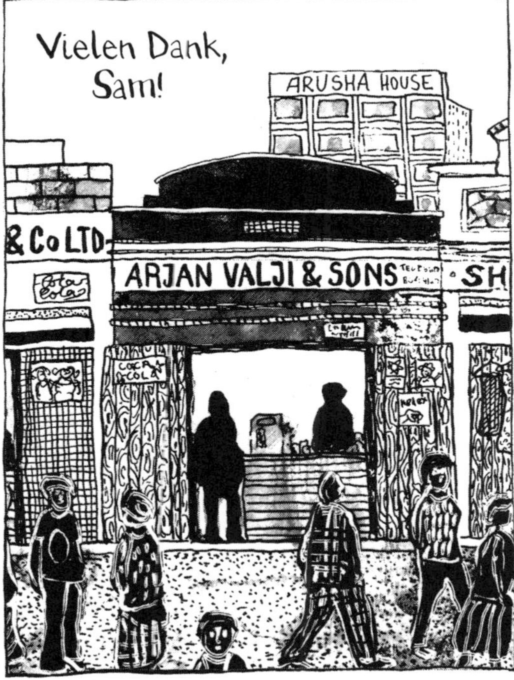
Vielen Dank, Sam!
ARUSHA HOUSE
& Co LTD
ARJAN VALJI & SONS

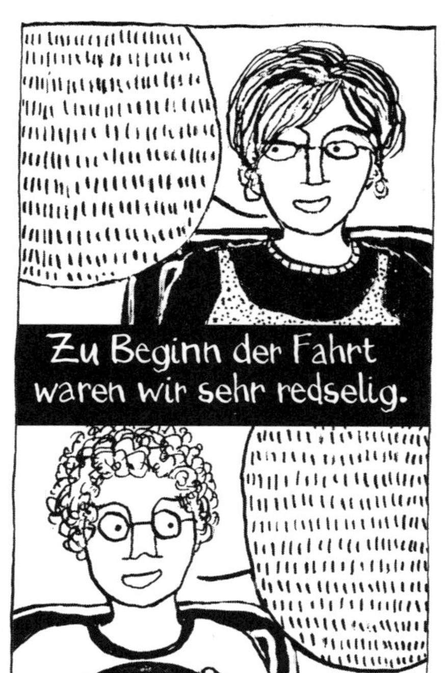
Zu Beginn der Fahrt
waren wir sehr redselig.

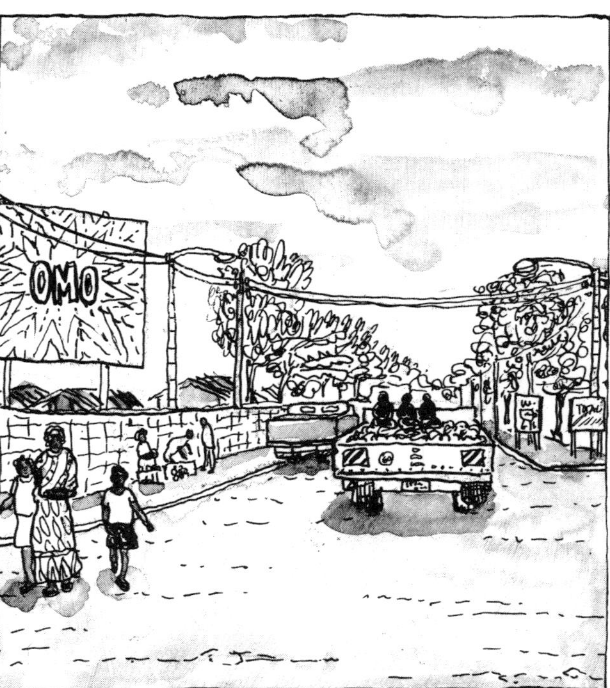
OMO

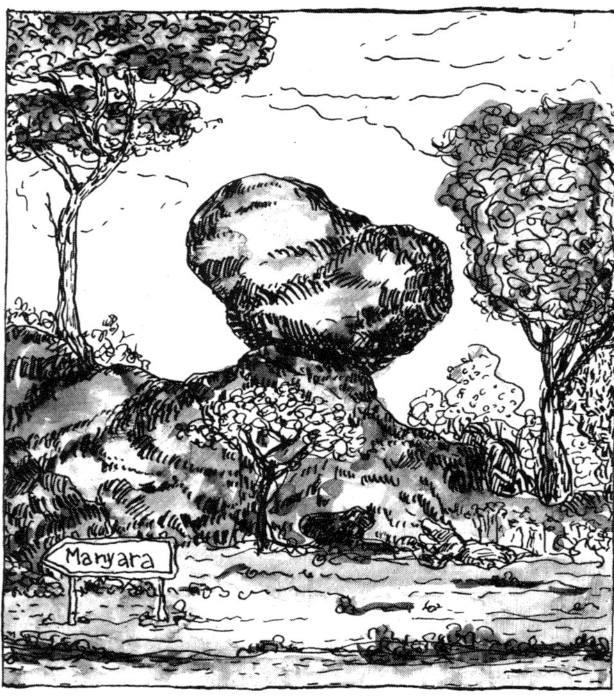
Manyara

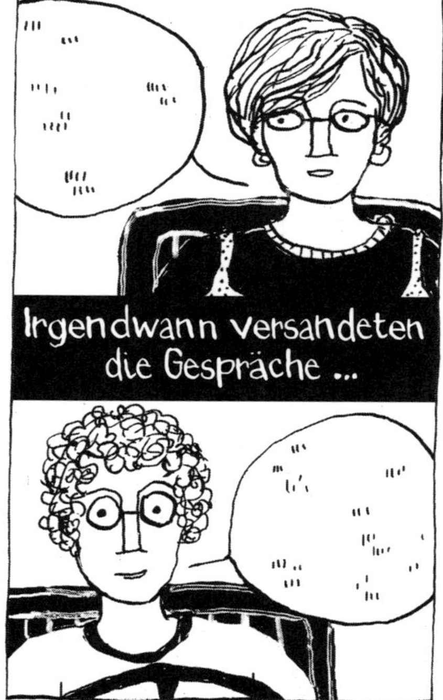
Irgendwann versandeten
die Gespräche ...

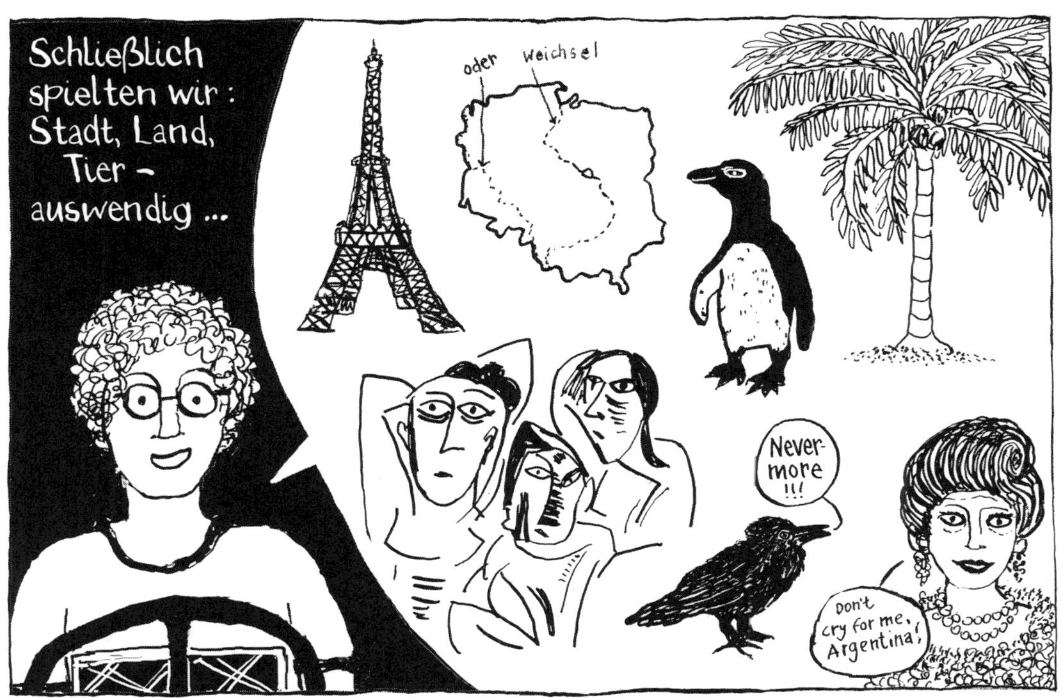
Schließlich spielten wir: Stadt, Land, Tier – auswendig ...
oder
Weichsel
Never-more !!!
Don't cry for me, Argentina!

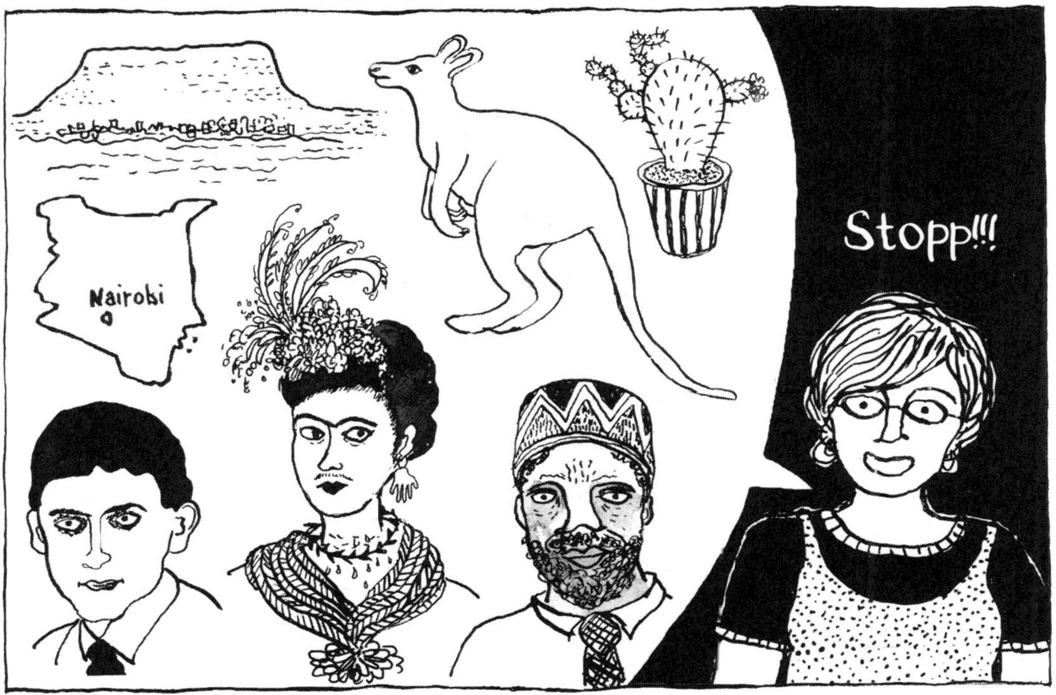
Nairobi
Stopp!!!

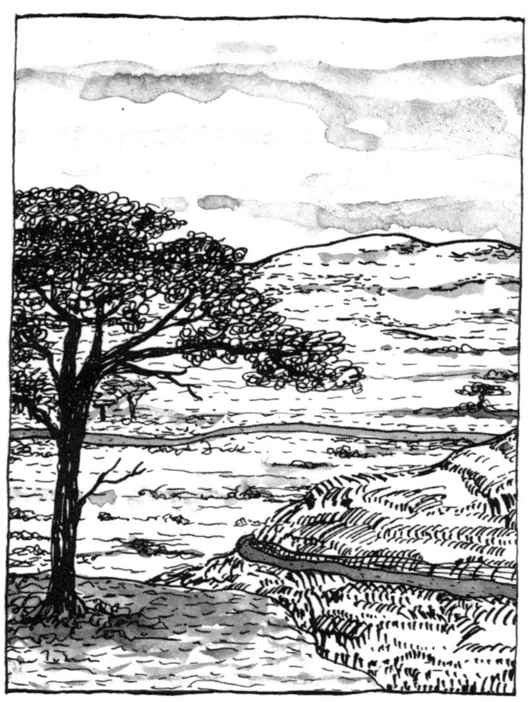

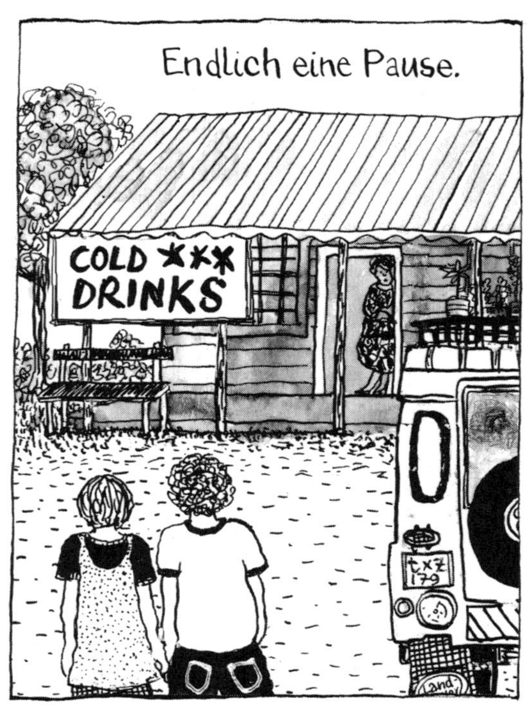
Endlich eine Pause.
COLD *** DRINKS

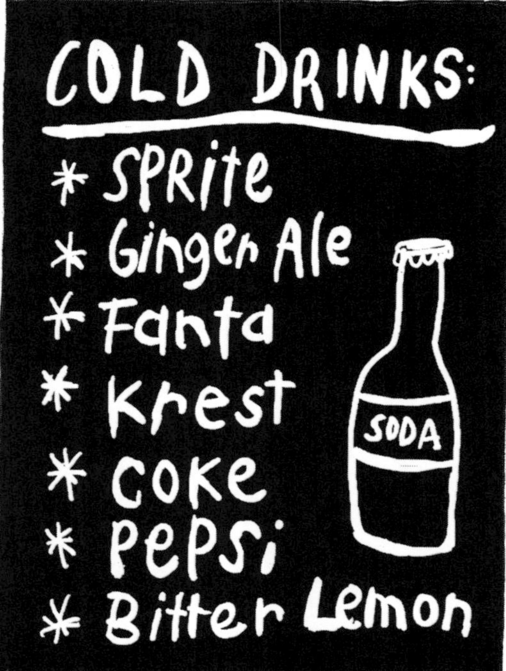
COLD DRINKS:
* SPRite
* Ginger Ale
* Fanta
* Krest
* Coke
* Pepsi
* Bitter Lemon
SODA

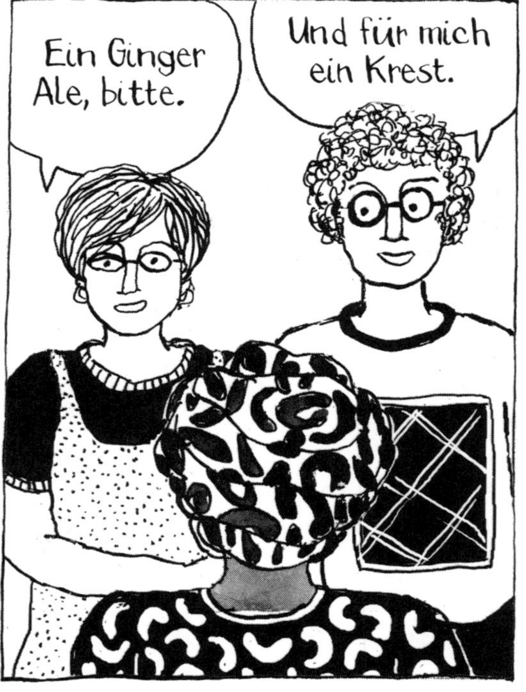
Ein Ginger Ale, bitte.
Und für mich ein Krest.

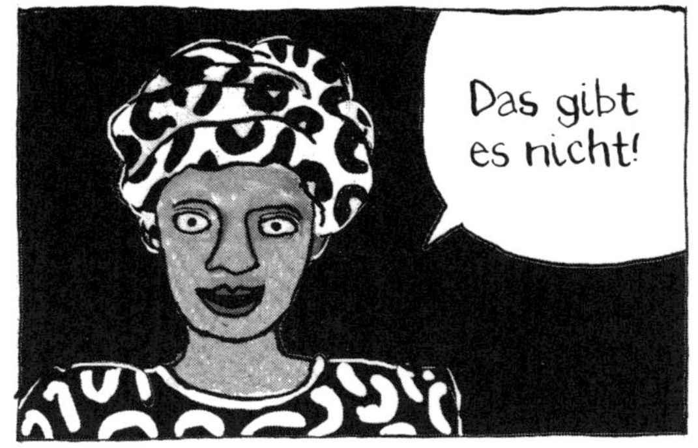
Das gibt es nicht!

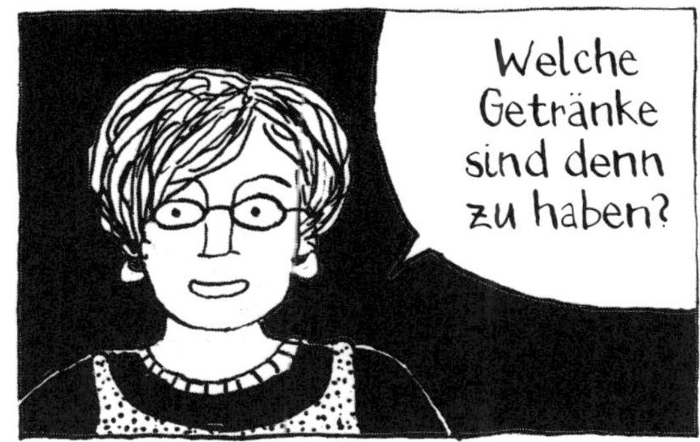
Welche Getränke sind denn zu haben?

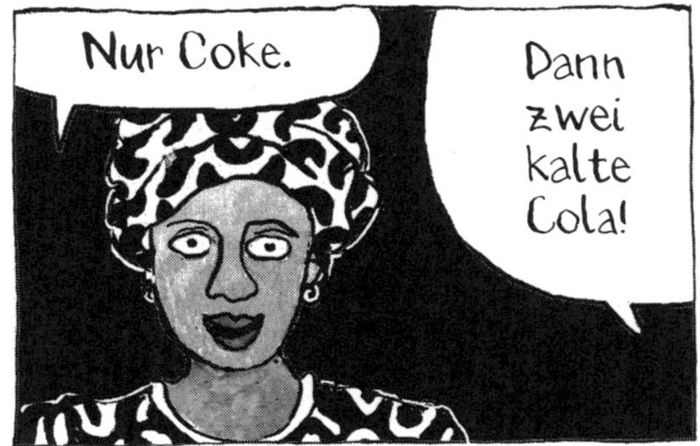
Nur Coke.
Dann zwei kalte Cola!

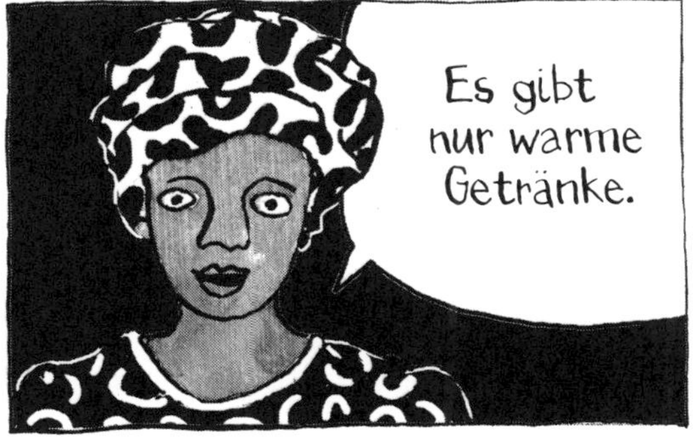
Es gibt nur warme Getränke.

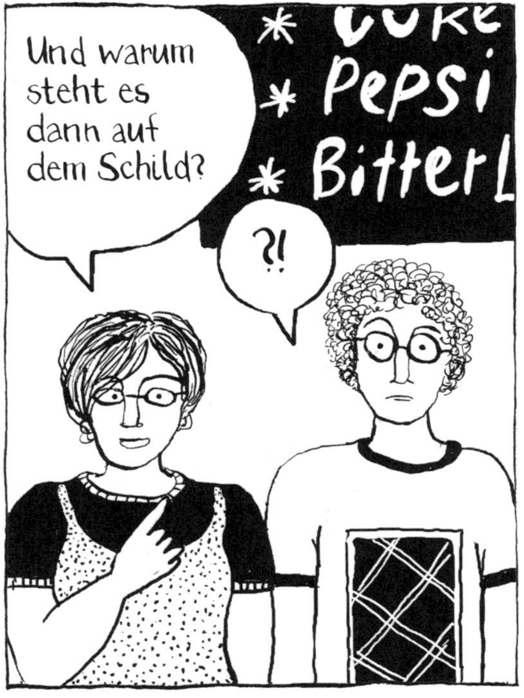
Und warum steht es dann auf dem Schild?
Pepsi
?!

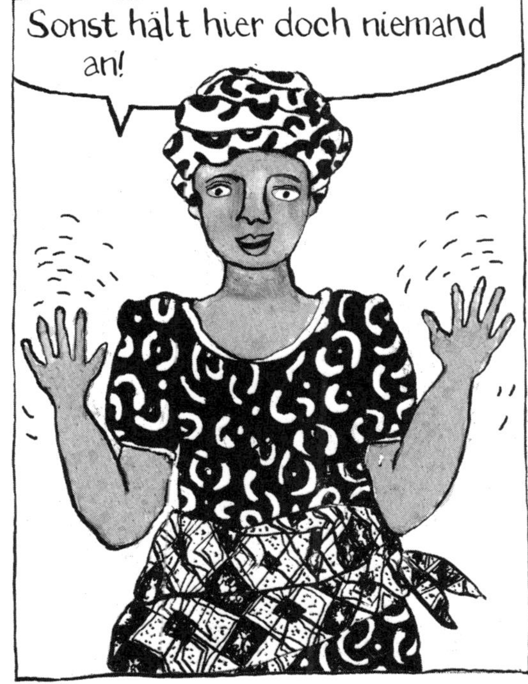
Sonst hält hier doch niemand an!

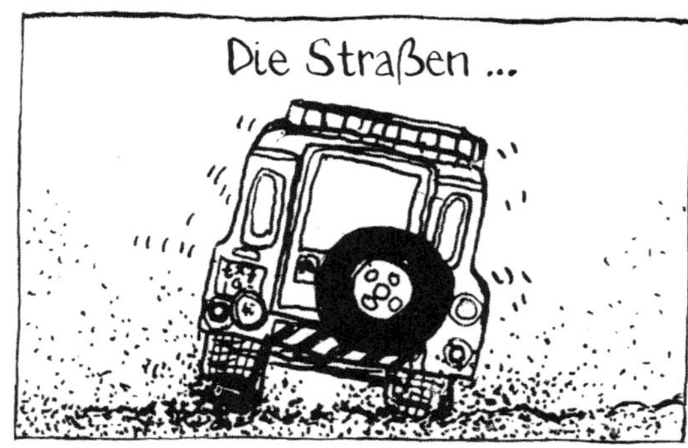
Die Straßen ...

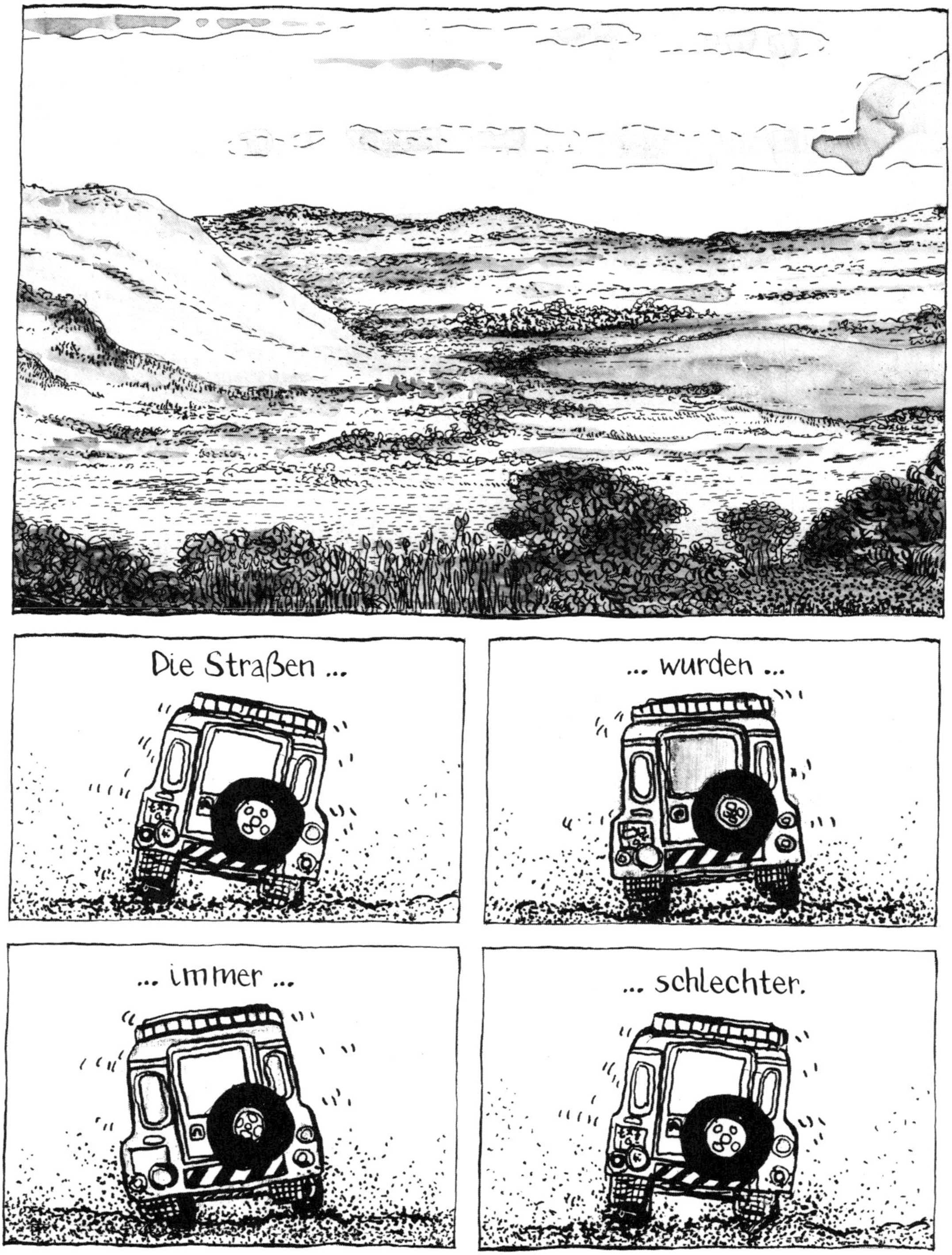

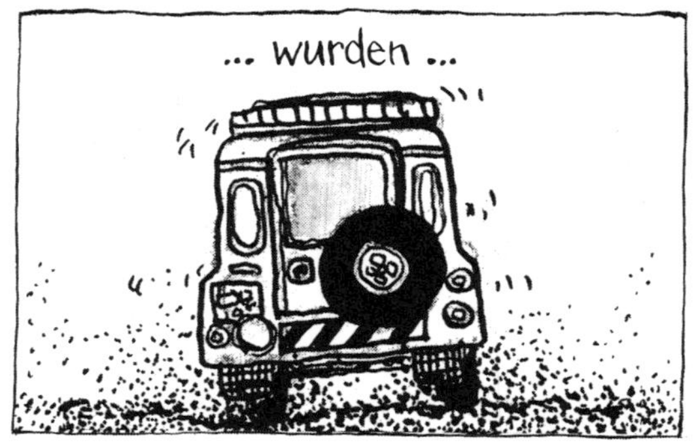
... wurden ...

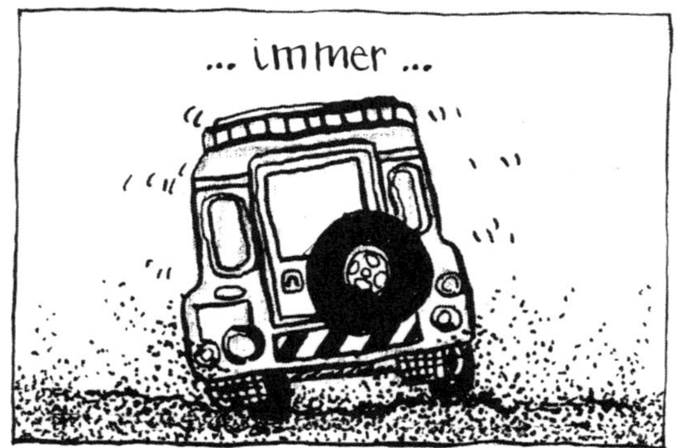
... immer ...

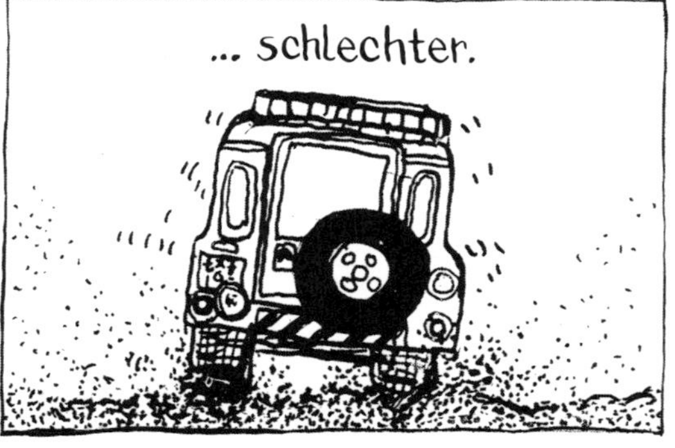
... schlechter.

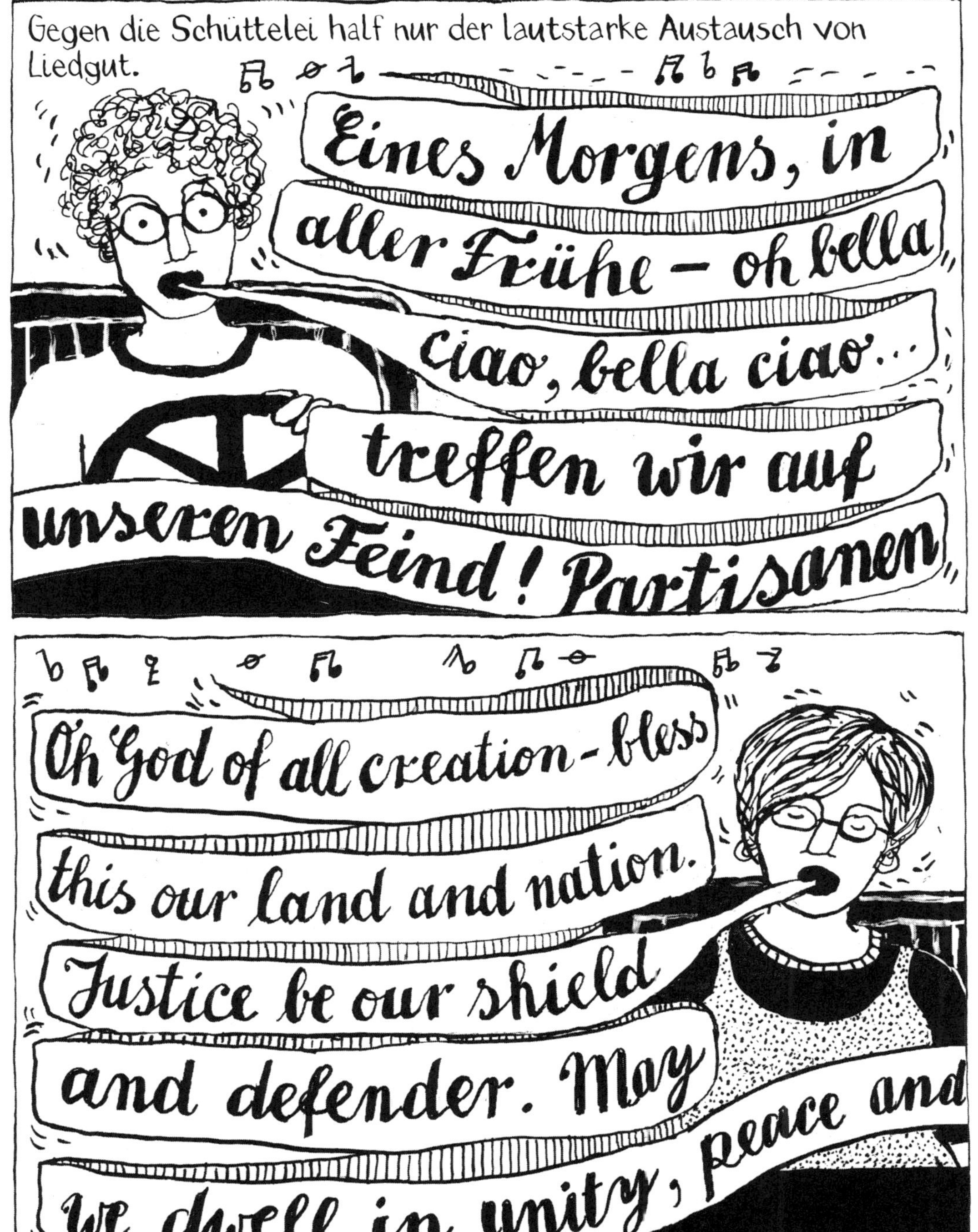
Gegen die Schüttelei half nur der lautstarke Austausch von Liedgut.
Eines Morgens, in aller Frühe – oh bella ciao, bella ciao… treffen wir auf unseren Feind! Partisanen
Oh God of all creation - bless this our land and nation. Justice be our shield and defender. May we dwell in unity, peace and

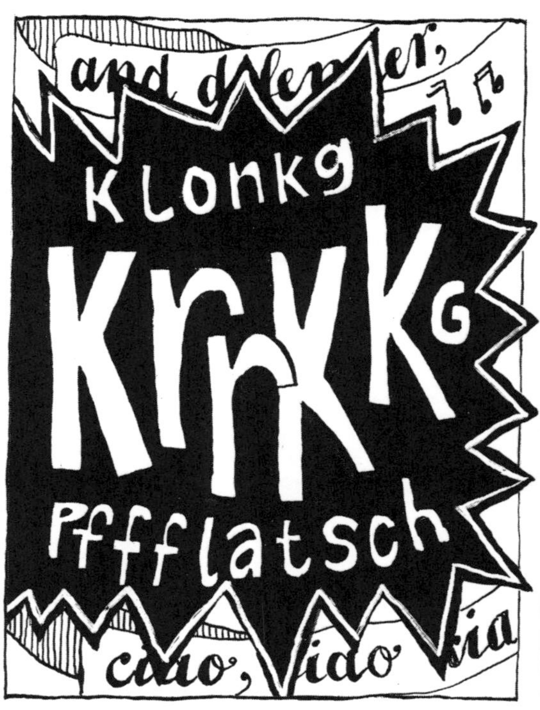
KLONKG
KrnKKG
Pffflatsch

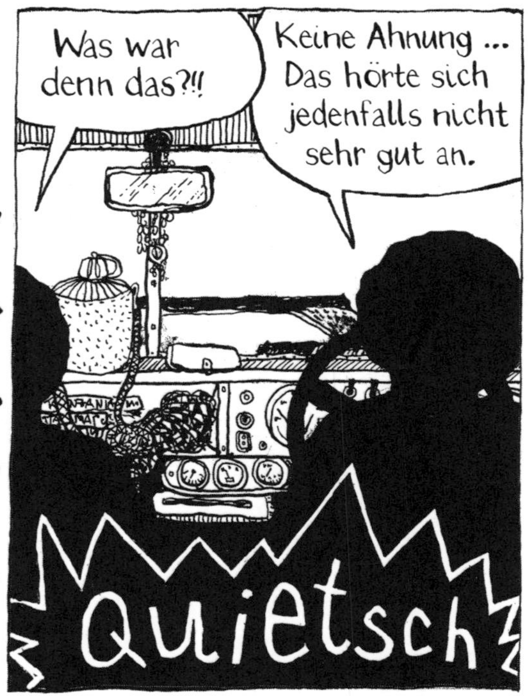
Was war denn das?!!
Keine Ahnung ... Das hörte sich jedenfalls nicht sehr gut an.
Quietsch

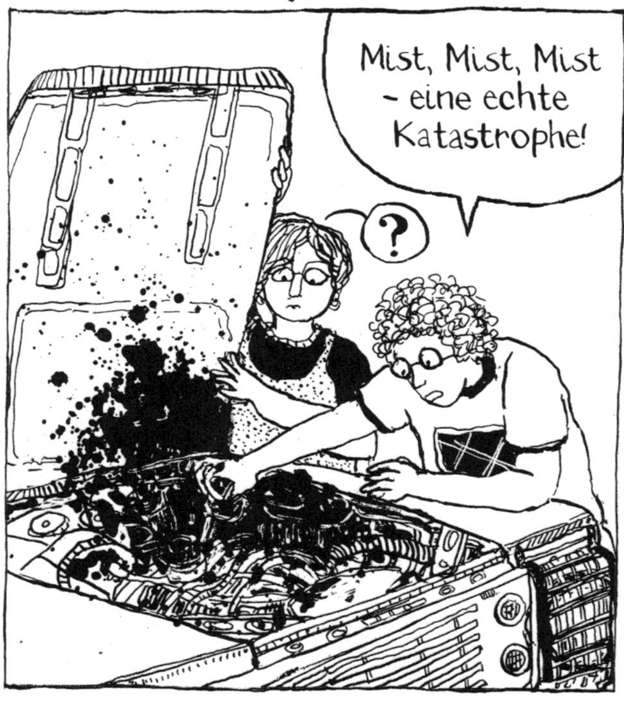
Mist, Mist, Mist – eine echte Katastrophe!
?

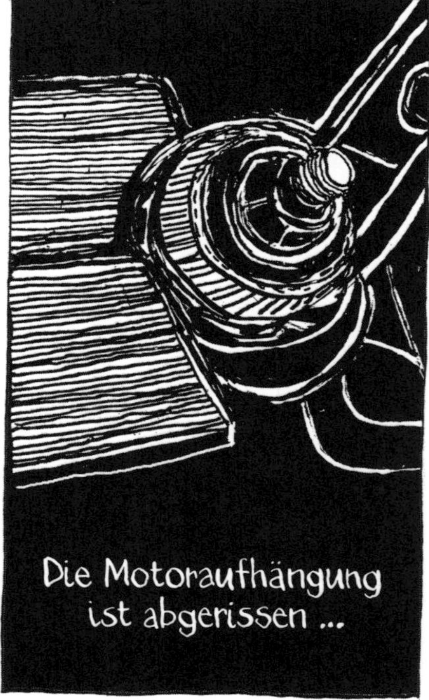
Die Motoraufhängung ist abgerissen ...

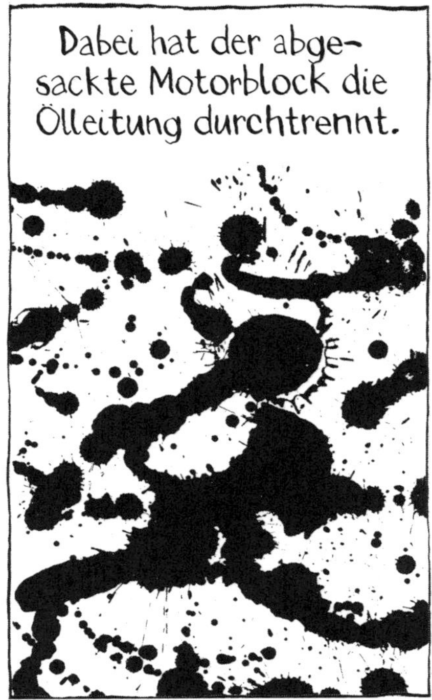
Dabei hat der abgesackte Motorblock die Ölleitung durchtrennt.

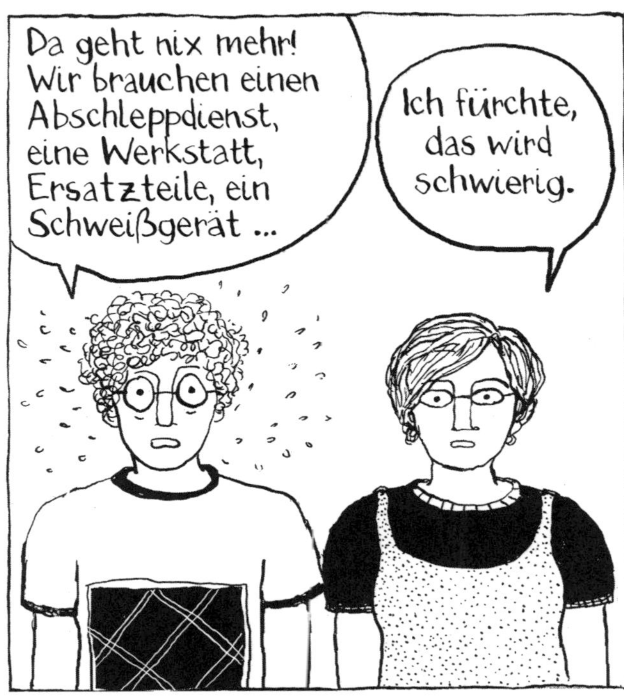
Da geht nix mehr! Wir brauchen einen Abschleppdienst, eine Werkstatt, Ersatzteile, ein Schweißgerät ...
Ich fürchte, das wird schwierig.

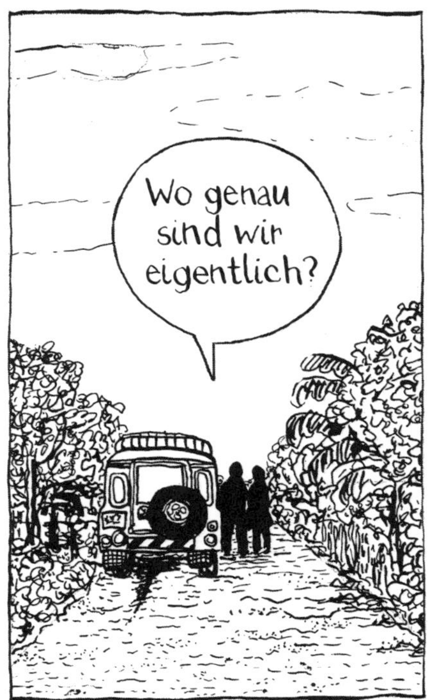
Wo genau sind wir eigentlich?

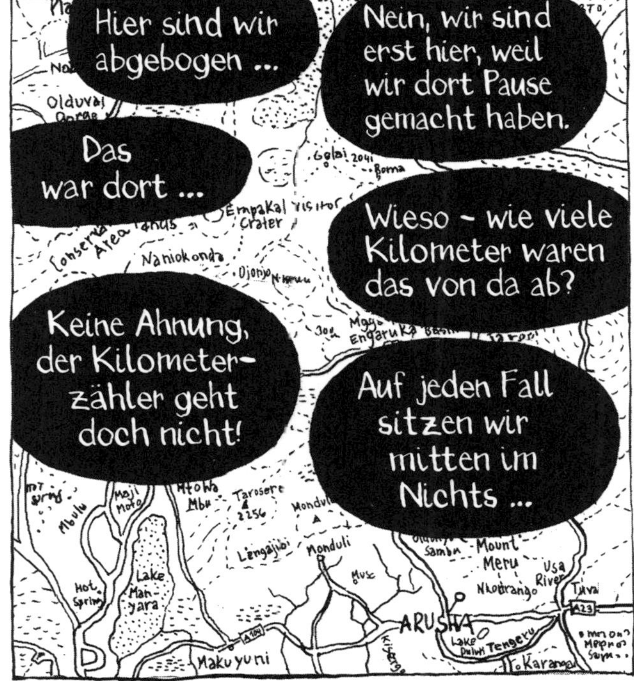
Hier sind wir abgebogen ...
Nein, wir sind erst hier, weil wir dort Pause gemacht haben.
Das war dort ...
Wieso – wie viele Kilometer waren das von da ab?
Keine Ahnung, der Kilometerzähler geht doch nicht!
Auf jeden Fall sitzen wir mitten im Nichts ...
Olduvai Gorge
Empakai
Naniokonda
Mto wa Mbu
Lake Manyara
Makuyuni
Monduli
Mount Meru
Usa River
Tengeru
ARUSHA

Wir müssen warten, bis uns jemand mitnimmt.

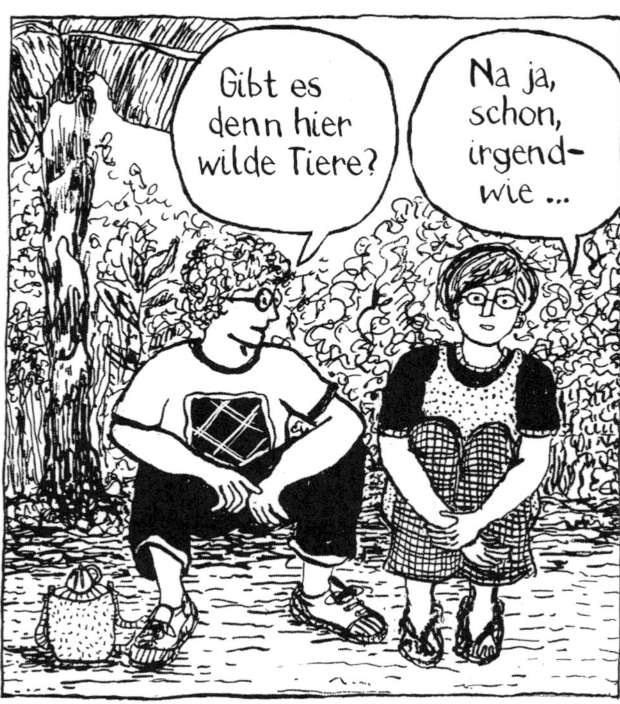

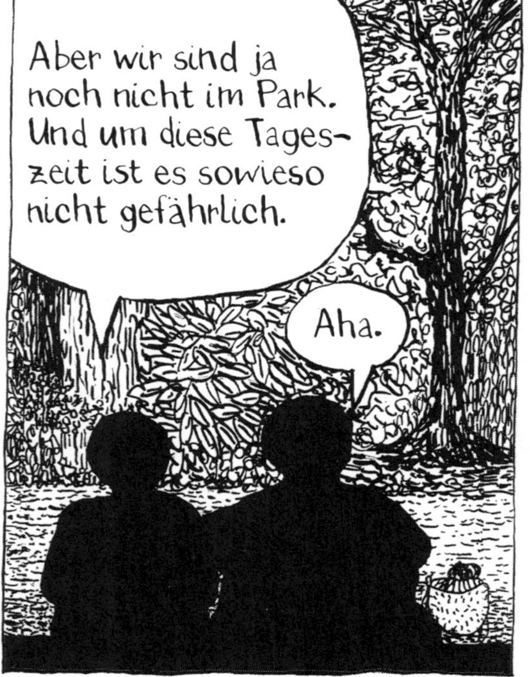

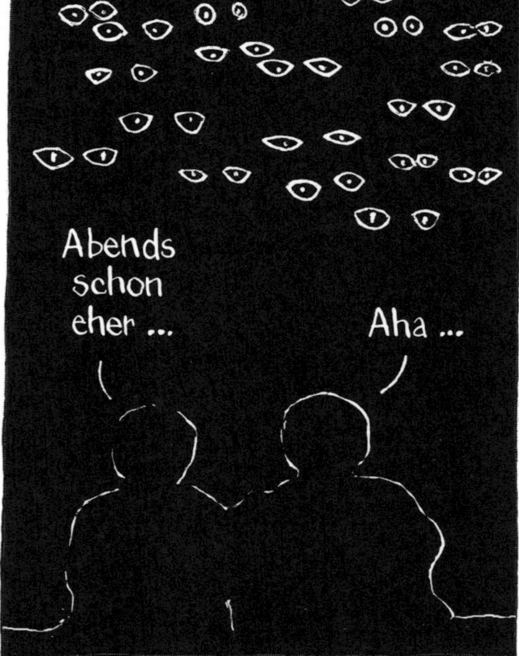

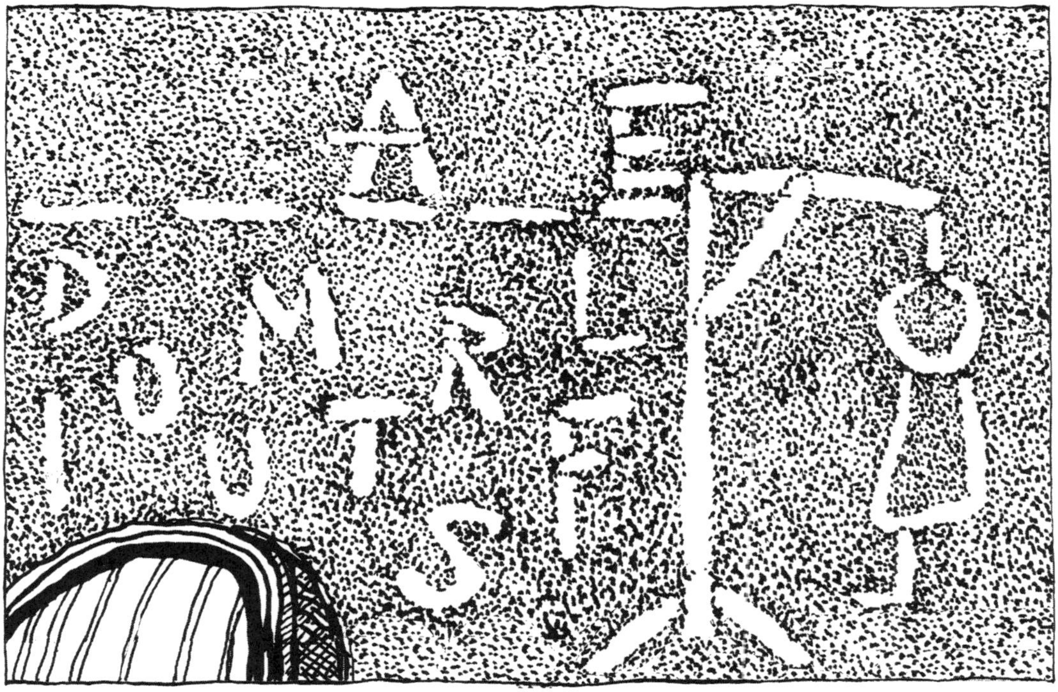

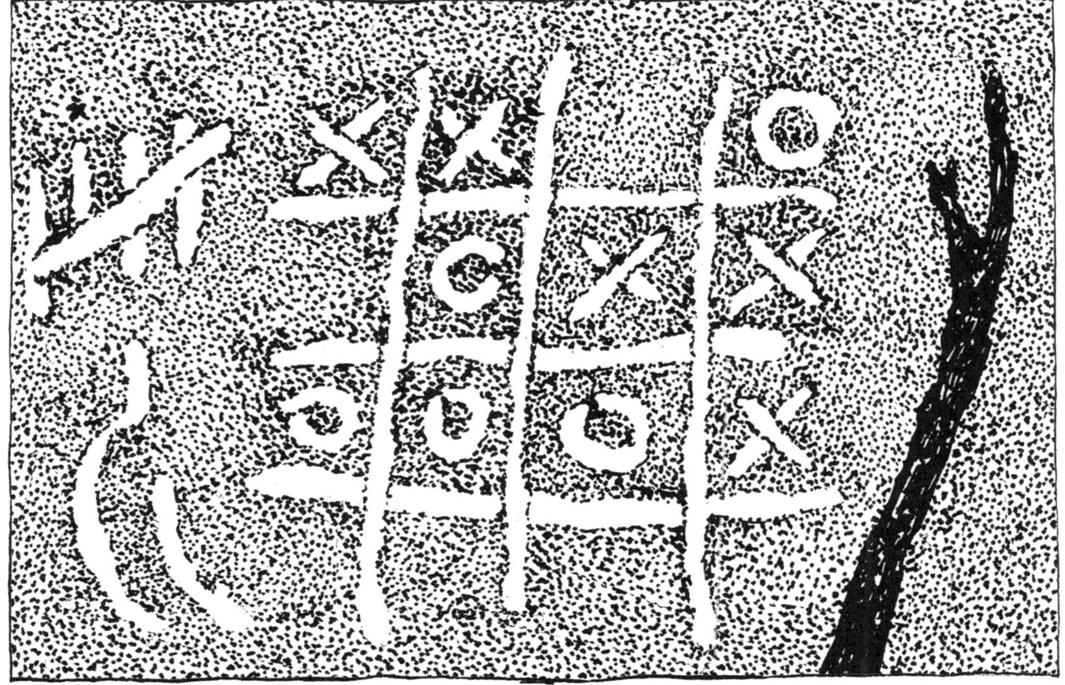

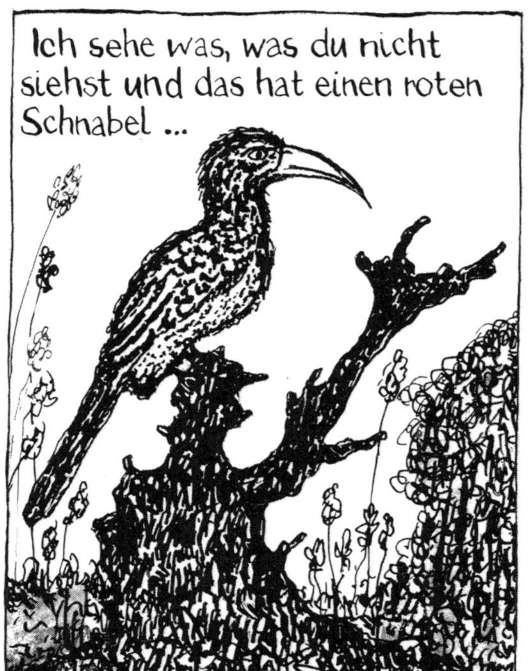
Ich sehe was, was du nicht siehst und das hat einen roten Schnabel ...

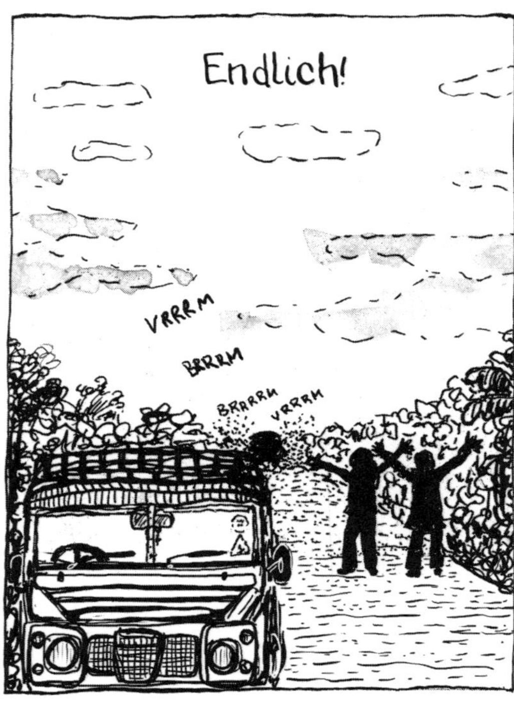
Endlich!
VRRRM
BRRRM
BRRRRM
VRRRM

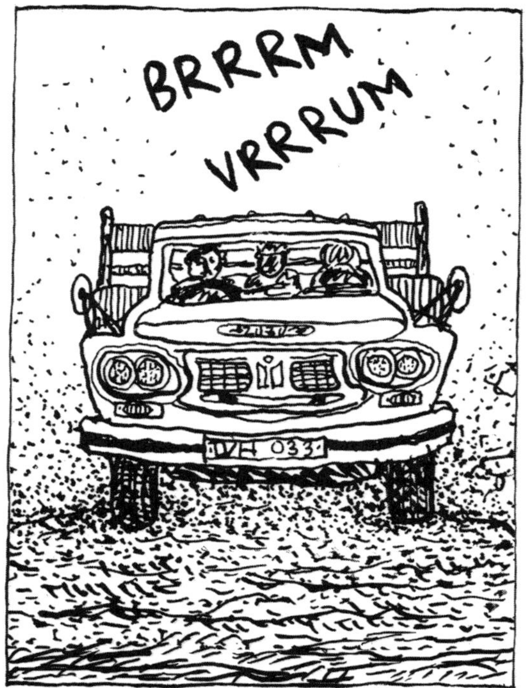
BRRRM
VRRRUM

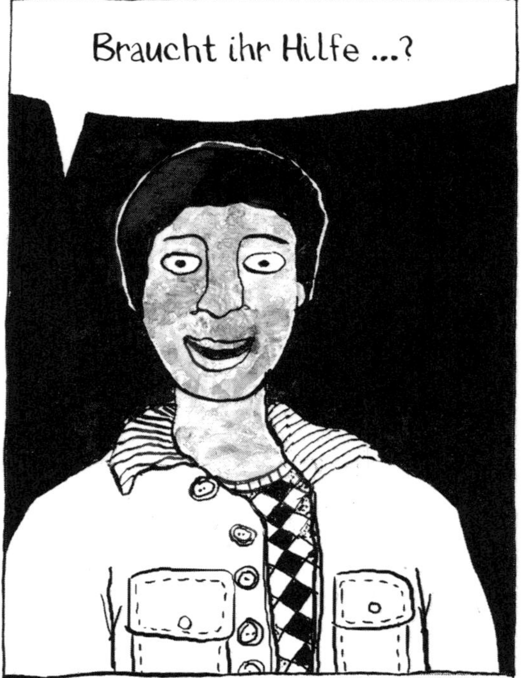
Braucht ihr Hilfe ...?

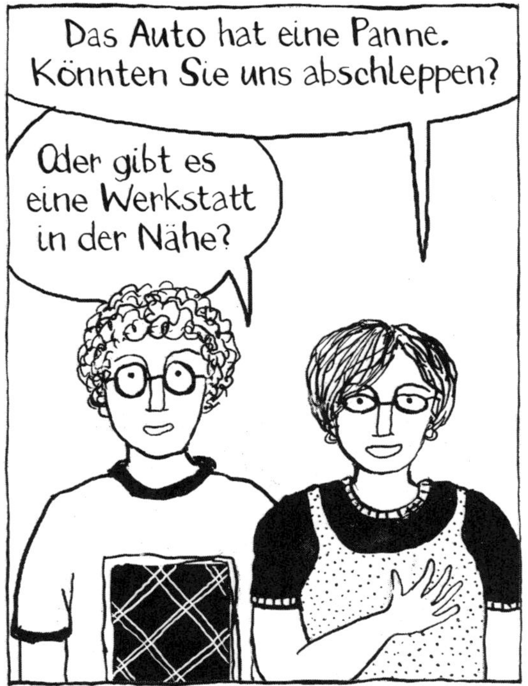
Das Auto hat eine Panne.
Könnten Sie uns abschleppen?
Oder gibt es eine Werkstatt in der Nähe?

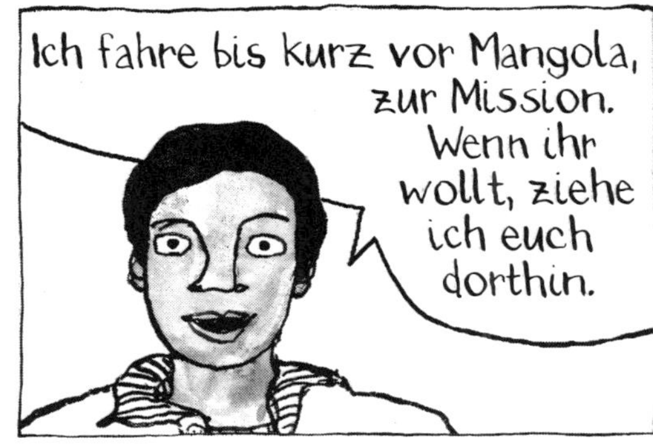
Ich fahre bis kurz vor Mangola, zur Mission. Wenn ihr wollt, ziehe ich euch dorthin.

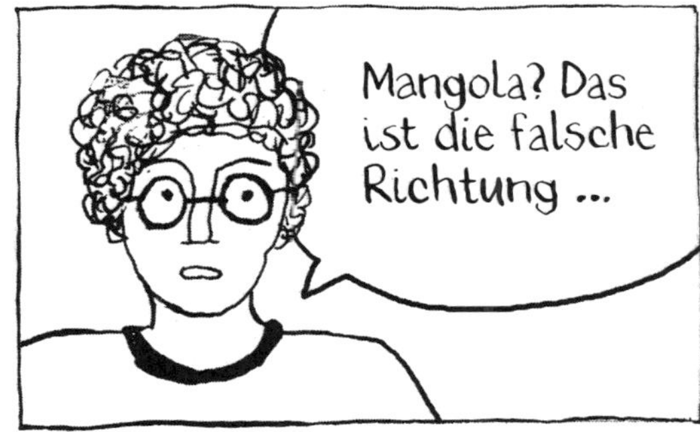
Mangola? Das ist die falsche Richtung ...

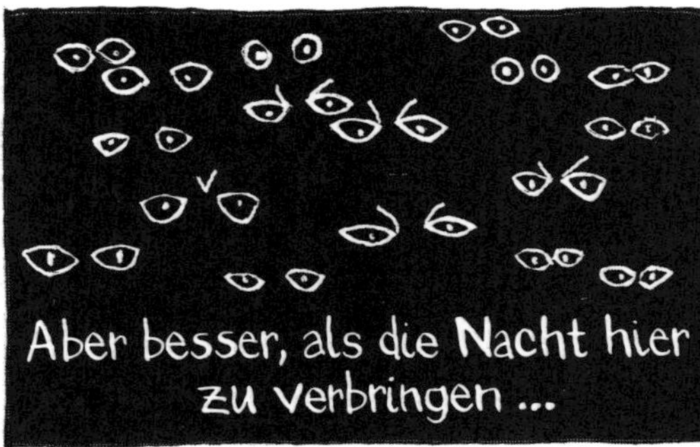
Aber besser, als die Nacht hier zu verbringen ...

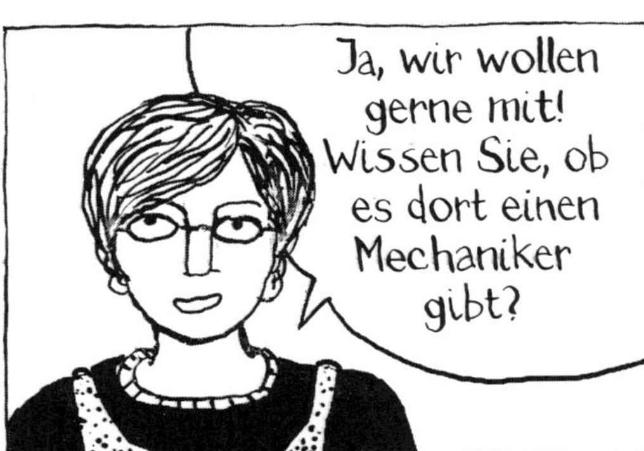
Ja, wir wollen gerne mit! Wissen Sie, ob es dort einen Mechaniker gibt?

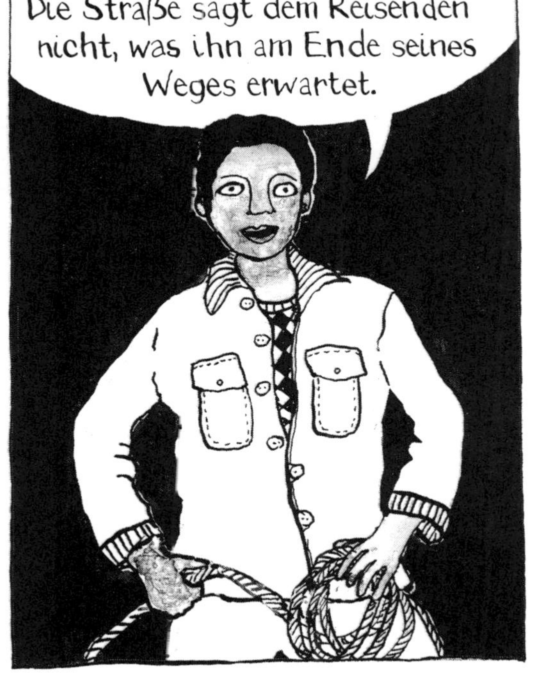
Die Straße sagt dem Reisenden nicht, was ihn am Ende seines Weges erwartet.

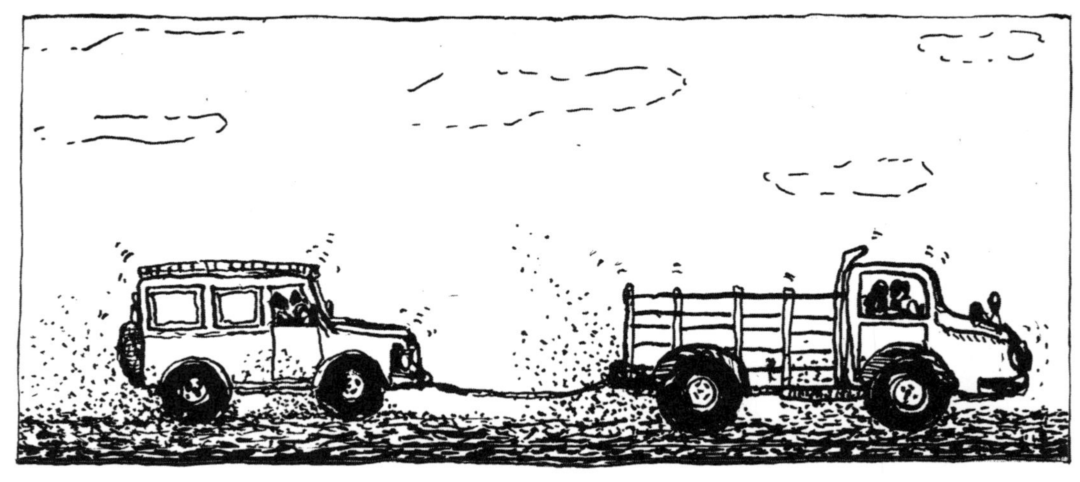

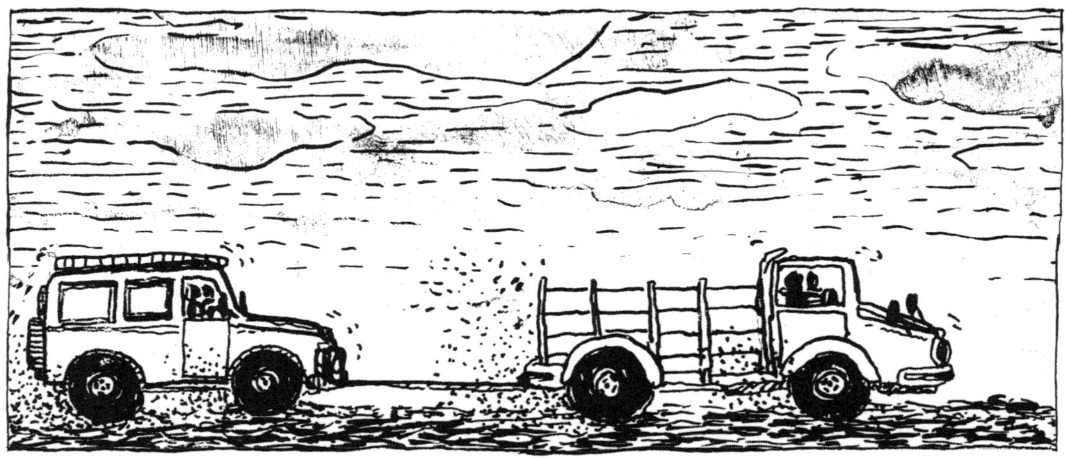

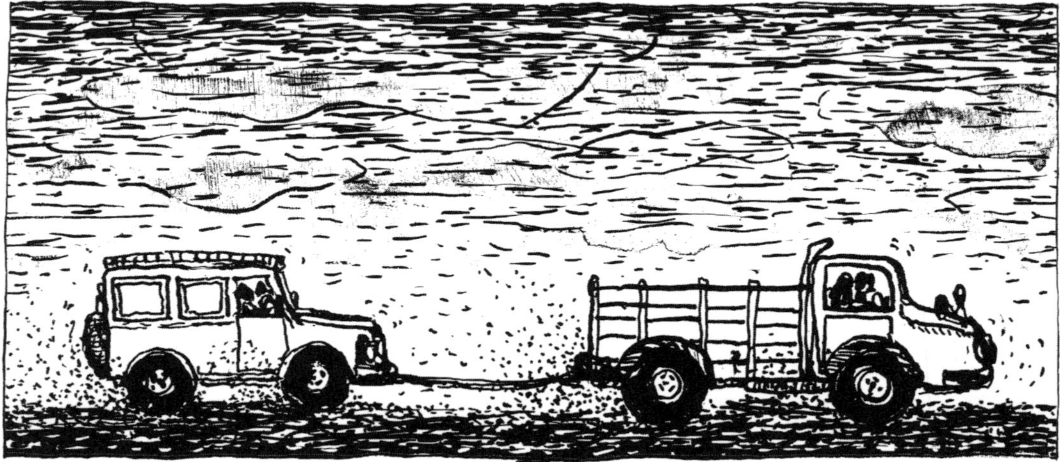

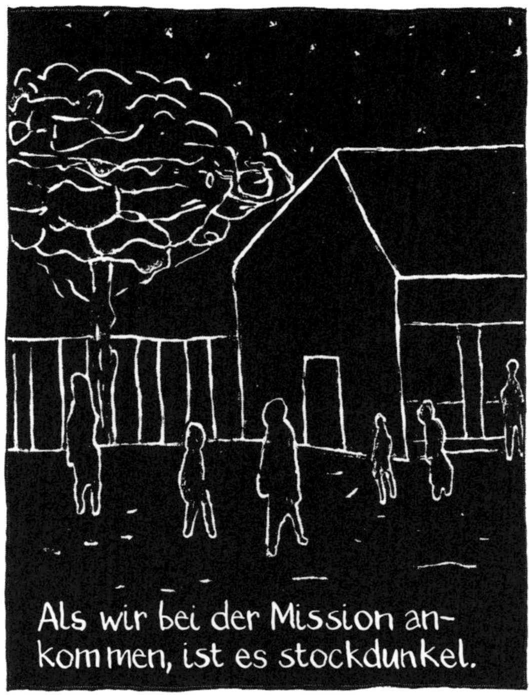
Als wir bei der Mission ankommen, ist es stockdunkel.

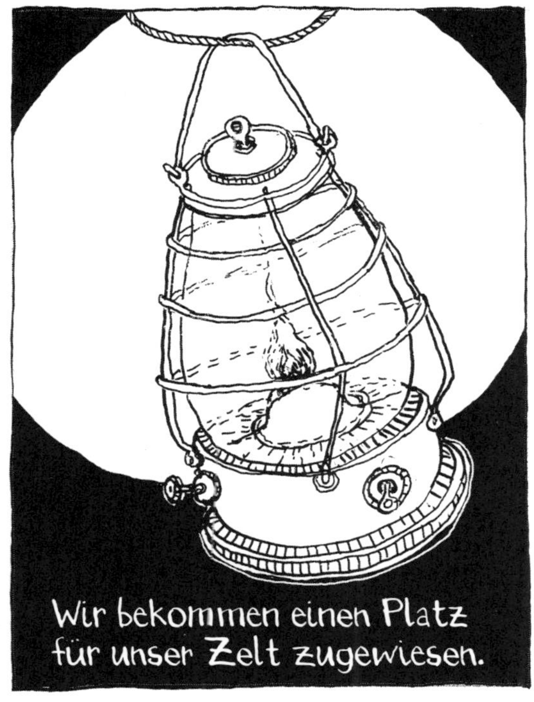
Wir bekommen einen Platz für unser Zelt zugewiesen.

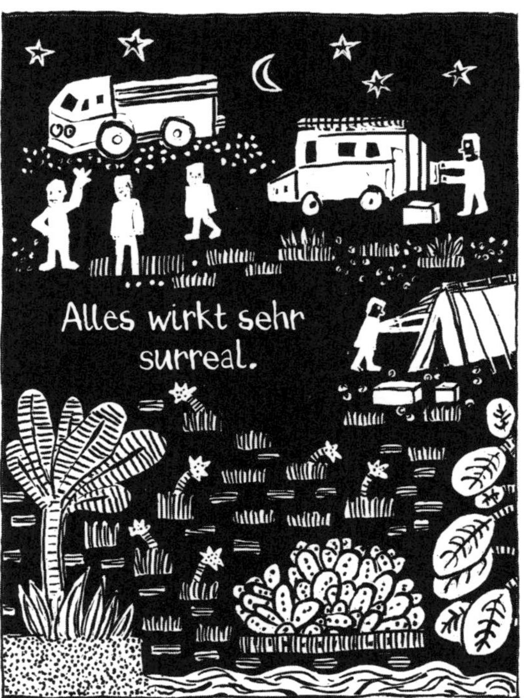
Alles wirkt sehr surreal.

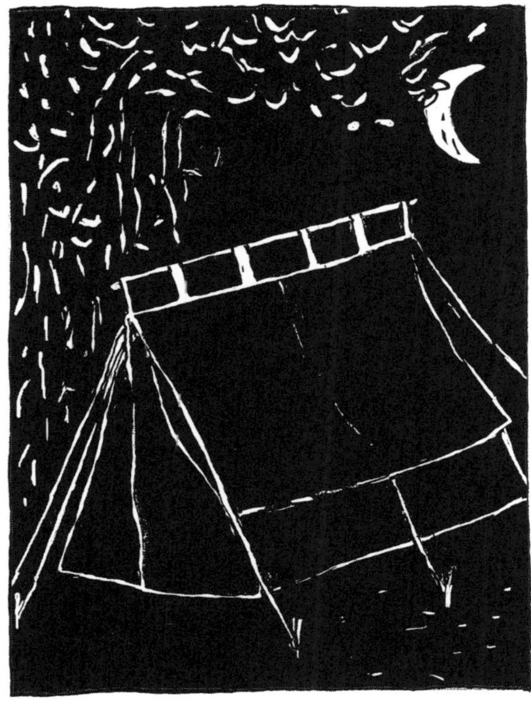

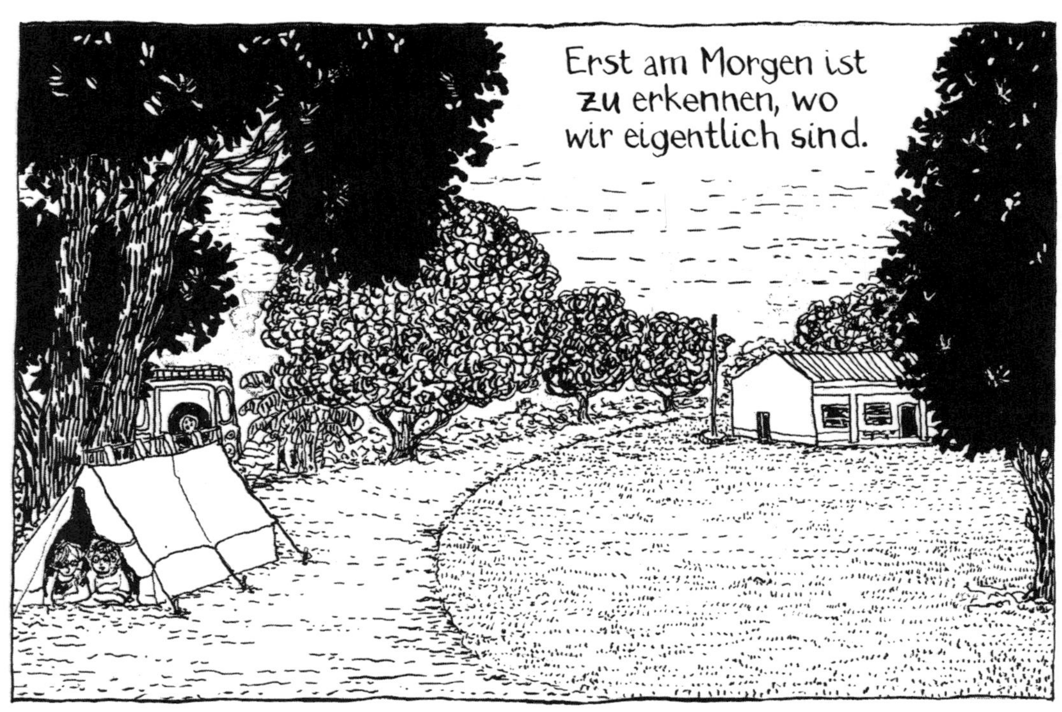
Erst am Morgen ist zu erkennen, wo wir eigentlich sind.

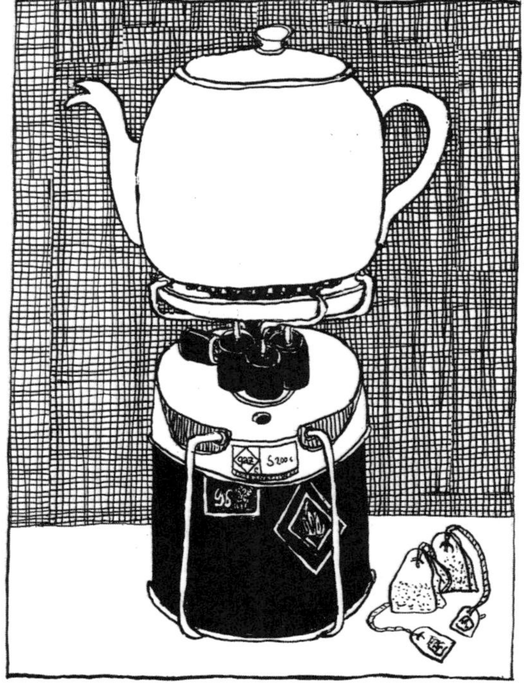

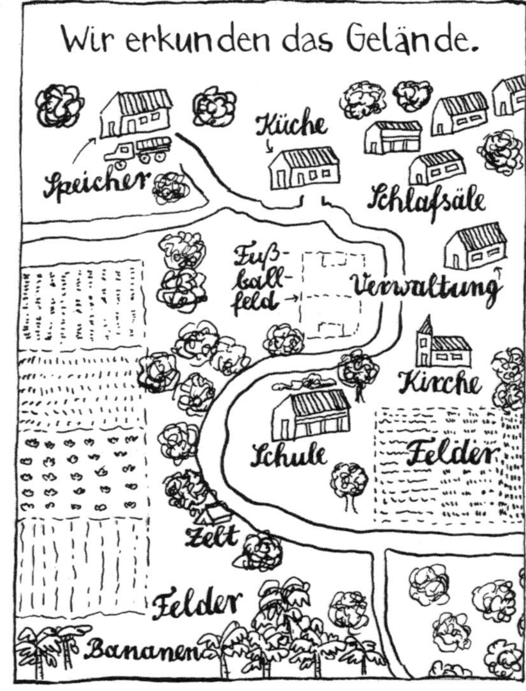
Wir erkunden das Gelände.
Küche
Speicher
Schlafsäle
Fußballfeld
Verwaltung
Kirche
Schule
Felder
Zelt
Felder
Bananen

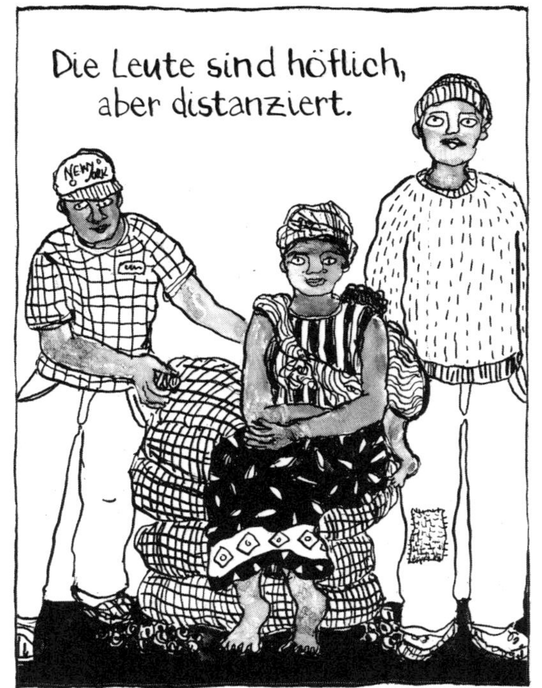
Die Leute sind höflich, aber distanziert.

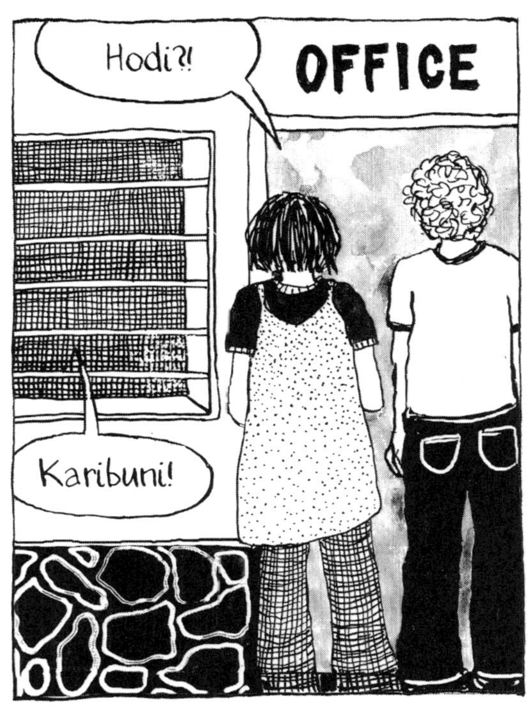
Hodi?!
OFFICE
Karibuni!

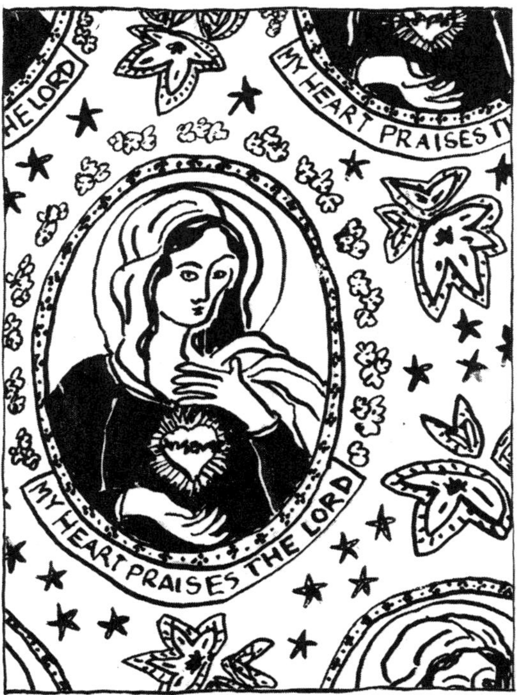
MY HEART PRAISES THE LORD

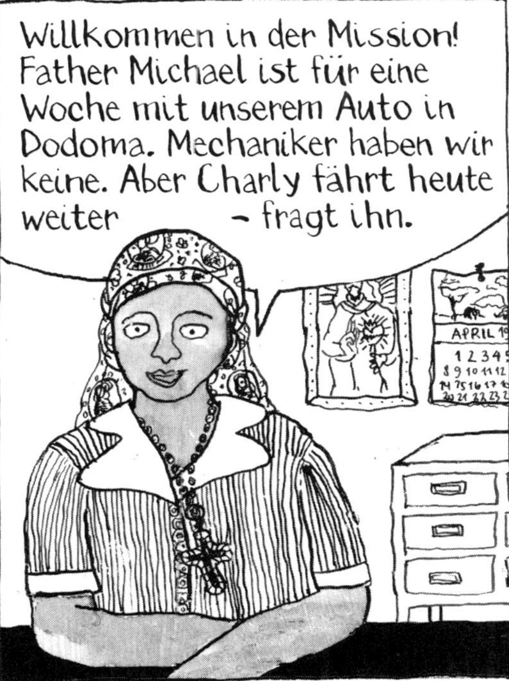
Willkommen in der Mission! Father Michael ist für eine Woche mit unserem Auto in Dodoma. Mechaniker haben wir keine. Aber Charly fährt heute weiter – fragt ihn.
APRIL

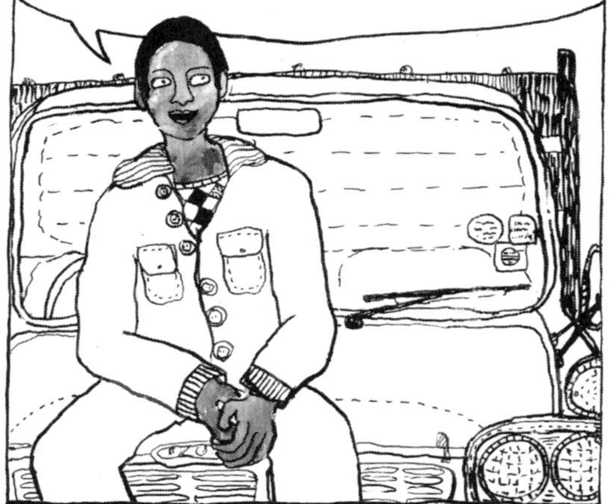
Ich habe gehört, dass es im übernächsten Ort einen Schweißer gibt. Ich sage ihm Bescheid, dass ihr ihn braucht. Wenn der Lkw voll ist, muss ich sowieso weiter.

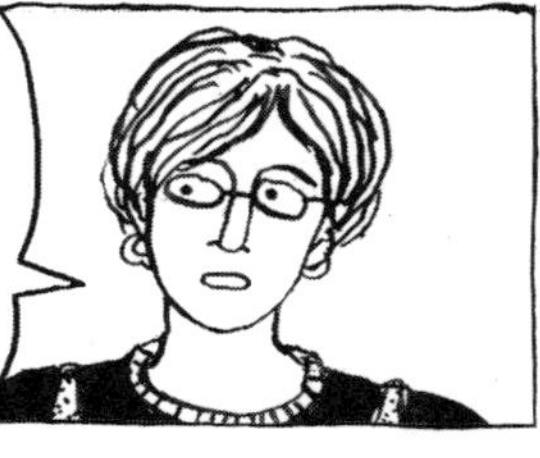
Vielen Dank! Aber wie soll der Schweißer denn hier herkommen?

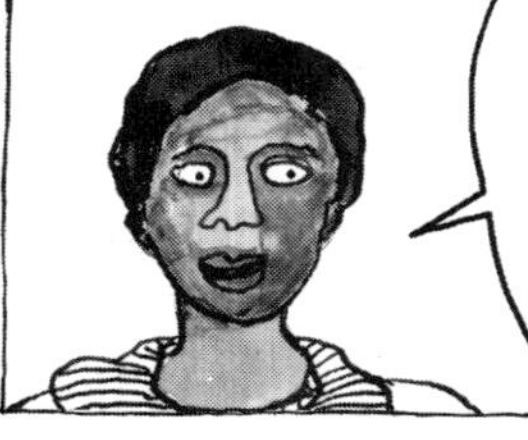
Sehen ist anders als erzählt bekommen.

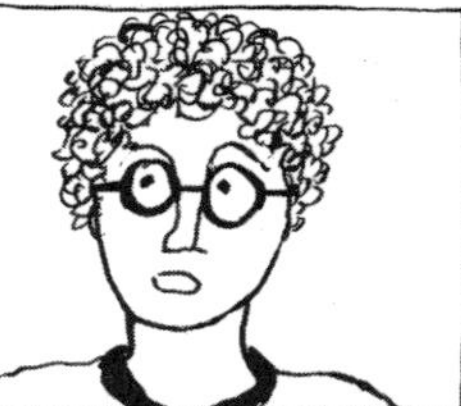
Und wann kann der Schweißer hier sein?

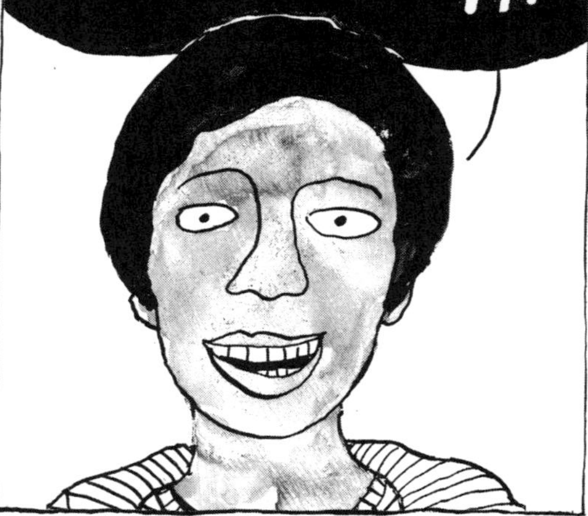
Gott gab den Europäern die Uhr und den Afrikanern die Zeit ...
Hahahahah!

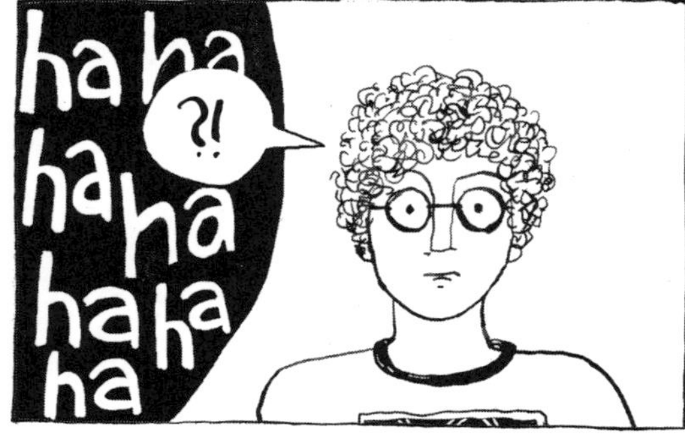
haha
haha
haha
ha
?!

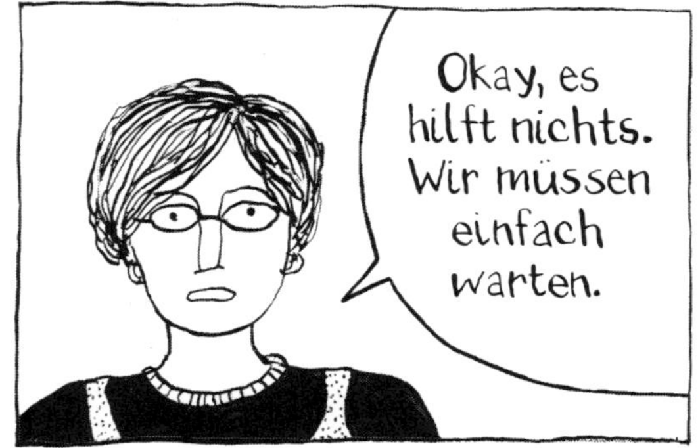
Okay, es hilft nichts. Wir müssen einfach warten.

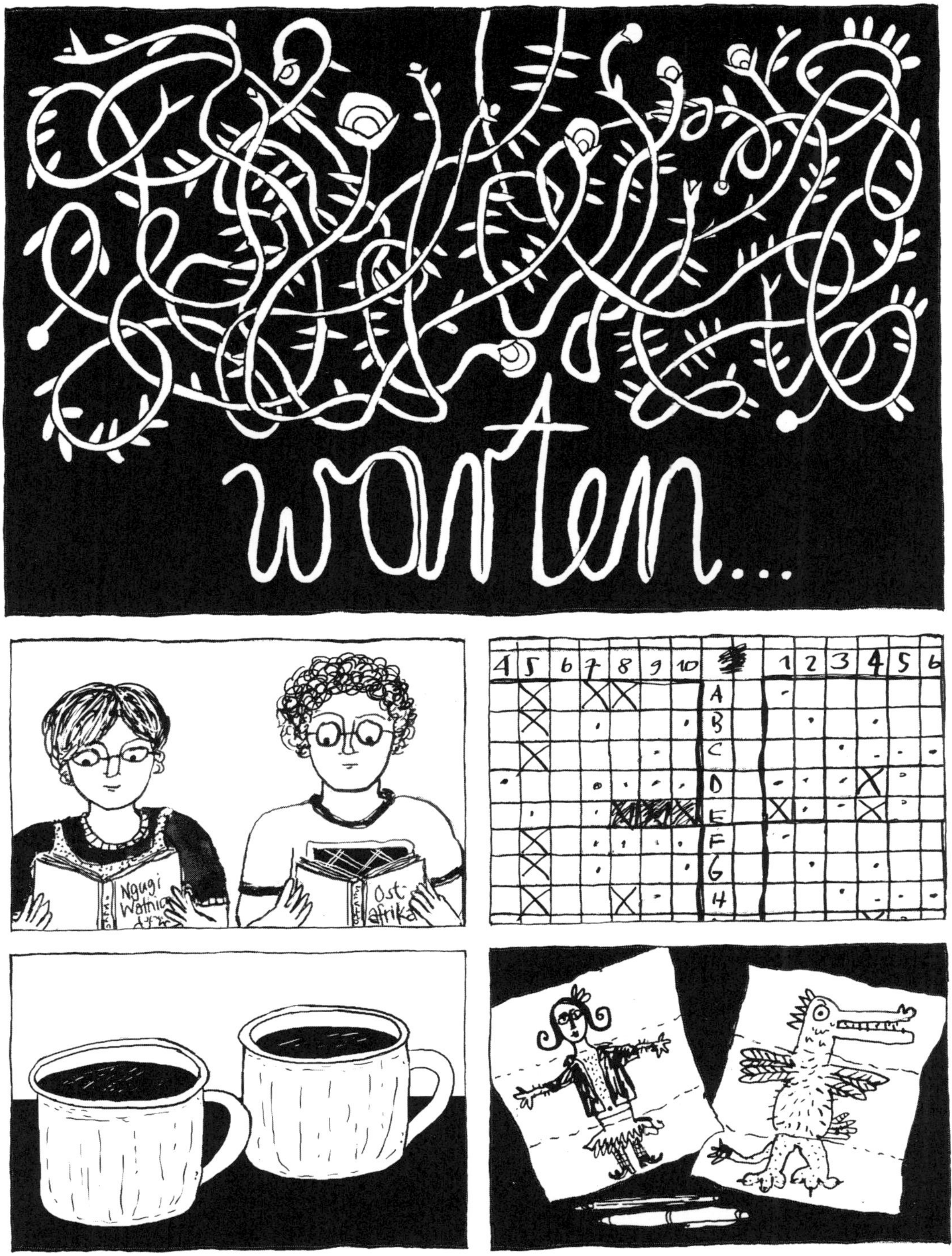

warten...

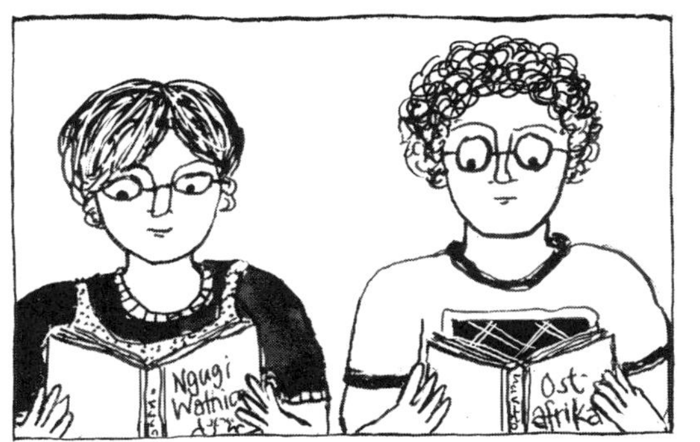

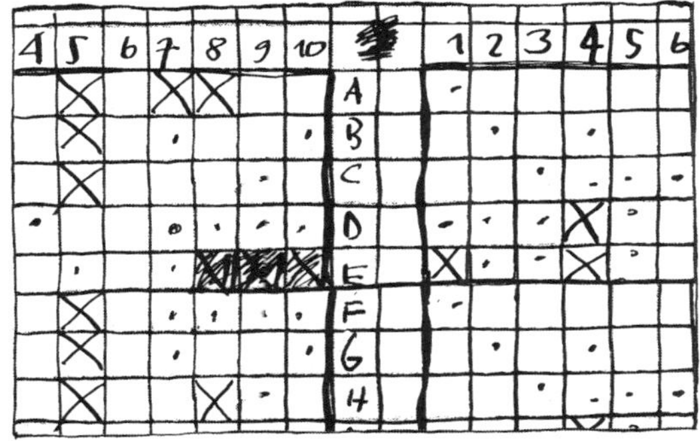

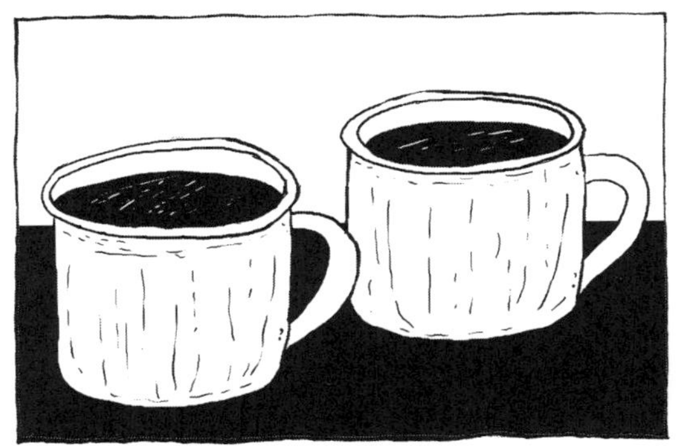

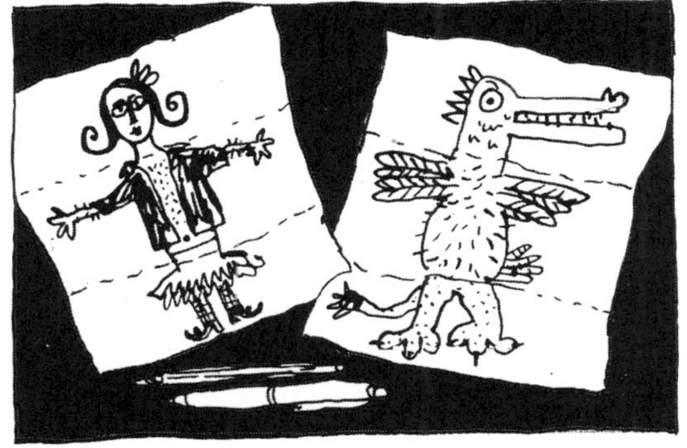

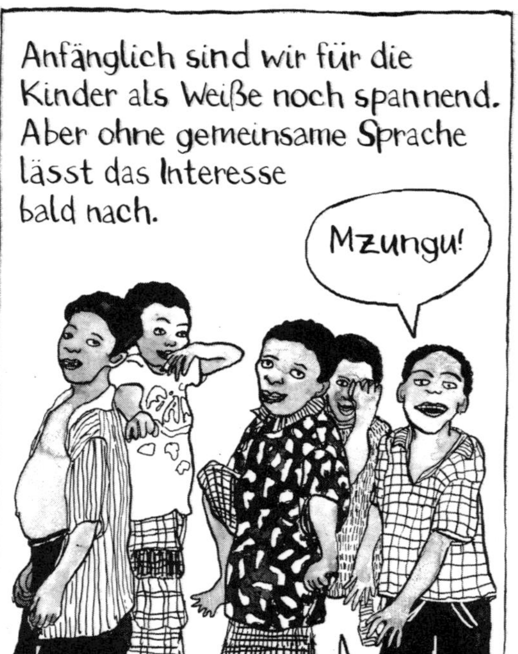
Anfänglich sind wir für die Kinder als Weiße noch spannend. Aber ohne gemeinsame Sprache lässt das Interesse bald nach.
Mzungu!

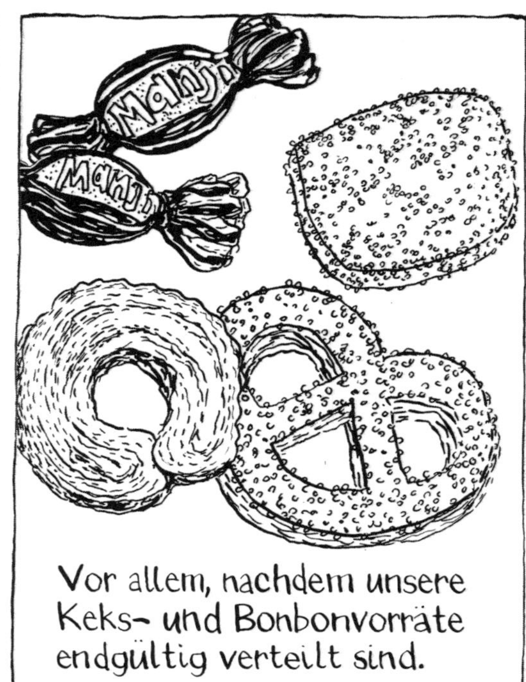
Manji
Manji
Vor allem, nachdem unsere Keks- und Bonbonvorräte endgültig verteilt sind.

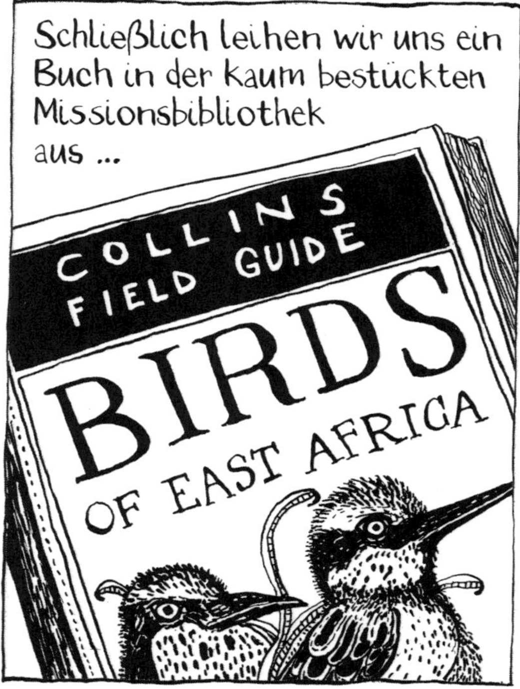
Schließlich leihen wir uns ein Buch in der kaum bestückten Missionsbibliothek aus ...
COLLINS FIELD GUIDE
BIRDS OF EAST AFRICA

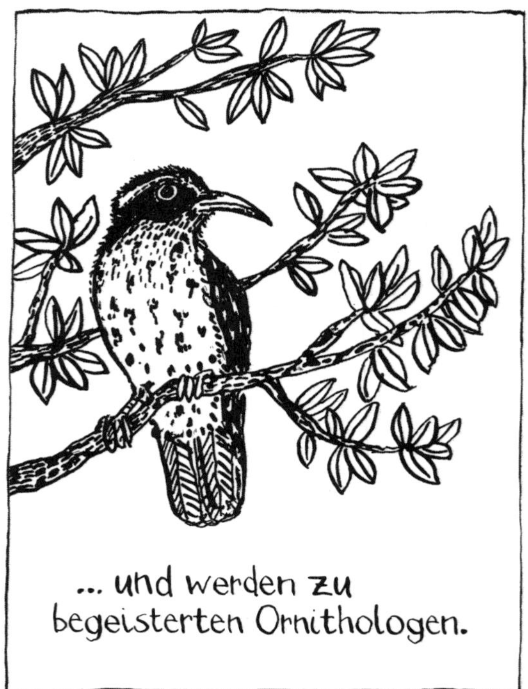
... und werden zu begeisterten Ornithologen.

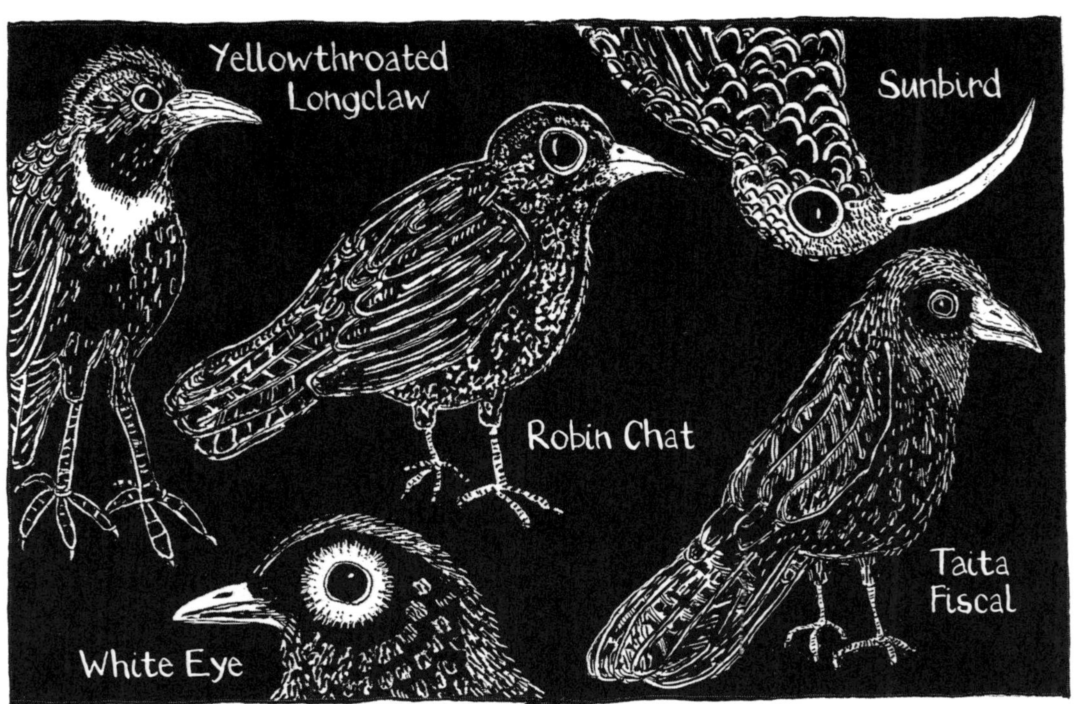
Yellowthroated Longclaw
Sunbird
Robin Chat
Taita Fiscal
White Eye

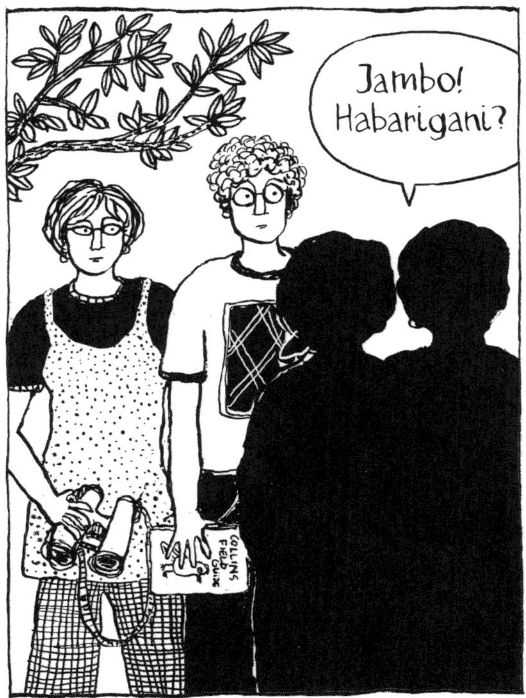
Jambo! Habarigani?
COLLINS FIELD GUIDE

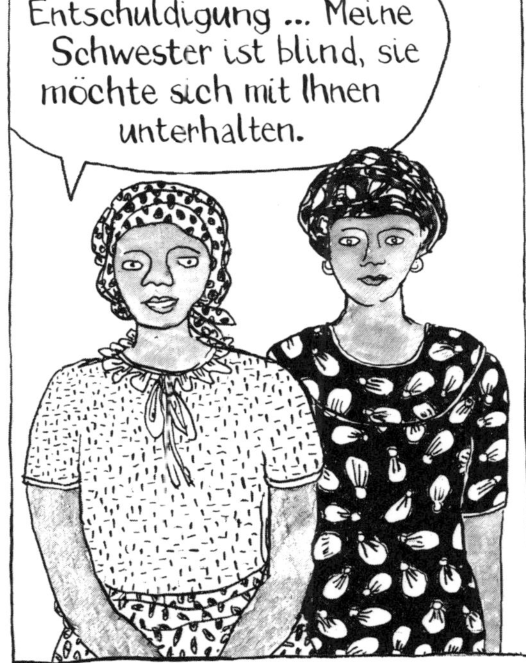
Entschuldigung ... Meine Schwester ist blind, sie möchte sich mit Ihnen unterhalten.

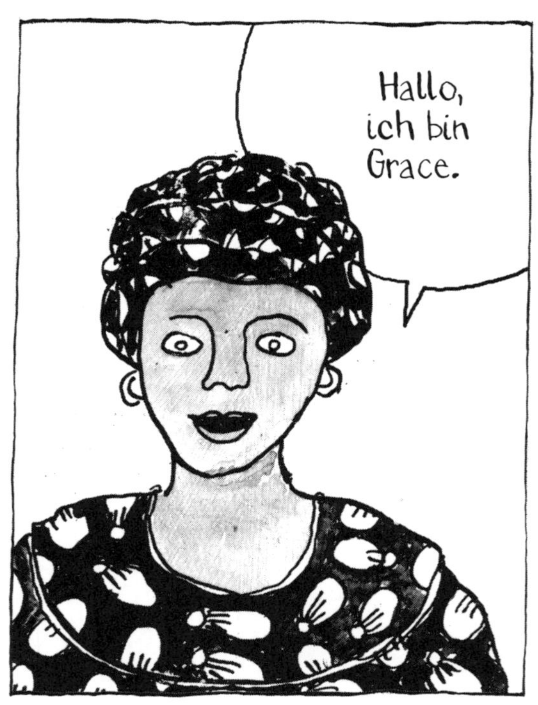
Hallo,
ich bin
Grace.

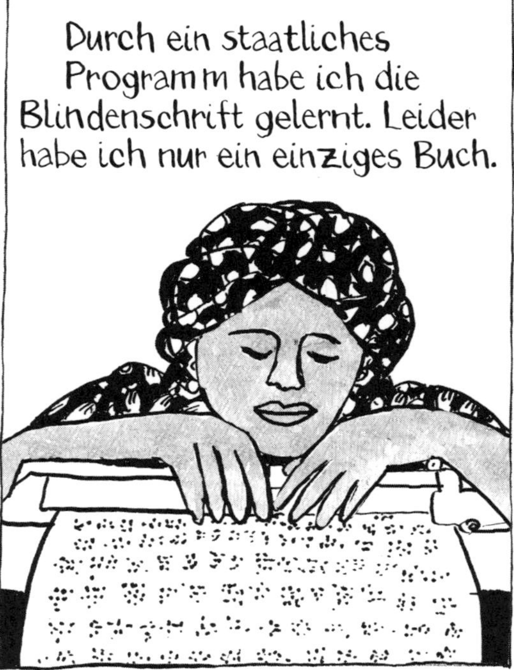
Durch ein staatliches
Programm habe ich die
Blindenschrift gelernt. Leider
habe ich nur ein einziges Buch.

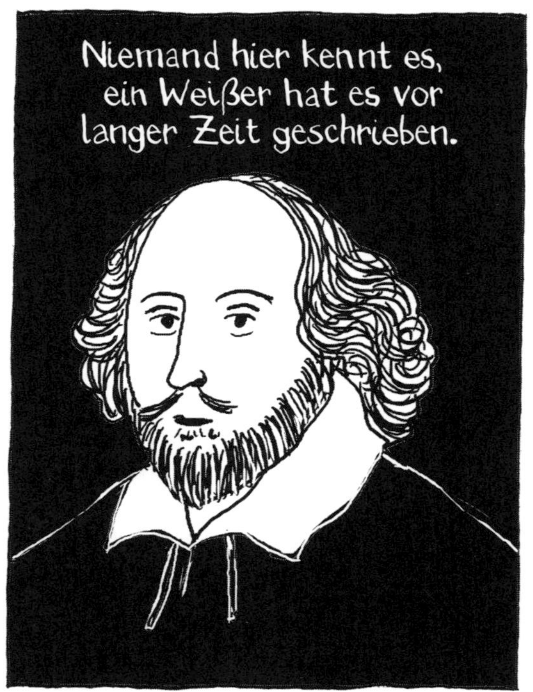
Niemand hier kennt es,
ein Weißer hat es vor
langer Zeit geschrieben.

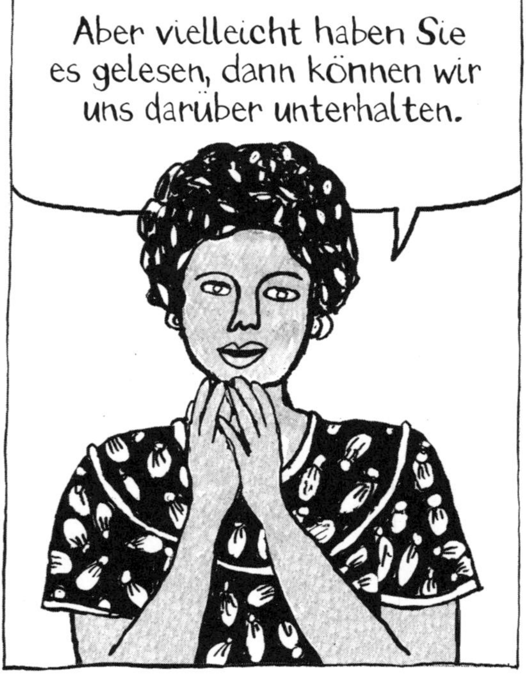
Aber vielleicht haben Sie
es gelesen, dann können wir
uns darüber unterhalten.

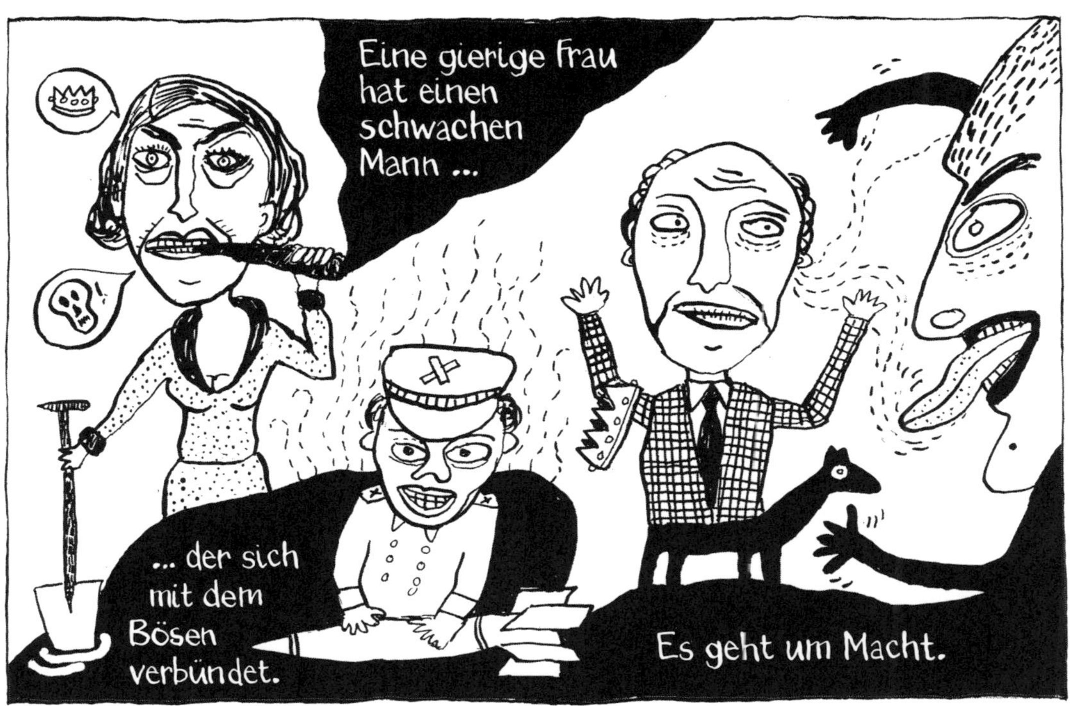
Eine gierige Frau hat einen schwachen Mann ...
... der sich mit dem Bösen verbündet.
Es geht um Macht.

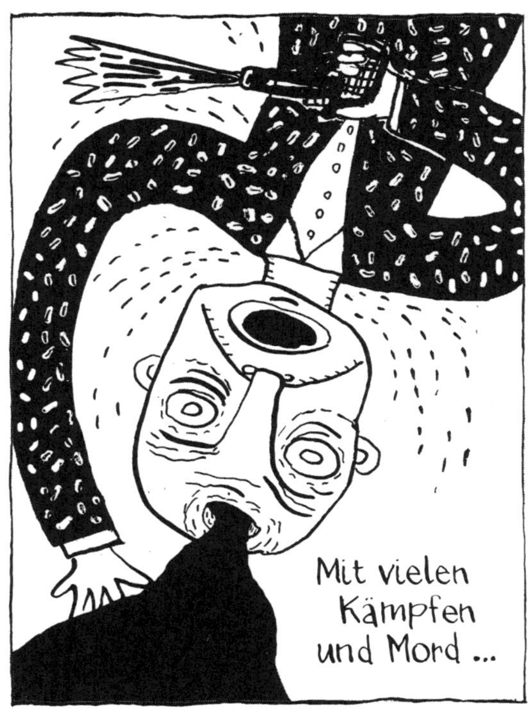
Mit vielen Kämpfen und Mord ...

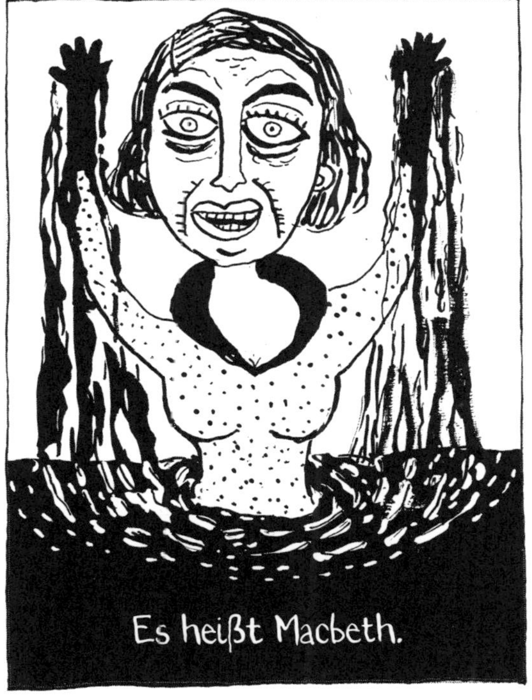
Es heißt Macbeth.

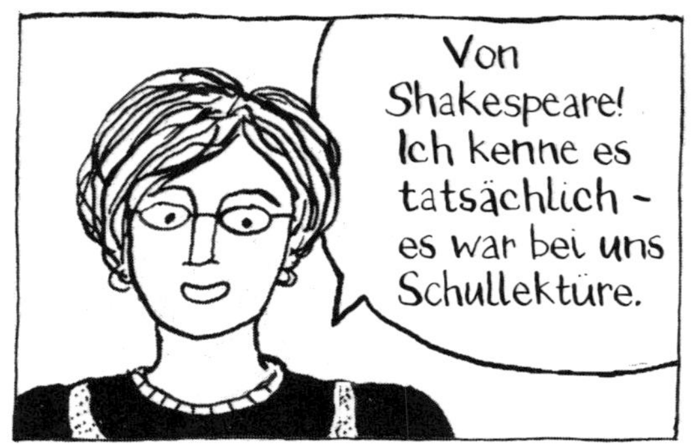
Von Shakespeare! Ich kenne es tatsächlich - es war bei uns Schullektüre.

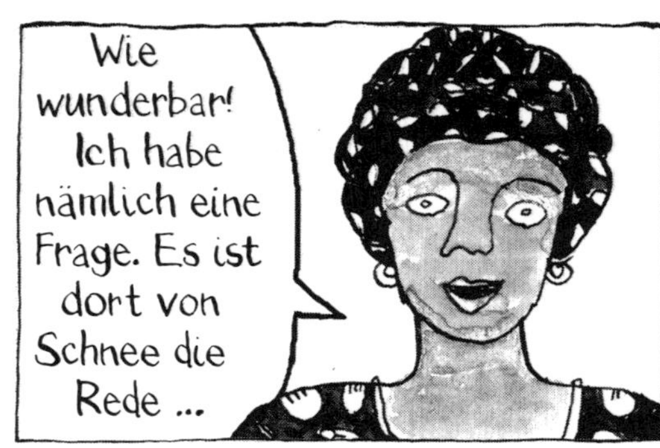
Wie wunderbar! Ich habe nämlich eine Frage. Es ist dort von Schnee die Rede ...

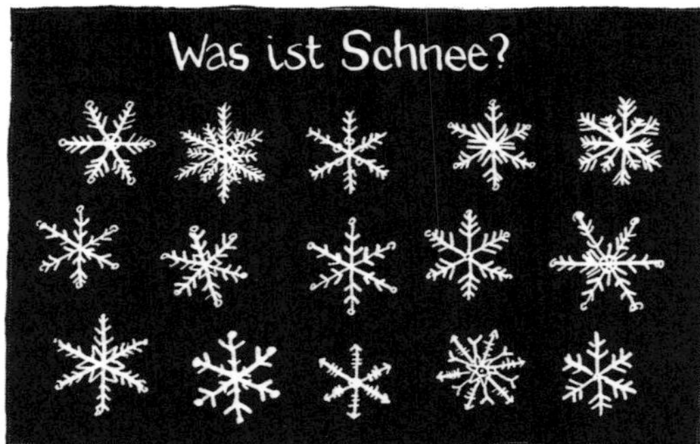
Was ist Schnee?

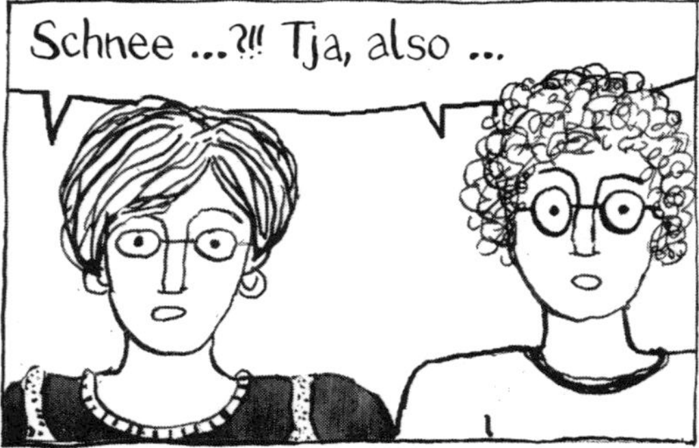
Schnee ...?!! Tja, also ...

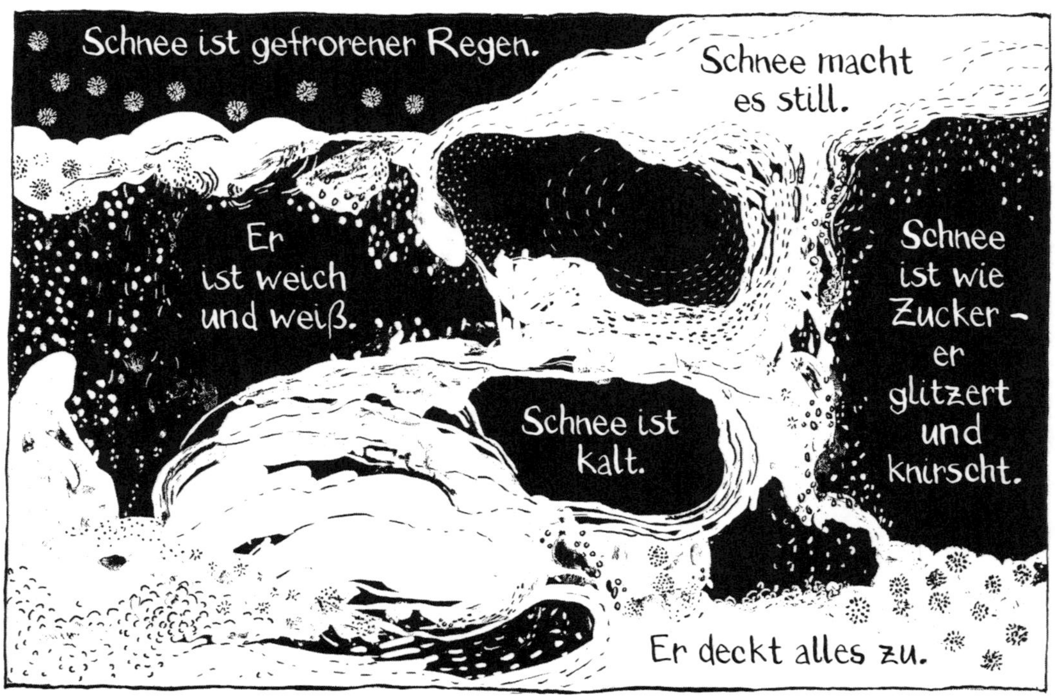
Schnee ist gefrorener Regen.
Schnee macht es still.
Er ist weich und weiß.
Schnee ist wie Zucker - er glitzert und knirscht.
Schnee ist kalt.
Er deckt alles zu.

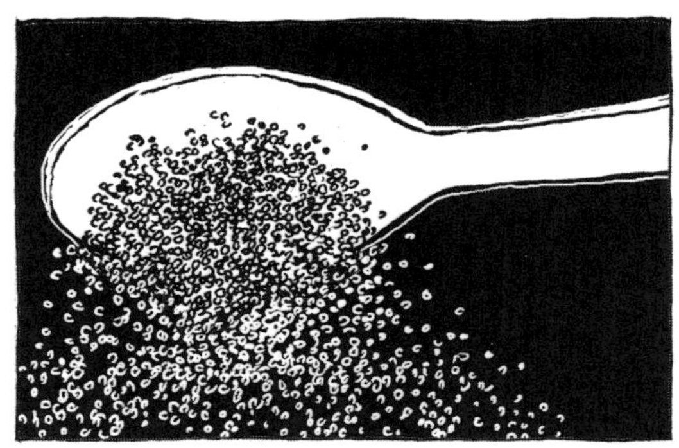

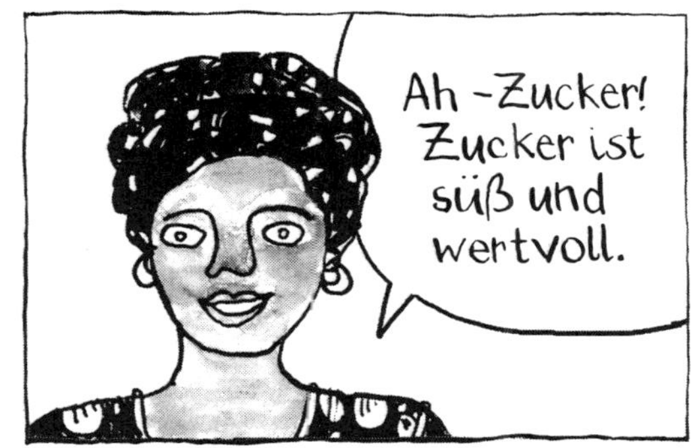
Ah - Zucker! Zucker ist süß und wertvoll.

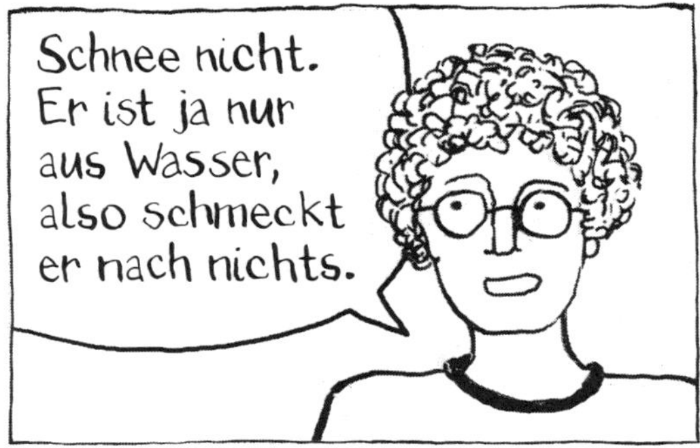
Schnee nicht. Er ist ja nur aus Wasser, also schmeckt er nach nichts.

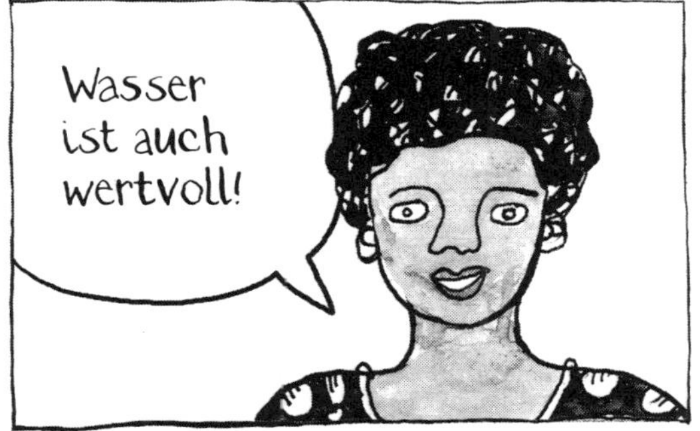
Wasser ist auch wertvoll!

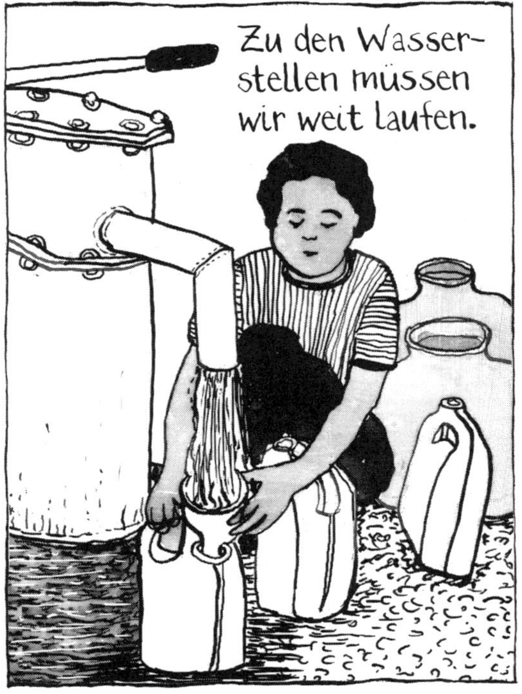
Zu den Wasserstellen müssen wir weit laufen.

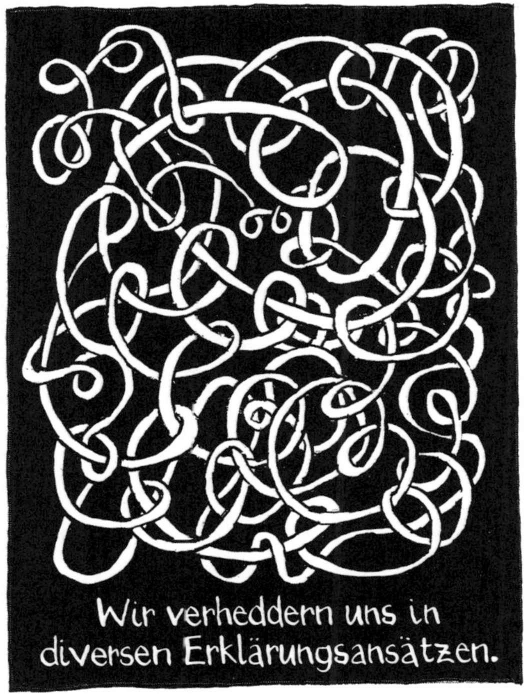
Wir verheddern uns in diversen Erklärungsansätzen.

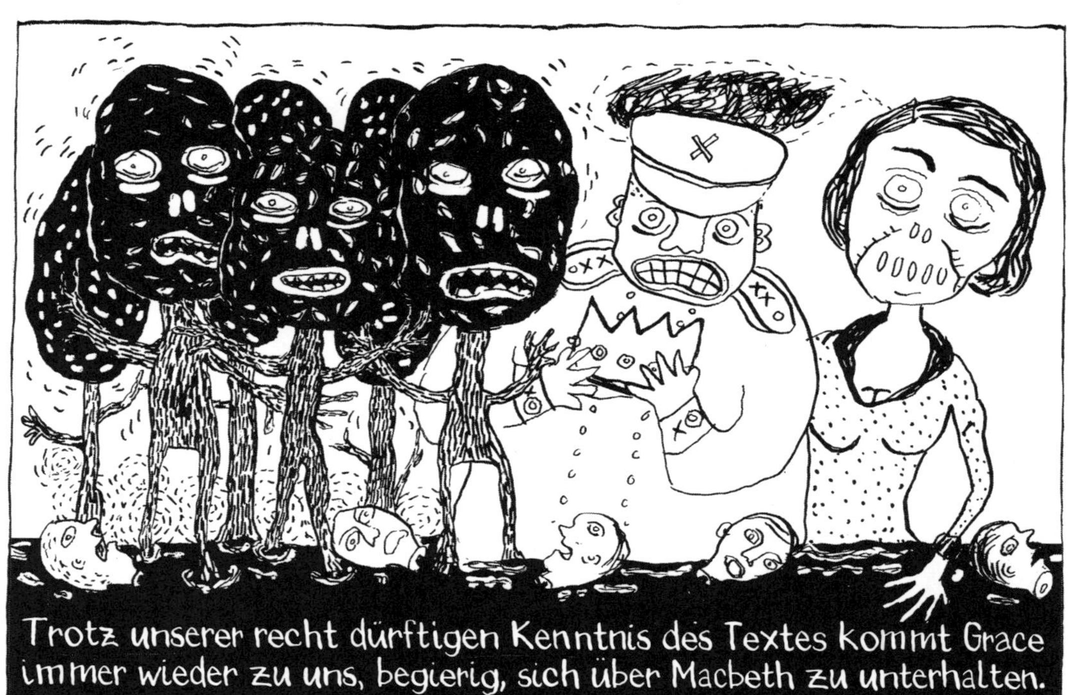
Trotz unserer recht dürftigen Kenntnis des Textes kommt Grace immer wieder zu uns, begierig, sich über Macbeth zu unterhalten.

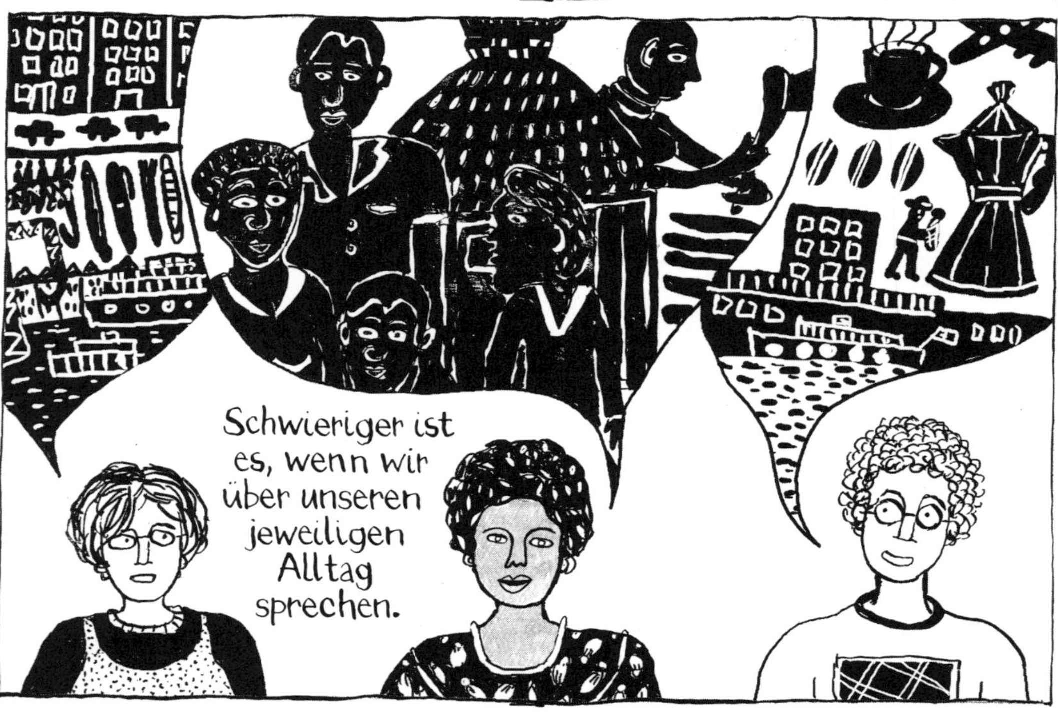
Schwieriger ist es, wenn wir über unseren jeweiligen Alltag sprechen.

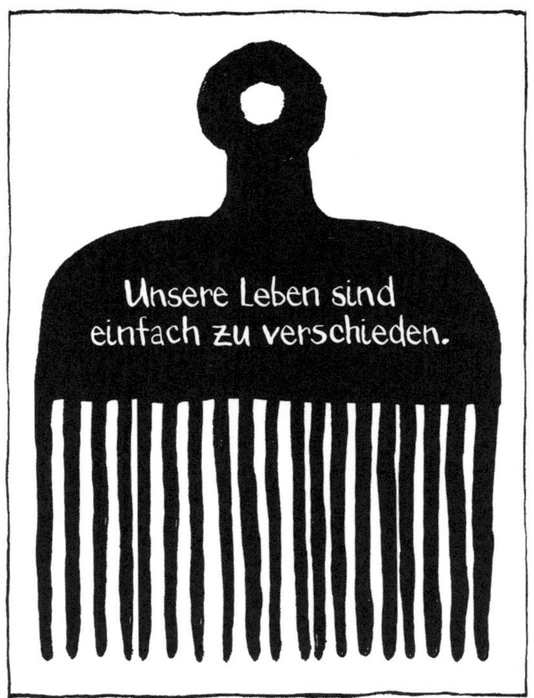
Unsere Leben sind
einfach zu verschieden.

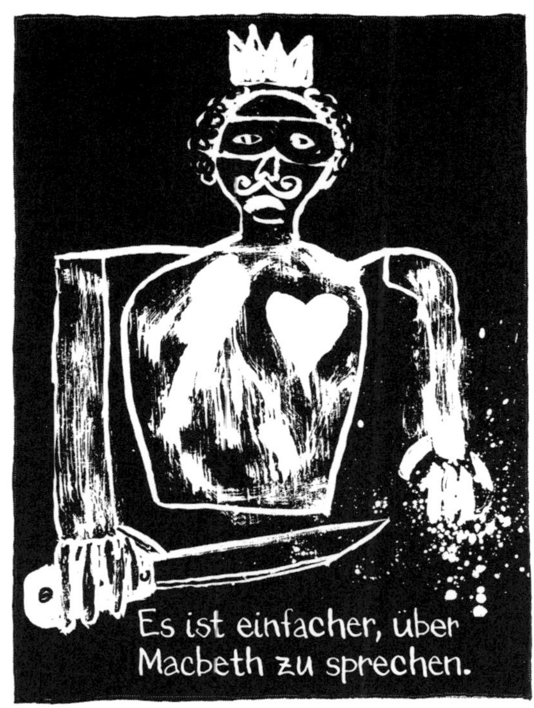
Es ist einfacher, über
Macbeth zu sprechen.

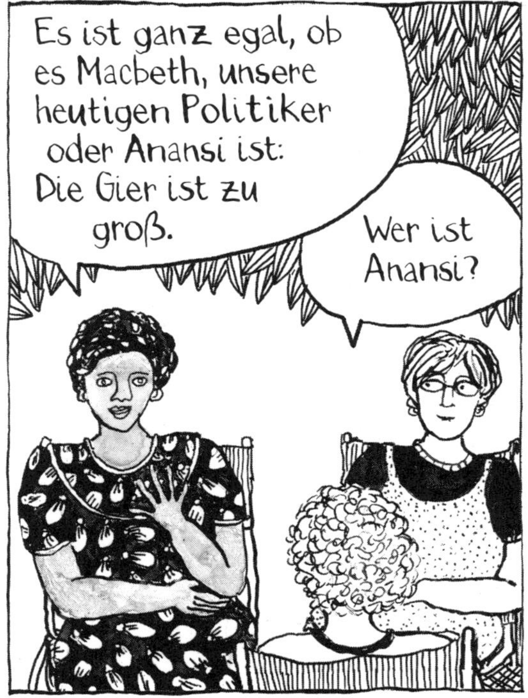
Es ist ganz egal, ob es Macbeth, unsere heutigen Politiker oder Anansi ist: Die Gier ist zu groß.
Wer ist Anansi?

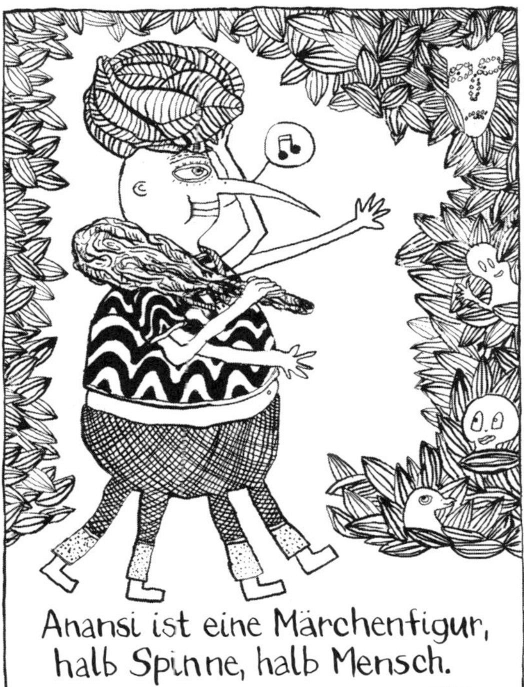
Anansi ist eine Märchenfigur,
halb Spinne, halb Mensch.

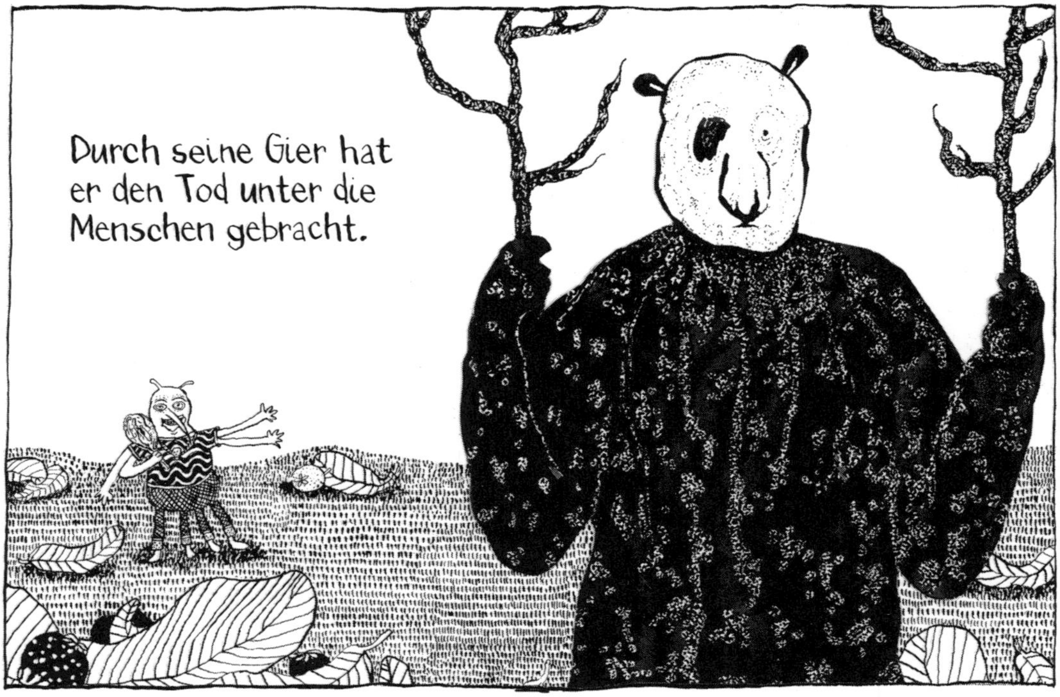

Durch seine Gier hat
er den Tod unter die
Menschen gebracht.

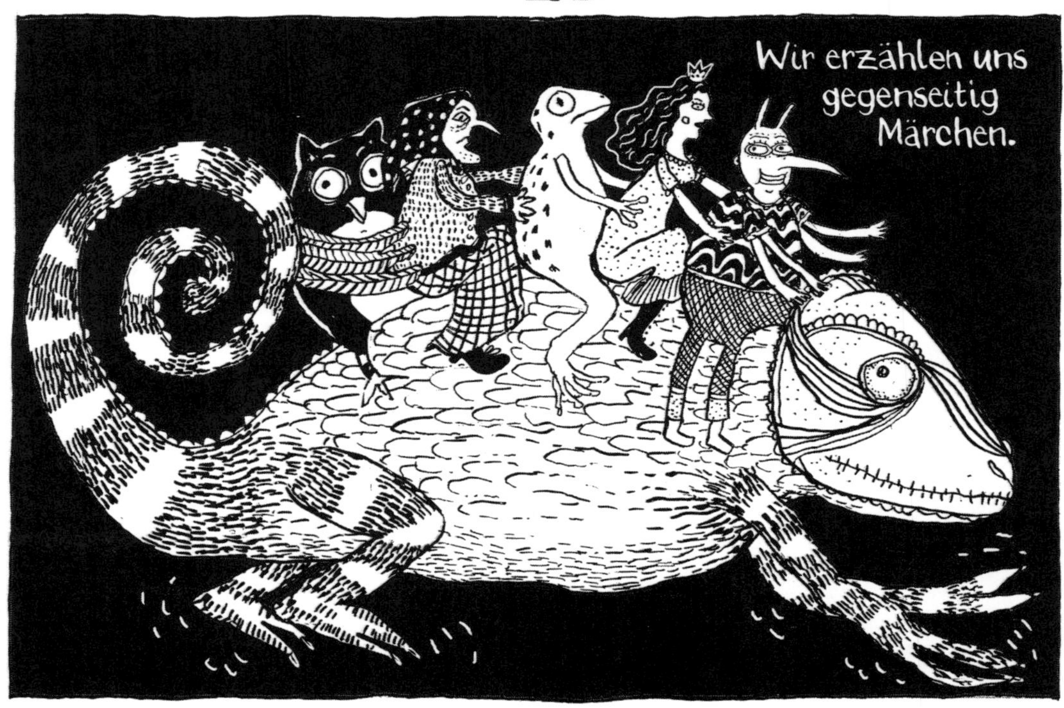

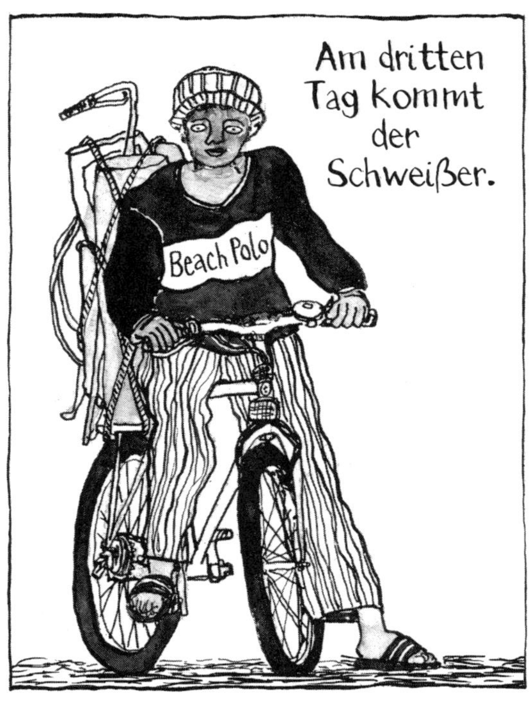
Am dritten Tag kommt der Schweißer.
Beach Polo

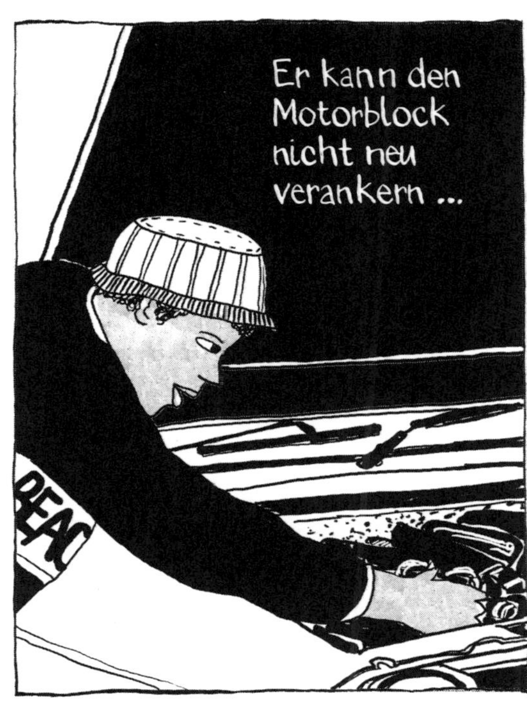
Er kann den Motorblock nicht neu verankern ...

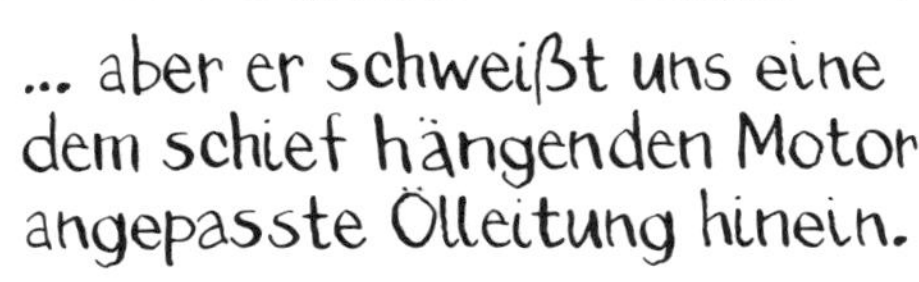
... aber er schweißt uns eine dem schief hängenden Motor angepasste Ölleitung hinein.

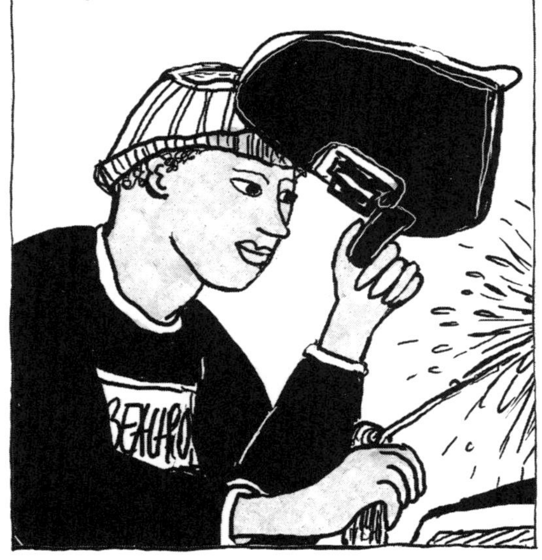

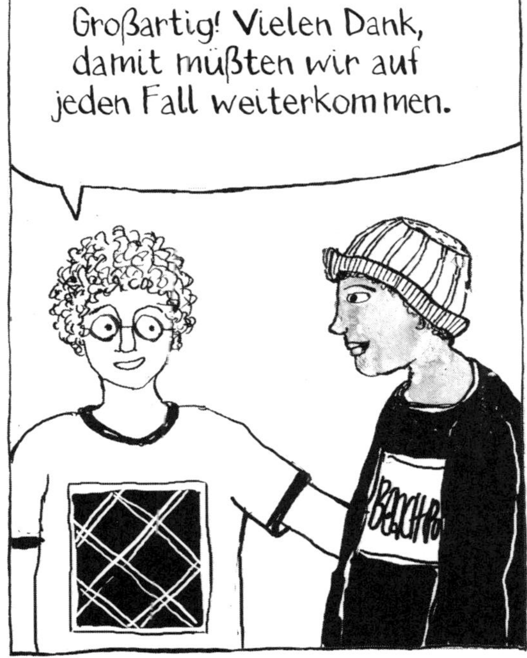
Großartig! Vielen Dank, damit müßten wir auf jeden Fall weiterkommen.

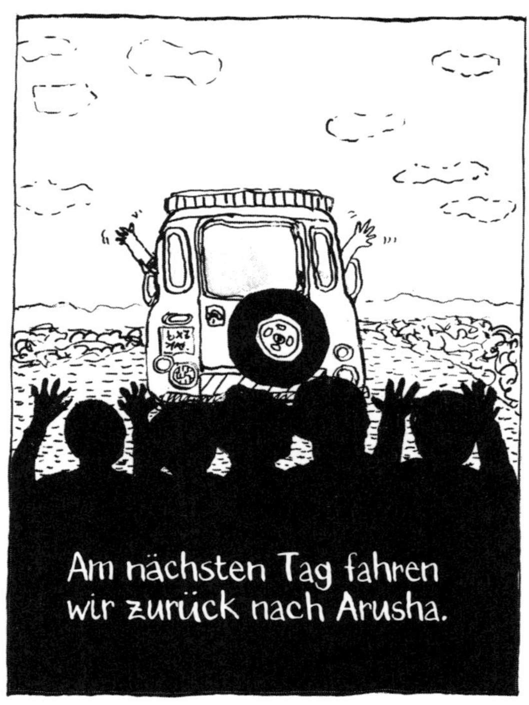
Am nächsten Tag fahren
wir zurück nach Arusha.

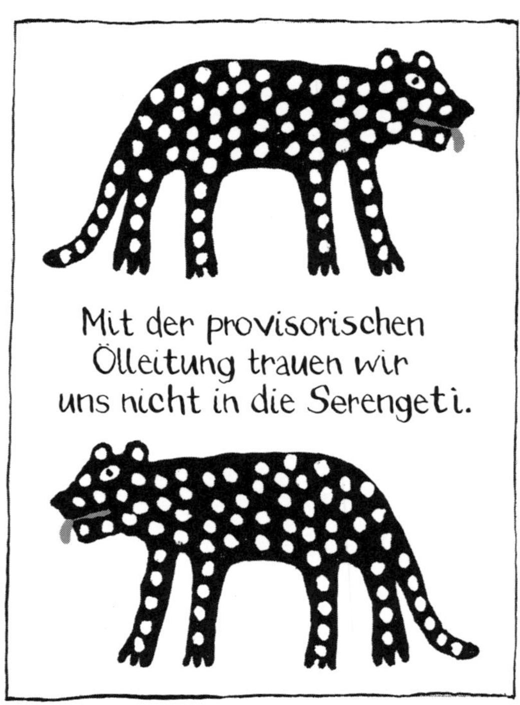
Mit der provisorischen
Ölleitung trauen wir
uns nicht in die Serengeti.

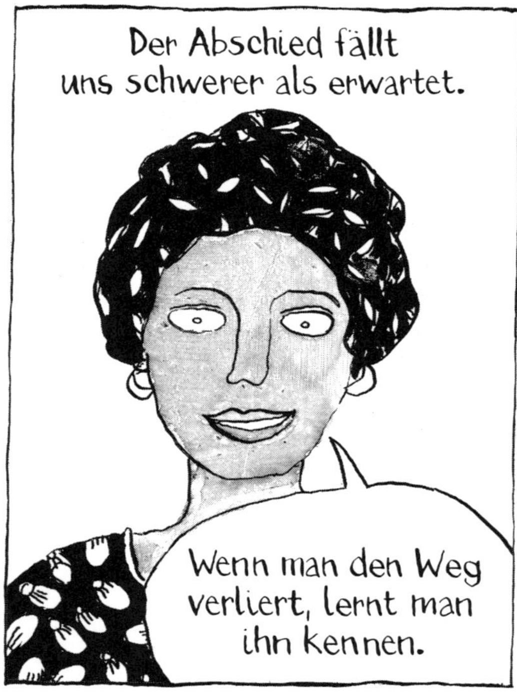
Der Abschied fällt
uns schwerer als erwartet.
Wenn man den Weg
verliert, lernt man
ihn kennen.

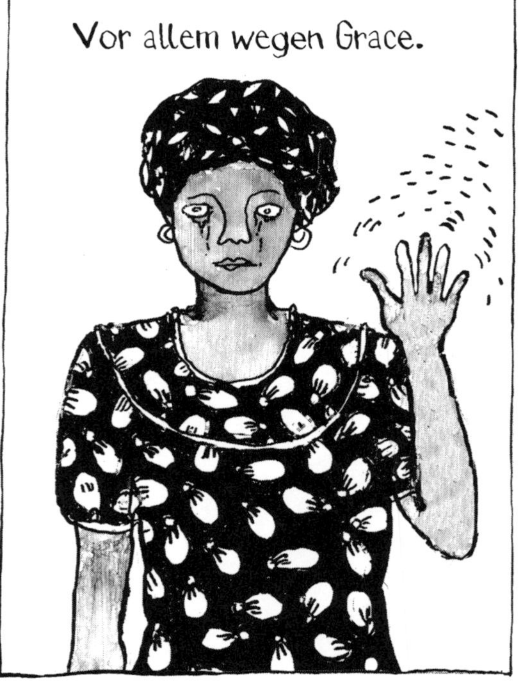
Vor allem wegen Grace.

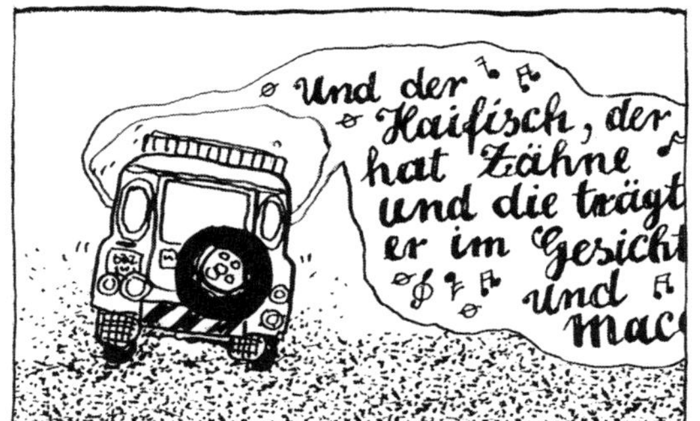
Und der
Haifisch, der
hat Zähne
und die trägt
er im Gesicht
und
mac

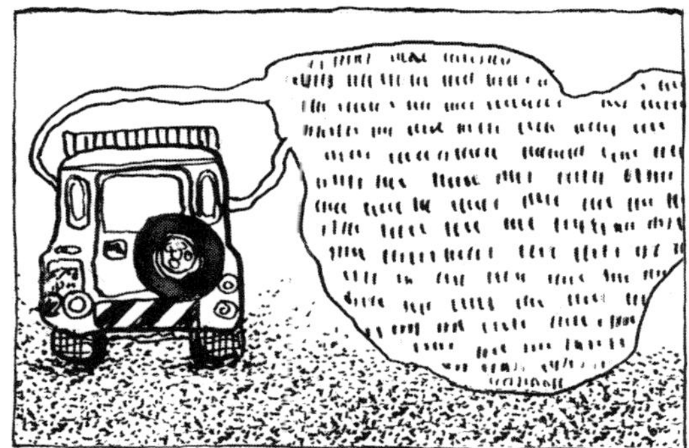

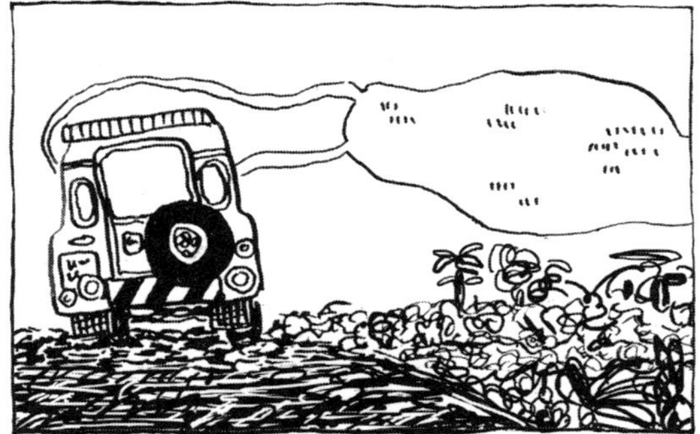

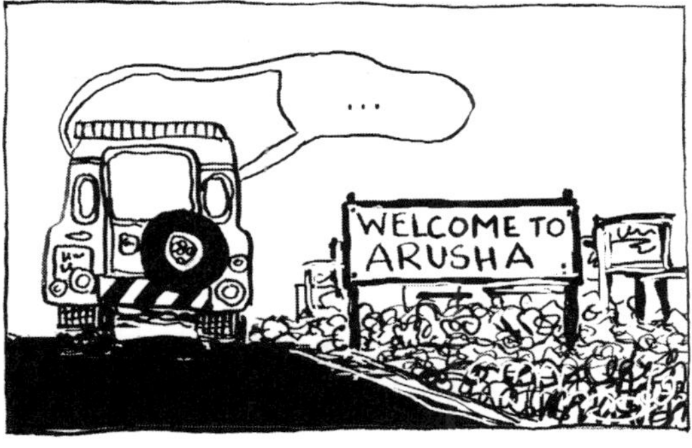
...
WELCOME TO
ARUSHA

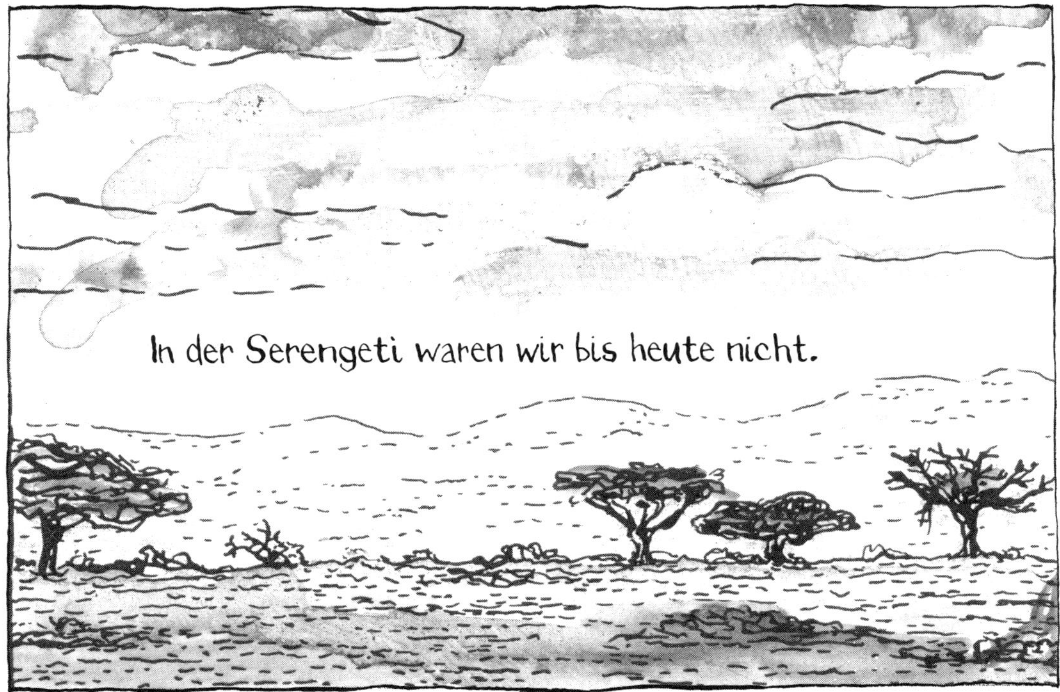
In der Serengeti waren wir bis heute nicht.

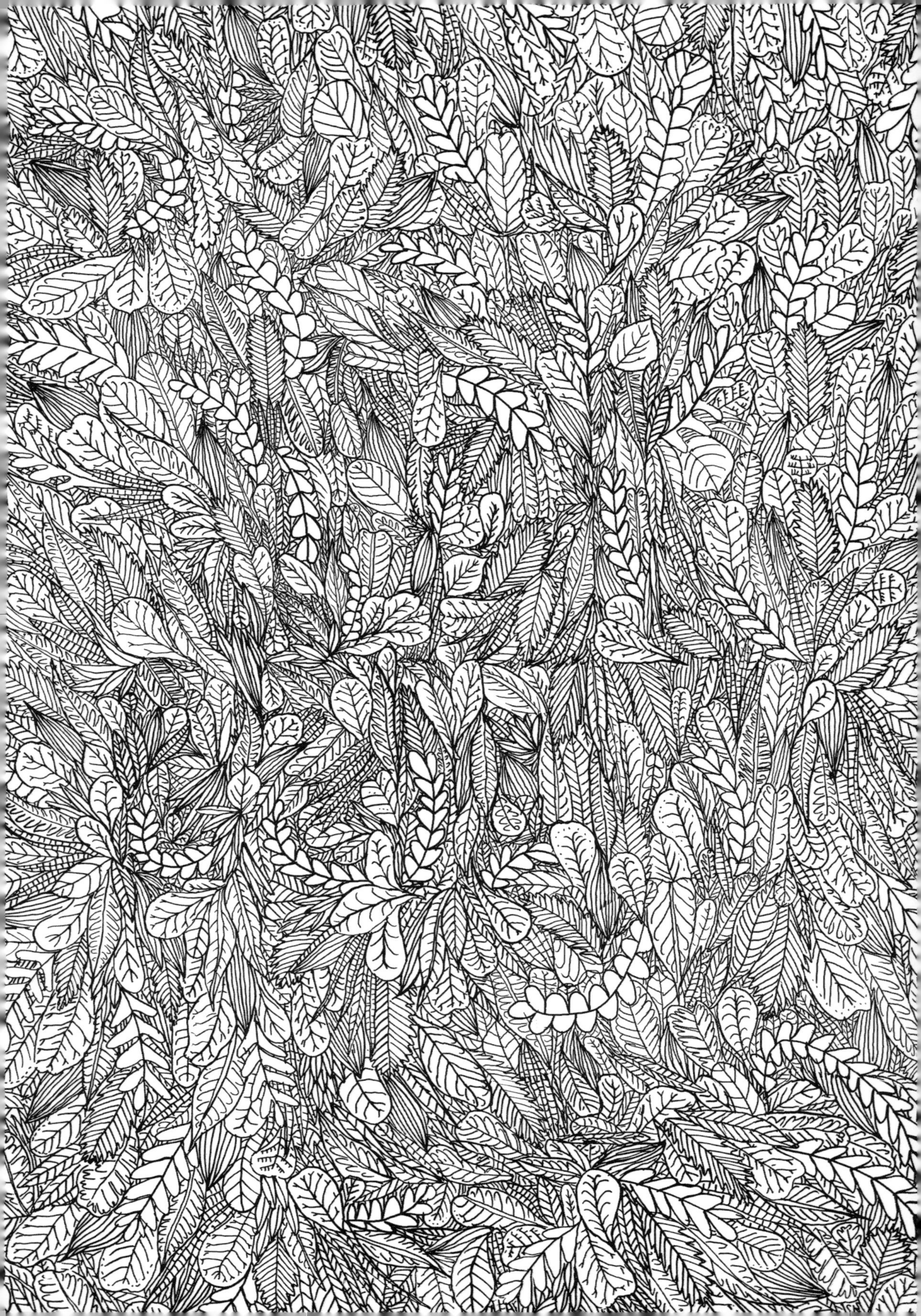

ANANSI

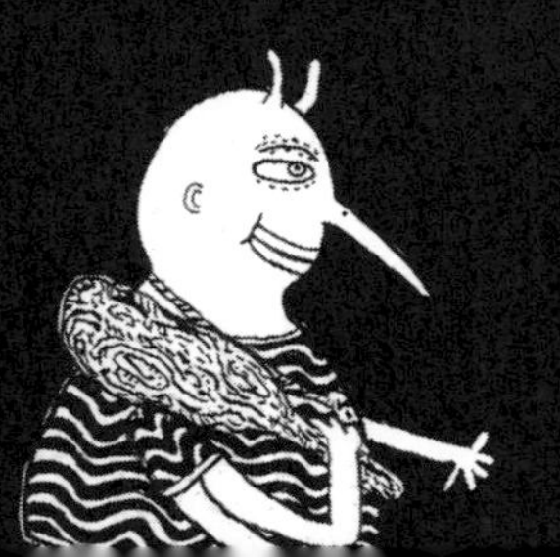

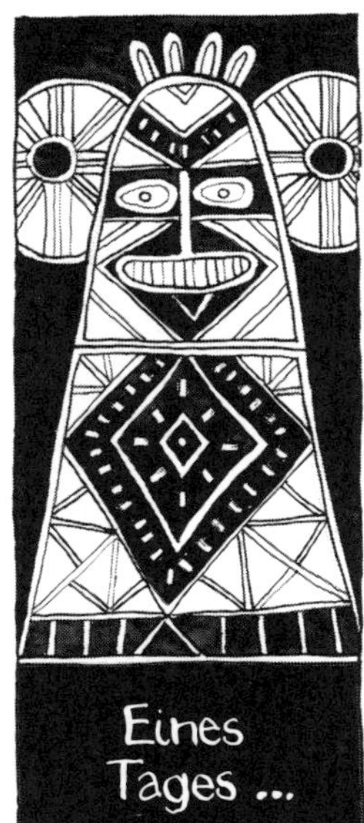

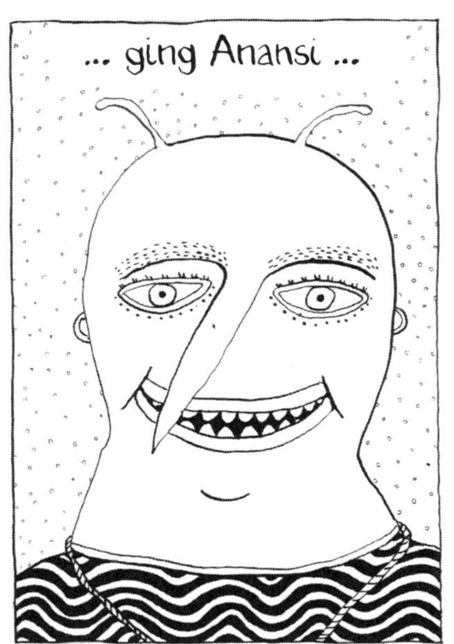

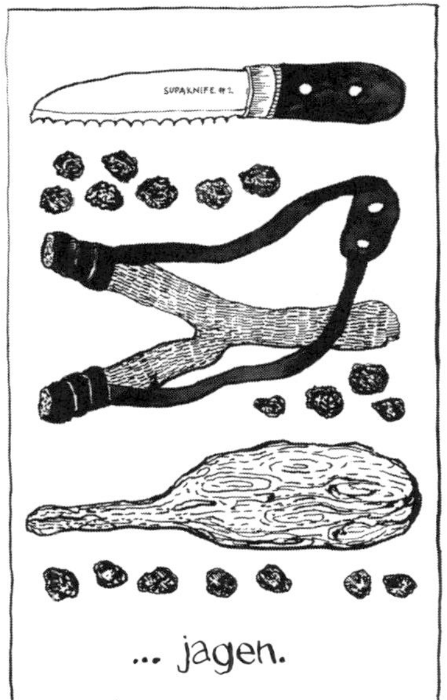

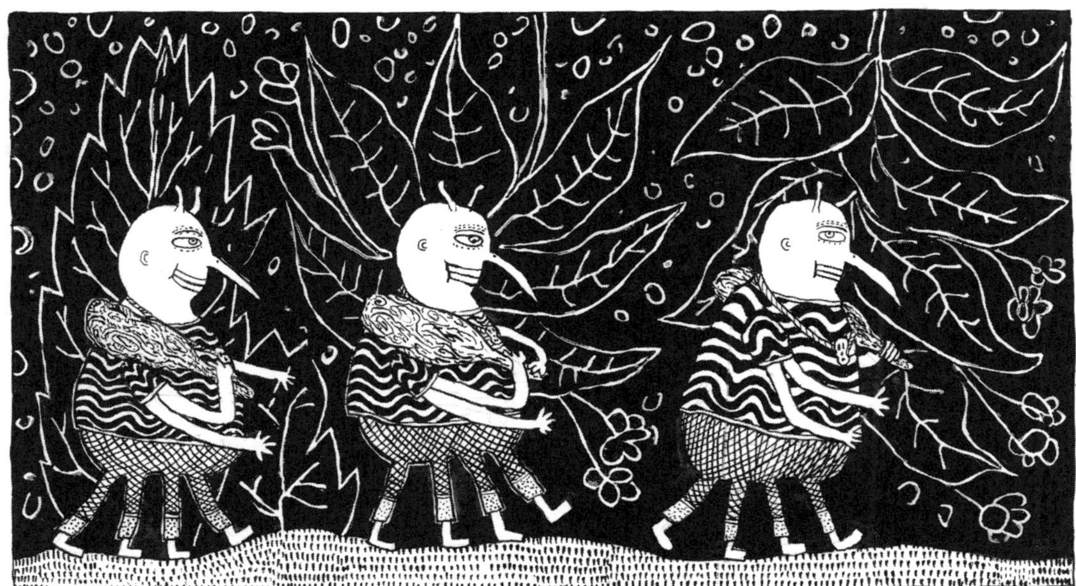

Er lief ... ... und lief ... ... und lief durch den Wald ...

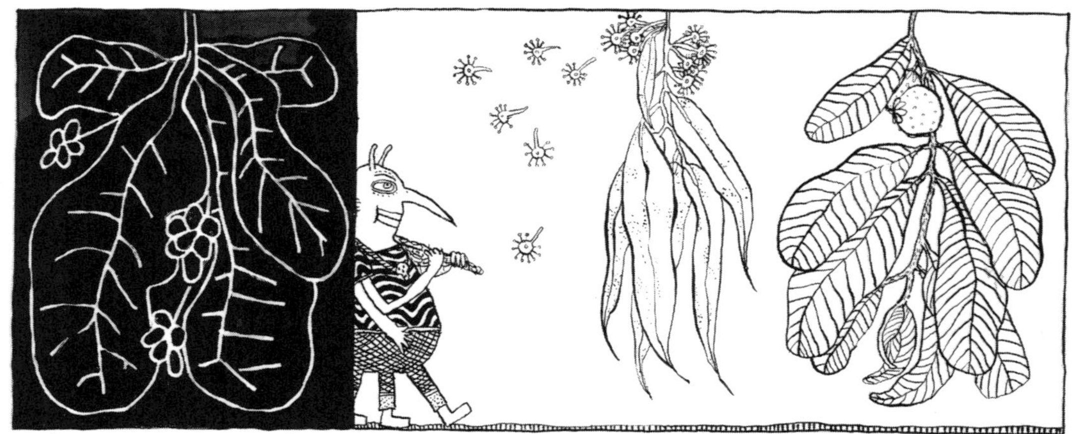

... bis er eine große Lichtung erreichte.

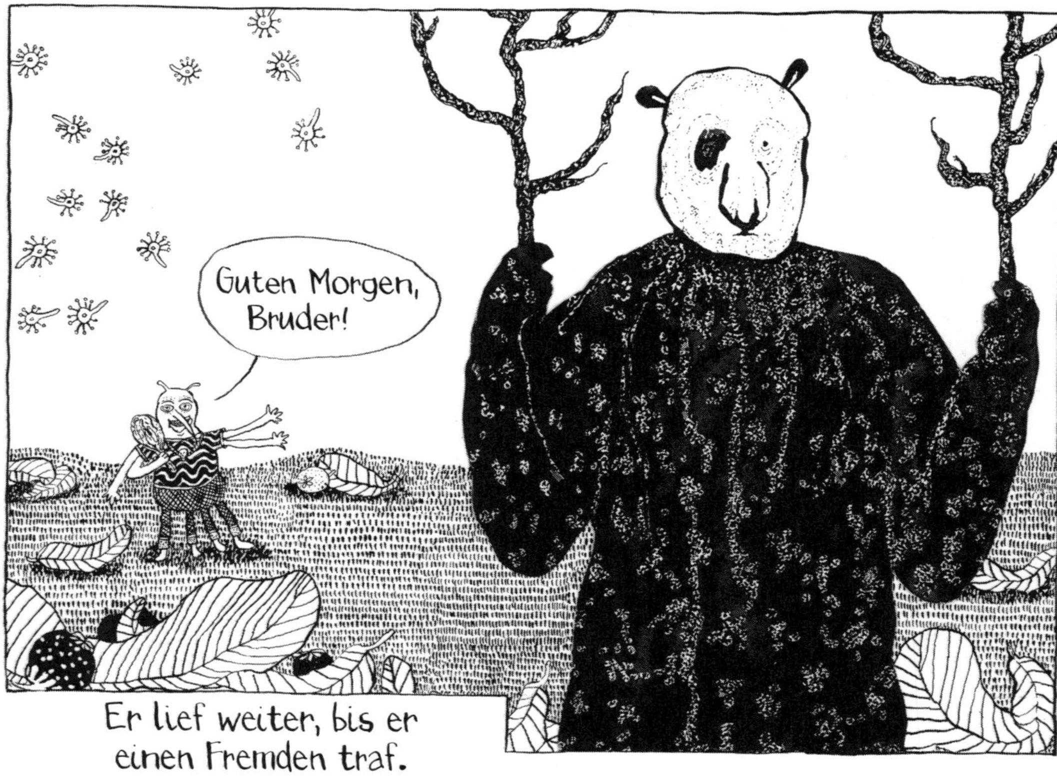

Guten Morgen, Bruder!

Er lief weiter, bis er einen Fremden traf.

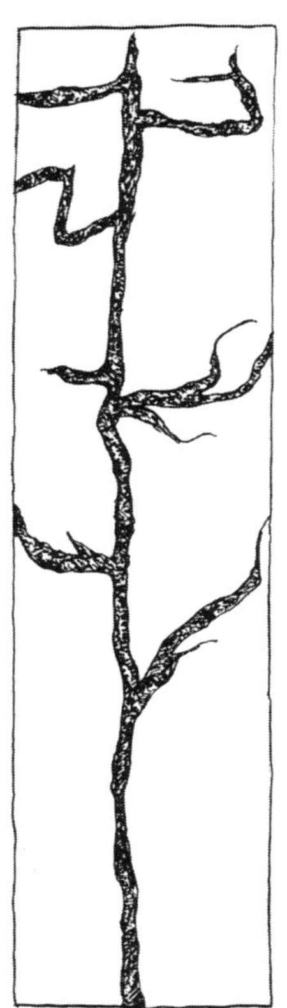

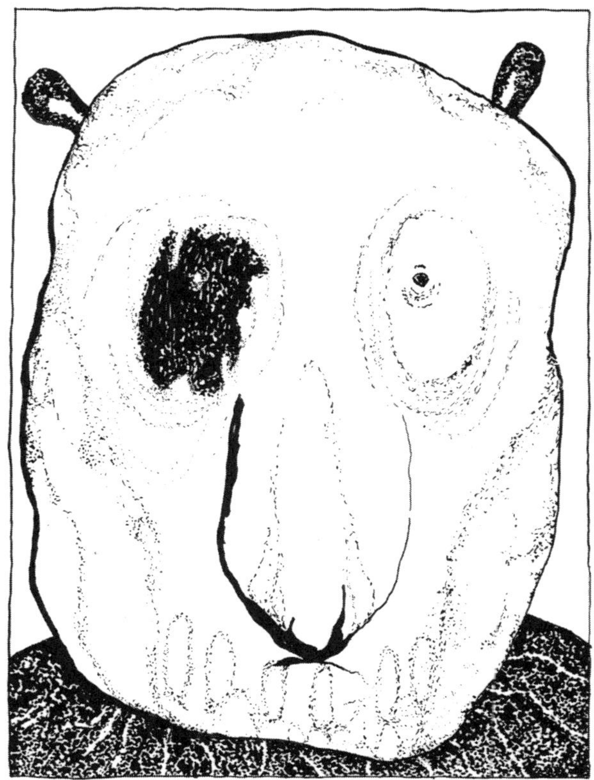

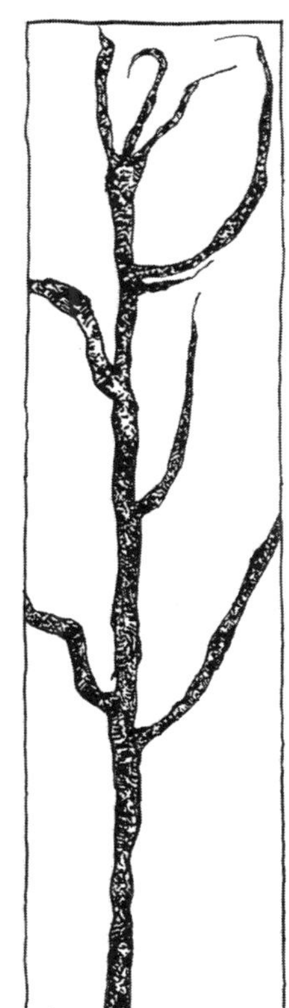

Keine Antwort

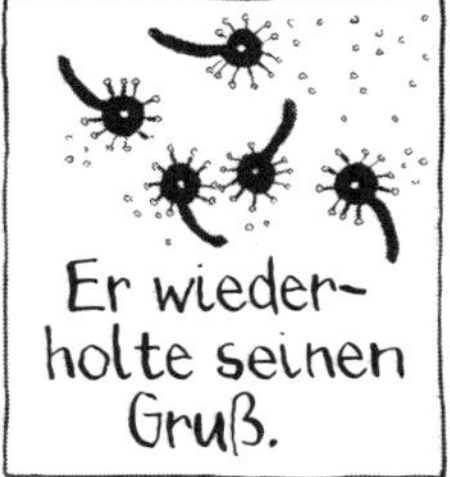

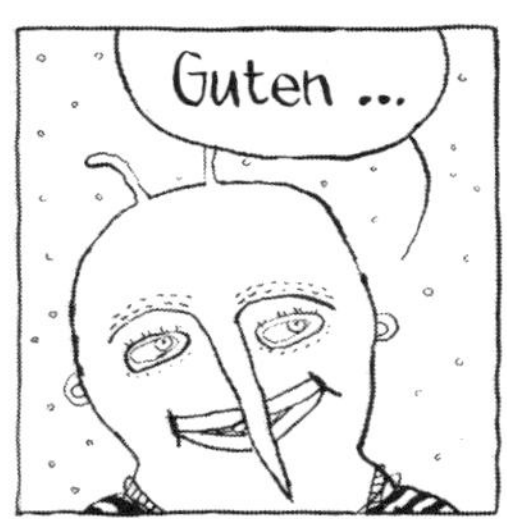

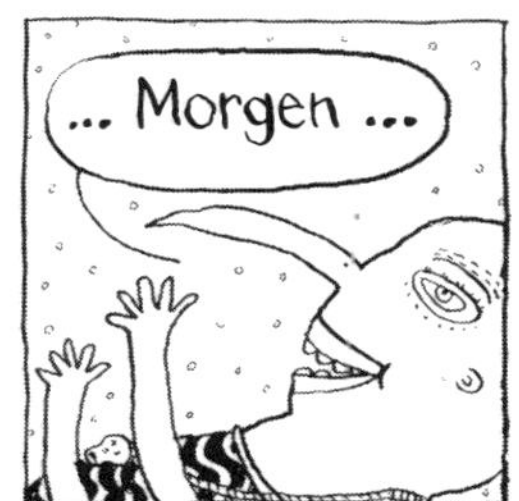

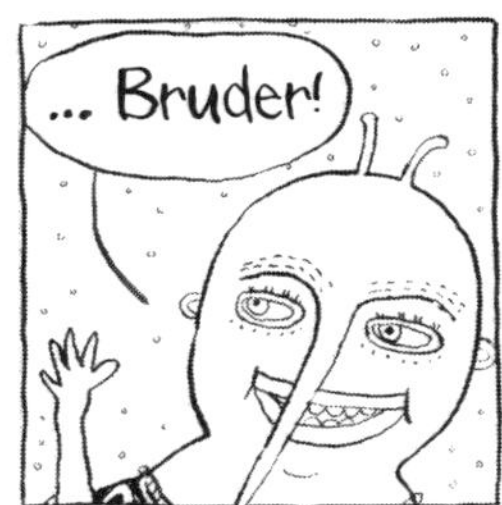

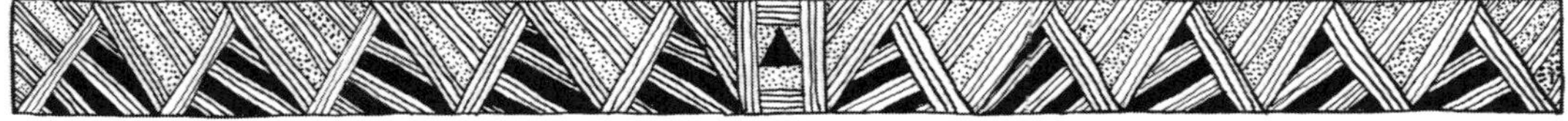

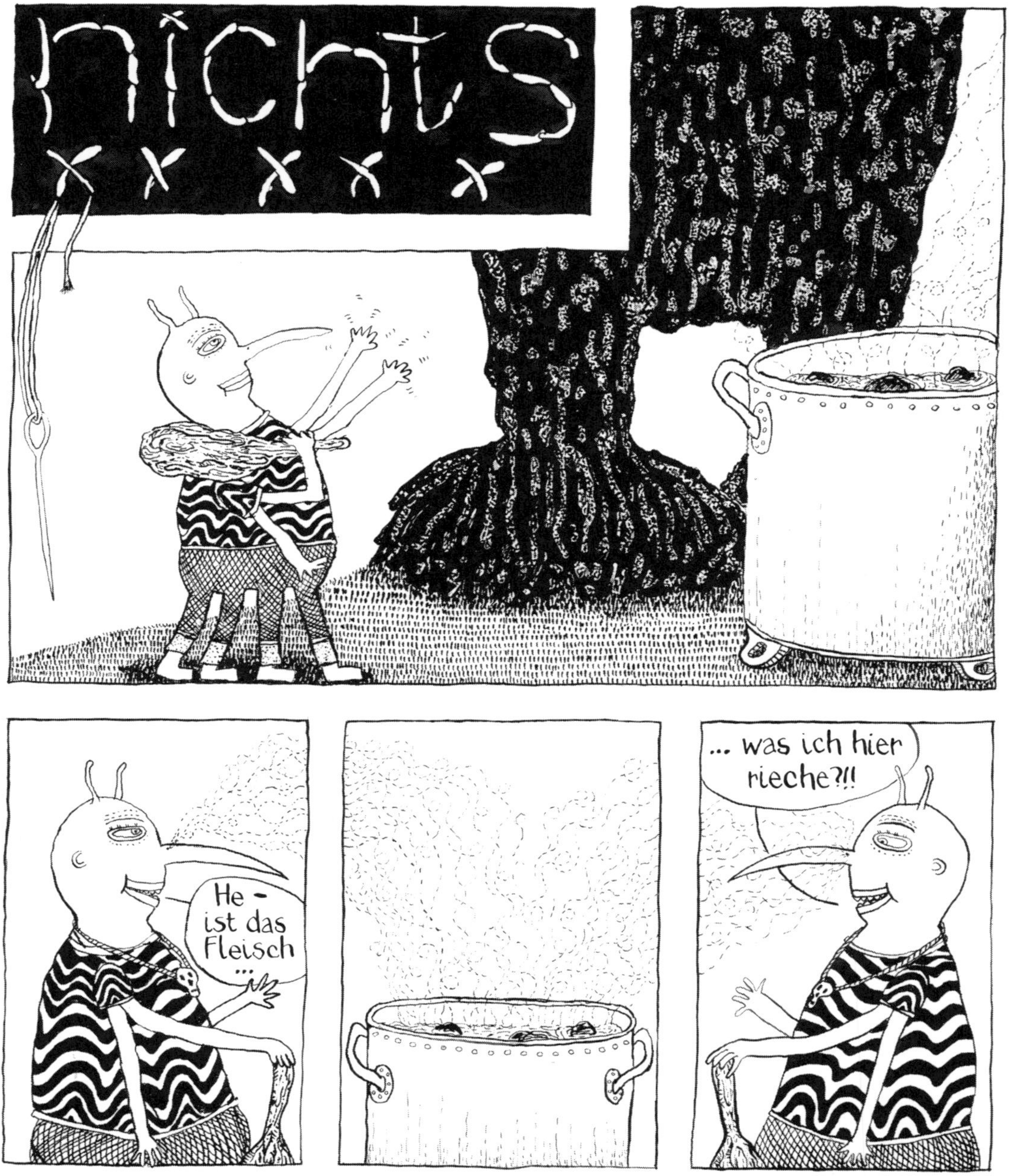

nichts

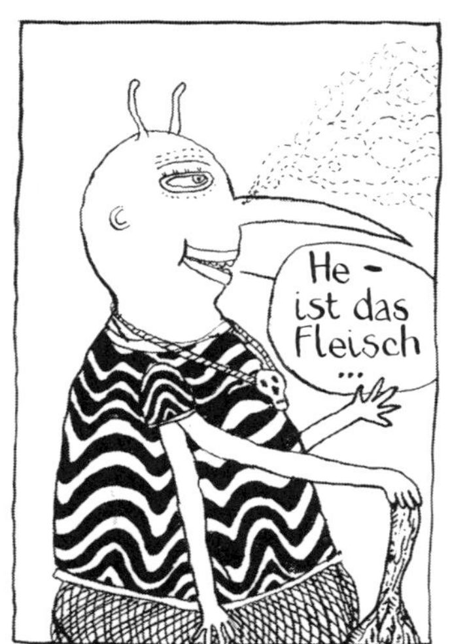

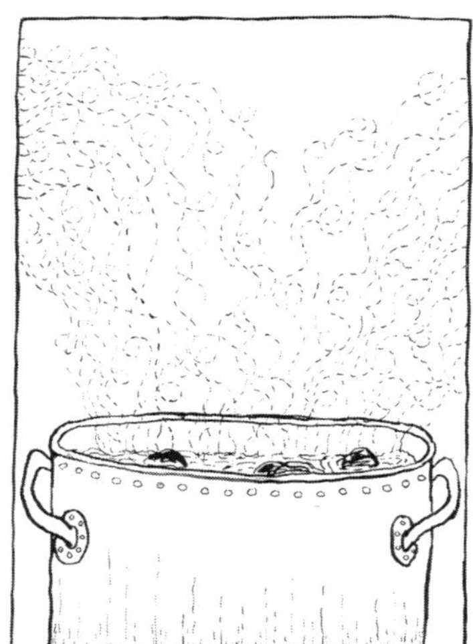

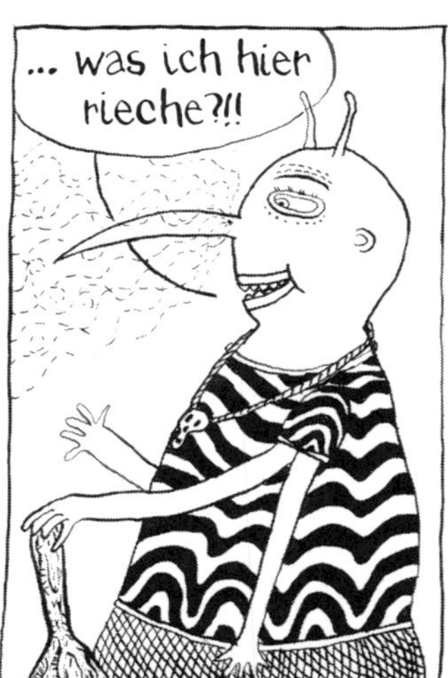

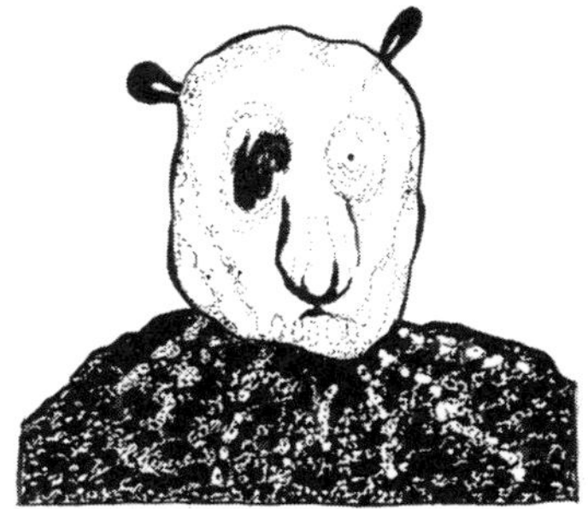
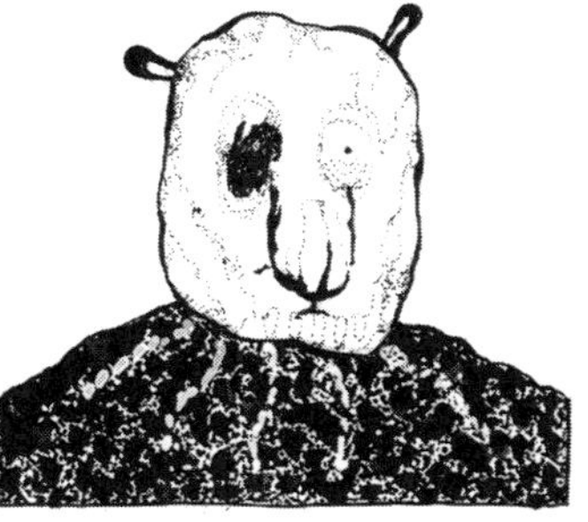
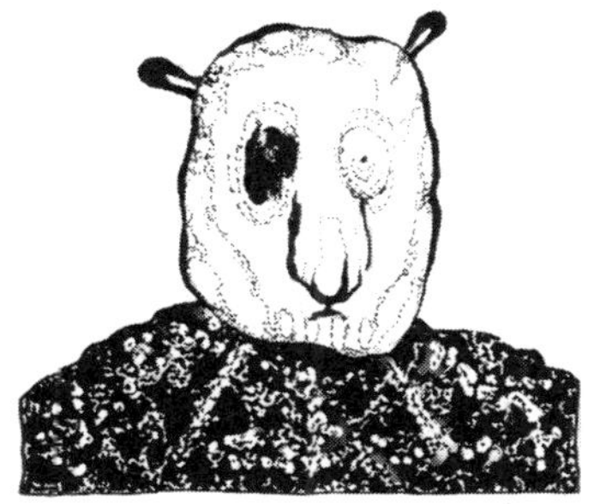
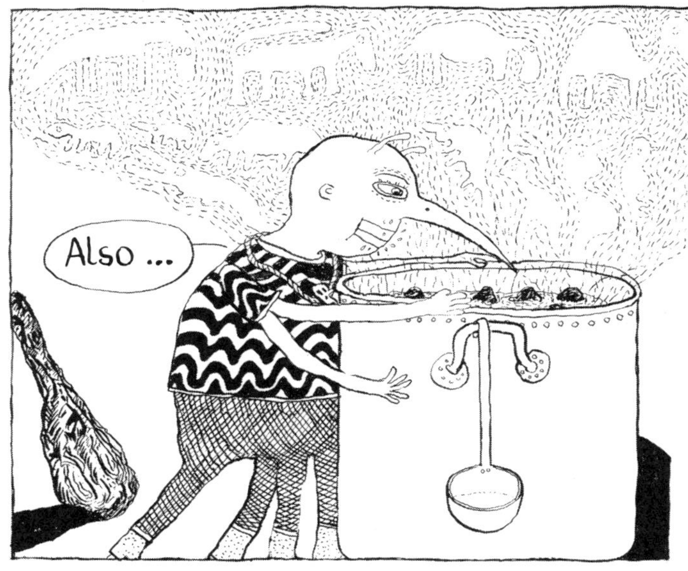
Also ...
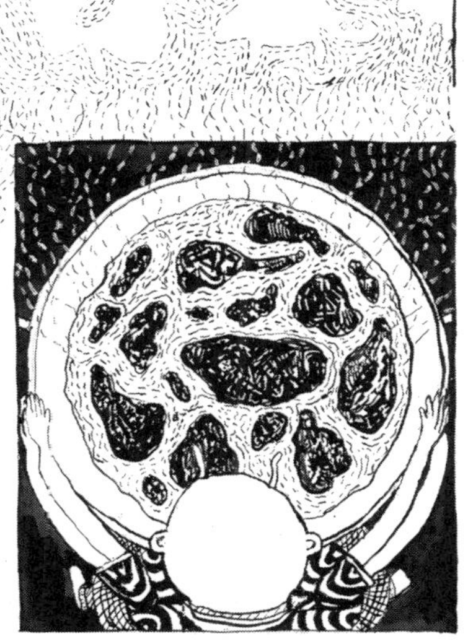
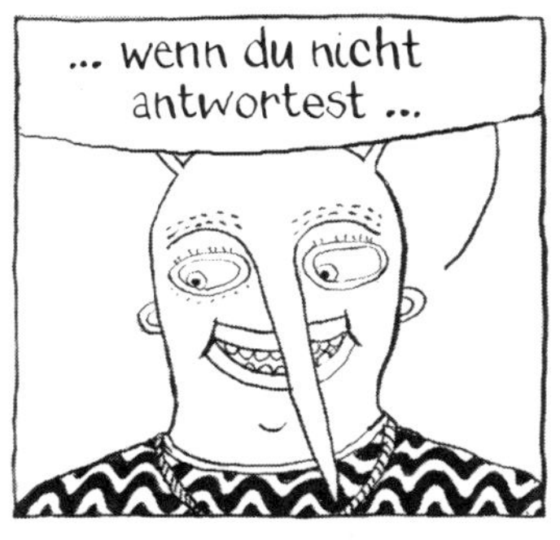
... wenn du nicht antwortest ...
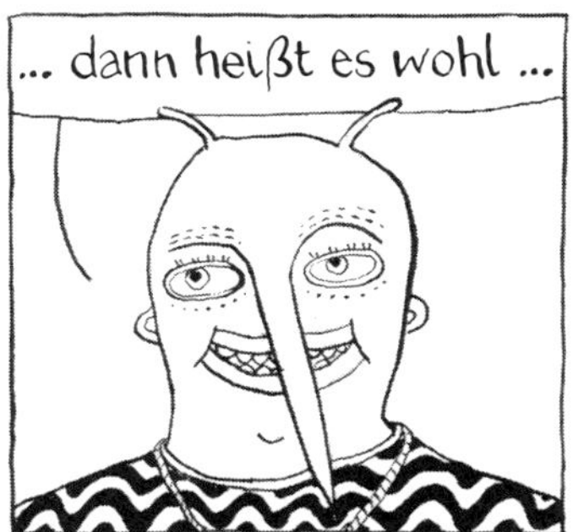
... dann heißt es wohl ...
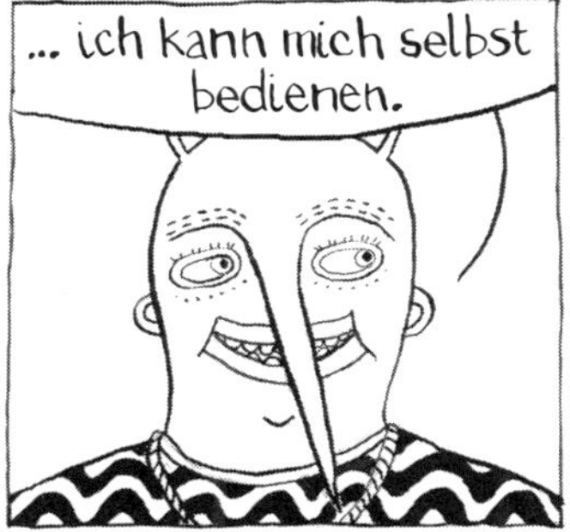
... ich kann mich selbst bedienen.
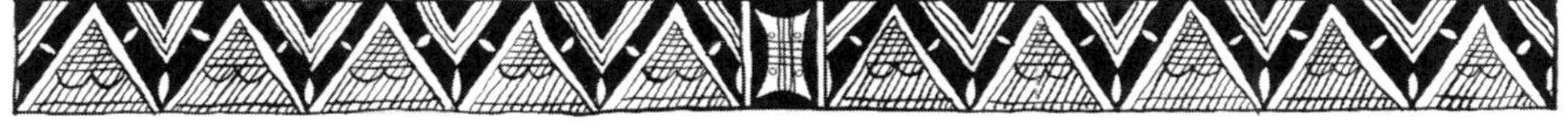

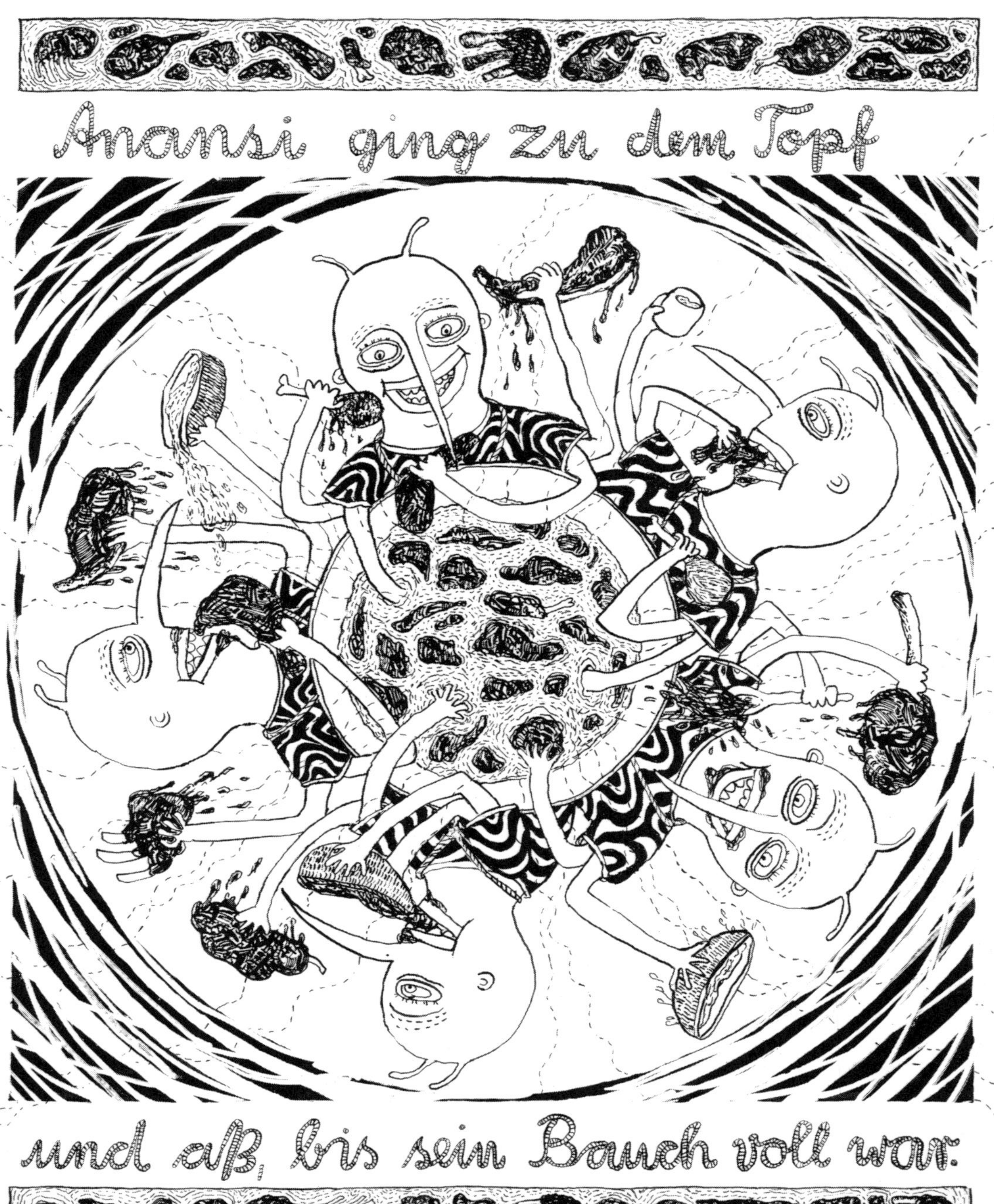
Anansi ging zu dem Topf
und aß, bis sein Bauch voll war.

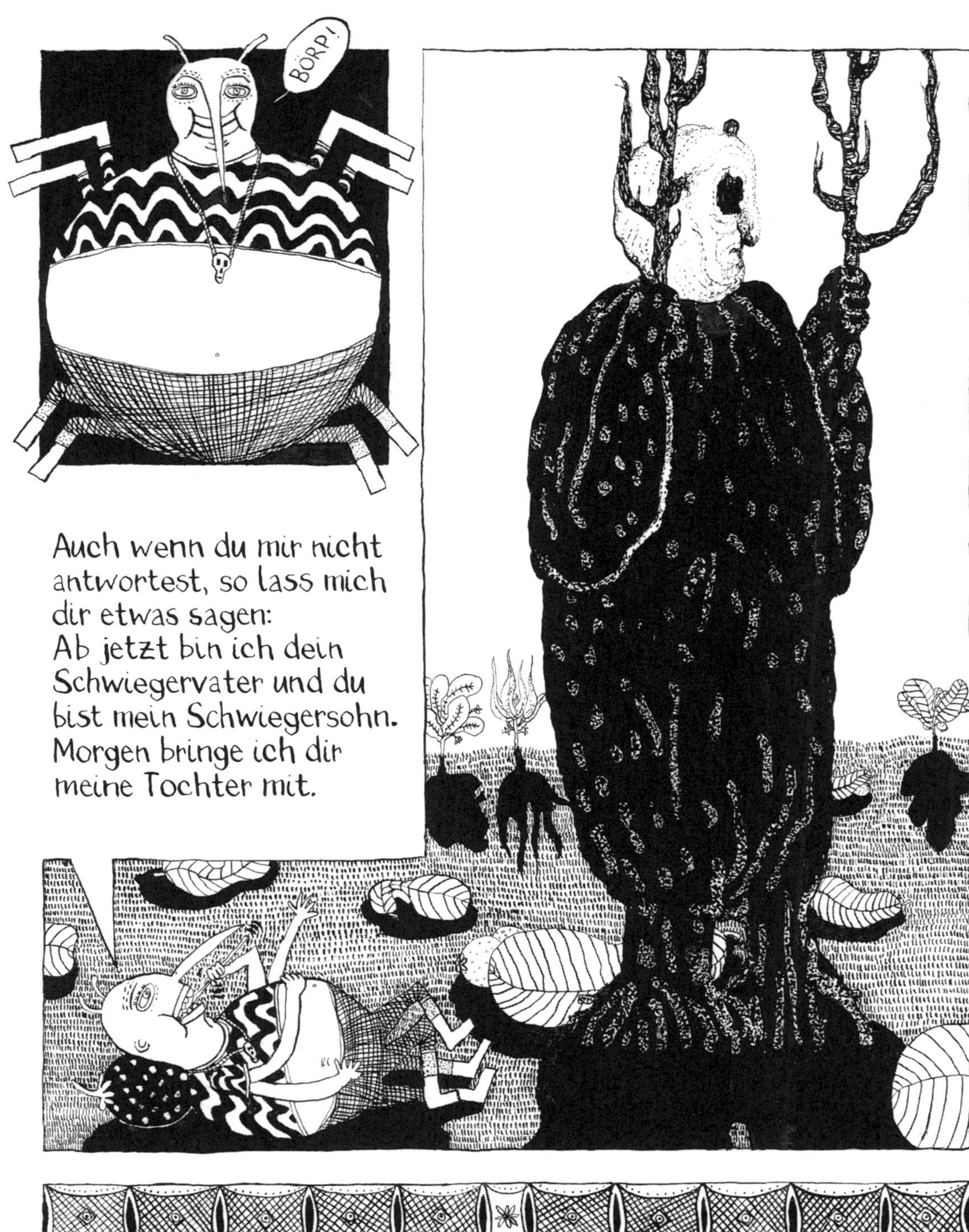
BÖRP!
Auch wenn du mir nicht antwortest, so lass mich dir etwas sagen:
Ab jetzt bin ich dein Schwiegervater und du bist mein Schwiegersohn.
Morgen bringe ich dir meine Tochter mit.

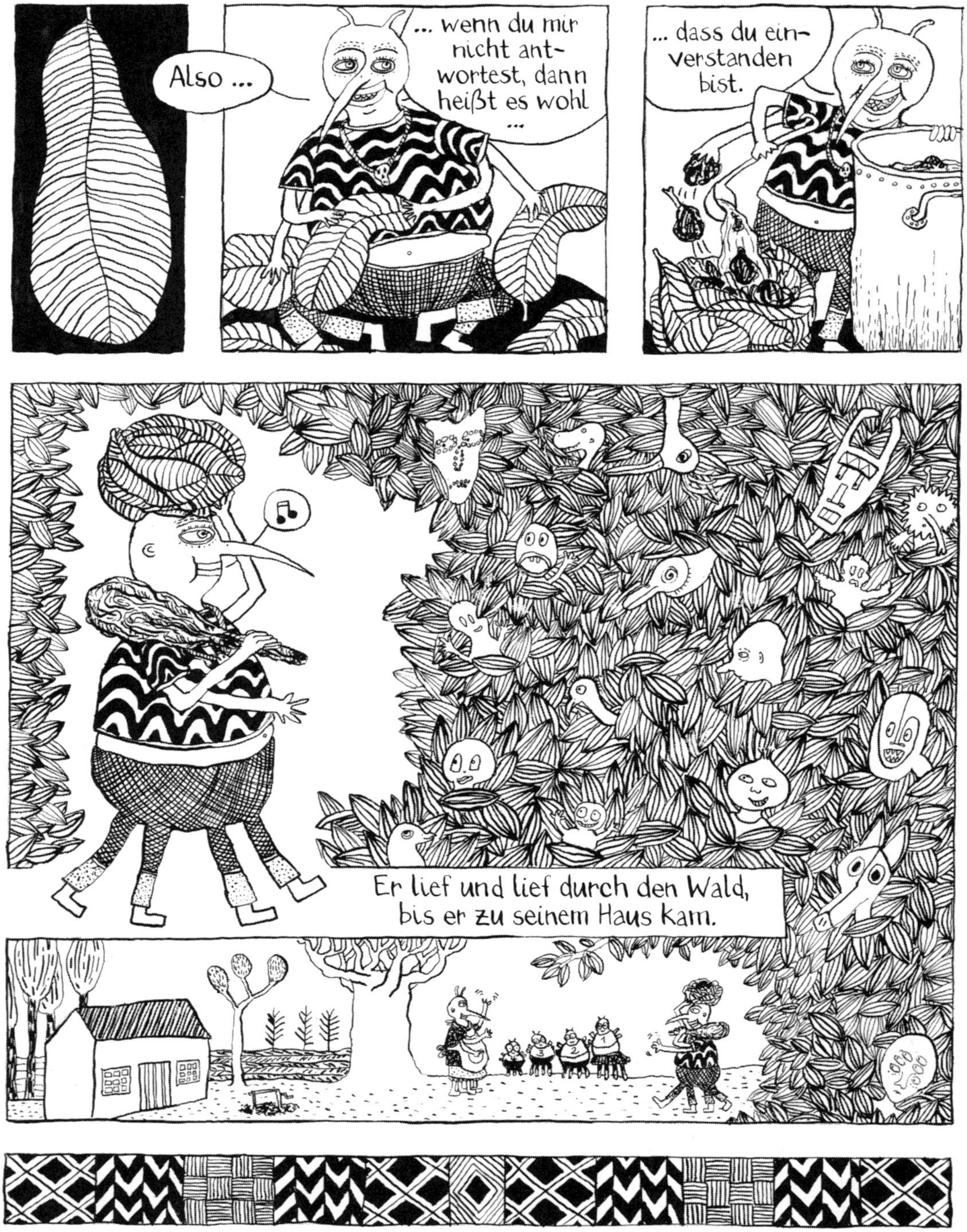

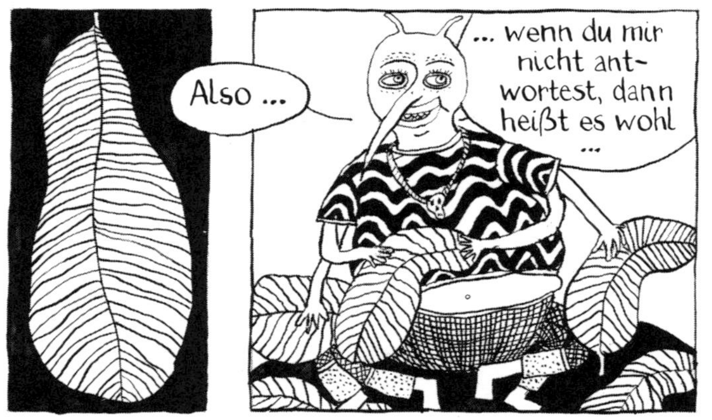

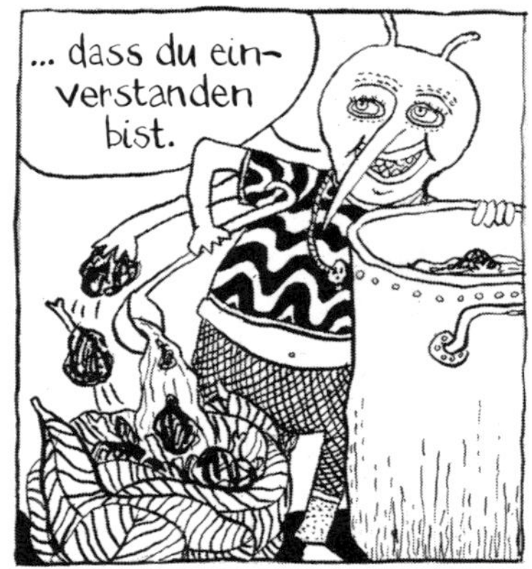

Er lief und lief durch den Wald, bis er zu seinem Haus kam.

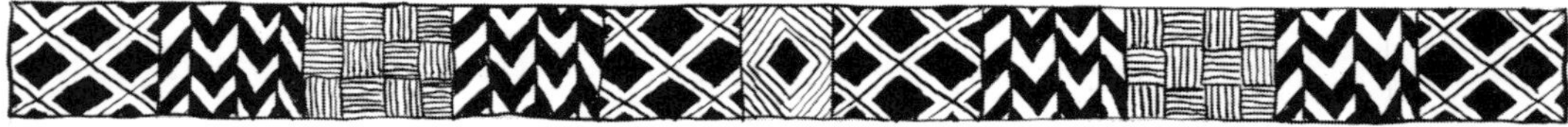

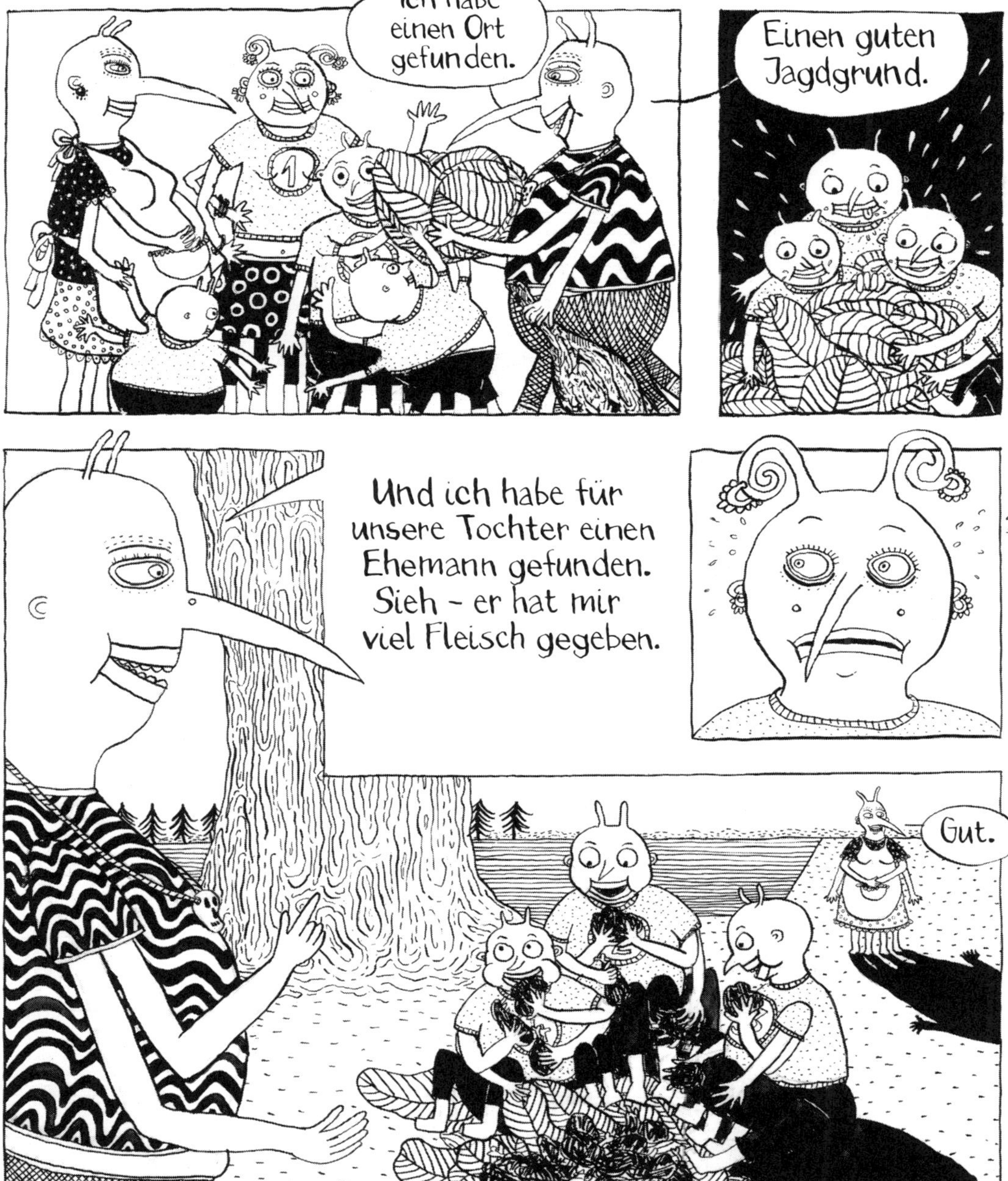

Ich habe einen Ort gefunden.

Einen guten Jagdgrund.

Und ich habe für unsere Tochter einen Ehemann gefunden. Sieh – er hat mir viel Fleisch gegeben.

Gut.

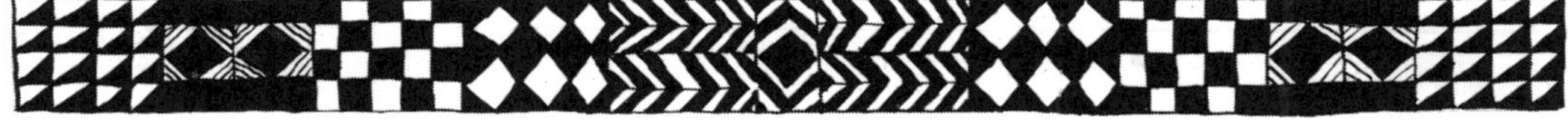

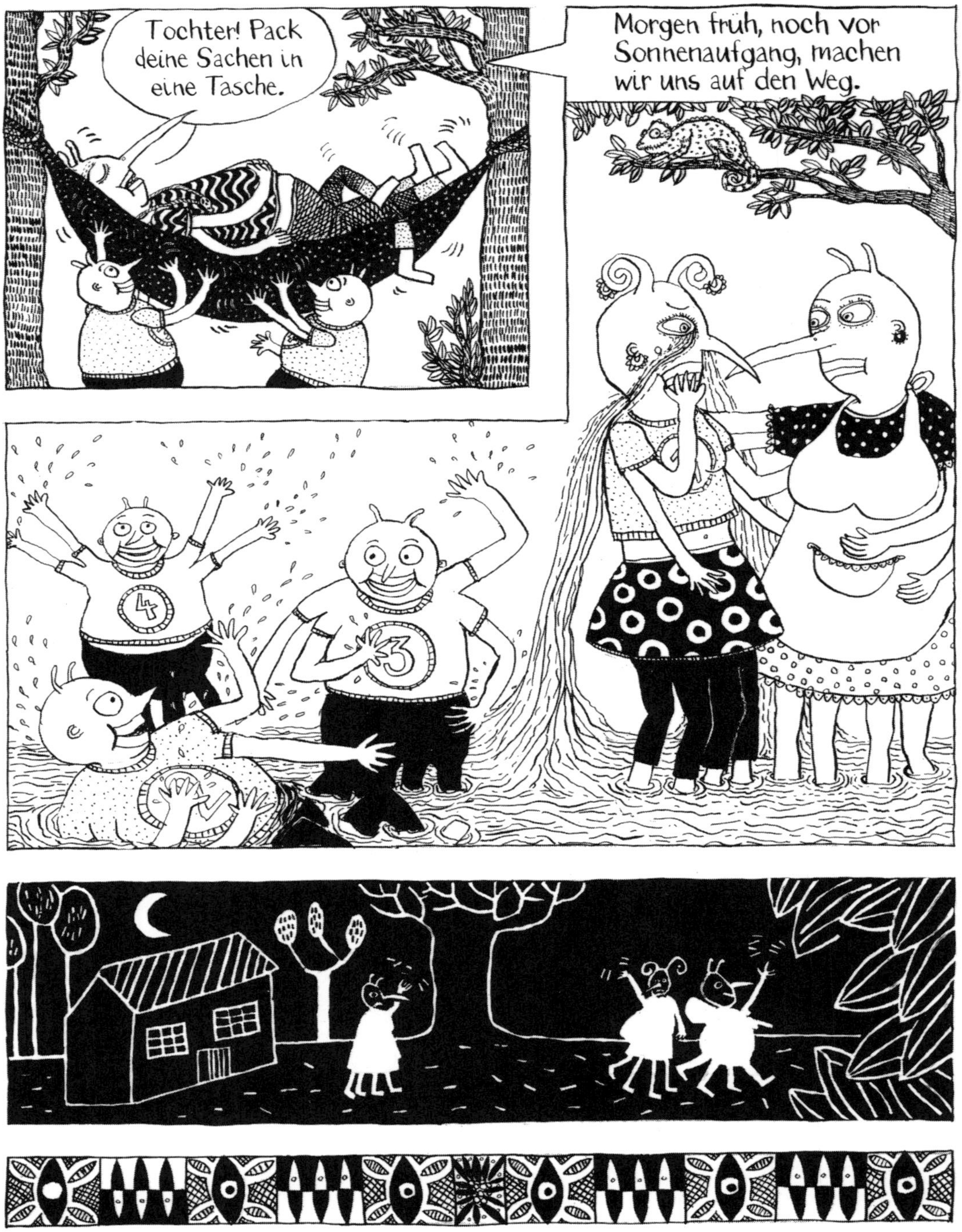

Tochter! Pack deine Sachen in eine Tasche.

Morgen früh, noch vor Sonnenaufgang, machen wir uns auf den Weg.

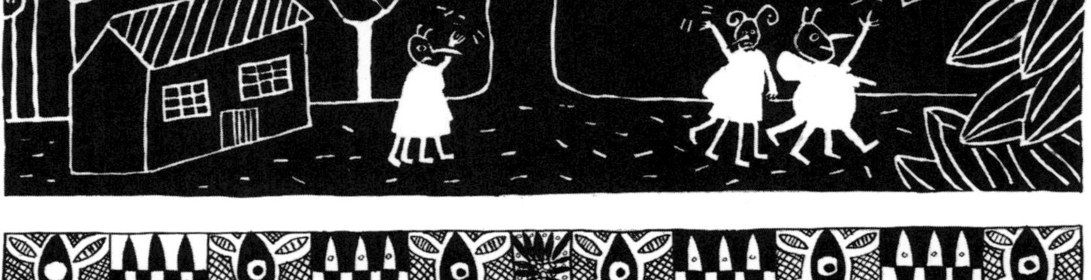

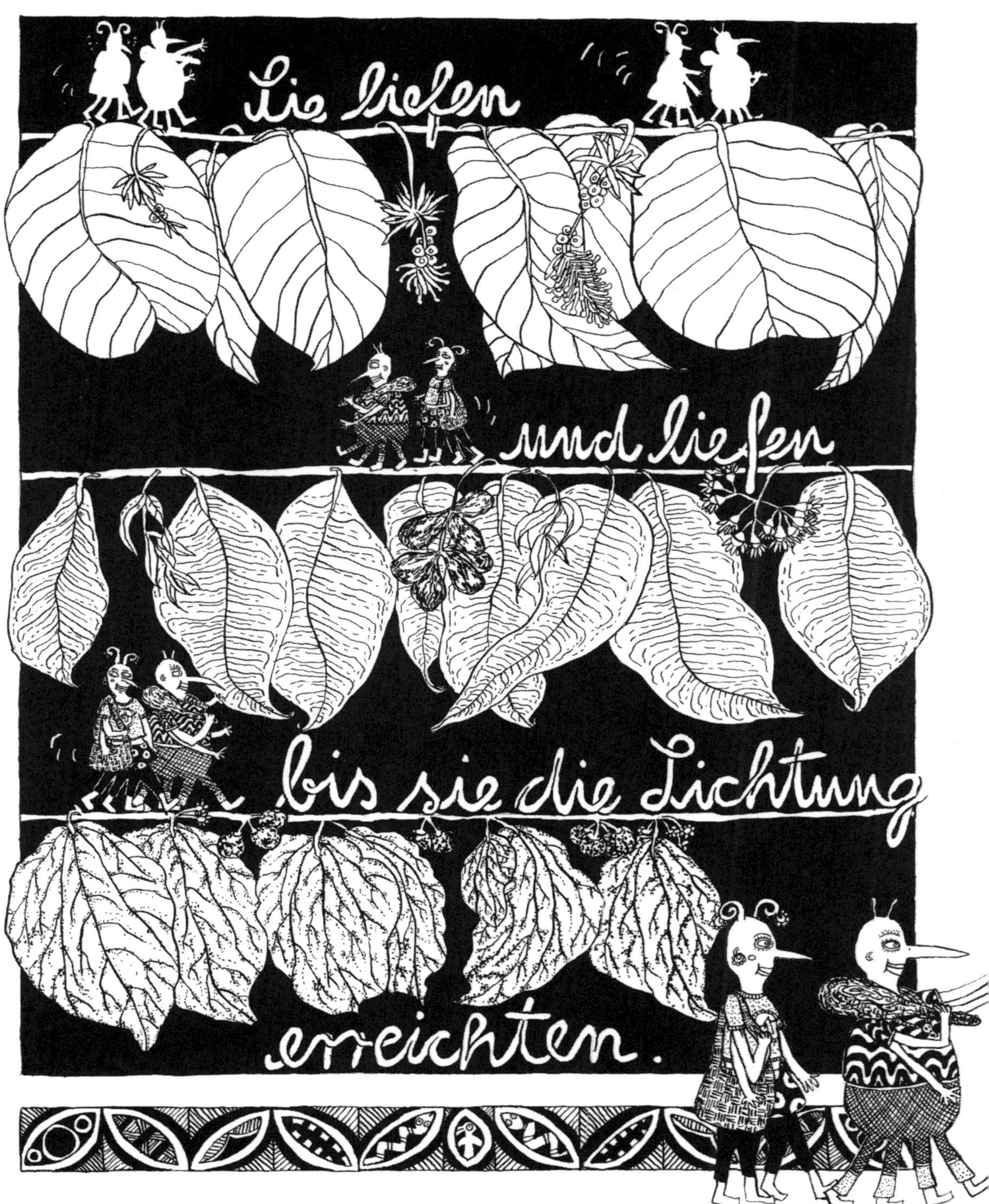
Sie liefen
und liefen
bis sie die Lichtung
erreichten.

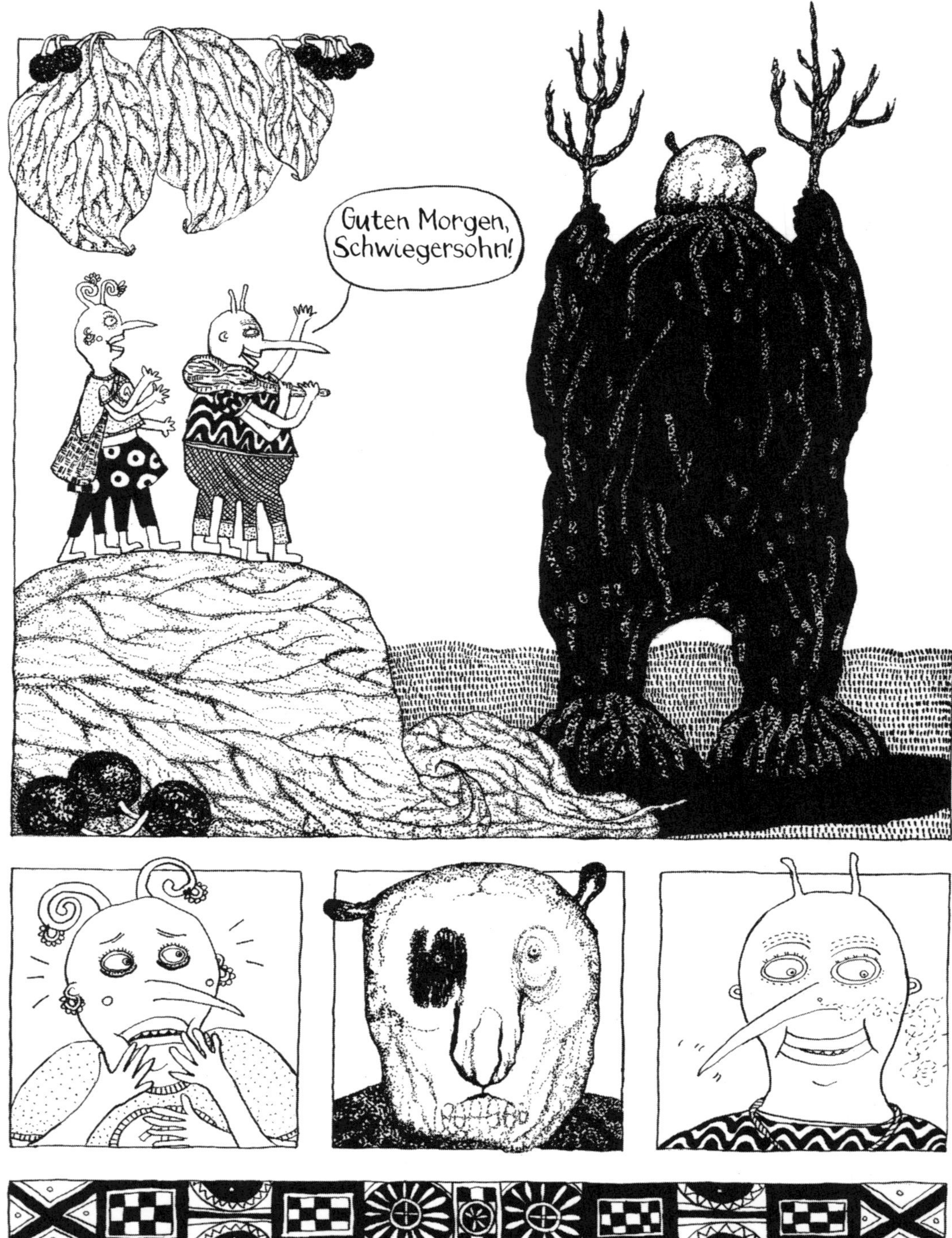
Guten Morgen, Schwiegersohn!

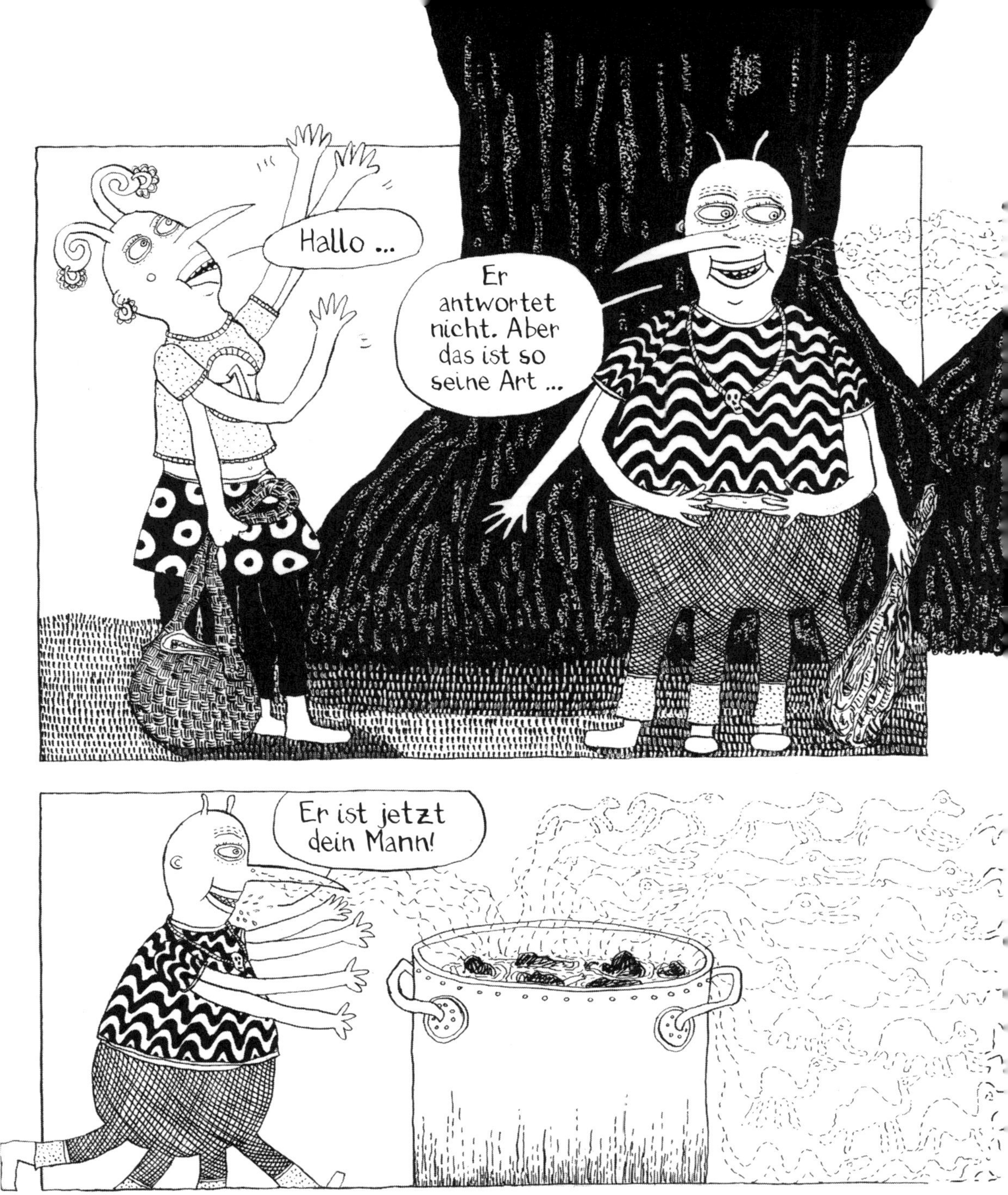

Hallo ...

Er antwortet nicht. Aber das ist so seine Art ...

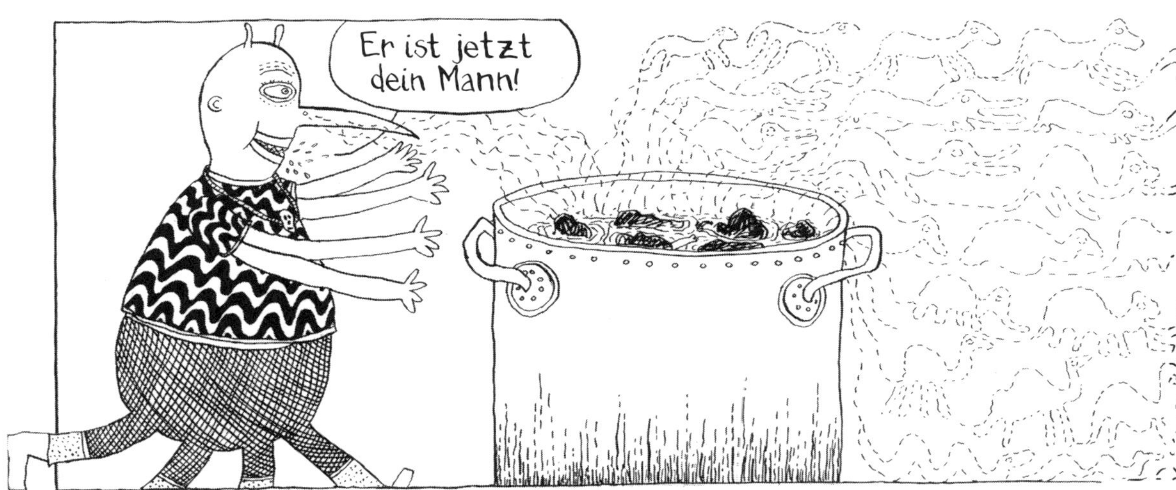

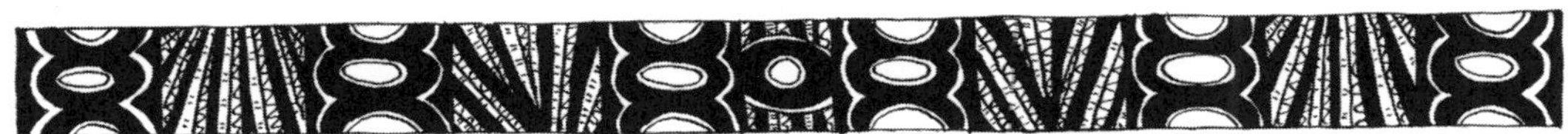

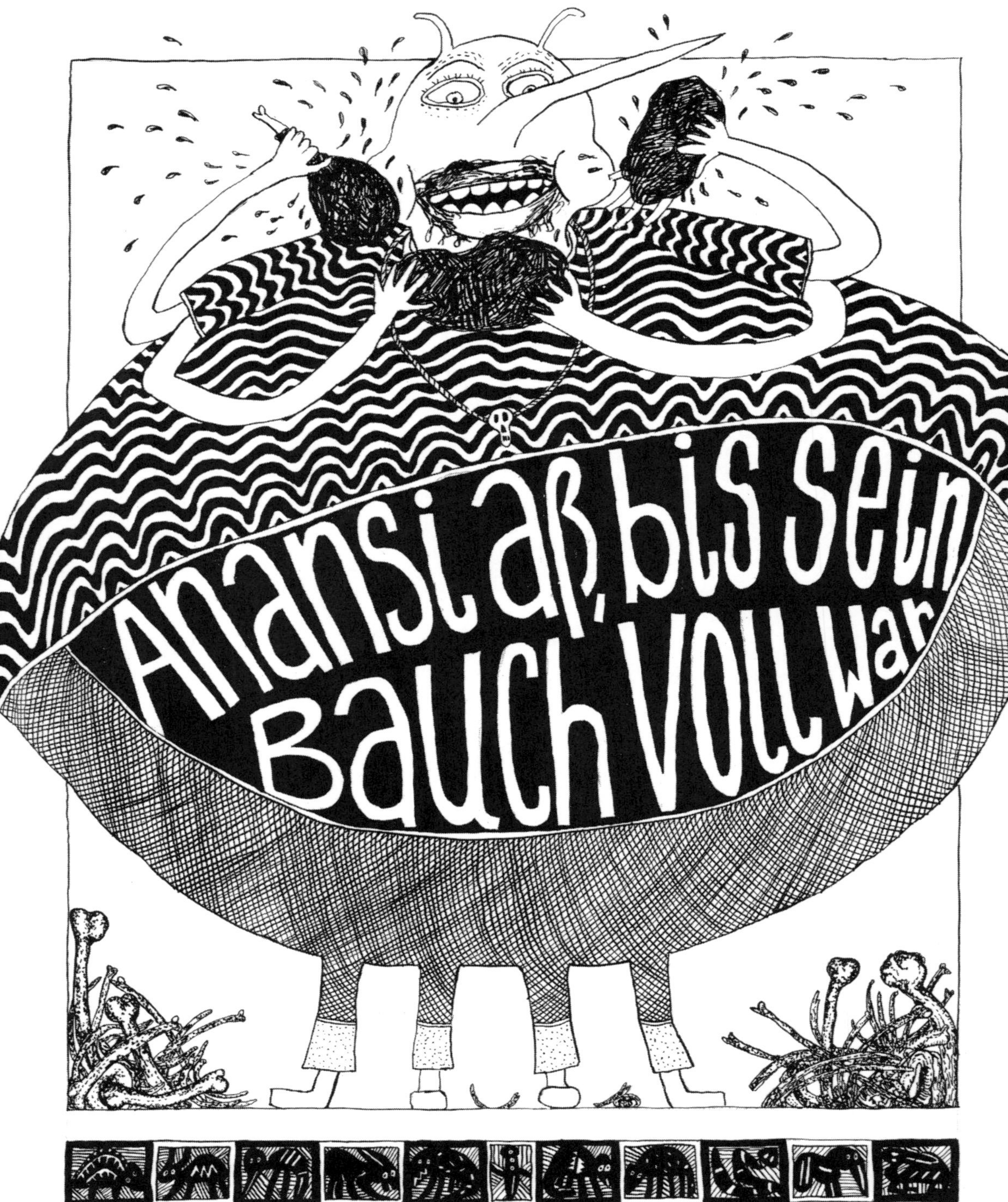
Anansi aß, bis sein
Bauch voll war

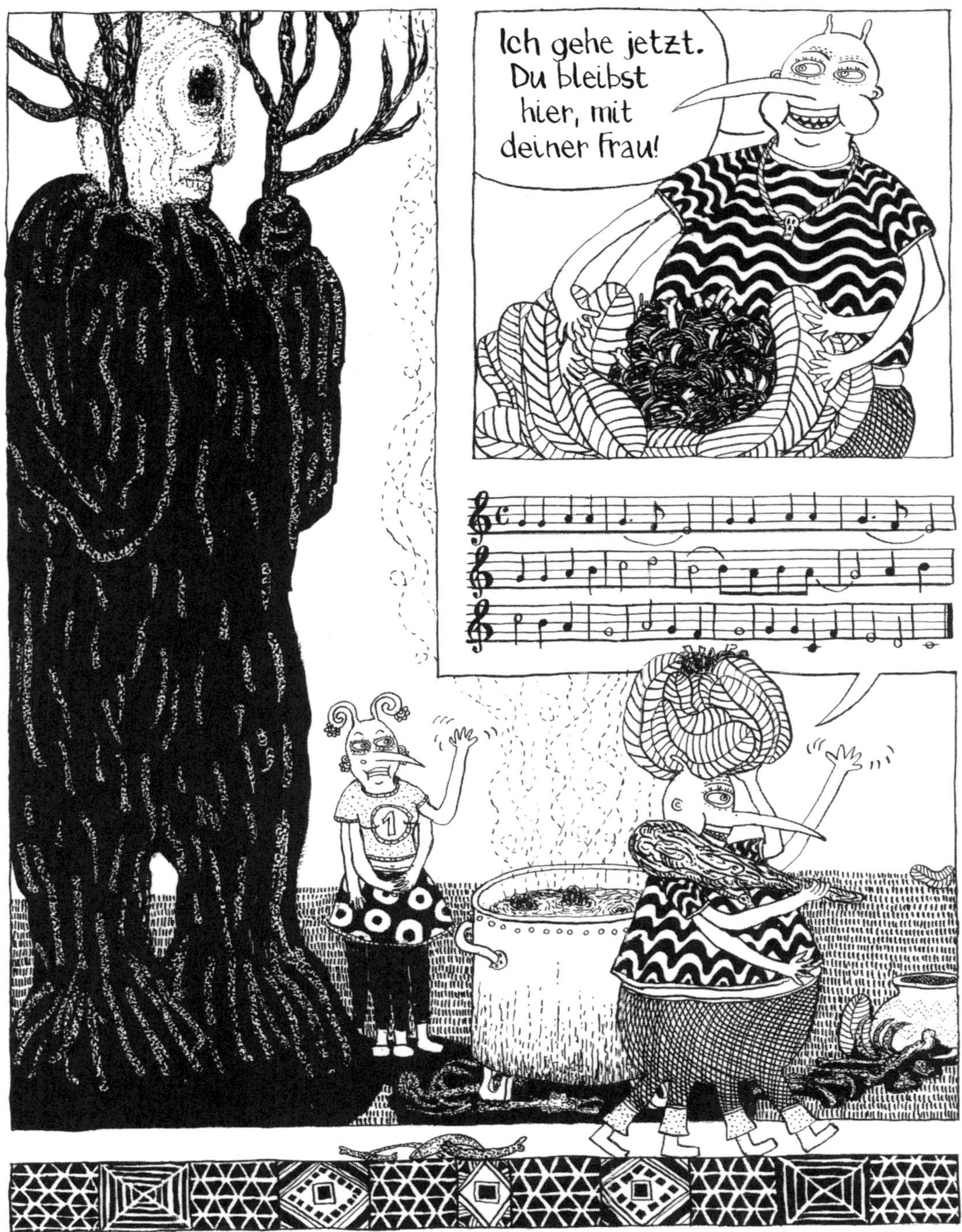
Ich gehe jetzt. Du bleibst hier, mit deiner Frau!

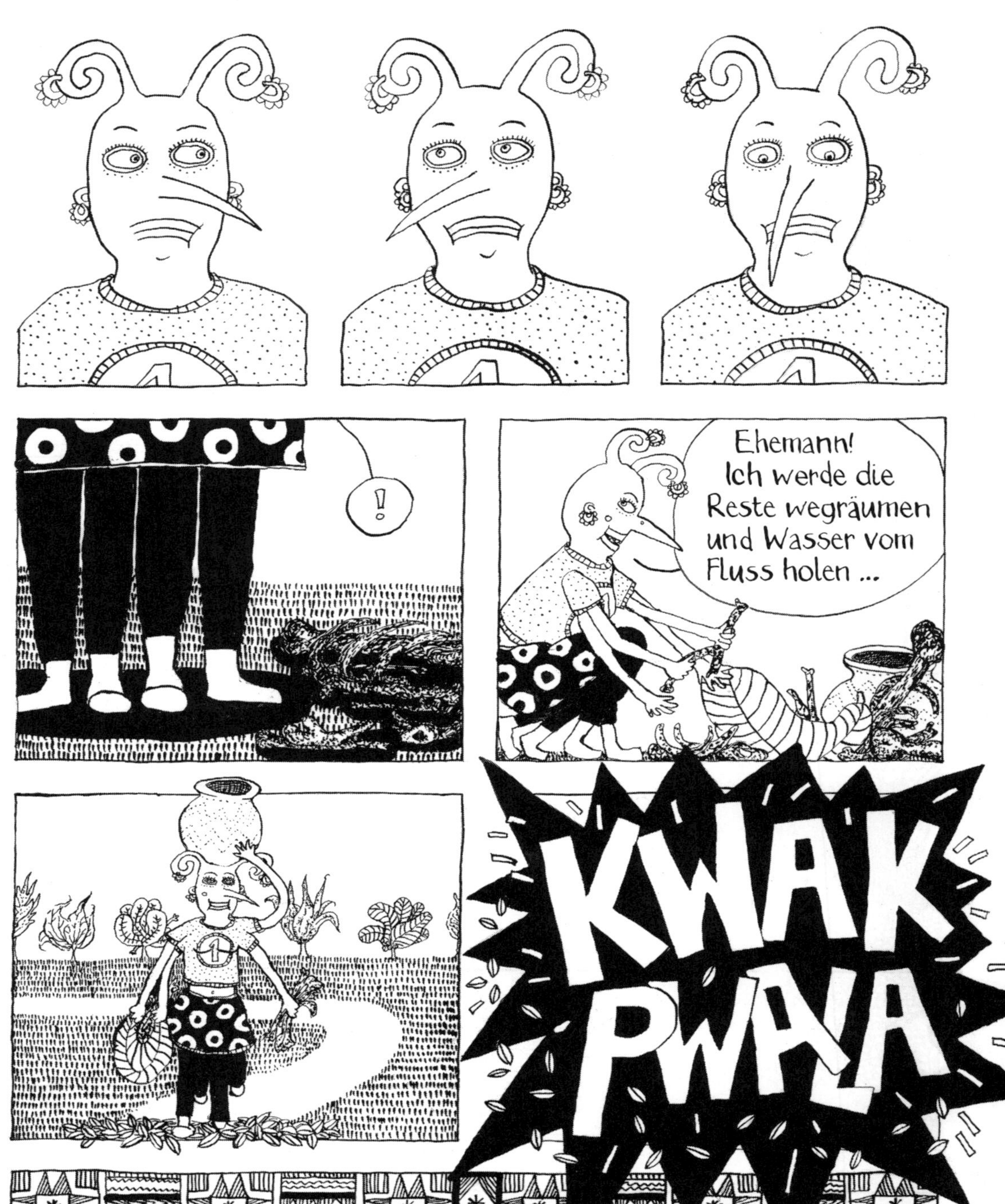
!
Ehemann!
Ich werde die
Reste wegräumen
und Wasser vom
Fluss holen ...
KWAK
PWALA

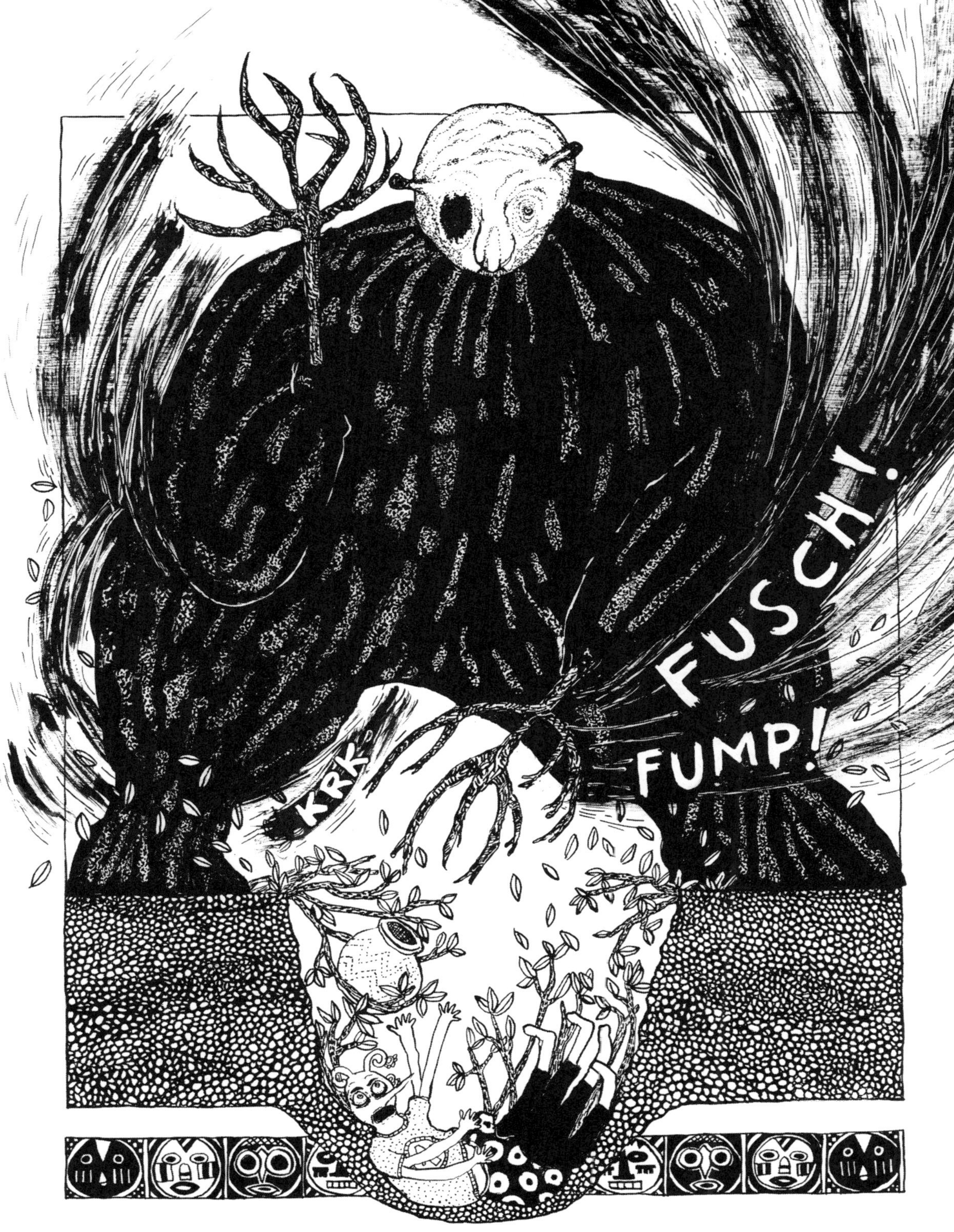
KRK
FUSCH!
FUMP!

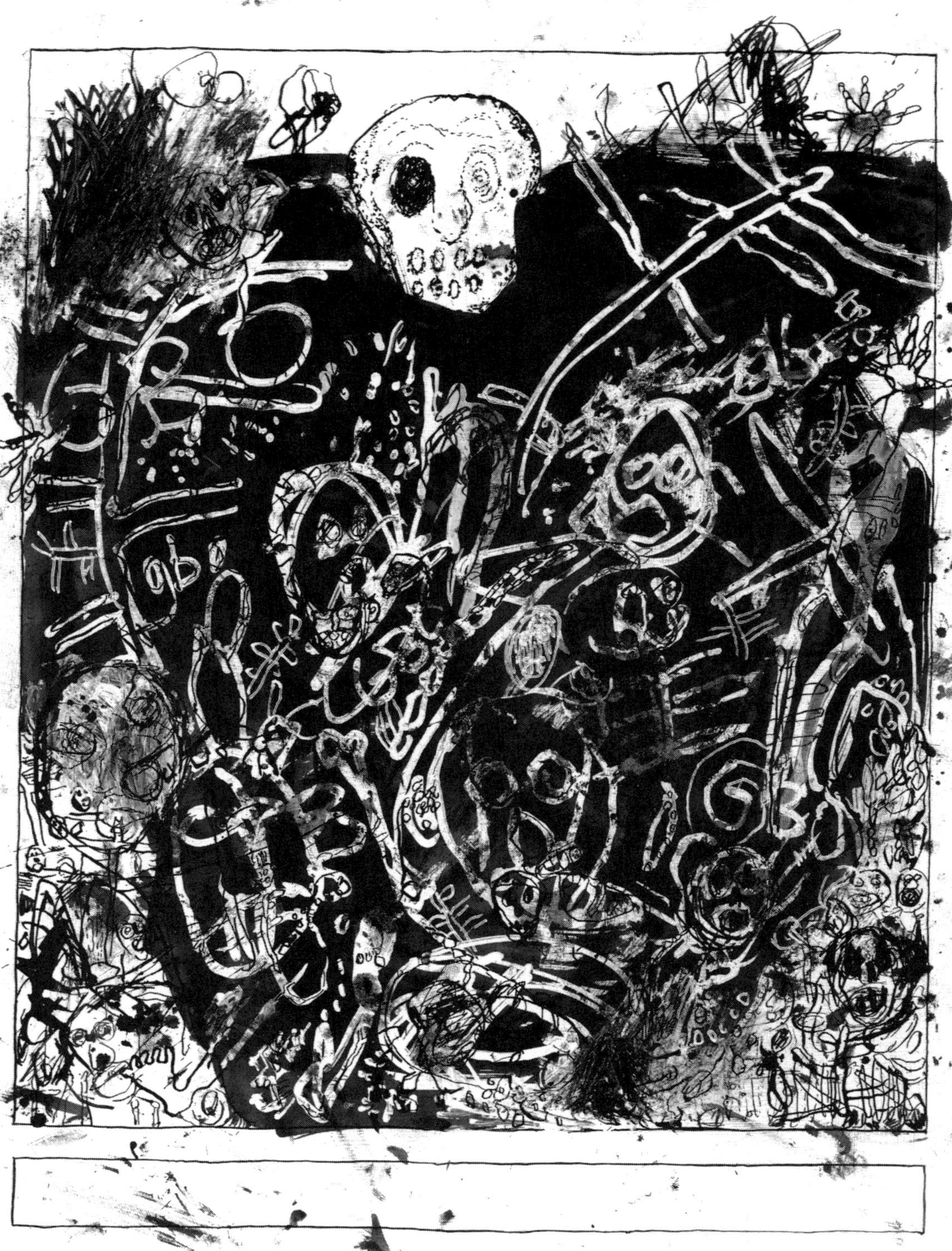

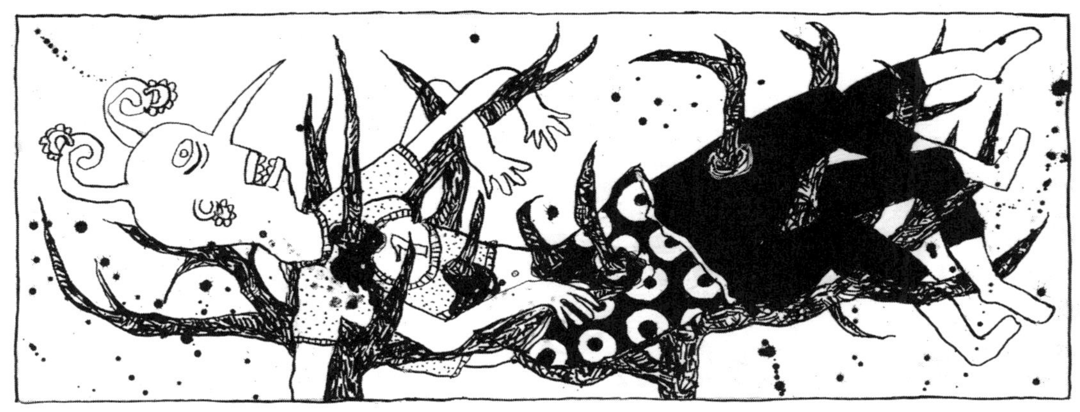

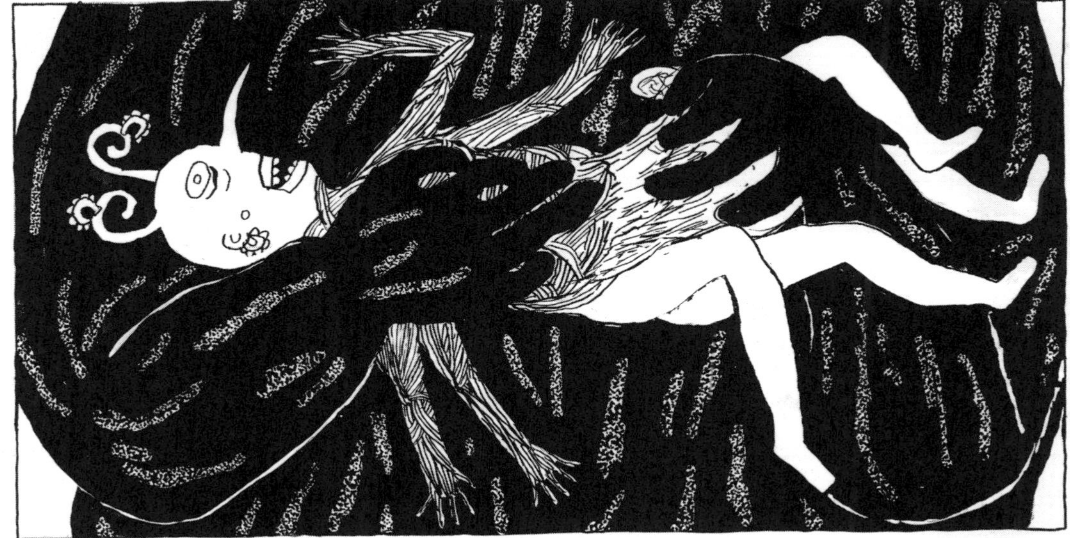

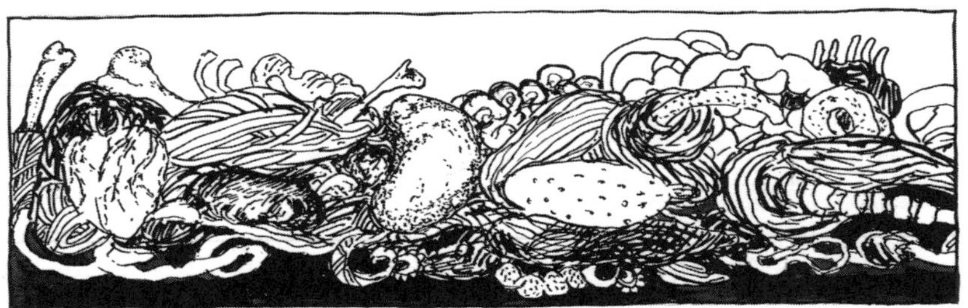

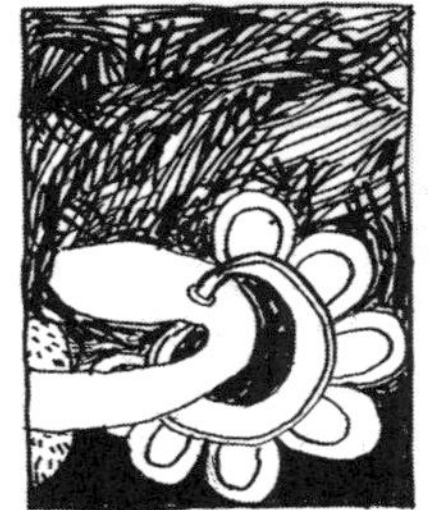

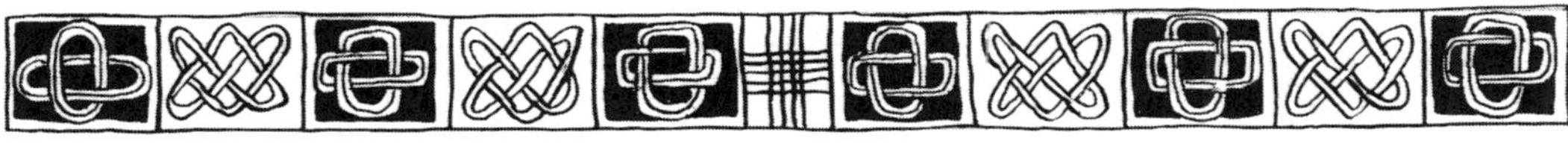

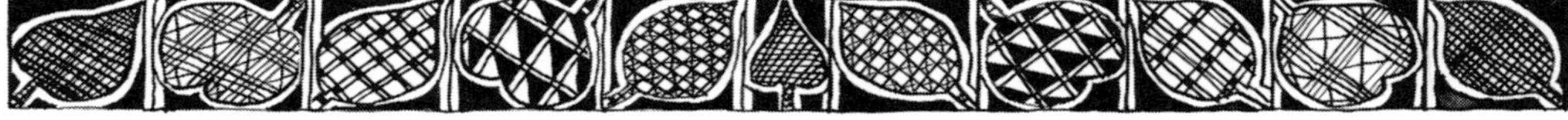

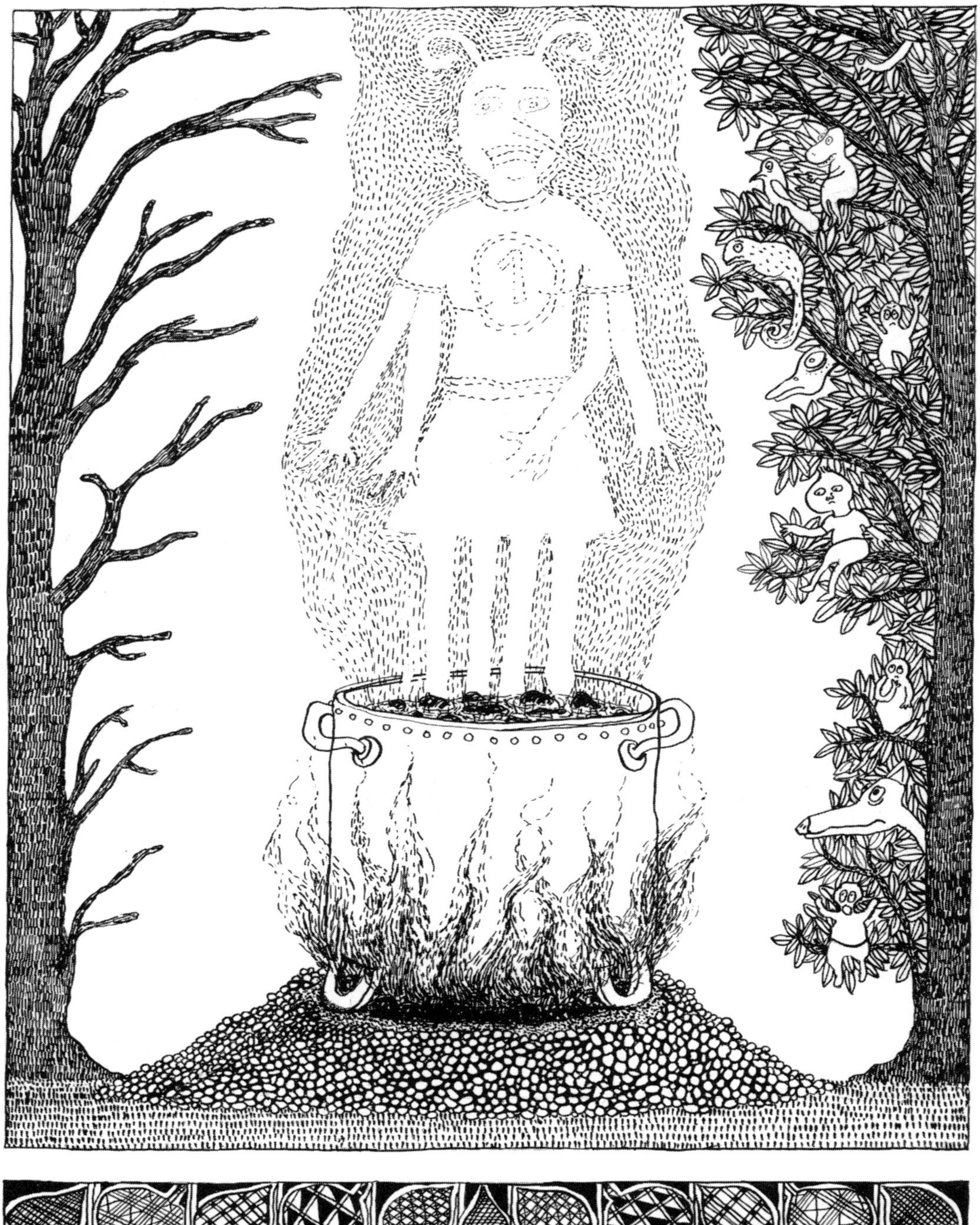

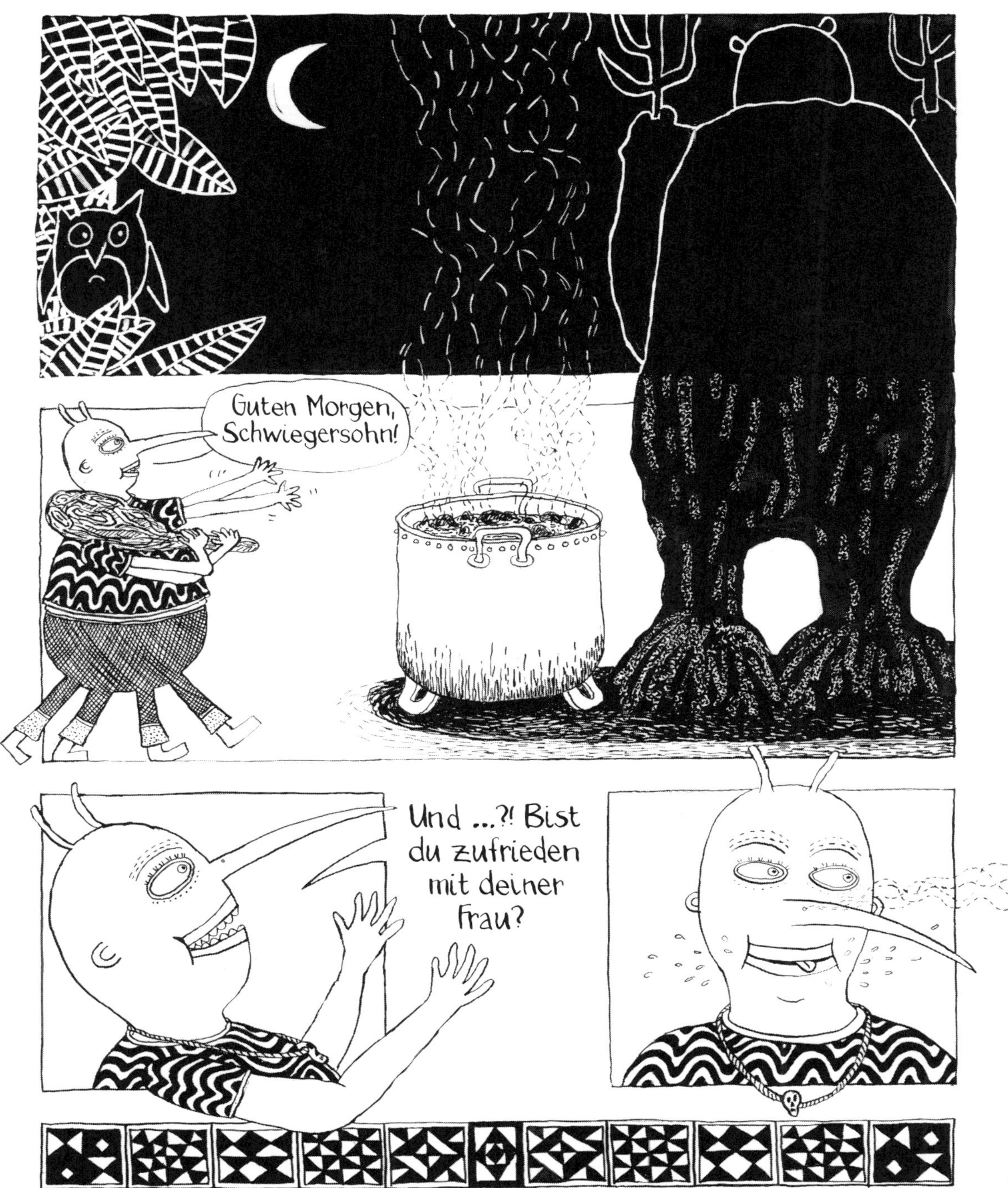
Guten Morgen, Schwiegersohn!
Und ...?! Bist du zufrieden mit deiner Frau?

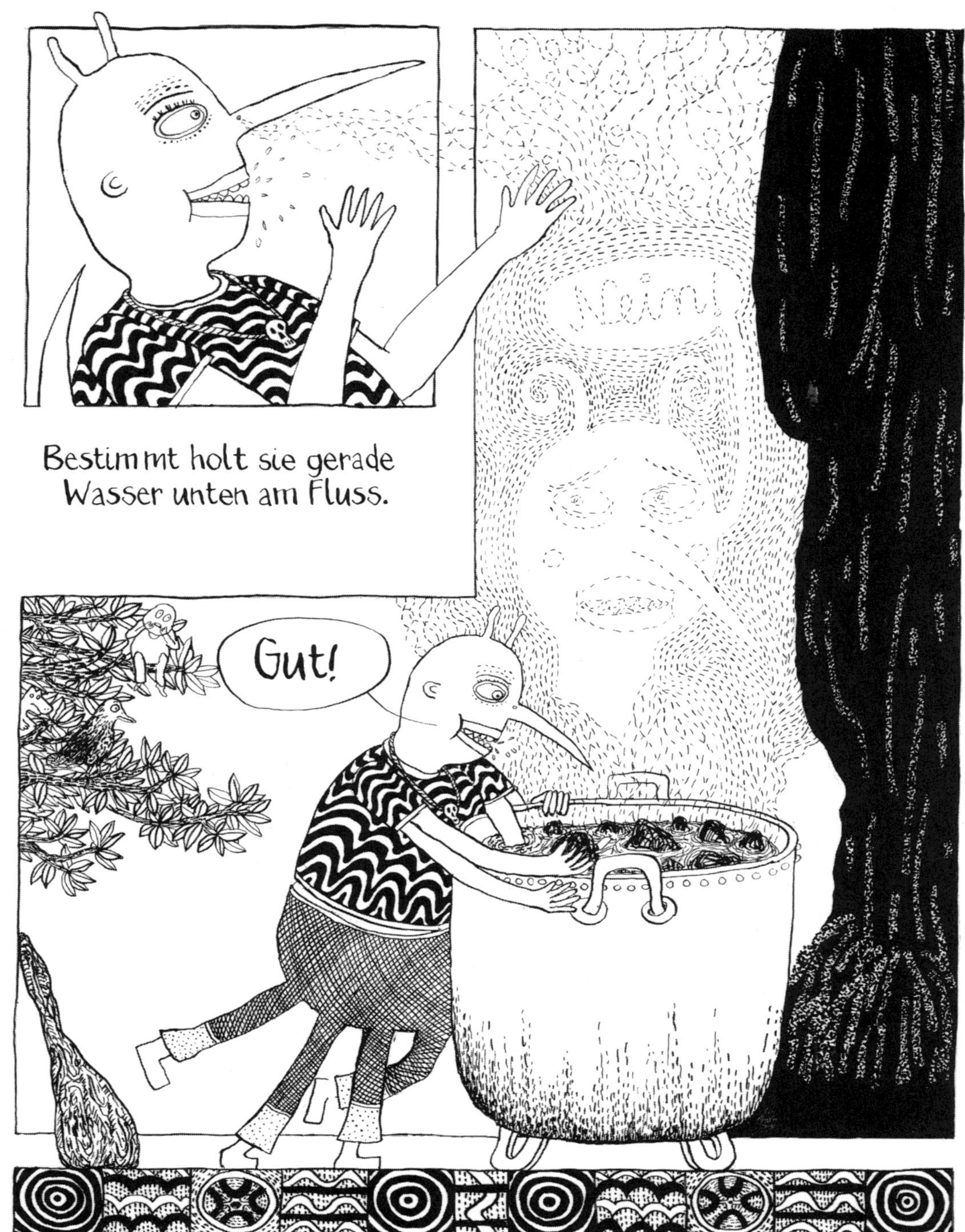
Bestimmt holt sie gerade
Wasser unten am Fluss.
Nein!
Gut!

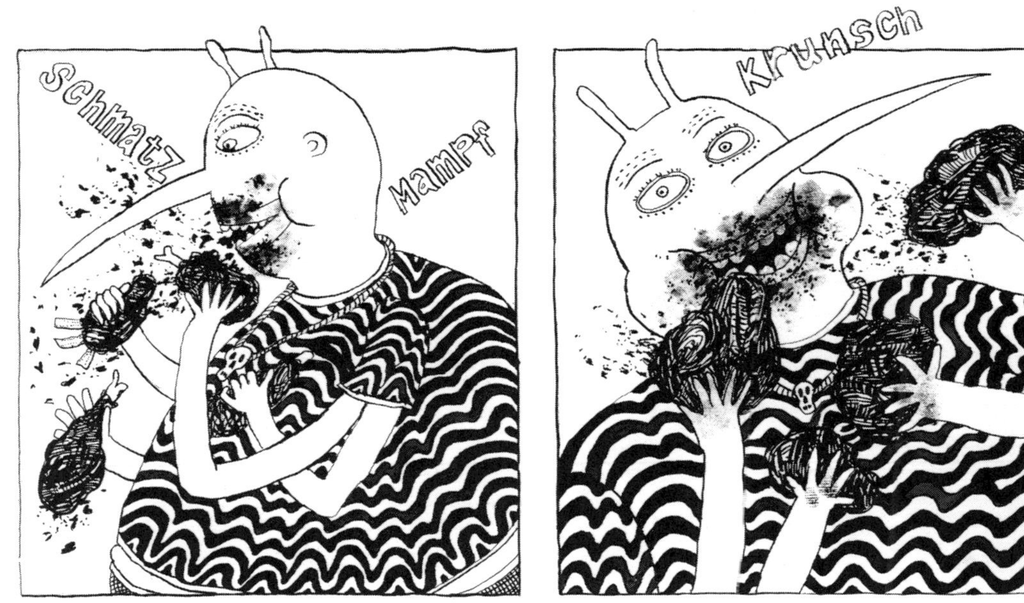

Anansi aß, bis sein Bauch voll war.

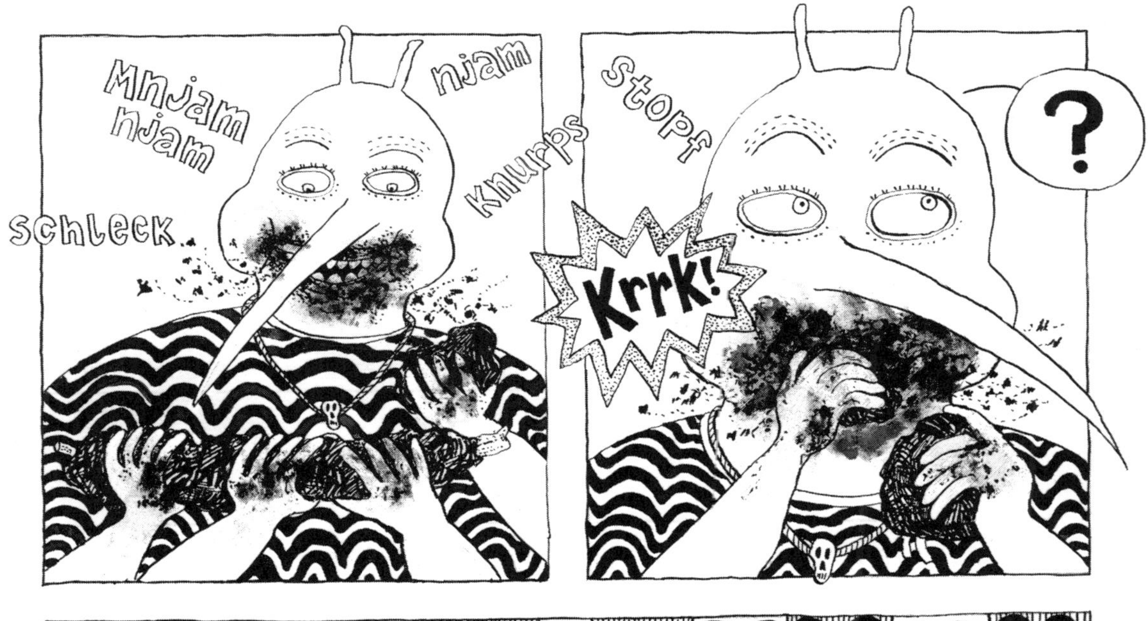

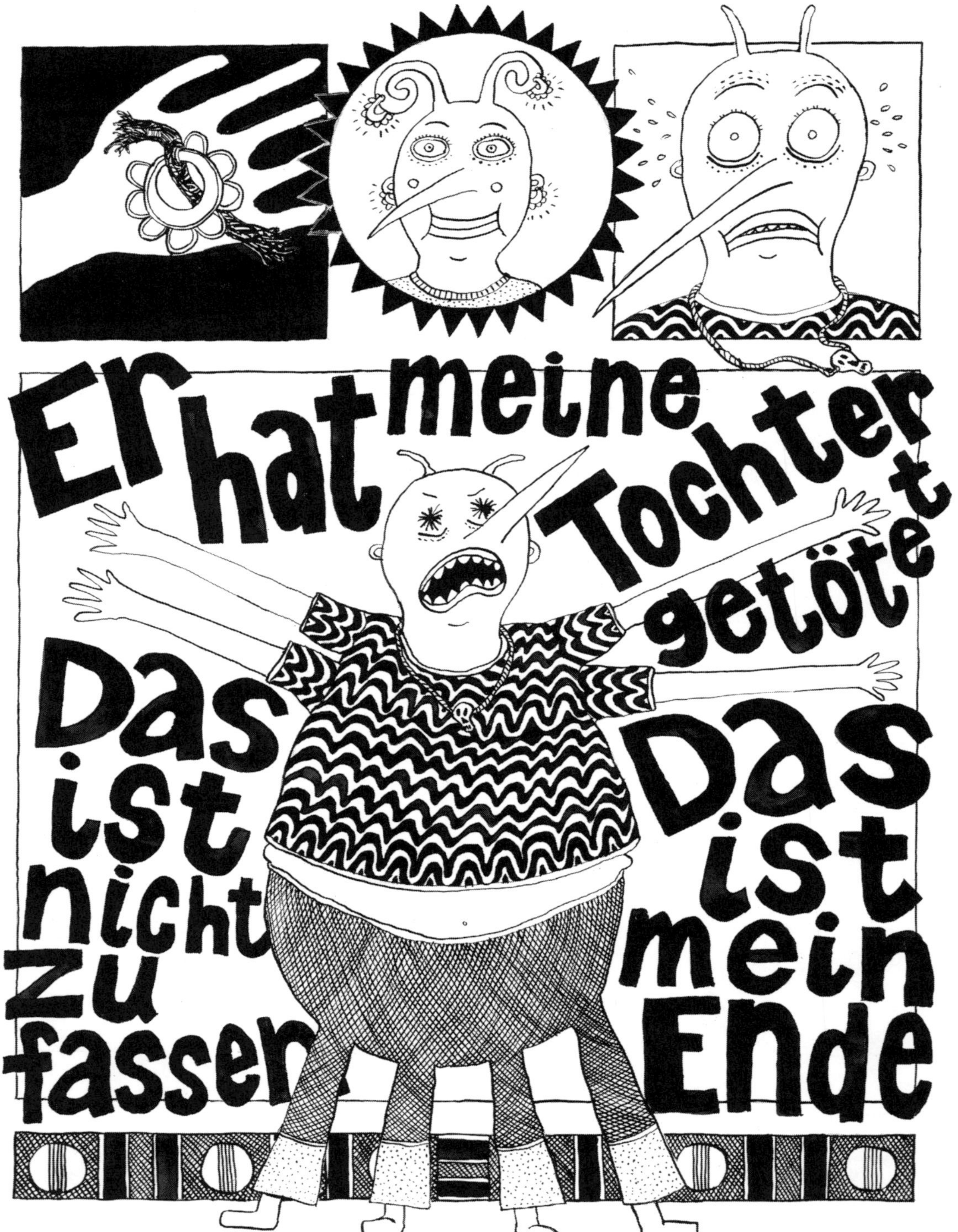
Er hat meine Tochter getötet
Das ist nicht zu fassen
Das ist mein Ende

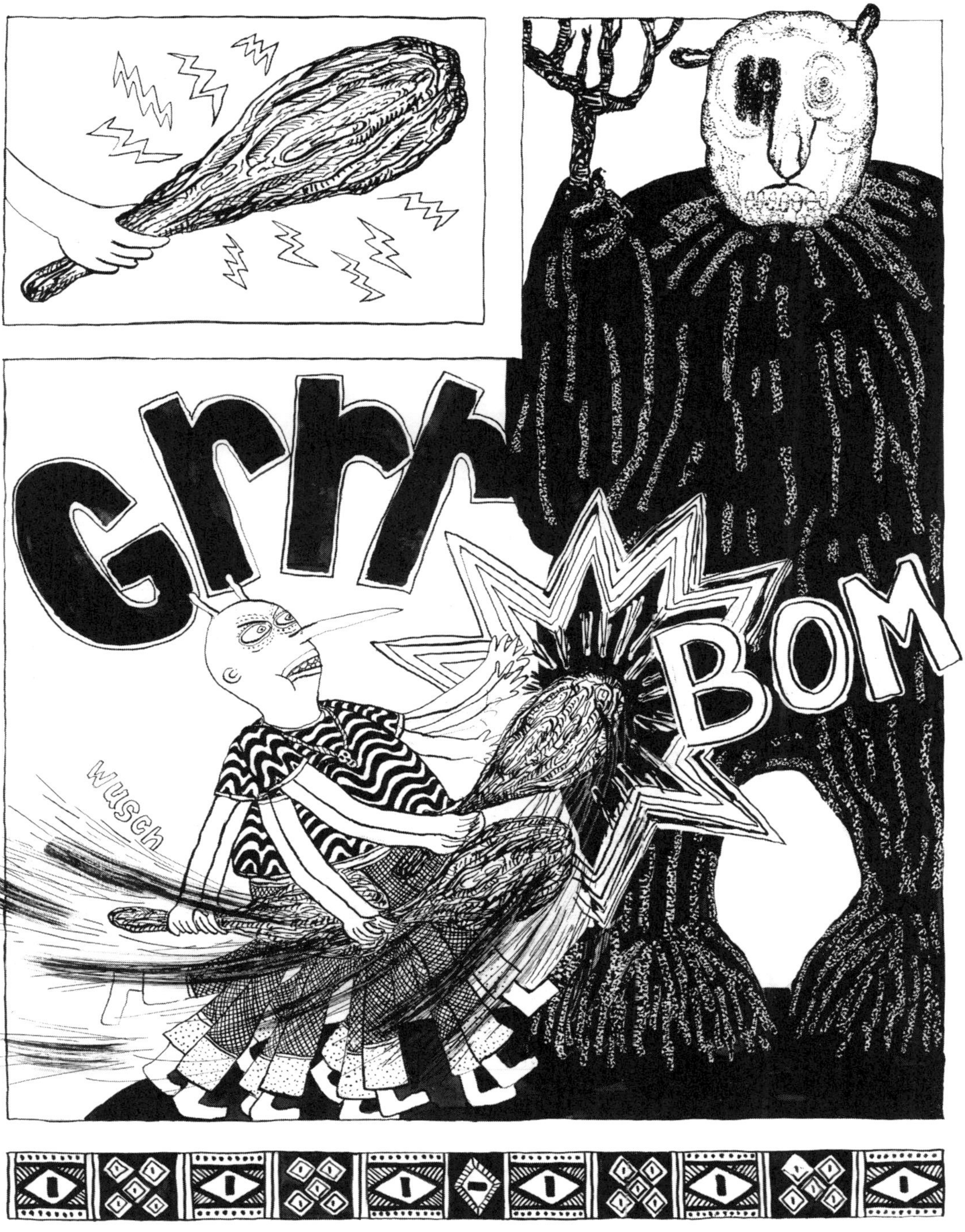

Grrr
BOM
wusch

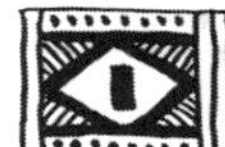
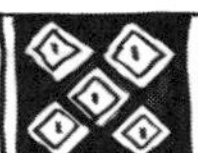
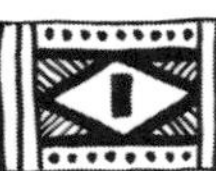
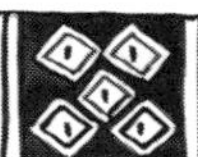
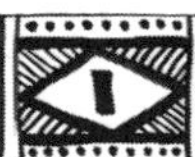
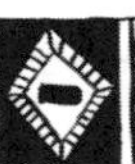
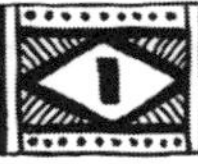
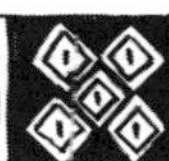
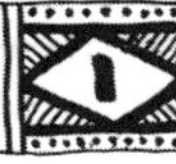
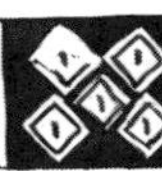
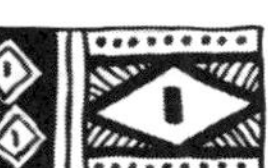

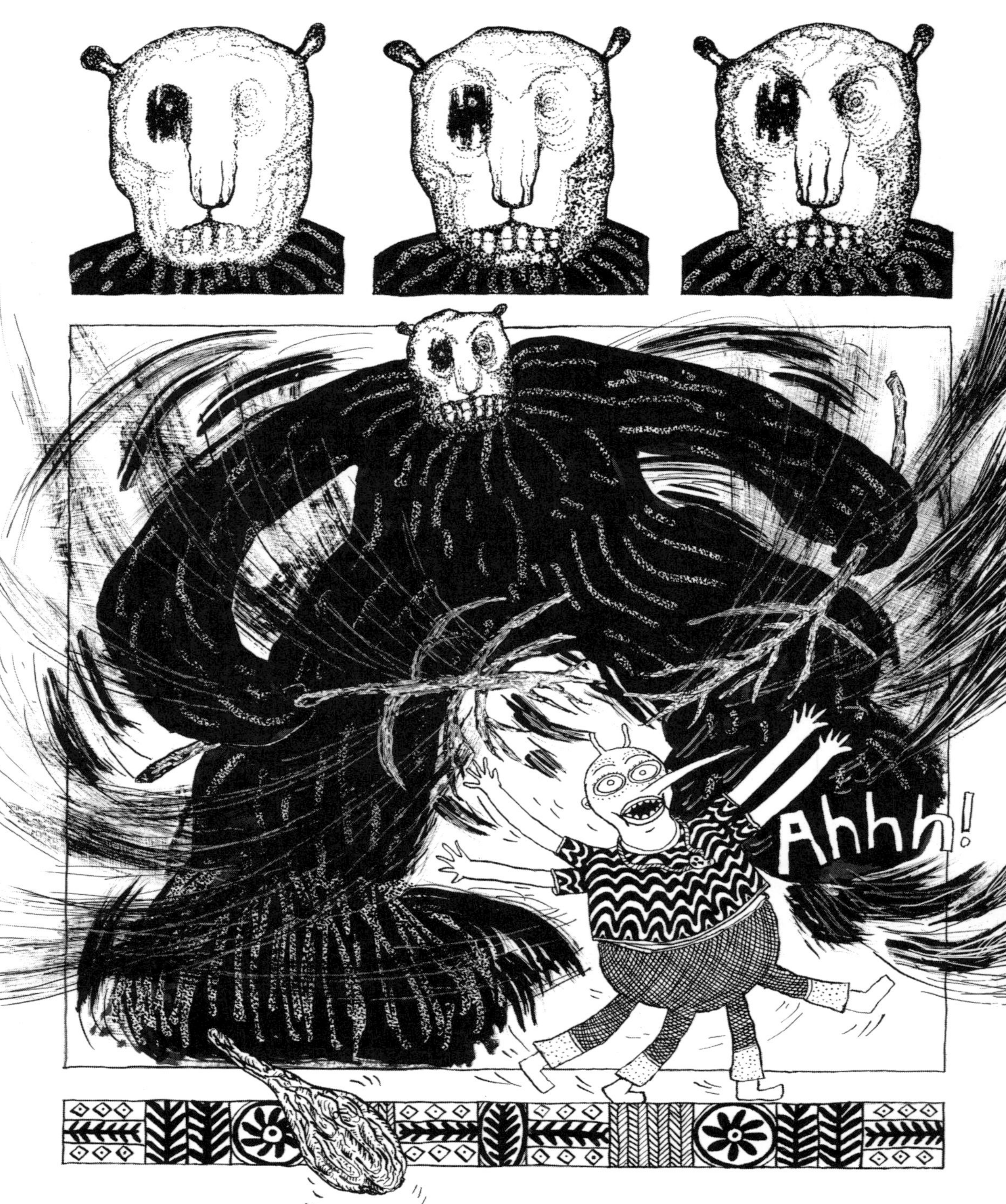
Ahhh!

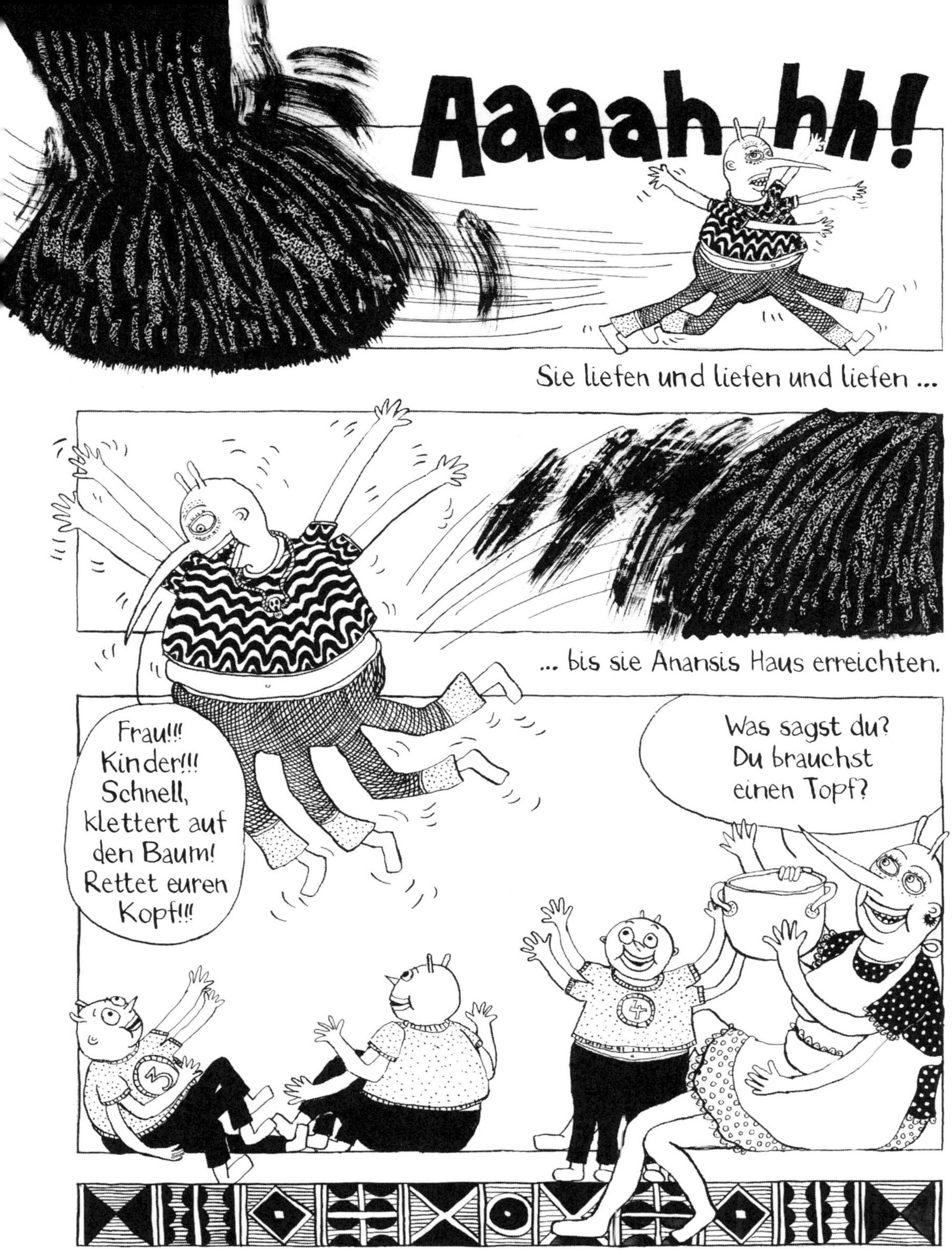

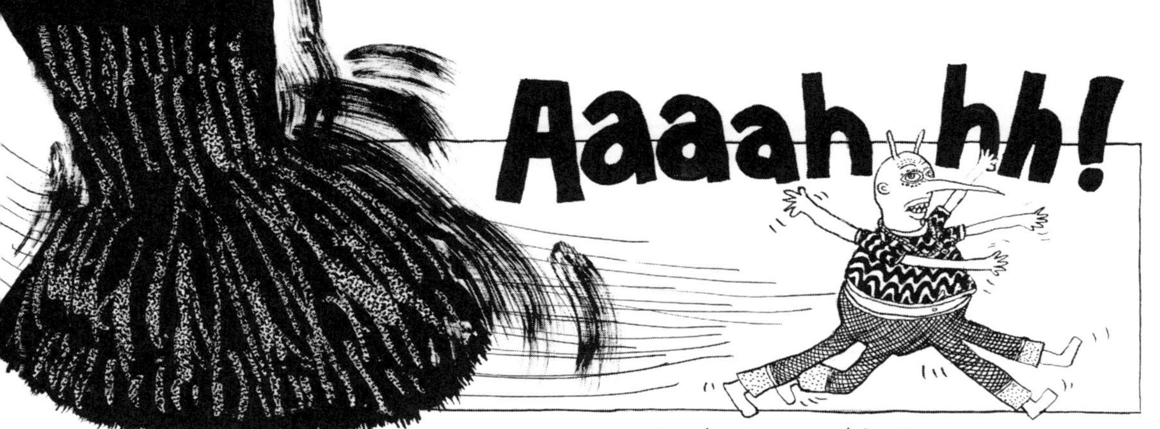

Sie liefen und liefen und liefen ...

... bis sie Anansis Haus erreichten.

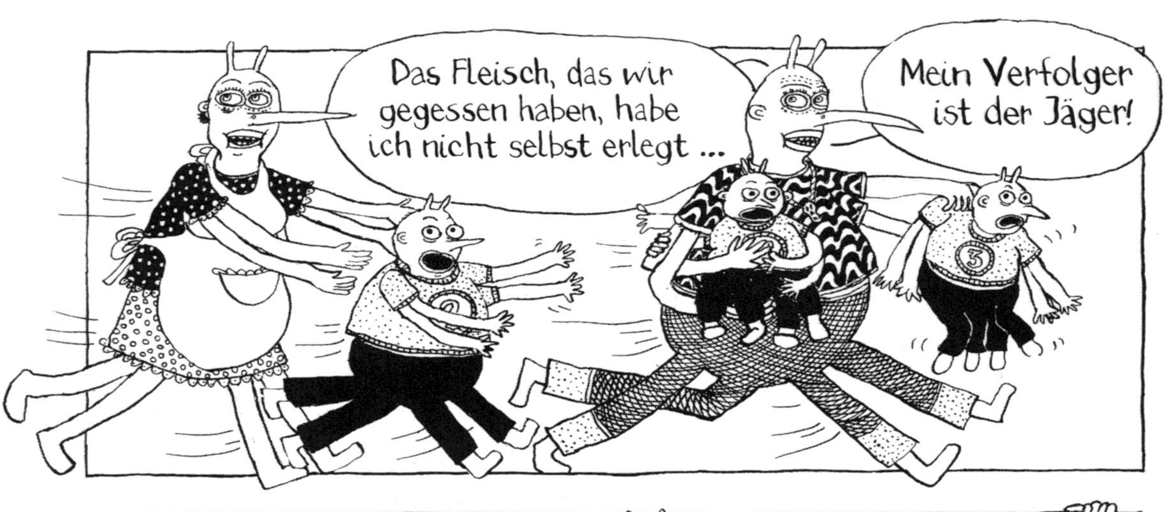
Das Fleisch, das wir gegessen haben, habe ich nicht selbst erlegt ...
Mein Verfolger ist der Jäger!

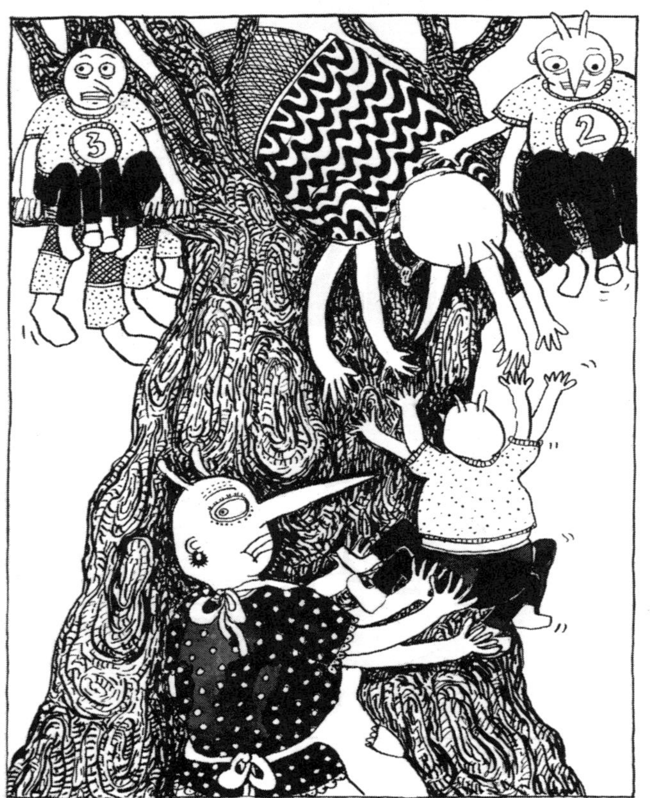

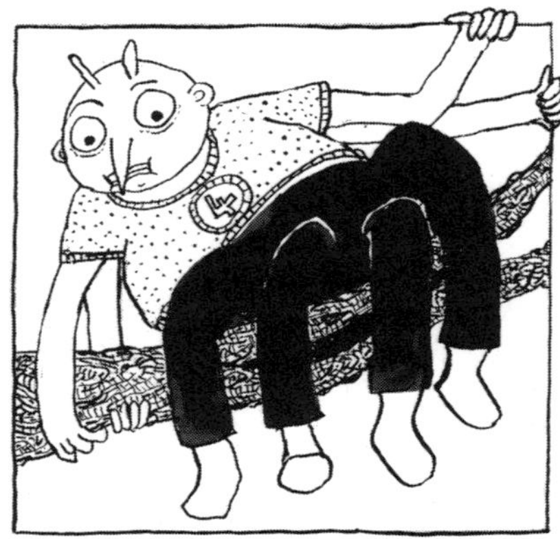

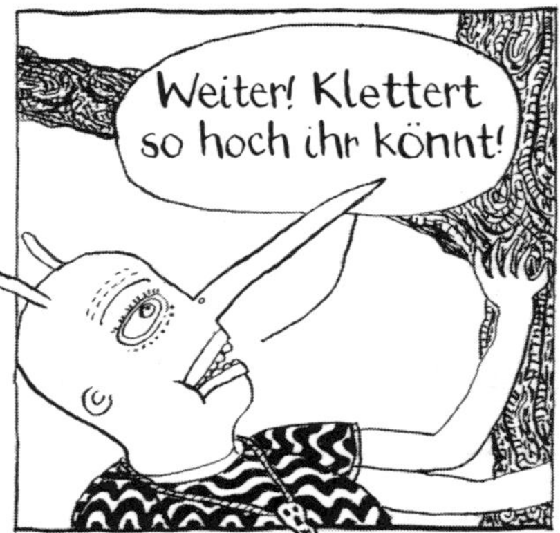
Weiter! Klettert so hoch ihr könnt!

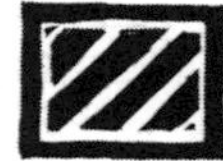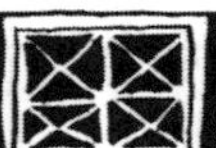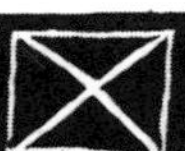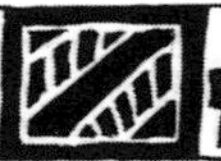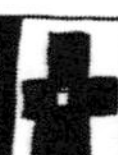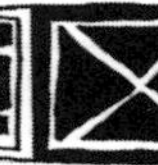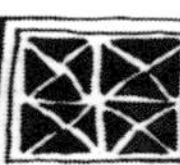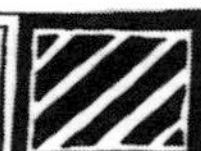

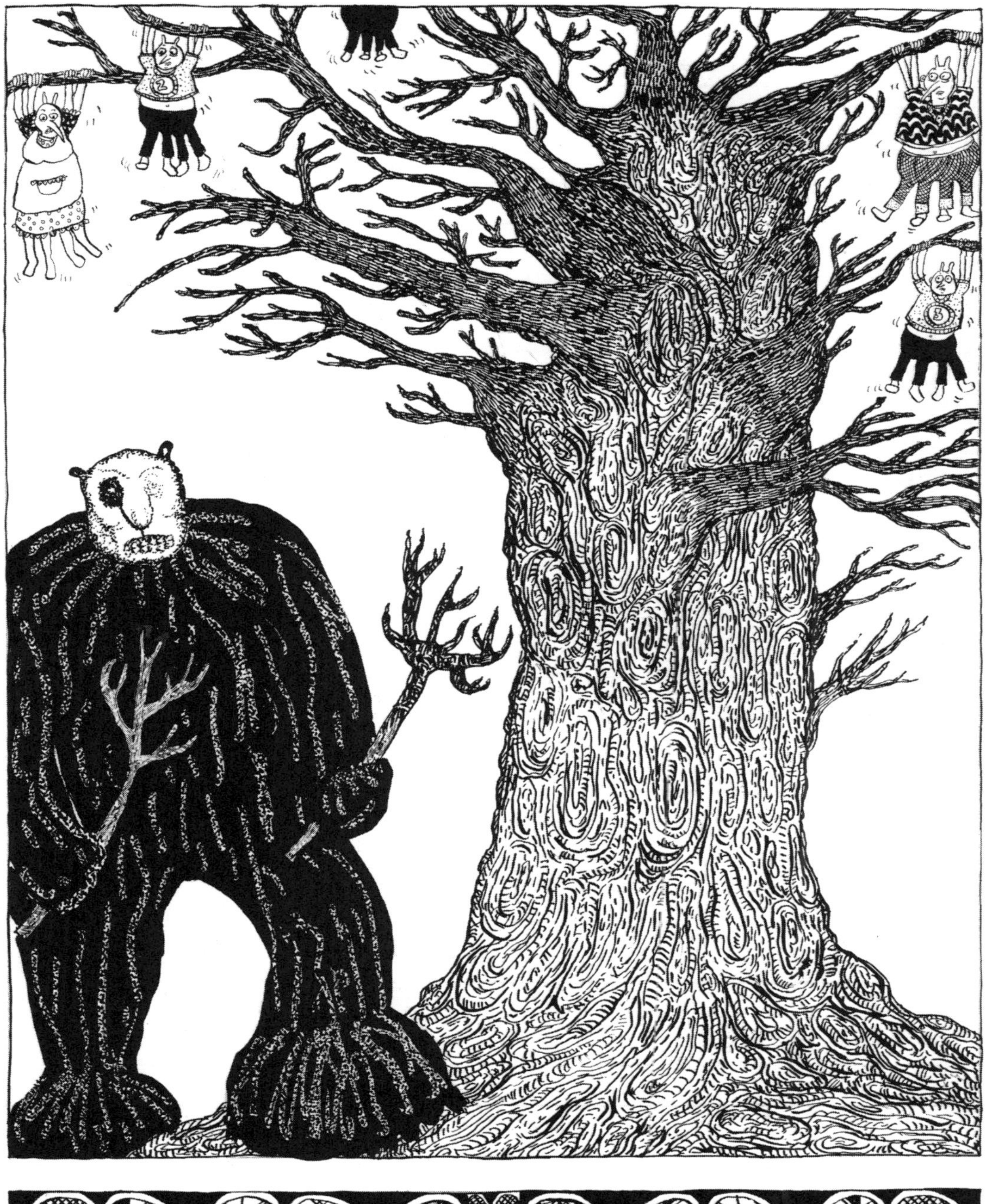

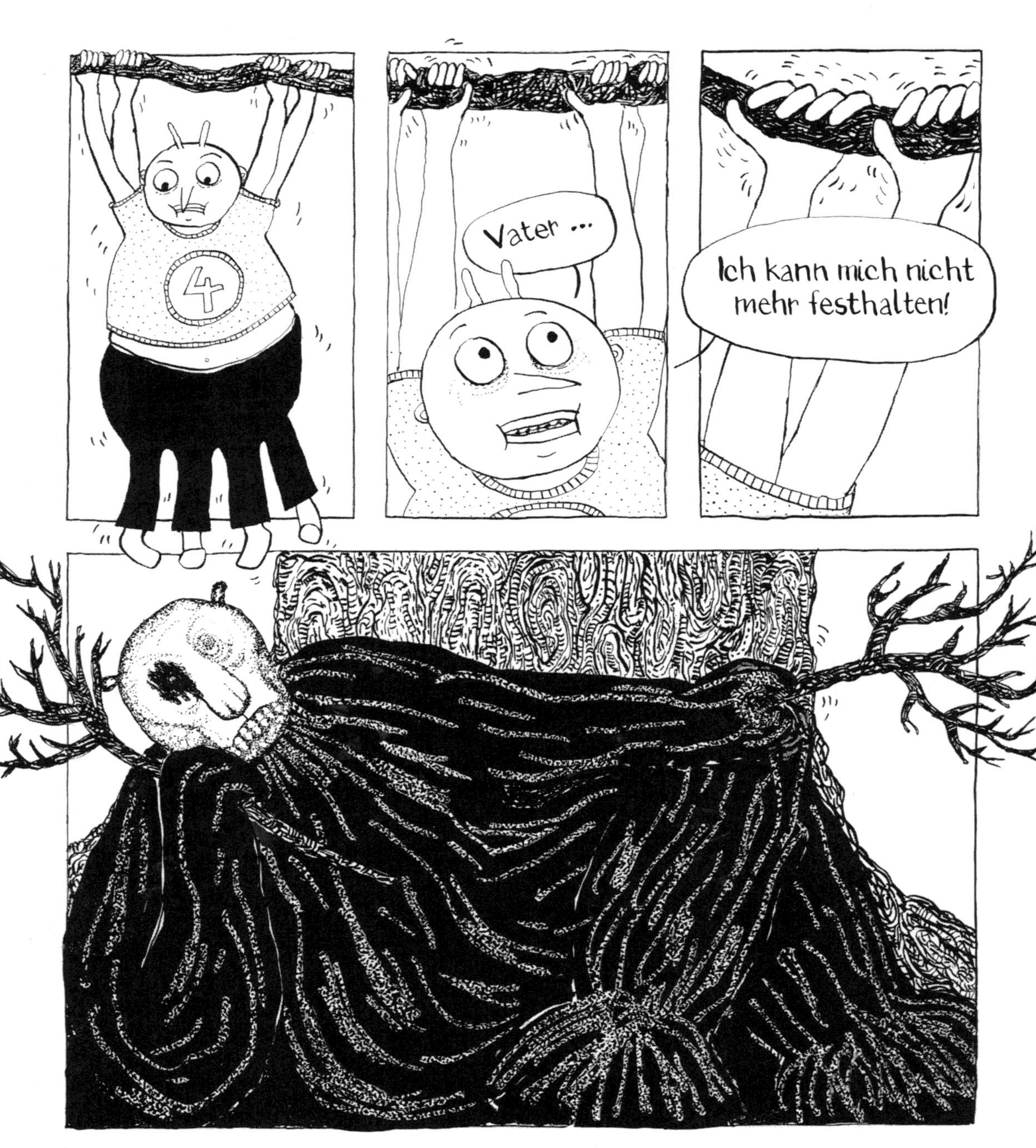
Vater ...
Ich kann mich nicht mehr festhalten!

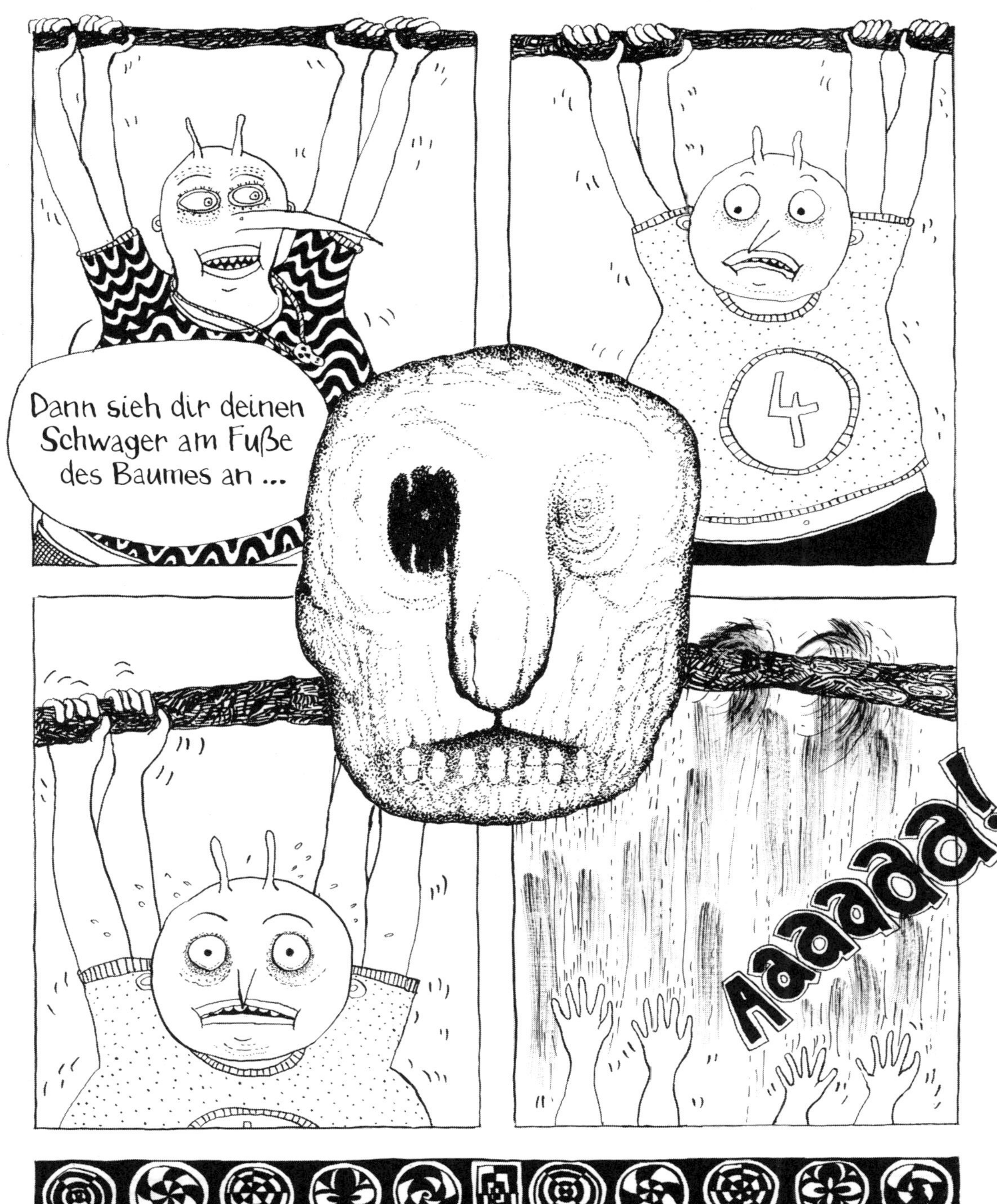
Dann sieh dir deinen Schwager am Fuße des Baumes an ...
Aaaaaa!

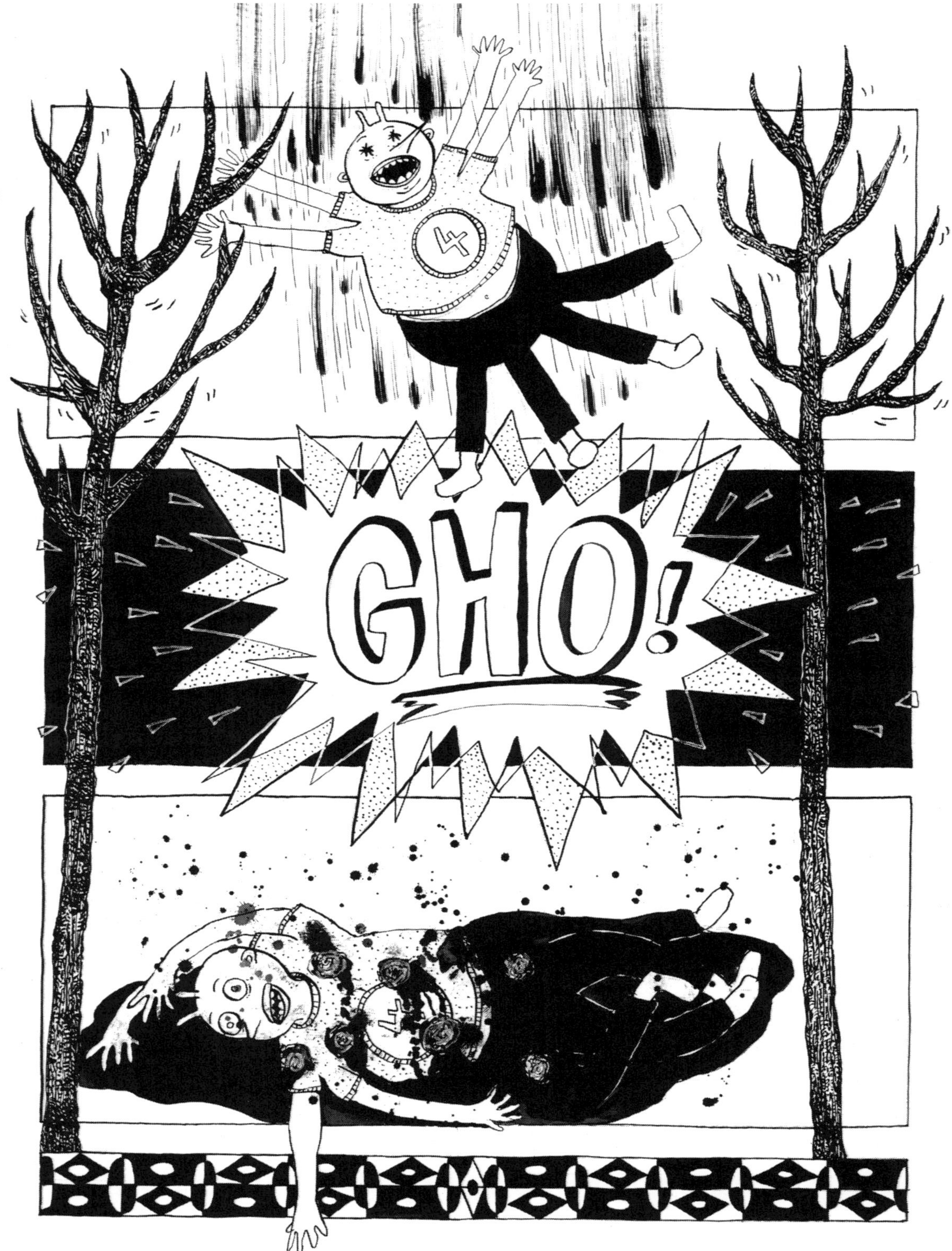
GHO!

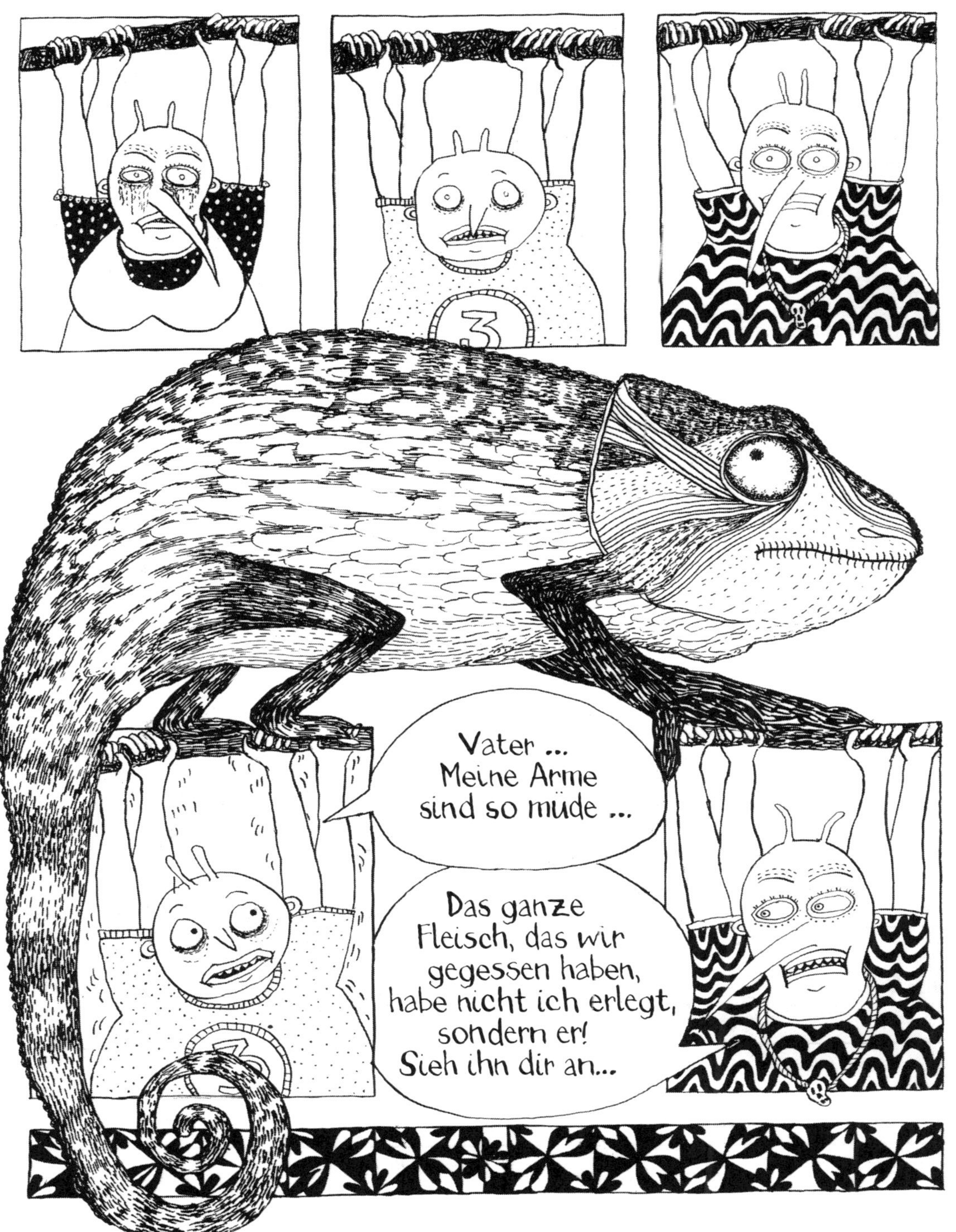
Vater ... Meine Arme sind so müde ...
Das ganze Fleisch, das wir gegessen haben, habe nicht ich erlegt, sondern er! Sieh ihn dir an...

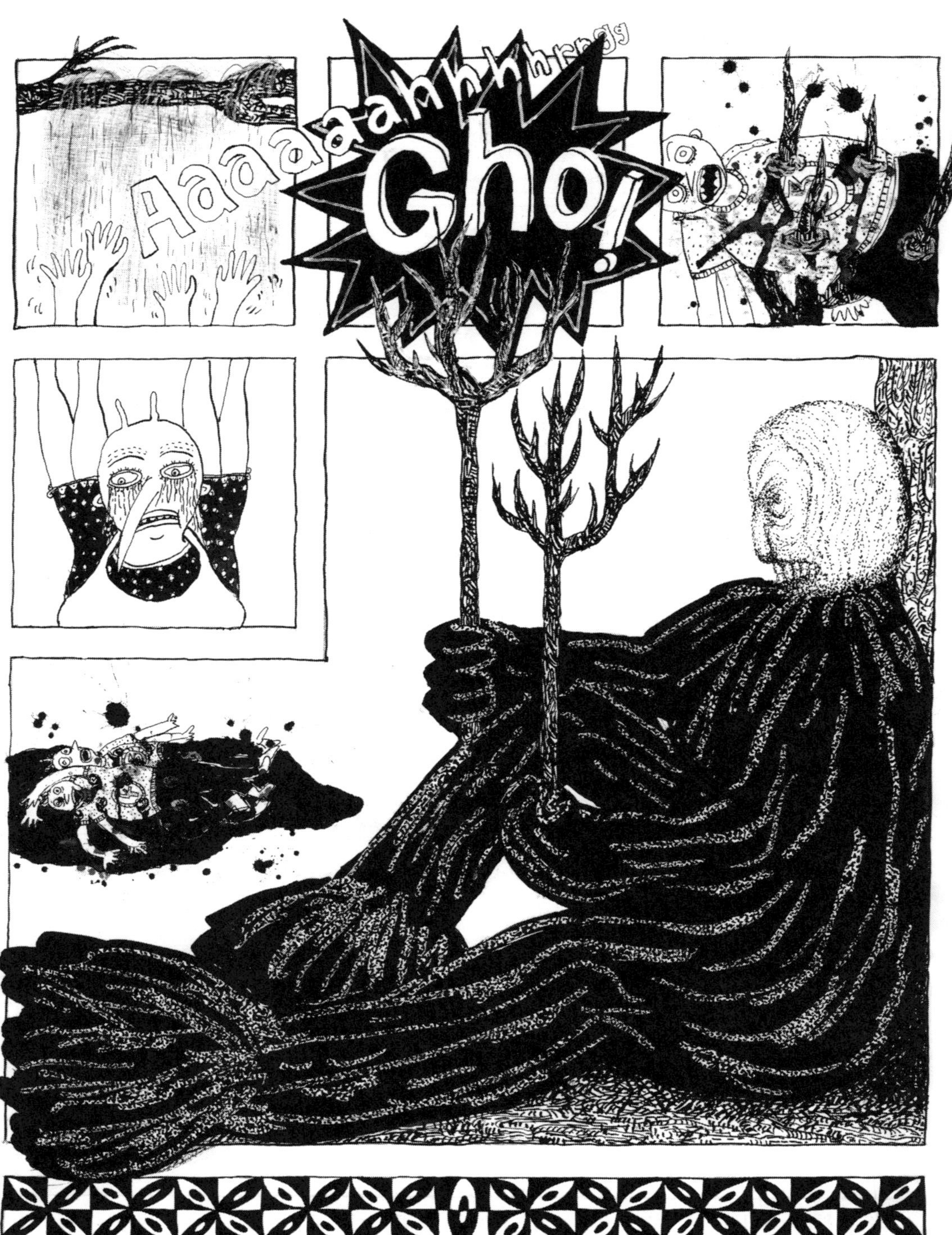
Aaaaaahhhhhhrrrggg
Gho!

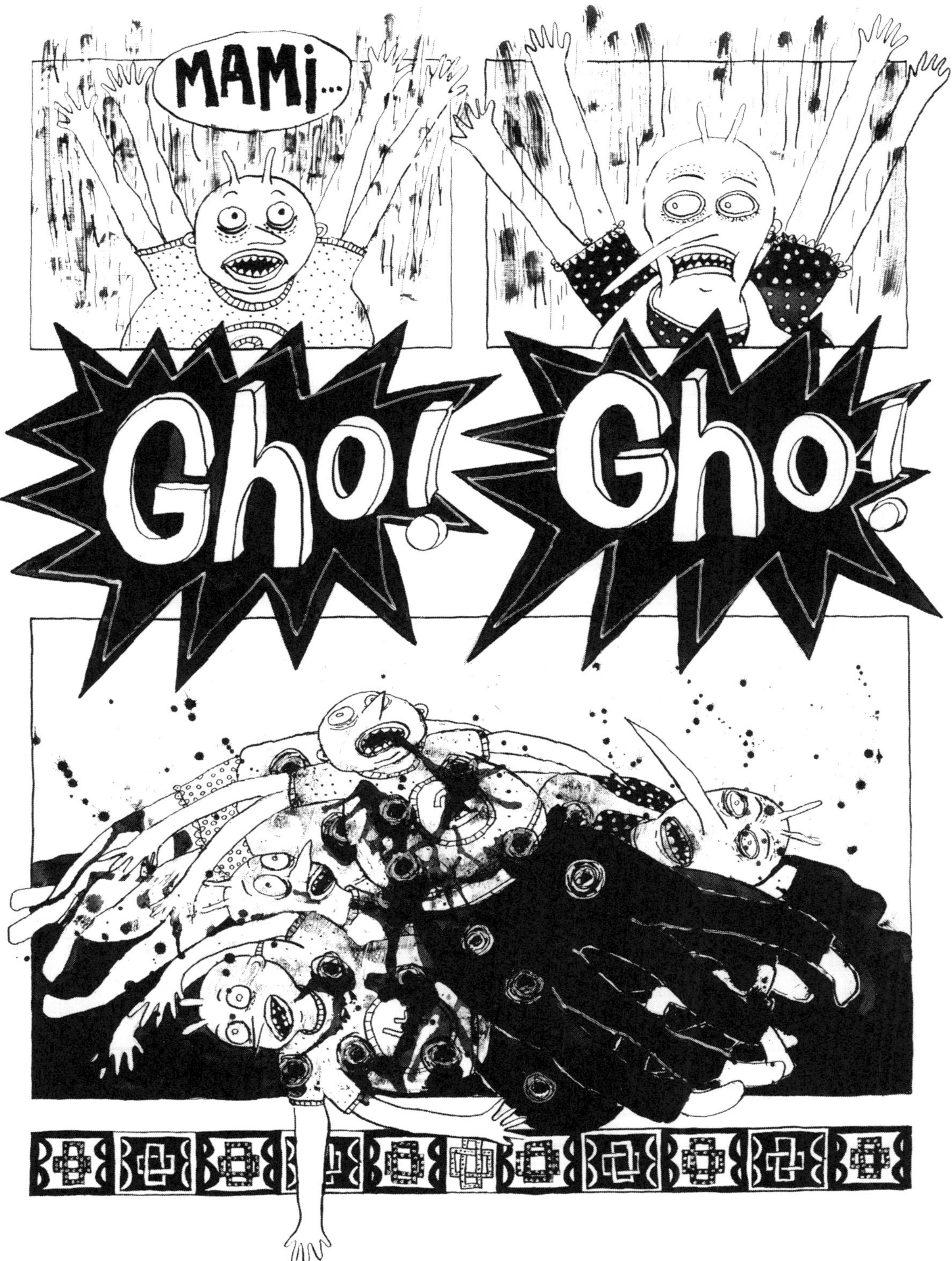
MAMI...
GHO!
GHO!

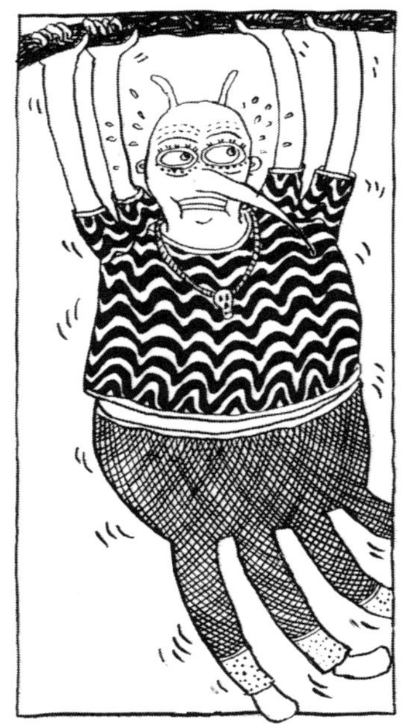
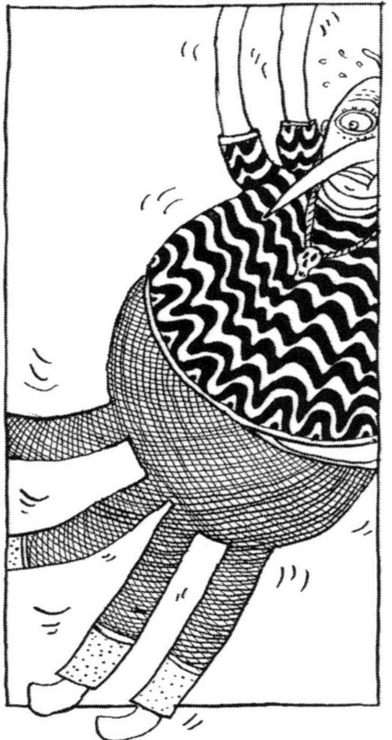
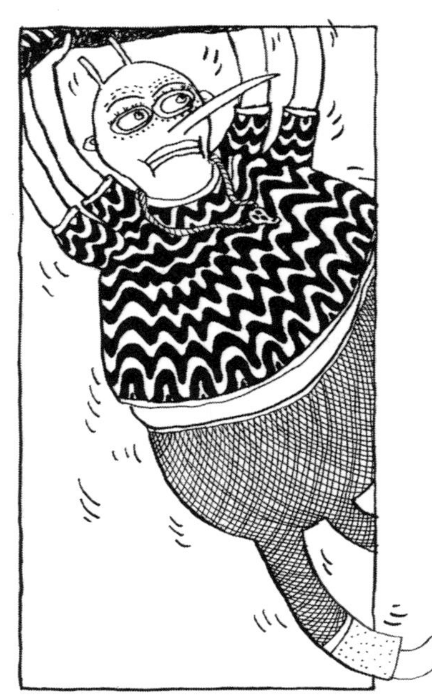
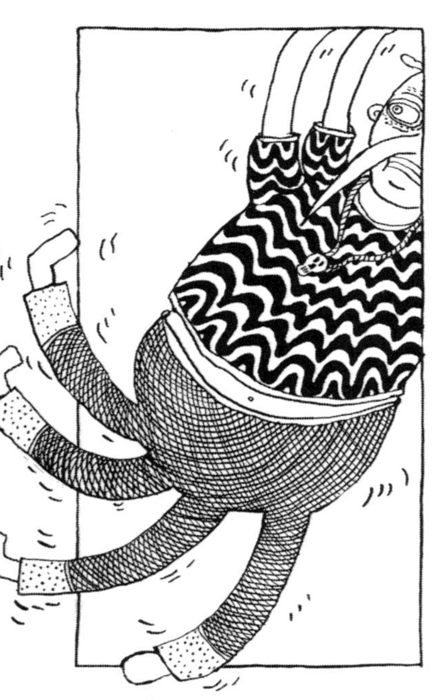
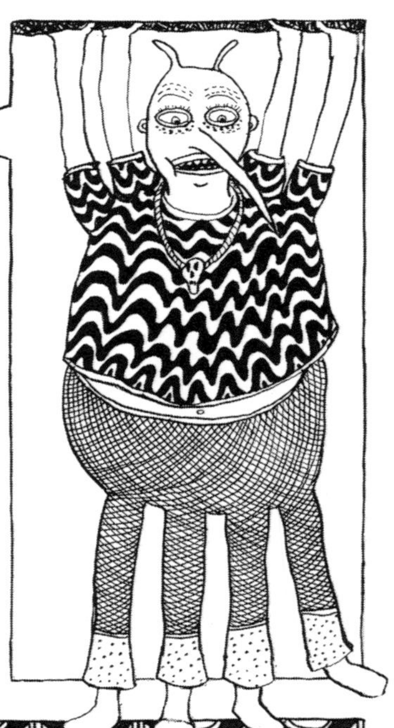
Schwiegersohn ...?! Weißt du, was du tun solltest? Ich habe so viel von deinem Fleisch gegessen, dass ich zu fett geworden bin. Wenn ich jetzt auf den Boden falle, wird mein Körper platzen und das ganze schöne Fett geht verloren ... Verstehst du das?

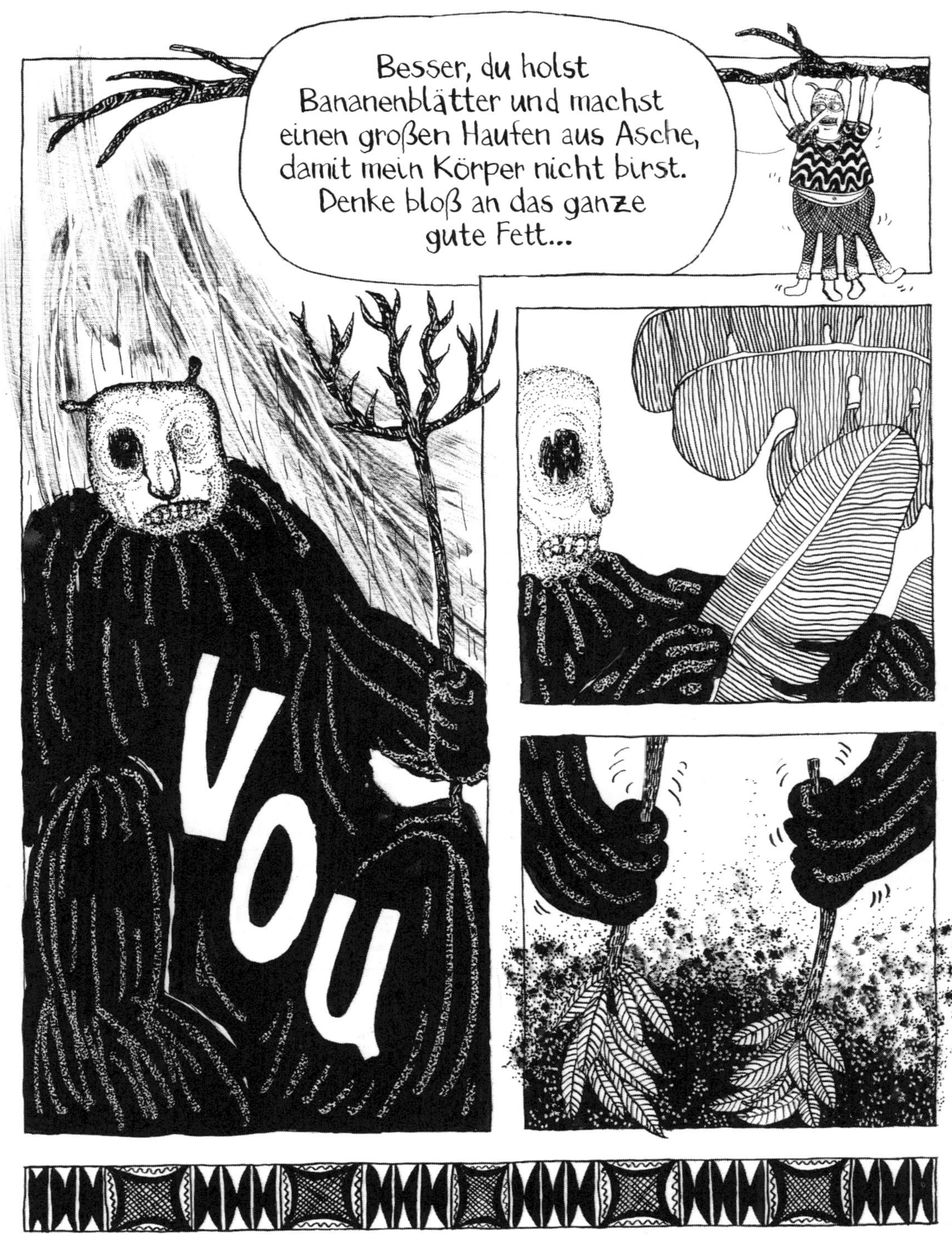
Besser, du holst Bananenblätter und machst einen großen Haufen aus Asche, damit mein Körper nicht birst. Denke bloß an das ganze gute Fett...
VOU

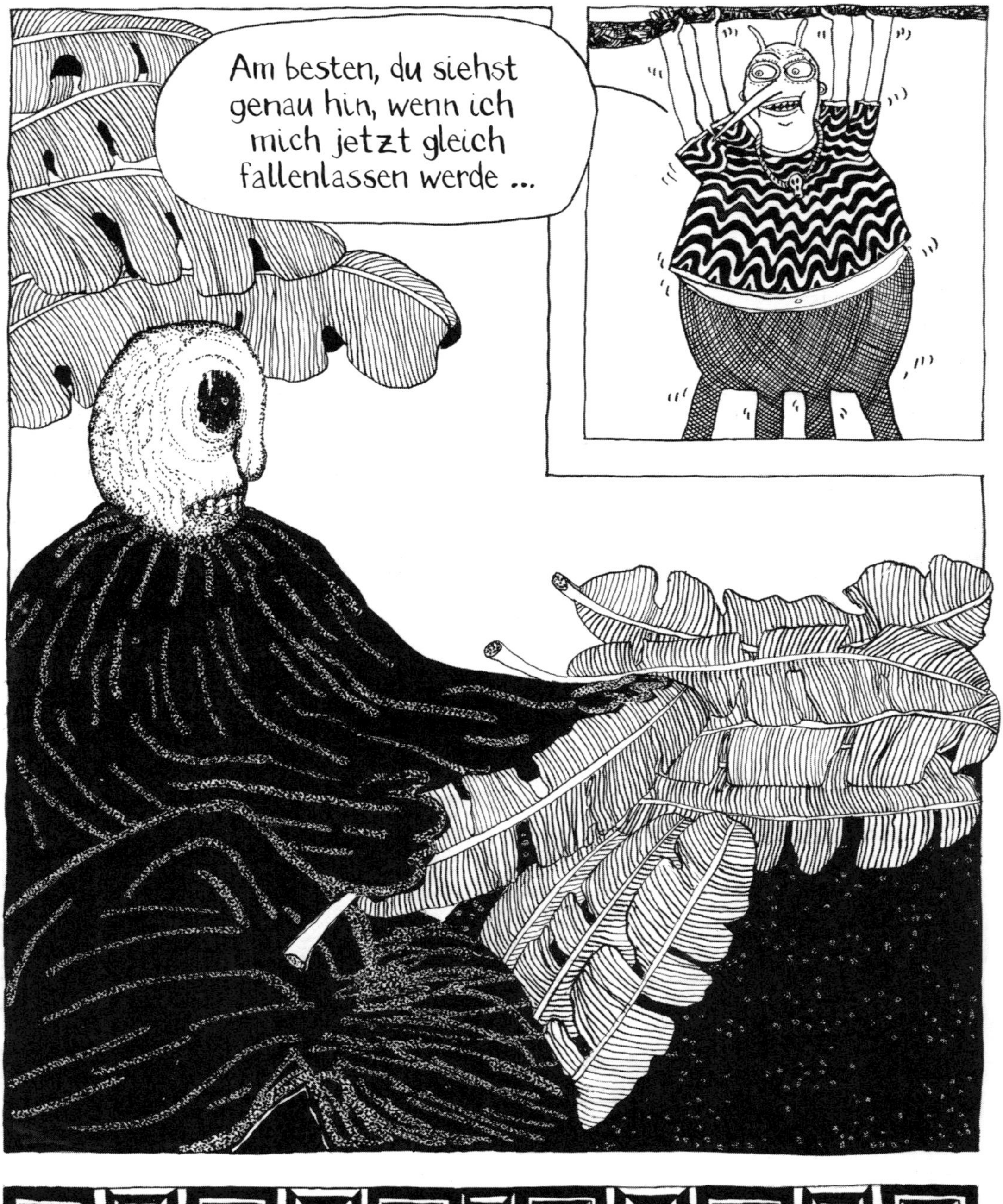

Am besten, du siehst
genau hin, wenn ich
mich jetzt gleich
fallenlassen werde ...

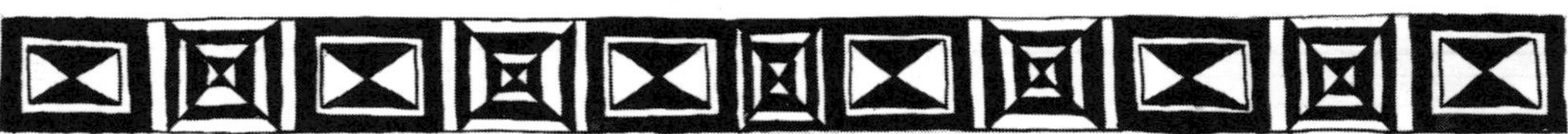

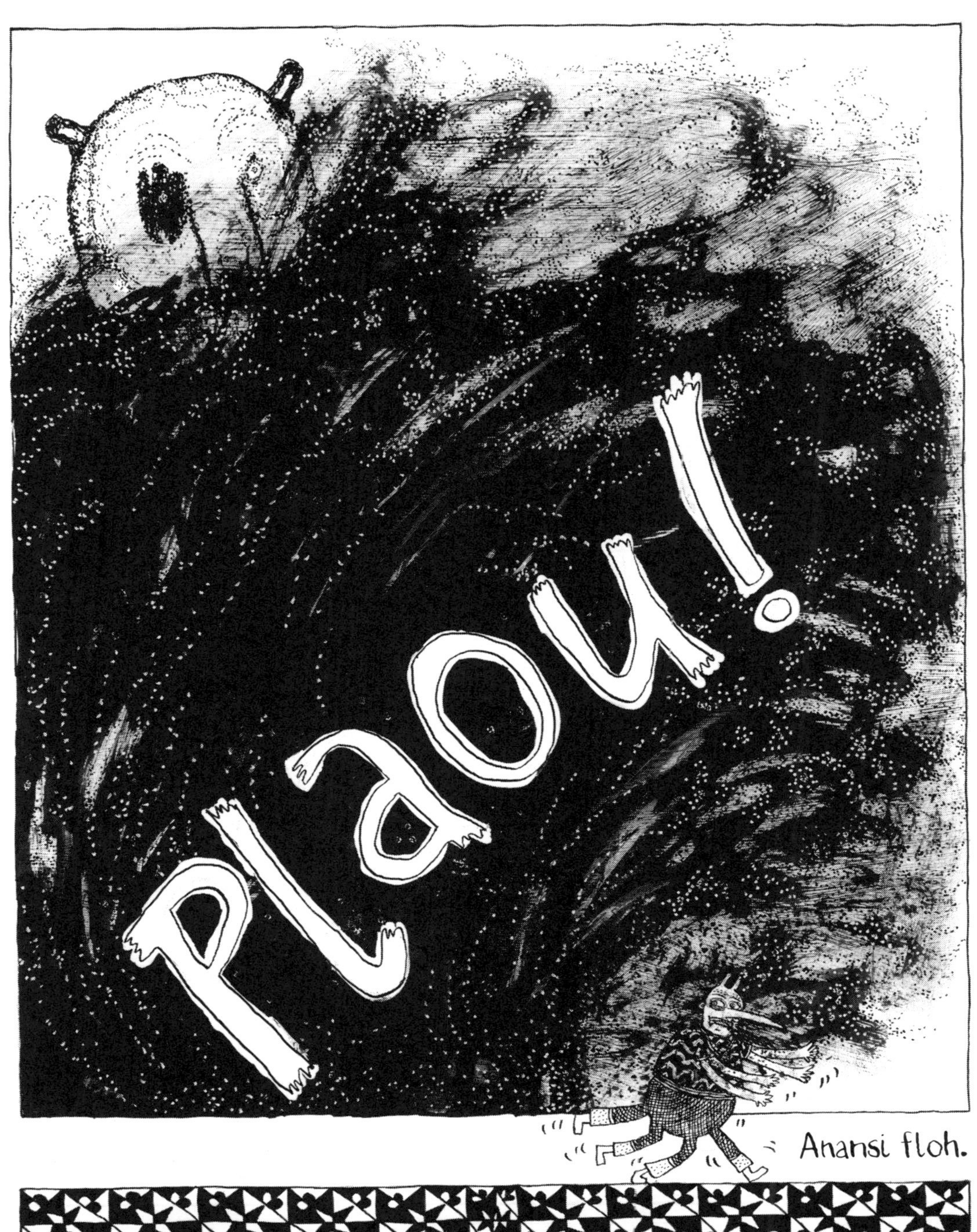
Plaou!
Anansi floh.

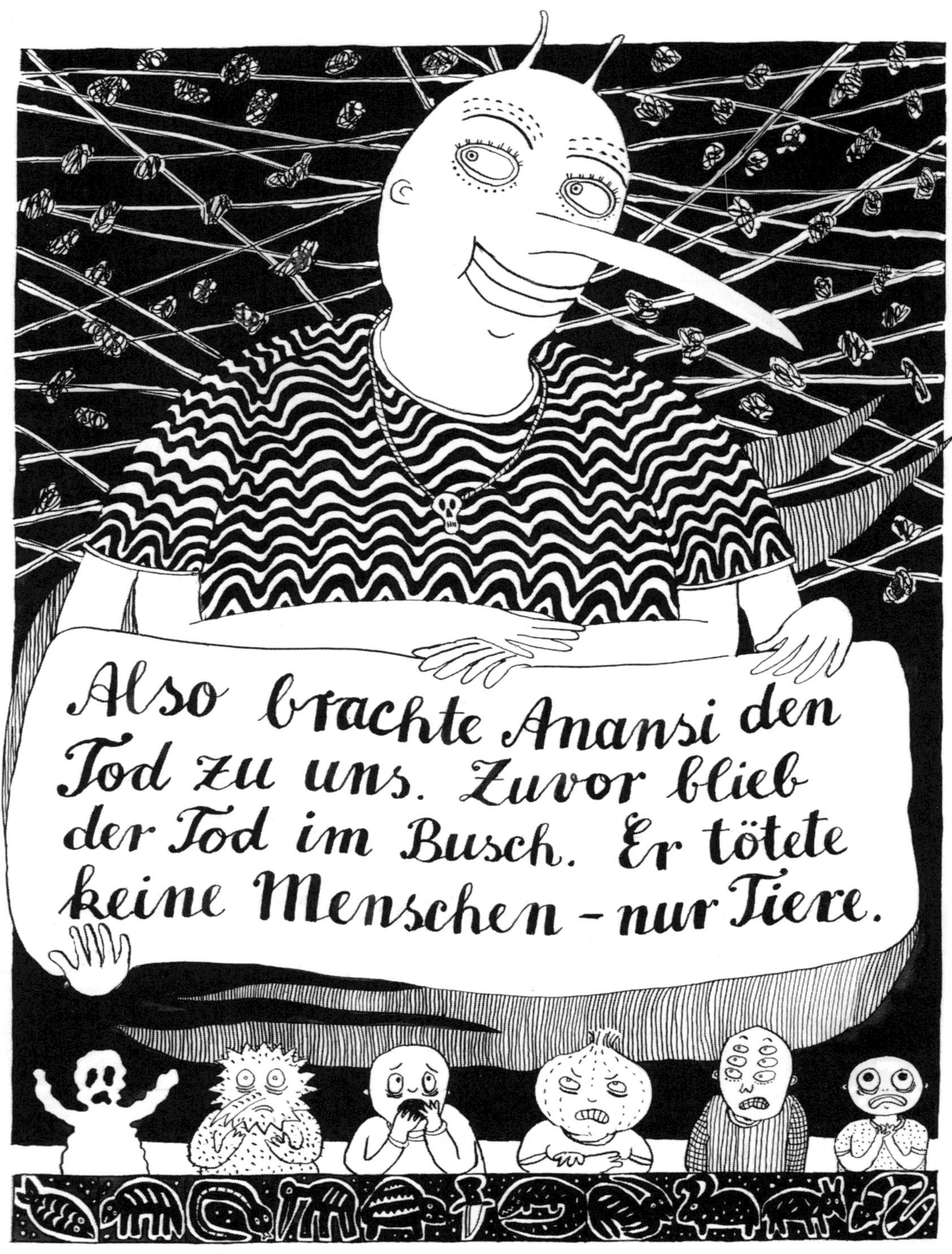
Also brachte Anansi den Tod zu uns. Zuvor blieb der Tod im Busch. Er tötete keine Menschen – nur Tiere.

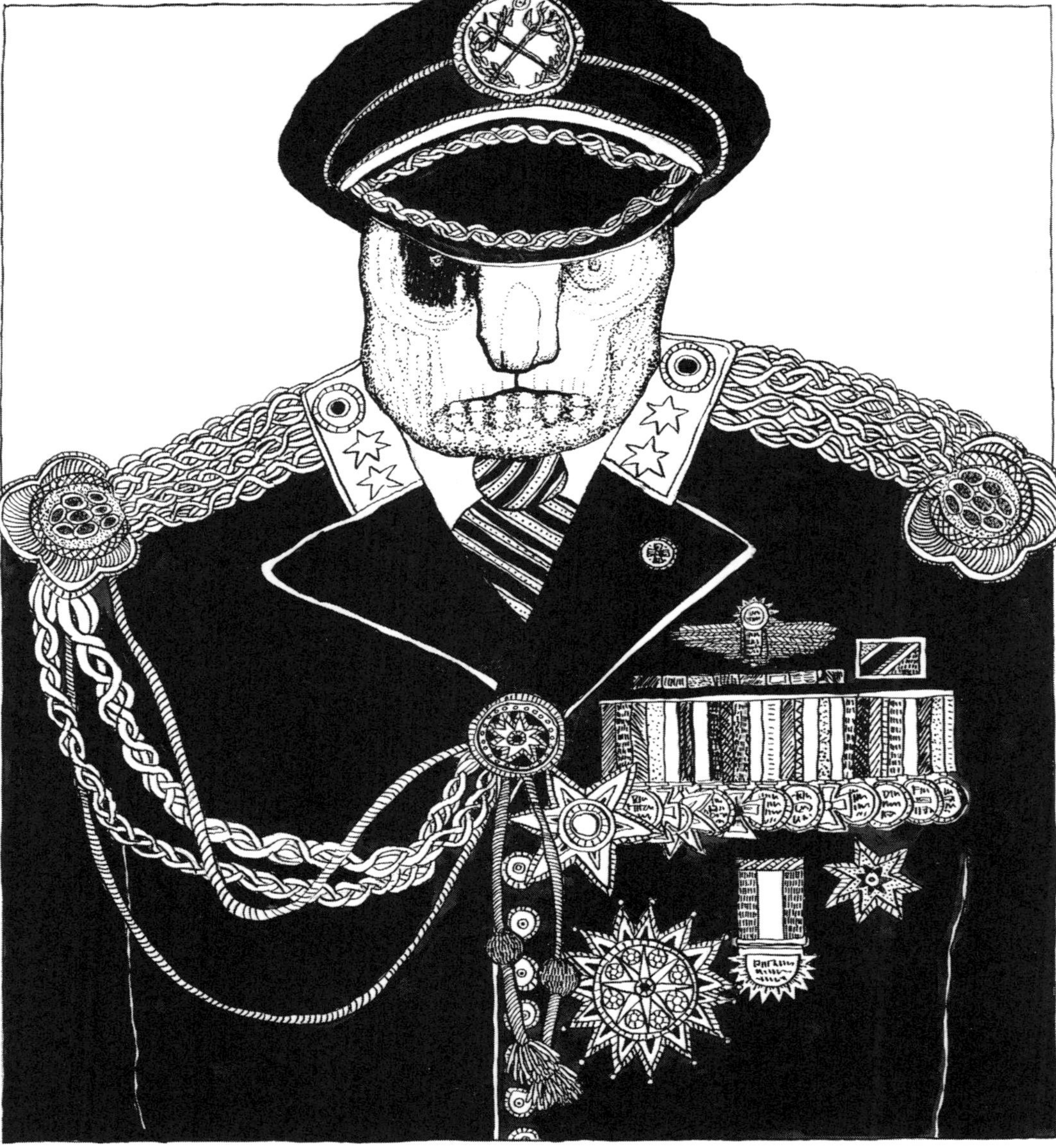

Aber seit dieser Zeit – Anansis wegen – bringt der
Tod auch Menschen um und reißt sie auseinander.

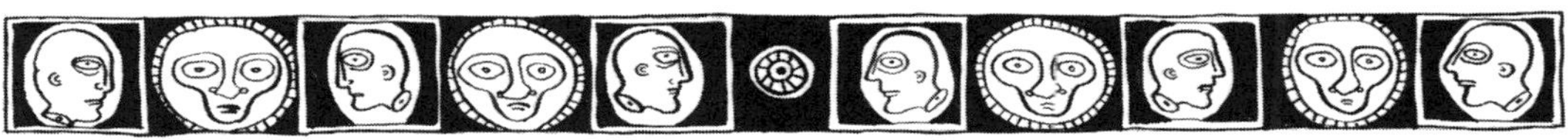

ENDE

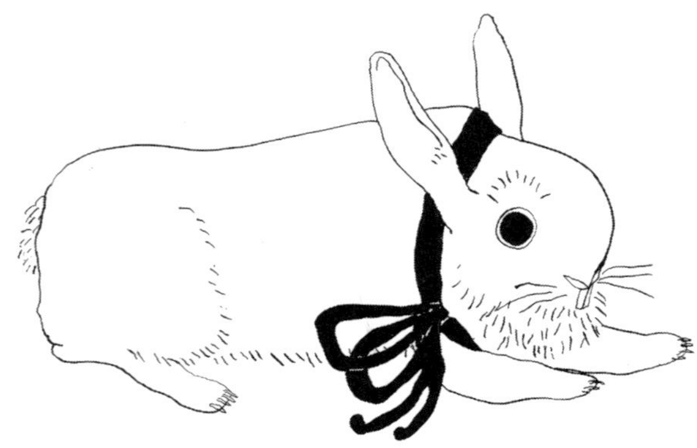

Die hier erzählten Geschichten sind autobiographisch und fiktiv zugleich.
Die Erstveröffentlichung erfolgte im Mami Verlag 2008.
Mein ganz besonderer Dank gilt Anke Feuchtenberger und Stefano Ricci,
ohne deren Hilfe diese Geschichten nicht entstanden wären: Mille grazie!

*****

Vielen Dank auch an Magnus Kersting, Paula & Mira Weyhe, Nele Palmtag,
Karin Kröll, Jul Gordon, Thomas Gilke, Johann Ulrich und an das avant-Team.

ICH WEISS
Text und Zeichnungen: Birgit Weyhe
ISBN: 978-3-945034-66-8

Redaktion: Benjamin Mildner, Johann Ulrich
Produktion & Cover Design: Thomas Gilke
Special Thanks: Anke Feuchtenberger & Mami Verlag
Herausgeber: Johann Ulrich

Weitere Titel von Birgit Weyhe im avant-verlag:
Reigen - ISBN: 978-3-939080-57-2
Im Himmel ist Jahrmarkt - ISBN: 978-3-939080-81-7
Madgermanes - ISBN: 978-3-945034-42-2

In Vorbereitung:
German Calendar - No December (mit Sylvia Ofili)

avant-verlag | Weichselplatz 3-4 HH | 12045 Berlin
info@avant-verlag.de

Mehr Informationen & kostenlose Leseproben finden Sie online:
www.avant-verlag.de
facebook.com/avant-verlag